河南大学宋文化研究丛书

宋代养老制度研究

马晓燕 著

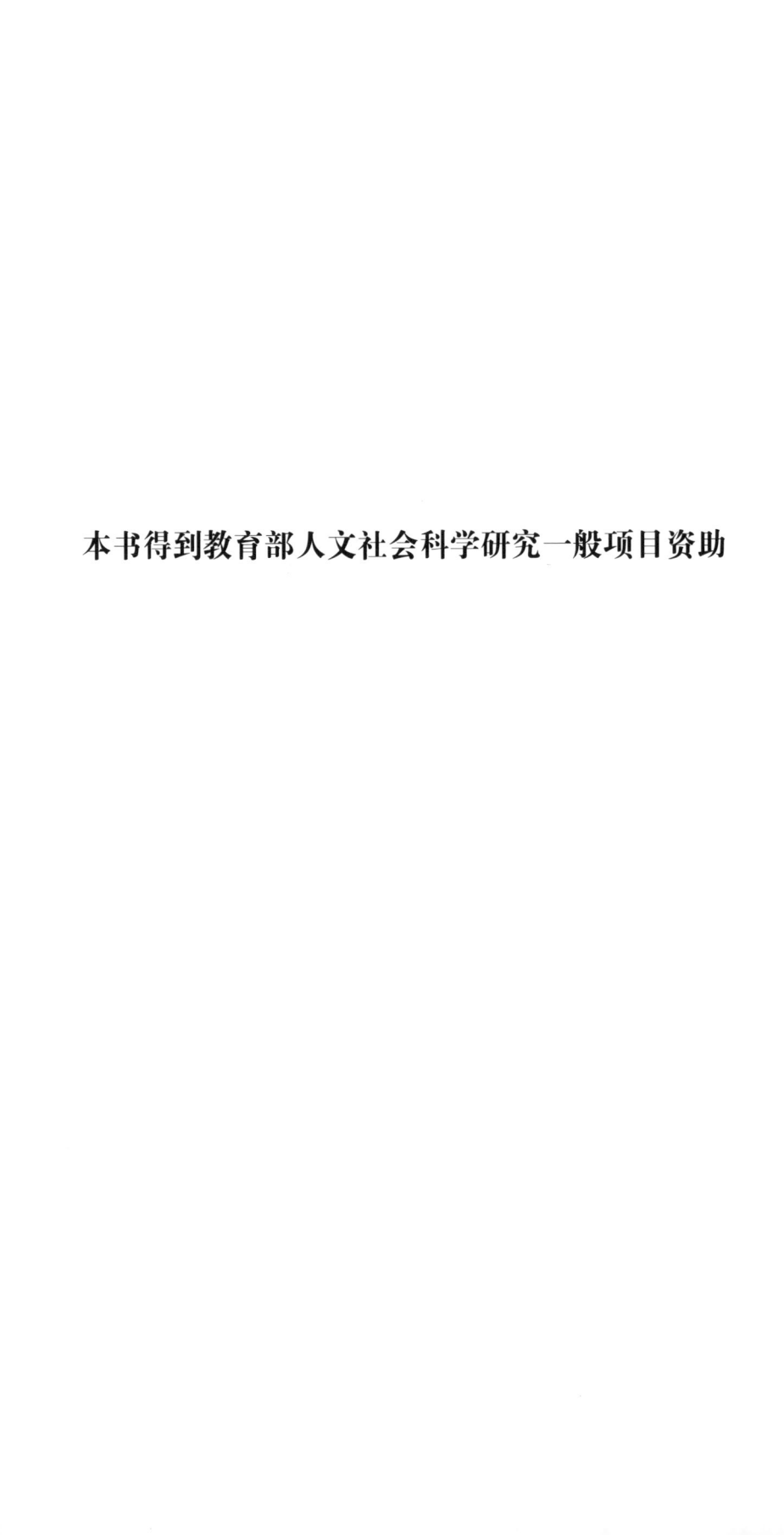

本书得到教育部人文社会科学研究一般项目资助

序

养老敬老是中华民族的传统美德。妇孺皆知的北宋包拯,解官十年,把父母养老送终后,重入仕途,成为闻名中外的清官。这一史实的背后,是宋朝养老制度的支撑。宋代出台了对高龄老人、鳏寡独老、特殊老年群体的优待和救助政策,规定了官员养亲的政策法令和家庭养老行为的奖惩制度,推动了中古时代社会的文明发展,是宋史乃至中国古代史的重要研究课题之一,马晓燕博士的《宋代养老制度研究》无疑具有重要的学术价值。

伴随社会人口老龄化问题的出现,加之独生子女和人员流动性的增加,养老制度已成为个人、家庭和国家关注的重要问题。研究中国古代传统的养老制度,为中国特色社会主义养老制度提供历史的借鉴,是我们史学工作者义不容辞的责任,不言而喻,《宋代养老制度研究》具有重要的现实意义。

与宋代政治制度、军事制度、经济制度课题相比,宋代养老制度课题比较难做。一是史料分散且无专词,《宋史》、《宋会要辑稿》、《续资治通鉴长编》、宋代方志、宋人文集及出土墓志铭等史料中,均无"养老"的专门记载,且几乎无"养老"的专词可寻;二是学界对宋代养老制度的研究成果相对薄弱,可参考者甚少。马晓燕博士克服种种困难,深入思考,以崭新的研究视野,在广泛阅读史籍的基础上,撰写了《宋代养老制度研究》专著,可谓难能可贵。

该书有诸多的创新之处。首先,依次探讨了宋代高龄老人的优待制度、宋代鳏寡独老的救助制度、宋代老年科举士人和老年僧道及老年军人的优恤制度、宋代战亡将士祖父母及父母的抚恤制度、宋代官员的养老制度、宋代官员的养亲制度、宋代家庭养老行为的奖惩制度等,并客观分析了宋代养老制度的特征、积极作用和局限性,首次构建了宋代养老制度体系,填补了宋代养老制度专题研究之空白,在一定程度上推进了宋代社会史和家庭史的研究,彰显了作者宽阔的研究视野和功夫。其次,以往学界对宋代赏赐高龄老人问题的研究成果,或一笔带过,或语焉不详。该书以坚实的史料基础,对宋代赏赐高龄老人的年龄标准、赏赐内容、赏赐时间、赏赐法令及其实施过程中存在的问题,进行了拓展性研究,并提出了宋代赏赐高龄老人的时间相对固定、赏赐标准逐渐确立等新的观点。再次,该书不仅静态梳理了宋代救助鳏寡独老的政策法令,同时还动态考察了宋代鳏寡独老救助制度在运行过程中出现的弊端,并从信息沟通、财政状况、官员考核制度等多方面分析了弊端产生的根源和原因。这些创新,很见学术功底。

马晓燕同志是河南大学历史文化学院历史学的本科生、中国近现代史的硕士研究生,成绩优秀,管理能力强,留校后兼任了多届本科生和研究生的辅导员。2011年,她以在职教师的身份考入河南大学历史文化学院,跟随我攻读宋史方向博士学位。在商讨学位论文选题时,根据现实社会的养老问题,我建议她关注宋代的养老制度,她欣然接受。经过四年的努力,她按时完成了博士学位论文的写作,顺利通过答辩。获得博士学位之后,她结合论文外审匿名评阅专家及答辩委员会的意见,对论文进行了修改完善,完成了这部专著,实乃可喜可贺之事。

马晓燕博士勤奋好学,特别能吃苦。她在攻读博士学位期间,担任大量的行政工作,白天要处理繁杂的行政事务,晚上阅读文献、收集资料。尤其是撰写毕业论文期间,她更是惜时如金,通宵达旦地看书写作。

正是靠这种吃苦耐劳的拼搏精神,她发表了高质量的宋代养老制度系列论文,并获得了国家社科基金项目。希望晓燕博士在今后的学术道路上,能持之以恒,坚持不懈,百尺竿头,更进一步!

贾玉英
2022年11月13日

目　　录

序 …………………………………………………………………… 1

绪　论 ………………………………………………………………… 1

第一章　宋代对高龄老人的优待 ………………………………… 13
第一节　宋代对高龄老人的赏赐 ……………………………… 13
一、赏赐高龄老人的年龄标准 ………………………………… 14
二、宋代赏赐高年的主要内容 ………………………………… 20
三、宋代赏赐高龄老人的时机 ………………………………… 26
四、宋代赏赐高年政策的实施 ………………………………… 31

第二节　宋代对高龄罪犯的刑律减免 ………………………… 37
一、高龄罪犯享有刑律减免权的年龄标准 …………………… 38
二、宋代对高龄罪犯的刑律减免规定 ………………………… 38
三、防范高龄罪犯刑律减免权弊端的措施 …………………… 41

第三节　宋代对高龄老人家庭的赋役优免 …………………… 44
一、高龄老人家庭享受赋役优免的年龄标准 ………………… 44
二、高龄老人家庭赋役优免政策的基本内容 ………………… 45
三、高龄老人家庭赋役优免政策的弊端 ……………………… 47

第二章 宋代对鳏寡独老的救助 ························· 49

第一节 宋代救助鳏寡独老的管理机构 ················ 49
一、中央管理机构及其职能 ························· 50
二、路级监察机构的管理职能 ······················· 56
三、地方州县的管理职能 ··························· 59
四、小结 ··· 65

第二节 宋代救助鳏寡独老的方式及其演变 ············ 65
一、北宋救助鳏寡独老的方式 ······················· 66
二、南宋救助鳏寡独老的方式 ······················· 71
三、宋代救助鳏寡独老方式的演变轨迹及其原因 ······· 74

第三节 宋代救助鳏寡独老的资金来源 ················ 79
一、政府财政拨付 ································· 79
二、地方州县官员筹资 ····························· 87

第四节 宋代救助鳏寡独老的标准 ···················· 90
一、北宋救助鳏寡独老的标准 ······················· 90
二、南宋救助鳏寡独老的标准 ······················· 92

第五节 宋代救助鳏寡独老的弊端及应对措施 ·········· 95
一、宋代救助鳏寡独老的弊端 ······················· 96
二、宋政府应对救助弊端的举措 ···················· 101
三、宋代老人救助弊病产生的根源 ·················· 105
四、小结 ·· 111

第三章 宋代对特殊老年群体的优恤 ···················· 112

第一节 宋代对老年科举士人的优待 ················· 112
一、老年士人获取特奏名资格的条件 ················ 113
二、老年士人获取特奏名资格后的待遇 ·············· 115
三、特奏名政策的实施及影响 ······················ 116

第二节 宋代对老年僧道的优待 ····················· 118

一、宋代优待老年僧道政策及其演变 …………………… 119
　　二、宋代老年僧道丁税优免权的实施状况 ……………… 123
　第三节　宋代对老年军人的优恤 ………………………………… 125
　　一、退为剩员 ………………………………………………… 125
　　二、降充小分 ………………………………………………… 127
　　三、补授添差不厘务官 ……………………………………… 127
　　四、归农与放停 ……………………………………………… 128
　　五、对宋代优恤老年军人政策的认识 ……………………… 129
　第四节　宋代对战亡将士祖父母及父母的抚恤 ………………… 131
　　一、赏赐钱物及封号 ………………………………………… 132
　　二、定期发放食俸 …………………………………………… 133
　　三、依鳏寡孤独条例存养 …………………………………… 134

第四章　宋代官员养老制度 ………………………………………… 136
　第一节　宋代致仕养老 …………………………………………… 136
　　一、宋代致仕养老的条件及方式 …………………………… 136
　　二、宋代官员致仕养老的待遇 ……………………………… 143
　　三、宋代致仕官员的养老生活 ……………………………… 164
　第二节　宋代闲职养老 …………………………………………… 173
　　一、宋代祠禄制度与官员养老 ……………………………… 173
　　二、宋代分司制度与官员养老 ……………………………… 185

第五章　宋代官员养亲制度 ………………………………………… 192
　第一节　宋代官员养亲法令 ……………………………………… 192
　　一、侍养祖父母及父母令 …………………………………… 192
　　二、迎养祖父母及父母令 …………………………………… 193
　　三、省视祖父母及父母令 …………………………………… 196
　　四、便养祖父母及父母令 …………………………………… 198
　　五、分俸养亲令 ……………………………………………… 199

第二节 宋代官员养亲的主要方式 …… 200
一、迎侍尊亲 …… 200
二、闲职养亲 …… 207
三、致仕、辞官以养亲 …… 211

第三节 宋代官员养亲实践中的制约因素 …… 214
一、政府态度对官员养亲实践的制约 …… 215
二、官员调动对养亲实践的制约 …… 218
三、党争对官员养亲实践的制约 …… 219
四、官员双亲对其养亲实践的制约 …… 221
五、小结 …… 222

第六章 宋代对家庭养老行为的奖惩制度 …… 224

第一节 宋代对孝养行为的奖励 …… 224
一、宋代的孝养行为及其奖励方式 …… 224
二、宋代奖励孝行的特点 …… 235

第二节 宋代对不孝行为的惩处 …… 239
一、宋代家庭养老中的不孝行为 …… 239
二、宋代惩处不孝行为的法令 …… 244
三、宋代惩处不孝行为的方式 …… 250
四、宋代惩处不孝行为的特征和作用 …… 257

第七章 对宋代养老制度的评价 …… 263

第一节 宋代养老制度的特征 …… 263
一、宋代养老制度比前代更为完备 …… 263
二、宋代养老的方式比前代更加多元化 …… 266
三、宋代养老制度的演变具有明显的阶段性 …… 267

第二节 宋代养老制度的作用和局限性 …… 275
一、宋代养老制度的作用 …… 275
二、宋代养老制度的局限性 …… 278

结　语 …………………………………………………… 282

附录：宋政府旌表累世同居行为情况一览表 …………… 285

参考文献 ………………………………………………… 292

后　记 …………………………………………………… 310

绪　　论

一、研究缘起

在中国传统社会,养老问题不单纯是家庭领域的私人事务,它是儒家所倡导的孝观念、孝文化的集中体现,关乎社会伦理秩序与政治秩序。在《周礼》保息六政之中,养老位居第二,仅次于慈幼。在中国古代政治实践中,养老也受到统治者的重视,成为历朝政府施政的重要内容之一。

早在先秦时期,诸多思想家和政治家对老人的特殊地位和作用已有清醒的认识,西汉统治者为重建社会伦理秩序,将维系家庭伦理的核心要素"孝"作为恢复社会秩序的基础,这一思想有力地推动了汉代养老政策的制定与实行。汉代最高统治者非常重视养老,多次颁发养老诏令,推行王杖制度,对后世养老制度的形成具有奠基作用。唐代则进一步完善致仕制度、救恤鳏寡独老制度,实行侍养制度,将规范家庭养老行为的法令系统化。

晚唐及五代时期,政治局势动荡不安,整个社会秩序陷入混乱之中。安史之乱,对中央及皇帝的权威形成极大的挑战,冲击了维护封建等级秩序的尊卑观念。藩镇割据的存在,打破了皇帝一统天下的政治秩序。与传统政治秩序瓦解相对应的是,此时期社会伦理秩序也遭到极大的破坏,"世道衰,人伦坏","亲疏之理反其常,干戈起于骨肉,异类合为父子"①,父子乱伦、兄

---

① (宋)欧阳修:《新五代史》卷三六《义儿传》,中华书局,1974年,第385页。

弟相残的行为屡见不鲜。

作为一个结束分裂局面的封建性政权,宋朝不仅承接了五代"礼乐崩坏,三纲五常之道绝"的社会秩序,也面临经济、政治、军事及思想文化等领域的变迁。伴随土地制度和社会经济结构的变迁,宋代政治、军事、思想文化领域也发生显著变化,主要表现在三个方面:其一,门阀氏族逐渐退出政治舞台,取而代之的是不断崛起的庶族地主。大量的庶族地主借助科举制度进入国家统治中心,成为宋代社会统治的重要力量。其二,府兵制遭到根本性的破坏,募兵制成为宋代主要的军事制度,兵、农实现了分离。其三,随着商品经济的发展,"义利并重"的思想逐渐兴起,打破了"重义轻利"一统天下的局面。

面对晚唐五代所遗留下的"礼崩乐坏"的政治遗产,以及经济、政治、军事、思想文化等方面的变迁,宋朝政府如何借助"孝"这一儒家文化核心要素来恢复、重建家庭伦理秩序与社会政治秩序,完善社会控制体系,实现对社会的有效控制,是一个值得探讨问题。这就需要系统考察宋朝政府出台了哪些养老措施,分析宋朝养老制度取得哪些成就、具有什么特色,对当时的社会、政治、经济又有何种影响。深入、系统研究宋朝养老制度,不仅可以清晰地呈现宋廷推行养老之政的具体途径与方式,而且能够从中观察宋朝儒学、宗教对政府养老制度的影响,体悟宋朝政治生态、社会风俗对养老政策的制约与影响,更好理解观念、思想、政治与社会的关系,有助于深化宋代制度史、宋代社会史的研究。

二、研究回顾

宋代是中国古代历史上一个承上启下的封建王朝,它在继承尊老养老传统的基础上不断改进、完善养老方式,形成了颇具特色的养老制度,对其后的元、明、清诸朝产生了重要影响。后世对宋代养老制度的关注,最早可追溯至明清时期。明人丘濬在《大学衍义补》中肯定了宋代恤贫养孤的政策。清代学者秦蕙田所编撰的《五礼通考》,从视学养老之礼的角度,对宋太祖、太宗、真宗及仁宗优老举措进行简单的梳理。上述成果止于罗列,尚不具有研究意义,真正意义上的研究始于20世纪30年代。改革开放以后,尤其是近二十年,养老逐渐成为一个突出的社会问题,这刺激了学界对中国古代社会养老问题的深入研究,宋代养老问题受到较大关注,此时期相关学术成果的数量和质量均有明显提高。学界现有成果主要集中于三个方面:宋代养老政策、宋代救助机构、宋代养老礼仪。下文将系统梳理20世纪以来宋代养老问题的相关成果,充分了解、吸收、反思现有研究成果,力图从研究内容、研究方法及资料来源上有所突破,以推进宋代养老问题的研究。

(一) 宋代养老政策

20世纪以来,学界对宋代养老政策的研究,首先表现为综合研究,旨在全面考察宋代养老的具体措施及其特点。王德毅在宋代养老问题的研究上,具有开创性的意义,首次系统梳理了宋代养老和敬老的具体措施,并明确指出其特点和历史地位[1]。黄天明则从孝文化的角度分析了宋政府的尊老政策、官员养亲政策、奉养父祖的法律规定,认为它们都是"孝治"的具体实践[2]。

对于老年官员来说,致仕制度具有显著的养老功能,是宋代养老政策的重要内容。学术界从官员管理制度的角度对其进行了较为充分的研究,集中论述了宋代致仕制度的标准、程序、待遇,对其意义也有所论及。朱瑞熙早在80年代初已开始关注宋代致仕制度,他系统梳理了宋代官员致仕制度的诸项规定,解决了宋代官员致仕的年龄、手续、俸禄待遇、政治待遇及政府的奖惩措施等基本问题。穆朝庆对宋代官员致仕标准进行了细化,他认为宋代致仕制度,有以年龄为唯一标准的,也有以健康与否为主要条件,年龄只是参考标准。同时,在致仕标准上,高级官员与中下级官员还有等级差别。苗书梅从官员管理的角度全面探讨了宋代致仕制度,不仅论及宋代致仕制度的演化、致仕的方式和过程、致仕待遇,还论述了官员致仕后的活动、

---

[1] 王德毅:《宋代的养老与慈幼》,载台北编译馆主编:《宋史研究集》第6辑,台北编译馆,1971年,第399、400页。

[2] 黄天明:《宋代孝文化述论》,《四川大学学报(哲学社会科学版)》2002年第4期。

致仕的意义及存在的问题。她认为致仕制度不仅有利于官僚队伍的新老更替,提高行政效率,巩固封建统治,也使年老体弱官员免除政务负担,有利于老有所养的礼俗得以发扬光大。任丽丽明确指出宋代致仕制度与官员养老有着密切关系,充分肯定了致仕制度对官员养老的积极作用。她认为官员致仕后在政治方面的待遇,使他们在社会上享有一定政治地位,赢得社会的尊重,精神生活得到满足和慰藉;在物质方面的待遇,使他们养老的基本费用有所保障。

宋代救助鳏寡孤独政策是宋代养老政策的特色之一,中外学界多是在社会保障或社会救济的框架下研究宋代对鳏寡孤老的救助,普遍认为宋代主要通过机构救助鳏寡独老。日本学者梅原郁较早对宋代城市救济政策进行专题研究①,而星斌夫则在研究中国社会福利史的过程中,论及宋代救济政策②。国内学者张文和郭文佳从社会救济的角度论述宋代对鳏寡贫老的救助政策,认为宋代对鳏寡贫老的救恤,已超出"礼"的范畴,具有更为广泛的社会救济意义③。

(二) 宋代救助机构

与前代所不同的是,宋代尤其注重救助鳏寡贫老这一弱势群体。在救助鳏寡贫老方面,两宋多是通过创置综合性的救济机构来解决其基本生活。两宋时期的所创设的救济机构,是20世纪以来宋代养老制度研究的热点,现有的研究成果多从整体上论述宋代恤老机构,也有专题研究宋代的居养机构和医疗救助机构。

20世纪上半叶,学术界对于宋代的福田院、居养院、安济坊进行了开创性的研究,初步探讨了其基本性质、救济对象和管理规定。新中国成立以来,中外学者有力地推动了宋代福田院、居养院及安济坊等救济机构的深入研究。他们的研究成果主要探讨了宋代救济机构的创置、基本设施、

---

① [日]梅原郁:《宋代の救济制度——都市の社会史によせて一》,载中村贤二郎编:《都市の社会史》,ミネルヴァ书房,1983年。
② [日]星斌夫:《中国の社会福祉の历史》,山川出版社,1988年。
③ 张文:《宋朝社会救济研究》,西南师范大学出版社,2001年,第196页。

演变过程,对于其管理制度、实际运作及主要功能,也有较为深入的讨论。金中枢①、宋采义②充分肯定了居养院、安济坊等救助机构的贡献与意义。谭书龙集中探讨了居养院、安济坊等救济机构的行政管理制度和经费管理制度③。宋炯则以居养制度为例,从经济的角度论述了宋代官办慈善事业的发展与变化,全面探讨了居养院的实际运行,并分析了居养制度萎缩的原因④。韩国学者李瑾明在讨论宋代社会救济制度的运行和国家权力时,选取居养院作为案例进行分析。他以居养制度的实际运作为中心,探讨了居养院的规模、财政基础及收容对象,认为宋代居养院规模比较零散,财政脆弱,收容对象复杂,其兴衰与国家政局安定与否有着极为密切的关系⑤。值得注意的是,部分学者在宋代居养院的研究上,已开始关注考古资料。张新宇利用考古发现的漏泽园砖铭,推断仁先院、贫老院这些未见于史籍记载的机构是宋代居养院的别称⑥。

近十余年,学界对宋代恤老机构的研究更加细致、深入,已开始关注其管理制度和实际运作过程。现有成果初步解决了宋代恤老机构的名称、性质、发展演变及实际运作等基本问题,为以后的深入探讨打下了坚实的基础。但现有成果多关注的是救恤机构,而非救恤对象,对宋政府救助鳏寡独老方式的转变及其推动因素缺少必要的分析,同时也较少关注其实践效果、弊端及政府的应对措施。

(三) 宋代养老礼仪

中国古代社会的养老,在一定程度上是礼制的范畴。但真正意义上的养老礼,即狭义的养老礼仪,主要指皇帝养"三老五更"礼和乡饮酒礼。皇帝养

---

① 金中枢:《宋代几种社会福利制度——居养院、安济坊、漏泽园》,载《宋史研究集》第18辑,台北编译馆,1987年,第188、189页。
② 宋采义:《宋代的居养与宽疾之政》,《史学月刊》1988年第2期。
③ 谭书龙:《宋代官办慈善机构管理初探》,《社会科学辑刊》2005年第4期。
④ 宋炯:《两宋居养制度的发展——宋代官办慈善事业初探》,《中国史研究》2000年第4期。
⑤ 李瑾明:《宋代社会救济制度的运作和国家权力——以居养院制的变迁为中心》,《中国史研究》2005年第3期。
⑥ 张新宇:《漏泽园砖铭所见北宋末年的居养院和安济坊》,《考古》2009年第4期。

老礼,即"三老五更"礼,自三代以来,被历代统治者所承袭,至唐宋时期,随着皇权的加强,出现了较为明显的变化。对于这一变化,学界给予充分的关注。

目前学术界在宋代皇帝养老礼上基本形成共识,普遍认为宋代皇帝养老礼较前代出现明显的衰退,也没有付诸实践。高成鸢认为宋代的养老之礼,比较前代,有明显的衰退。在他看来,皇帝养老礼的衰退,绝不意味着孝悌与尊老教化的衰退,应该理解为只是重视礼仪的实效①。王美华以唐宋时期礼制文本为依据,详细分析了此时期皇帝养老礼在具体程序与规定上的变化,认为宋代君主专制的强化是变化的根本原因。就皇帝养老礼的实践而言,王美华认为皇帝养老礼,在宋代只是局限于礼典条文,并没有付诸实施,也未摆脱渐被废弃的命运②。

乡饮酒礼是一种地方性的敬老活动,被誉为养老大典,学界现有的研究多集中在乡饮酒礼在宋代的演变、实施及中断原因等问题上。高成鸢认为乡饮酒礼在宋代演变为州一级的鹿鸣宴③。王美华对乡饮酒礼在宋代的演变做出更为细致的考察。她认为,北宋时期乡饮酒礼的"宾供"职能逐渐由鹿鸣宴取代,"尊德尚齿"的功能逐步回归。南宋时期,乡饮酒礼明确固定为以基层社会的尊德尚齿为主旨的礼仪仪式④。申万里认为,北宋时期乡饮酒礼实行的频率和地域都相当有限。南宋时期,乡饮酒礼在各级地方官和儒士的推动下,得以在以四明地区为核心的全国范围内施行⑤。黄宽重对四明地区乡饮酒礼的恢复与施行做了较为详细的讨论。他认为,南宋时期四明地区首先恢复施行乡饮酒礼,礼部在此基础上奏请郡国普遍实行此礼。至于明州及其他地区乡饮酒礼中断的原因,他认为有两点:一是仪制相当复杂,二是经费或被挪用养士,或无以为继⑥。

---

① 高成鸢:《中华尊老文化探究》,中国社会科学出版社,1999年,第159页。
② 王美华:《唐宋时期的皇帝养老礼》,《文史知识》2007年第12期。
③ 高成鸢:《中华尊老文化探究》,第160页。
④ 王美华:《唐宋时期乡饮酒礼演变探析》,《中国史研究》2011年第2期。
⑤ 申万里:《宋元乡饮酒礼考》,《史学月刊》2005年第2期。
⑥ 黄宽重:《宋代四明士族人际网络与社会文化活动——以楼氏家族为中心的观察》,载黄宽重、刘增贵主编:《家族与社会》,中国大百科全书出版社,2005年,第389页。

关于乡饮酒礼在国家礼制体系中的位置,学术界存在两种不同的意见。申万里认为南宋时期的乡饮酒礼只是地方儒士之间的会拜、交流活动,在当时的国家礼制体系中不占重要地位①。王美华则将宋代,尤其是南宋时期的乡饮酒礼的兴起和实施,视为礼制下移的重要表现,认为乡饮酒礼已经从民间习俗上升为国家礼制,被列入官方礼典②。

现有的成果基本解决宋代养老礼仪的基本规定、发展变化及实施状况,但对其衰落原因缺少深入的分析。此外,礼仪的缺失和中断对于社会的伦理秩序有无影响,宋人对其态度如何,它所遗留下来的空间宋政府又是如何填补的,均是值得探讨的问题。

综上所述,宋代养老问题的研究起步较早,在近十年中又有所深入、扩展,但与其他断代养老问题研究相比,还有一定的差距。在现有关于中国古代养老问题的研究成果中,以汉、唐、明、清为主③,其研究涉及养老政策、养老机构、养老思想、养老教育等方面,对于养老的地区差别、性别差别等问题也有所探讨。专题论述宋代养老制度的成果比较罕见,更无专著问世。宋代养老制度还有较大的研究空间,这主要体现在以下四个方面:

---

① 申万里:《宋元乡饮酒礼考》,《史学月刊》2005年第2期。
② 王美华:《乡饮酒礼与唐宋地方社会》,《社会科学辑刊》2010年第4期。
③ 目前学界关于中国尊老养老问题的研究,以汉唐的成果为最,其次为明清,再次为先秦。如臧知非:《"王杖诏书"与汉代养老制度》,《史林》2002年第2期。张鹤泉:《西汉养老制度简论》,《学习与探索》1992年第6期。张国刚:《关于唐朝的老人问题》,《光明日报》2005年10月18日第007版"理论周刊"。陈明光:《唐代的侍老制度》,《文史知识》1991年第11期。夏炎:《论唐代版授高年中的州级官员》,《史学集刊》2005年第2期。刘兴云:《浅议唐代的乡村养老》,《史学月刊》2007年第8期。盛会莲:《唐五代社会救助研究》,浙江大学博士学位论文,2005年。任丽丽:《唐宋时期的养老问题》,河北师范大学硕士学位论文,2010年。陈宝锋:《唐代养老制度研究》,西南大学硕士学位论文,2011年。盛会莲:《试析唐五代时期政府的养老政策》,《浙江师范大学学报(社会科学版)》2012年第1期。游自勇:《唐代乡饮酒礼与地方社会》,《首都师范大学学报(社会科学版)》,2015年第2期。林金树:《明代老人政策述论》,《中国史研究》1998年第2期。邱仲麟:《敬老适所以贱老——明代乡饮酒礼的而变迁及其与地方社会的互动》,《"中央研究院"历史语言研究所集刊》,第76本,2005年,第1—79页。赵克生:《老吾之老:明代官吏养亲问题探论》,《史学月刊》2008年第2期。王兴亚:《明代的老年人政策》,《南都学坛》1994年第4期。王兴亚:《明代养济院研究》,《郑州大学学报(哲学社会科学版)》1989年第3期。吕丽萍:《明代家庭养老研究》,东北师范大学硕士学位论文,2011年。周荣:《明代致仕官员的食俸与养老》,《武汉大学学报(人文科学版)》2006年第1期。赵全鹏:《清代老人的家庭赡养》,《中国社会历史评论》第1卷,天津古籍出版社,1999年。赵全鹏:《清代养老制度》,西安出版社,2003年。

第一,宋代养老制度的独立性研究有待于深入。学界现有关于宋代养老制度的研究,虽然已经突破古代礼制这一历史范畴的限制,但多将其置于慈善、救济或社会保障的框架下进行。这样的解释框架,实现了研究视角的转换,但却使宋代养老问题淹没在社会保障系统之中,影响了养老制度的独立性研究。尊养老人,是中华民族优良传统之一,也是中国传统文化最具持续性与生命力的部分之一。所以,宋代养老制度的研究,需要在社会保障系统的研究框架下进一步突出独立性的一面。

第二,在研究方法上,宋代养老制度研究尚未突破传统制度史研究模式,实现"活的制度史"①研究目标。目前有关宋代养老制度的研究成果,在研究方法上仍然沿袭传统制度史的研究路径,即停留在国家制度条文、政策规定的静态研究,较少从制度的运行及实施效果去动态考察宋代养老制度。部分学者在研究宋代居养院这一救助机构的过程中,已开始注意到机构的实施效果及其制约因素②。不过,笔者认为,养老作为社会保障系统中的一个分支,是一个非常复杂的系统,仅仅注意到救助机构,还不足以揭示政府养老政策的运行状况,仍需要对不同的政策逐一分析它的运行机制,关注与之相联系的政治因素、人事因素、经济因素和组织因素等诸因素,以突破传统研究模式的限制,实现立体化研究目标,推动宋代养老制度在研究深度上的进展。

第三,在研究内容上,现有的成果还停留在宋政府对部分老人的优待政策,政府对家庭养老的政策保障与支持,还未引起关注。中国古代社会的养老制度是以"孝"为支撑的文化体系,而家庭作为社会基本组织,是政府推行"孝道"的重要载体,在养老上具有突出的功能。为充分发挥家庭的养老功能,宋政府也采取了种种保障与支持措施,丰富了宋代养老制度的内容。因

---

① 邓小南:《走向活的制度史——以宋代官僚政治制度史研究为例的点滴思考》,《浙江学刊》2003年第3期。邓小南:《再谈走向"活"的制度史》,《史学月刊》2022年第1期。
② 宋炯:《两宋居养制度的发展——宋代官办慈善事业初探》,《中国史研究》2000年第4期。李瑾明:《宋代社会救济制度的运作和国家权力——以居养院制的变迁为中心》,《中国史研究》2005年第3期。

此,政府对家庭养老的支持与保障也是宋代养老制度的研究对象,应纳入到宋代养老制度的研究范围。

第四,宋代养老制度研究的资料有待于进一步挖掘。目前学界对宋代养老问题的研究,多依靠正史材料,对于地方志、个人文集及石刻资料,还未给予充分的重视。事实上,地方志、文集及墓志拓片,不仅能够补正史记载之不足,而且保留有大量反映养老政策实施状况的材料,对宋代养老制度的研究,有明显的推动作用,值得研究者的关注。

三、概念界定及研究范围

(一)"老"的基本内涵

"老"和"养老"是文中所涉及的两个基本概念。关于"老"的字形构成,汉代的许慎认为是"从人毛匕"。"毛"指胡须头发;"匕",变也。意思是须发变白[1]。在甲骨文中,"老"字的图像是一个人拄着拐杖。甲骨文专家于省吾综合诸家解释,得出的结论为:"'老'者,像依仗形。《说文》言须发变白,非是。"[2]许慎与于省吾对"老"字的考察,反映出当时社会的老年标准,是从外部身体特征上判断。但是不同个体之间的衰老速度存在着差异,所以往往以年龄作为判断是否已经进入老年的标准[3]。"老"的年龄标准,在中国古代社会不断发生着变化。马雪在《宋代优老养老政策述论》中总结了先秦、汉、西晋、唐老年标准的变化,同时对宋代老年年龄标准也做出细致的考察。她认为宋代官方对"老"的年龄界定也不是确定的,大致有50岁、60岁、70岁三种标准,比较而言,"六十为老"的标准采用较多[4]。本文中"老"的年龄标准主要以"六十为老"为依据,兼顾宋代不同时期、不同阶层年龄标准的变化。

在老年标准的界定上,年龄并不是唯一的依据,从社会学的角度界定老

---

[1] 高成鸢:《中华尊老文化探究》,第10页。
[2] 高成鸢:《中华尊老文化探究》,第11页。
[3] 谢元鲁、王定璋:《中国古代敬老养老风俗》,陕西人民出版社,2004年,第2页。
[4] 马雪:《宋代优老养老政策述论》,湘潭大学硕士学位论文,2008年,第2—3页。

人也是学界通用的方法。郑兰生在《养老溯源和汉代养老制度的形成》中提出,"老"在古代有两重意义:一是指本族的长辈,一是泛指老年人。同时转述近人朱芳圃的观点:"老""孝"互通,其实"孝"表达的是子女对父母的孝敬,是以个体家庭为范围的①。该文虽然讨论的是汉代的养老问题,但在"老"的认识上,同样适用于宋代。高成鸢认为作为名词的老,兼指家族内的亲族与社会上的老人②。谢元鲁、王定璋《中国古代敬老养老风俗》一文,明确指出在中国古代社会中,父母对于子女,长辈对于晚辈,尽管其年龄不一定达到国家规定的老年标准,但也可以列入老年人的行列,这就是社会学意义上的老人③。

对于中国古代社会来说,由于户籍管理方式、统计手段及存世史料的局限,后人较难确定时人的具体年龄。再者当时社会生产力、人类生存能力也决定了宋人的平均寿命偏低④,所以若仅仅以60岁作为宋代"入老"的标准,容易为资料所限,无法展开深入研究。在"老"的标准上,采用生理学和社会学的双重标准,使中国古代社会养老问题的研究突破了年龄限制,扩大了研究对象的范围。

除了社会学意义上的"老"及达到官方"入老"标准的人外,宋代老年群体中还有鳏、寡、独这一特殊群体。依照孟子的解释,"老而无妻"者为"鳏","老而无夫"者为"寡","老而无子"者为"独"。因此本文的"老",既有达到国家规定年龄的老人,也有父母、祖父母等老年亲属及长辈,还有鳏、寡、独这一特殊群体。

依照上述标准,宋代的太上皇、皇太后及达到"入老"标准的宗室人员,同样属于"老"的范围,但与其他老年群体所不同的是,他们的晚年生活多无后顾之忧。因此,本文暂不考察政府对他们的优待。

---

① 郑兰生:《养老溯源和汉代养老制度的形成》,《甘肃理论学刊》1990年第5期,第84页。
② 高成鸢:《中华尊老文化探究》,第18页。
③ 谢元鲁、王定璋:《中国古代敬老养老风俗》,第2页。
④ 刘克发认为宋代平均寿命为30岁。还有一说是宋代男性平均寿命为41岁,女性为45岁,略低于隋唐;同明清相比,也有一定的差距。参见刘克发编著:《人口学新论》,西南师范大学出版社,1990年。转引自谢元鲁、王定璋:《中国古代敬老养老风俗》,第13页。

(二)"养老"的基本内涵

中古时期的"养老",常被归入礼制的范畴。清代秦蕙田在编撰《五礼通考》时,把历朝养老礼仪、活动、措施列入嘉礼的范围①。高成鸢先生在《中华尊老文化研究》中也明确指出,中国古代"养老"一词与今天有很大的差异,它曾长期作为整套尊老礼制的全称②。梁满仓在论述魏晋南北朝五礼制度时,亦认为此时期的优老政策和措施即是养老之礼,并将其归入五礼中的嘉礼③。陈成国同样视宋代的养老政策与措施为养老礼制④。

中国古代社会的"养老",虽然具有浓厚的礼制色彩,但这并不意味着它仅停留在礼仪制度的层面。事实上,中国古代的养老政策、养老措施不仅含有提高老人家庭地位与政治地位的目的,在一定范围和程度上也有保障老人安度晚年的意义。

需要指出的是,"养老"的含义,具有狭义与广义之分。从狭义上讲,养老即是为老年人提供物质奉养。但物质奉养仅是养老的基本要求,精神上的关爱对于老人的晚年生活同样有不同寻常的意义,是养老的另一重要内容。部分优待、优恤老年人的措施虽未直接提供物质供养,但它们显示出官方对老年群体的尊敬与关爱,在一定程度上满足了他们的精神需要,对其晚年生活仍有积极的促进作用。因此,广义上的"养老",不仅包含物质奉养,也有精神关爱与慰藉。

(三) 研究范围

本书主要研究宋代的养老制度,着重考察宋代的养老对象、方式及对家庭养老的保障。本书中的"养老",即为广义上的"养老",主要指国家对高龄老人、鳏寡独老、老年官员、老年科举士人、老年军人、老年僧道、老年归正

---

① (清)秦蕙田:《五礼通考》卷一七七《学礼》,《影印文渊阁四库全书》第139册,台湾商务印书馆,1986年,第265—273页。
② 高成鸢:《中华尊老文化探究》,第20页。
③ 梁满仓:《魏晋南北朝五礼制度考论》,社会科学文献出版社,2009年。
④ 陈成国:《中国礼制史》(宋元卷),湖南教育出版社,2001年。

人以及战亡将士祖父母和父母,所采取的种种优待措施,同时也包含政府在保障家庭养老方面所采取的措施与政策。尽管养老有生前的侍养和死后的祭拜两部分内容,但对于广大老人而言,生前的侍养更为重要,因此本书主要讨论生前的侍奉与照料,暂不论述死后的祭拜。

第一章　宋代对高龄老人的优待

贵老尚齿是中国古代社会的重要传统，为彰显国家对老人的尊养，历朝政府均对将高龄老人有所优待，宋代也不例外。两宋时期，赏赐成为政府优待高龄老人最为重要的方式，不同身份、不同阶层的高龄老人均可享受到官方的恩赏。南宋时期，政府对高龄老人的赏赐时机较为稳定，也形成了明确的赏赐标准，出现了制度化的趋势。此外，赋予高龄老人一定的刑律优免权与赋税优免权，也是宋政府优待高龄老人的具体体现。

第一节　宋代对高龄老人的赏赐

为实现道德重建，宋政府大力推行孝治，多次赏赐高龄老人。与前代相比，宋代赏赐高龄老人的年龄标准、赏赐内容、赏赐时空分布上均有明显变化，这在一定程度上反映出宋代孝文化及政治文化的变迁。目前学界虽有相关研究成果[1]，但详于北宋而略于南宋，且多是简单列举宋代赏赐高年的具体措施，对宋代赏赐高年政策的具体内涵、变化趋势及运作过程缺少深入分析。下文拟专题探讨宋代赏赐高年的年龄标准、主要内容、赏赐时机及实

---

[1] 马雪：《宋代优老养老政策述论》，湘潭大学硕士学位论文，2008年，第13—14页。王艳：《宋代物质赏赐研究》，河南大学博士学位论文，2013年，第211—212页。

际运作状况诸问题,以期深化宋代孝文化及政治文化的研究。

一、赏赐高龄老人的年龄标准

宋代赏赐高龄老人的对象比较广泛,既有高龄官员及官员父母与祖父母,也有高龄庶民,还有高龄僧道、女冠。政府在赏赐不同阶层、不同身份的高龄老人时,所持的年龄标准有所不同。在同一社会阶层中,由于赏赐形式、赏赐范围的变化,赏赐高龄老人的年龄标准也会发生相应的变化。

(一) 赏赐高年官员及官员父母、祖父母的年龄标准

1. 赏赐高年官员的年龄标准

北宋时期赏赐高年官员的年龄标准,至少在80岁以上,高于官方规定的退休年龄。对于高年分司官员的赏赐,一般以80岁为标准。庆历年间,前国子监直讲赵希言以司封员外郎的身份分司西京(今河南洛阳)。庆历五年(1045)枢密使王贻永、副使庞籍、丁度联名上奏赵希言尝侍讲禁中,如今"年余八十,而家素贫",宋仁宗特"赐钱十万"①,以缓解其生活困境。对于高年致仕官员的赏赐,年龄标准高于高龄分司官,一般要在90岁以上。比如,前青州录事参军麻希梦,致仕后居住在山东临淄,"年九十五,齿发不衰"。端拱初年,宋太宗闻知,将麻希梦召至京师,诏令其以"尚书工部员外郎"致仕,并赐以"金紫"②。又比如,高邮人李演,为"枢臣之子,逮事五朝",以朝奉郎致仕,后叙封至"中散大夫",北宋徽宗年间已九十有余。宋徽宗在政和七年(1117)诏令李演"转一官"并予"米、面各十石"③,以示优恤。

---

① 《宋会要辑稿》载赵希言"尝侍讲禁中",《续资治通鉴长编》载赵希言"常侍讲禁中",今取前者。详见(清)徐松辑,刘琳、刁忠民、舒大刚、尹波等校点:《宋会要辑稿》职官四六之四,上海古籍出版社,2014年,第4261页。(宋)李焘:《续资治通鉴长编》卷一五七"庆历五年十二月甲子",中华书局,2004年,第3812页。

② (清)徐松辑,刘琳、刁忠民、舒大刚、尹波等校点:《宋会要辑稿》职官七七之三〇,第5158页。

③ (清)徐松辑,刘琳、刁忠民、舒大刚、尹波等校点:《宋会要辑稿》职官七七之六一,第5173页。

南宋对高年官员的赏赐，多是针对致仕官员的规模性赏赐，年龄标准一般为80岁。南宋时期大规模赏赐高年致仕官员的活动，始于宋高宗绍兴年间。绍兴二十九年(1159)，韦太后八十大寿，宋高宗为庆祝母亲寿诞，对全国高年大行赏赐，"京朝官年八十以上者"及"选人使臣年八十以上"①者均受到政府的赏赐。宋宁宗在位时期，也实施赏赐高年致仕官员的政策。庆元五年(1199)八月，宋宁宗在太上皇寿诞前十日到寿康宫进香，特降诏赏赐天下。在针对致仕官员的赏赐中，实行双重的年龄标准，其中"致仕官员郎年八十"，其他致仕官"七十，服绯、绿及十年"②可受到赏赐。从整体上看，南宋赏赐高年官员的年龄标准低于北宋，赏赐范围更广。

2. 赏赐官员父母及得解进士祖父母的年龄标准

北宋时期既有针对个别官员父母的优恤，也有全国性的大规模赏赐。其中，赏赐个别官员父母的年龄标准比较灵活，从70岁到90多岁均有。比如，开宝五年(972)，前卢县尉许永的父亲许琼，"年九十九"，"对于讲武殿"，"语气不衰"③。宋太祖因其高寿，大行赏赐，以示礼遇。大中祥符三年(1010)，京西转运副使王随的父亲"年八十余"，母亲"年七十余"，宋真宗"嘉其耆耋善训"，赐其"粟帛羊酒"④。咸平年间，高阳关(今河北高阳东)都部署康保裔在与辽兵作战中身亡，宋真宗听闻后"废朝二日"，特赐其"八十有四"的老母"白金五十两"⑤，以示优恤。

宋政府对官员父母的规模性赏赐，一般以90岁为标准，南宋孝宗时期一度降至70岁。据载，宋徽宗在大观元年(1107)曾下诏赏赐全国高年之人，明确规定"官员父母年九十以上者"，"男子官，女子封"⑥。南宋初期，政

---

① (宋)李心传撰，辛更儒点校：《建炎以来系年要录》卷一八一"绍兴二十九年二月庚子"，上海古籍出版社，2018年，第3189页。
② (宋)李心传撰，徐规点校：《建炎以来朝野杂记》卷一《寿康宫进香》，中华书局，2007年，第29—30页。
③ (元)脱脱等：《宋史》卷四五七《陈抟传》，中华书局，1985年，第13422页。
④ (宋)李焘：《续资治通鉴长编》卷七四"大中祥符三年十一月戊戌"，第1696页。
⑤ (元)脱脱等：《宋史》卷四四六《康保裔传》，第13151页。
⑥ (宋)洪迈撰，孔凡礼点校：《容斋随笔·容斋三笔》卷九《老人该恩官封》，中华书局，2005年，第531页。

府赏赐官员父母时仍坚持90岁的标准。宋高宗朝,昭州(今广西桂林)文学王浃的父亲年九十、恩州(今广东恩平市)文学李天佑的父亲李讽年九十七,因"宗祀礼成,年高乡闾,子在仕版",均被封为"右承务郎致仕"①。宋孝宗时期,赏赐官员父母的年龄标准有所降低。据洪迈记载,乾道以来,"仕者之父母年七十、八十即得官封"②,官员父母的受赐年龄标准与北宋末年及南宋初期相比有了明显降低。宋宁宗时期,政府赏赐官员父母的年龄标准更加多样化。庆元五年(1199),宋宁宗在前往寿康宫进香时降诏大赏天下,其中"京官大父母、父母年八十,选人、小使臣大父母、父母年九十"③均在赏赐之列,但在赏赐年龄上京朝官父母的受赐年龄与选人及小使臣父母相比,有着10岁的差距。

贡士以上的父母,在南宋也一度成为政府赏赐的对象,其受赐的年龄标准为80岁。在宋代历次赏赐高年的活动中,贡士以上的父母较少单独作为政府赏赐的对象,宋高宗在绍兴二十九年(1159)正月所发布的赏赐诏令是仅有的一次。为庆祝韦太后八十大寿,宋高宗对全国高年老人大行赏赐。此次赏赐的对象不仅有80岁以上的宗室人员、宗教人士及90岁以上的庶民,"贡士以上父母年八十者"也可享受"官封文臣"④的待遇。由此以来,通过州县科举考试的士人,即使未取得官职,其父母只要在80岁以上也可与官员父母一样享受赏赐,这不仅体现出宋高宗对韦太后的尊崇,也折射出南宋政权对士人的笼络。

(二) 赏赐高年庶民的年龄标准

高龄庶民是历代政府赏赐高年的重要对象之一,宋代亦不例外。值得注意的是,宋代赏赐高龄庶民时,所使用的年龄标准因赏赐形式的不同有所差异。宋政府对于高龄庶民的赏赐,既有针对个别高年老人的特赐,也有面

---

① (宋)张扩:《东窗集》卷六《昭州文学王浃父年九十封右承务郎致仕制》《恩州文学李天佑父讽年九十七特封右承武郎致仕制》,《影印文渊阁四库全书》第1129册,第42页。制书中显示,李讽所封官职为"右承武郎",但宋代并无此官阶,此处似有误,应为"右承务郎"。
② (宋)洪迈撰,孔凡礼点校:《容斋随笔·容斋三笔》卷九《老人该恩官封》,第531页。
③ (宋)李心传撰,徐规点校:《建炎以来朝野杂记》卷一《寿康宫进香》,第29—30页。
④ (元)脱脱等:《宋史》卷二四三《后妃下》,第8643页。

向特定地区或者全国范围的恩赏。在个体性的特赐与集体性恩赏之间,年龄标准有着明显不同。

宋代个体性特赐,一般针对百岁以上的老人。咸平五年(1002)十一月,因祭祀大赦天下,白州(今广西博白)百姓黄守"百余岁",被"赐束帛"①。景德元年(1004)秋七月,益都(今山东青州)民李仁美与国凝的母亲因"百余岁"获赐"粟帛"②。景祐二年(1035),百岁老人张环随众进入京城上尊号,宋真宗因其高龄特赐"绢十匹,米五斛,紫衫银带"③。熙宁二年(1069),台州(今浙江台州)民延赞等九人,"年各百岁以上",被赐"本州助教"④。南宋时期赏赐一般高年之人,仍以百岁为年龄界限。绍兴年间,庶民林洞"年一百二岁",因宗祀礼成,被政府特补"右迪公郎致仕"⑤。端平元年(1234),嘉兴人王临"年百二岁",宋理宗诏"补迪公郎致仕"⑥。景定三年(1262),温州布衣李元老"读书安贫,不事科举",念其"今已百四岁","补迪郎致仕,本郡给奉"⑦。由此可知,两宋时期个体性高年赏赐的年龄基本以百岁为标准。

针对特定地区高龄庶民的赏赐活动在北宋时期较为频繁,其年龄标准有所降低,一般80岁以上的老人即可享受政府的恩赐。宋太祖朝,赏赐澶、密、齐、沂、莱、江、吉、万州、江阴、梁山军所奏的29名"八十岁以上"之老人⑧。大中祥符三年(1010),宋真宗降德音,赐京城赤县年"八十者爵一级"⑨。天禧元年(1017)五月,因"奉太祖圣容",宋廷大赦西京,洛阳城内"年八十者"均获赐"茶帛"⑩。天圣元年(1023),宋仁宗因"奉安真宗御

---

① (元)脱脱等:《宋史》卷六《真宗一》,第118页。
② (元)脱脱等:《宋史》卷七《真宗二》,第124页。
③ (宋)李焘:《续资治通鉴长编》卷一一七"景祐二年七月戊申",第2748页。
④ (元)脱脱等:《宋史》卷一四《神宗一》,第271页。
⑤ (宋)张扩:《东窗集》卷六《林洞年一百二岁特补右迪功郎致仕制》,《影印文渊阁四库全书》第1129册,第42页。
⑥ (元)脱脱等:《宋史》卷四一《理宗一》,第802页。
⑦ (元)脱脱等:《宋史》卷四五《理宗五》,第882页。
⑧ (元)脱脱等:《宋史》卷四四七《陈抟传》,第13422页。
⑨ (宋)李焘:《续资治通鉴长编》卷七三"大中祥符三年二月戊辰",第1658页。(元)脱脱等:《宋史》卷七《真宗二》,第143页。
⑩ (元)脱脱等:《宋史》卷八《真宗三》,第162页。

容",赐西京城中80岁以上者"茶人三斤,帛一匹"①。庆历八年(1048)秋,河北路、京东西路蒙受水灾。宋仁宗于次年十一月特赐河北灾民"八十岁以上者""米一石,酒一斗"②。元祐二年(1087),宋哲宗因"奉安神宗御容礼毕"下令赏赐西京"年八十以上者","人给酒食、茶绢"③。

  面向全国范围高年庶民的赏赐,北宋时期的年龄标准基本维持在90岁或100岁以上。宋真宗朝,曾赏赐全国百岁以上老人"衣帛、米麦"④。皇祐二年(1050),明堂礼毕,宋仁宗对四京、诸路州府90岁以上之高龄者大行赏赐,每人赐"米面各一石,酒一瓶"。另外,男子可获"紫绫锦袍一领",女子蒙受"紫绫一匹、绵五两"⑤的恩赏。嘉祐五年(1060),诸州上报的百岁父老被赐"州助教"⑥。元祐四年(1089),宋哲宗大赦天下,赏赐"士庶高年九十以上者"⑦。大观元年(1107),大赦天下,"民百岁男子官、女子封"⑧。

  南宋时期,面向全国范围高年庶民赏赐的年龄标准有所降低,90岁以上的高龄庶老成为政府赏赐的对象,这一标准最晚在宋孝宗朝得以固定。建炎元年(1127)五月,宋高宗即位,诏令赐"年九十以上者"⑨粟帛等物。绍兴七年(1137)九月,举行明堂大礼,大赦天下,"士庶男子、妇人九十以上者,递加恩锡"⑩。绍兴二十九年(1159),宋高宗诏令赏赐"庶人年九十"⑪

---

① （宋）李焘:《续资治通鉴长编》卷七三"天圣元年三月丙子",第2318页。（元）脱脱等:《宋史》卷九《仁宗一》,第177页。
② （元）脱脱等:《宋史》卷十一《仁宗三》,第227页。
③ （宋）李焘:《续资治通鉴长编》卷四〇六"元祐二年冬十月辛卯",第9884页。
④ （元）脱脱等:《宋史》卷四五七《陈抟传》,第13422页。
⑤ （清）徐松辑,刘琳、刁忠民、舒大刚、尹波等校点:《宋会要辑稿》礼二四之三一,第1155页。
⑥ （元）脱脱等:《宋史》卷一二《仁宗四》,第242页。（宋）李焘:《续资治通鉴长编》卷一九二"庆历五年十二月庚辰",第4654页。关于受赐的父老人数,二者记载有所不同,前者为十二人,后者记载为十一人。
⑦ （元）脱脱等:《宋史》卷一七《哲宗一》,第329页。
⑧ （宋）洪迈撰,孔凡礼点校:《容斋随笔·容斋三笔》卷九《老人该恩官封》,第531页。
⑨ （宋）徐梦莘:《三朝北盟会编》卷一〇一"建炎元年五月一日庚寅",上海古籍出版社,2008年,第743页。
⑩ （清）徐松辑,刘琳、刁忠民、舒大刚、尹波等校点:《宋会要辑稿》礼二五之二一,第1216页。
⑪ （元）脱脱等:《宋史》卷二四三《后妃下》,第8643页。

者。乾道元年(1165)正月一日,明堂大礼赦文规定:"士庶男子、妇人年九十以上","依格给赐束帛"①。绍熙二年(1191)十月,诏令赏赐"士庶、妇人年九十以上"②者。嘉泰三年(1203),宋宁宗依格赏赐"年九十岁以上"③之士庶男子、妇人。由此可知,南宋时期赏赐全国范围高年庶民的年龄标准较为稳定,基本维持在90岁。

(三) 赏赐高年僧尼、道士、女冠的年龄标准

北宋时期,政府对高年宗教人士的赏赐,多是针对个别道行精深的道士,其年龄均在80岁以上。宋太祖在位期间,曾两次赏赐著名道教场所——龙兴观的道士苏澄隐。其一是在出征太原的返还途中,宋太祖召见了年80余岁的苏澄隐,并赐其"茶百斤、绢二百匹"。其二是宋太祖在"幸龙兴观,问养生之术"时,赐予苏澄隐优厚的物品,"紫衣一袭、银器五百两、帛五百匹"④。华山云台观道士陈抟早在后周已盛名在外,太平兴国年间已是"年近百岁"。他不顾年事已高,曾两次前来朝谒宋太宗。宋太宗在太平兴国九年(984)下诏赐其"希夷先生",并"赐紫衣一袭"⑤。

南宋时期,政府对高龄僧尼、道士、女冠的封赏,一般以80岁为年龄标准。据现有文献记载,南宋时期政府对高年僧尼、道士、女冠的群体性赏赐,始于宋高宗。绍兴二十九年(1159),宋高宗连续两次赏赐高年僧尼、道士。第一次是在韦太后八十大寿之时,宋高宗赏赐"僧尼道士八十已上者"⑥紫衣或师号。第二次是在同年十二月,宋高宗因韦太后患病,大赦天下,赏赐"僧、尼、道士、女冠年八十已上"⑦者。宋高宗对高年僧尼、道士、女冠的赏赐,与

---

① (清)徐松辑,刘琳、刁忠民、舒大刚、尹波等校点:《宋会要辑稿》礼二五之二三,第1217页。
② (清)徐松辑,刘琳、刁忠民、舒大刚、尹波等校点:《宋会要辑稿》礼二五之四八,第1219页。
③ (清)徐松辑,刘琳、刁忠民、舒大刚、尹波等校点:《宋会要辑稿》礼五九之一〇至一一,第2086页。
④ (元)脱脱等:《宋史》卷四六一《方技上》,第13511页。
⑤ (元)脱脱等:《宋史》卷四五七《陈抟传》,第13422页。
⑥ (宋)李心传撰,辛更儒点校:《建炎以来系年要录》卷一八一"绍兴二十九年正月丙辰",第3184页。
⑦ (清)徐松辑,刘琳、刁忠民、舒大刚、尹波等校点:《宋会要辑稿》道释一之三五,第9992页。

其中立的宗教政策有着一定的偏离。无论是佛教,还是道教,在宋高宗看来,"非毁其教,绝灭其徒"和"崇尚其教,信奉其徒"①的极端做法均不足取,而是要有限度地控制其发展。因此,宋高宗严格控制度牒的发放,也较少公开发表发展宗教的言论。他之所以下诏赏赐高年宗教人员,应与其母亲韦太后嗜好佛教有着密切联系。宋高宗将韦太后迎回临安后,倾力奉养,对其百依百顺。韦太后生性节俭,"好佛老",在七十大寿后患病,"累月不出殿门"②。至韦太后八十大寿之际,宋高宗大行庆寿礼。为了博得母亲欢心,他将高年僧尼、道士、女冠也纳入到赏赐范围,这一做法被宋光宗所继承。宋光宗在绍熙五年(1194)正月,诏令赏赐全国"年八十以上"③的僧尼、道士、女冠。总之,南宋时期政府在赏赐高年僧尼、道士及女冠时,一直以80岁为年龄标准。

二、宋代赏赐高年的主要内容

宋代高年赏赐的内容,既有粟帛、米面、茶酒、钱币,也有象征身份的官职、爵位、章服及封号。

(一) 生活用品及钱币

1. 粟帛、米面、茶酒

粟帛作为重要的衣食来源,是中国传统社会赏赐高年最为常见的内容,宋朝沿袭前制,也对高年之人赐以粟帛,南宋时期形成固定的赏格。宋太宗在雍熙元年(984)召见京城百岁以上老人,"亲加抚慰","各赐束帛"④,帛作为独立赐品被赏给东京的百岁之人。宋真宗朝在赏赐高年时,多赐予粟帛。白州(今广西博白)庶民黄守,曾在咸平五年(1002)被"赐粟帛"⑤。大中祥符年间,益州(今四川成都)的李仁美、国凝母以及抚州(今江西抚州)的黄泰和建安军(今江苏仪征)的江禹锡先后获"赐束帛"⑥。东京赤县90岁以上

---

① (清)徐松辑,刘琳、刁忠民、舒大刚、尹波等校点:《宋会要辑稿》道释一之三四,第9991页。
② (元)脱脱等:《宋史》卷二四三《后妃下》,第8643页。
③ (清)徐松辑,刘琳、刁忠民、舒大刚、尹波等校点:《宋会要辑稿》道释一之一〇,第9978页。
④ (宋)李焘:《续资治通鉴长编》卷二五"雍熙元年十二月癸未",第590页。
⑤ (元)脱脱等:《宋史》卷六《真宗一》,第118页。
⑥ (元)脱脱等:《宋史》卷六《真宗一》、卷七《真宗二》,第124、140、142页。

的父老,在大中祥符三年(1010)被"赐束帛终身"①。南宋时期,粟帛依然是赏赐高年的常见赐品。宋高宗即位后,即下诏"年九十以上者赐粟帛等",并敦促户部"别具则例"②,以便州县奉行。绍兴七年(1137),他又要求户部"勘会则例"③。乾道元年(1165)正月,宋孝宗在郊祀大礼的赦文中规定:"士庶男子、妇人年九十以上,与依格给赐束帛等。"④据此可知,宋高宗时期,政府已开始制定、修订高年赏赐的细则。宋孝宗时期,政府的高年赏赐已有赏格可依。乾道三年(1167)、六年(1170)、九年(1173)的赦文中均有此规定。宋宁宗嘉泰三年(1203)的诏令也规定:90岁以上的士庶男子、妇人"依格给赐粟、帛等"⑤。由此可见,粟帛已成为政府赏赐高年的固定物品。

除粟帛外,米、麦、绢、茶、酒也是宋代高年物质赏赐的主要内容。宋太祖在出征太原的返还途中,驻跸镇州(今河北正定),召见了年80余岁的龙兴观道士苏澄隐,并赐其"茶百斤、绢二百匹"⑥。宋真宗在位期间,曾赏赐全国百岁以上之老人"衣帛、米麦"⑦。天禧元年(1017)六月,宋真宗对洛阳80岁以上的父老赐以"茶帛"⑧。天圣元年(1023)三月,因"奉真宗御容于西京应天院",宋仁宗对洛阳80岁以上之老人赏赐,赏赐内容为"茶三斤、帛二匹"⑨。庆历年间,宋仁宗在郊外狩猎时,对京师周边地区的耆老赏以"绢",其中"八十岁以上七匹,八十岁以下五匹"⑩。皇祐元年(1049)年,宋仁宗特赐河北路80岁以上的灾民"米一石、酒一斗"⑪。次年,明堂大礼毕,

---

① (元)脱脱等:《宋史》卷七《真宗二》,第143页;(宋)李焘:《续资治通鉴长编》卷七三"大中祥符三年二月戊辰",第646页。
② (宋)徐梦莘:《三朝北盟会编》卷一〇一"建炎元年五月一日庚寅",第743页。
③ (清)徐松辑,刘琳、刁忠民、舒大刚、尹波等校点:《宋会要辑稿》礼二五之二一,第1216页。
④ (清)徐松辑,刘琳、刁忠民、舒大刚、尹波等校点:《宋会要辑稿》礼二五之二二,第1217页。
⑤ (清)徐松辑,刘琳、刁忠民、舒大刚、尹波等校点:《宋会要辑稿》礼五九之一〇至一一,第2086页。
⑥ (元)脱脱等:《宋史》卷四六一《方技上》,第13511页。
⑦ (元)脱脱等:《宋史》卷四五七《陈抟传》,第13422页。
⑧ (元)脱脱等:《宋史》卷八《真宗三》,第162页。
⑨ (宋)李焘:《续资治通鉴长编》卷一〇〇"天圣元年三月",第2318页。
⑩ (清)徐松辑,刘琳、刁忠民、舒大刚、尹波等校点:《宋会要辑稿》礼九之三,第660页。
⑪ (元)脱脱等:《宋史》卷十一《仁宗三》,第227页。

宋政府对全国范围90岁以上的老人大行赏赐,符合条件的老人均可获"米面各一石、酒一瓶"①。南宋度宗时期,钱塘、仁和两县的高年被赐"帛及酒米"②。

2. 钱币

在宋代高年物质赏赐中,粟帛、米麦、茶酒等日常生活用品处于主导位置,但高年官员或官员父母也有机会获赐钱币。前天威军掌书记事高頔曾受符彦卿之命在大名府(今河北大名)陪接太宗,颇受太宗赏识。雍熙二年(985),其子高南金在殿试中向太宗述说老父"年八十四,无存养者",宋太宗得知高南金父亲为昔日曾与其"朝夕对案饮食"的高頔时,特拜高頔为"左补阙致仕",并特赐"钱十万"③。庆历五年(1045),司封员外郎、分司西京赵希言已是"八十余"岁,宋仁宗因其年高家贫特"赐钱十万"④。对于家境贫困的高年官员,宋政府为缓解其生活压力,多赐以钱币。对于战亡官员的父母,皇帝也以赐钱的方式予以抚恤。此类赏赐活动,所赐钱币的数额要一般高于生活贫困的高年官员。高阳关都部署康保裔在与辽军对决中,不幸战亡。他的父亲康再用,早在跟随宋太祖征战时已战死疆场,他的母亲也已"八十有四"。宋真宗特赐其母"白金五千两"⑤,这既是对康保裔父子忠节的褒赏,也为其老母安度晚年提供了必要的经济保障。

(二)官爵、章服

1. 爵位

赏赐爵位是宋政府对高年庶民的一种精神优待,主要实行于北宋前期。宋代赏赐民爵最早的记载,在宋太祖朝。当时,宋太祖对莱、江、吉、万州、江阴、梁山军所上奏的29名"八十岁以上"的老人"赐爵公士"⑥。此后,宋太

---

① (清)徐松辑,刘琳、刁忠民、舒大刚、尹波等校点:《宋会要辑稿》礼二四之三一,第1155页。
② (元)脱脱等:《宋史》卷四七《瀛国公》,第924页。
③ (清)徐松辑,刘琳、刁忠民、舒大刚、尹波等校点:《宋会要辑稿》职官七七之三〇,第5158页。
④ (清)徐松辑,刘琳、刁忠民、舒大刚、尹波等校点:《宋会要辑稿》职官四六之四,第4261页。
⑤ (元)脱脱等:《宋史》卷四四六《康保裔传》,第13151页。
⑥ (元)脱脱等:《宋史》卷四五七《陈抟传》,第13422页。

宗、宋真宗分别在端拱元年(988)、大中祥符三年(1010)对全国范围的高年"赐爵一级"。这里虽未指明所赐爵位的具体名称,但据宋太祖朝的记载,应该是低级爵位。按照惯例,二十一等爵位的末等"公士"只是一个虚位,并无任何优待。尽管如此,宋代赏赐高年爵位的次数也非常稀少,而且对赏赐对象有特殊的要求,一是"八十岁以上之父老"①;二是"年七十以上有德行为乡里所宗者"②,对于高年的社会声望有一定的要求。

2. 寄禄官或散官

对于以选人身份致仕的幕职州县官,北宋初年曾赐改京朝官致仕,但多是特例。雍熙二年(985),宋太宗因前天威军掌书记事高頔曾在大名府陪侍,特赐"左补阙致仕"③,高頔实现了从选人到京朝官的转变。又例如,前青州录事参军麻希梦,致仕后定居家乡临淄。端拱元年(988),宋太宗赐其"金紫",诏令以"工部员外郎致仕"④,由此步入京朝官的行列。此外,对于身份特殊的高年耆老,宋政府还会特赐转官。李演是已故知枢密院李谘的儿子,57岁致仕后退居乡里,北宋末年时已是90岁高龄,叙封至"中散大夫"。高邮军(今江苏高邮)以"枢臣之子,逮事五朝"为由"乞加褒赏",宋徽宗诏令"转一官",以"中奉大夫致仕"⑤。由于政府的赏赐,李演的官阶从第十四阶升转为第十三阶。

与改官、转官相比,补授高龄老人低级阶官更为普遍。宋政府在赏赐高年时,补授官职的待遇一般仅限于男性老人,所补授的官职偶有摄官⑥,但

---

① (宋)李焘:《续资治通鉴长编》卷七三"大中祥符三年二月戊辰",第1658页。
② (宋)李焘:《续资治通鉴长编》卷二九"端拱元年正月乙亥",第646页。
③ (清)徐松辑,刘琳、刁忠民、舒大刚、尹波等校点:《宋会要辑稿》职官七七之三〇,第5158页。
④ 《宋朝事实类苑》记载麻希梦以"工部郎中致仕"。但在制诰中却显示以"工部员外郎"致仕。见(宋)江少虞:《宋朝事实类苑》卷四一《麻希梦》,上海古籍出版社,1981年,第544页;(宋)田锡撰,罗国威校点:《咸平集》卷二八《大理司直前青州录事参军麻希梦可守工部员外郎致仕》,巴蜀书社,2008年,第315页;(清)徐松辑,刘琳、刁忠民、舒大刚、尹波等校点:《宋会要辑稿》职官七七之三〇,第5158页。今以官方制书为准,取"工部员外郎"一说。
⑤ (清)徐松辑,刘琳、刁忠民、舒大刚、尹波等校点:《宋会要辑稿》职官七七之六一,第5173页。
⑥ 摄官,指流行于两广地区的一种选拔官员和任用官员的制度,其目的是为了外地官员不愿赴任的难题。见苗书梅:《宋代官员选任和管理制度》,河南大学出版社,1996年,第86—87页。一般官员尚畏惧两广地区的气候,更何况两广地区以外的高年之人。因此本文所涉及到的摄官,应是政府赏赐给高年的一种虚职,属非正员的权官。

多以散官和文臣寄禄官的低等官阶为主。北宋时期,补授高年官职的记载非常有限。宋真宗曾在大中祥符三年(1010),颁赐东京赤县之高年,规定"九十者授摄官"①。宋仁宗、宋神宗朝所赏赐高年的官职均为州助教。例如,天圣元年(1023),江州(今江西九江)人陈蕴,"年八十,且有行义",赐"江州助教"②。嘉祐五年(1060),诸州所上报10余名百岁父老也被"补本州助教"③。熙宁二年(1069),宋神宗对台州(今浙江台州)的9名百年老人进行赏赐,"授本州助教"④。

南宋时期,政府对高年赏赐官职,无论是庶民,还是官员父母,均为低等寄禄官。绍兴二十九年(1159),宋高宗诏令"庶人年九十,宗子女若贡士以上父母年八十者","皆授官封"⑤。宋宁宗时期,中央在朝廷大礼之际赏赐高龄庶民官职,王浹的父亲、李天佑的父亲李讽分别被赐封"右承务郎致仕"⑥;百岁庶民林洞,被"特补右迪公郎致仕"⑦;宋理宗时期,百岁老人仍可"授官致仕"⑧。布衣李元老"读书安食,不事科举,今已百四岁",景定三年(1262),宋理宗赐补"迪公郎致仕,本郡给俸"⑨。总之,补授高年官职,是宋代高年赏赐的重要内容。

3. 章服

章服是宋政府恩赏高年官员和庶民的赐品之一,其中高年致仕官员或

---

① (元)脱脱等:《宋史》卷七《真宗二》,第143页;(宋)李焘:《续资治通鉴长编》卷七三"大中祥符三年二月戊辰",第1658页。
② (宋)李焘:《续资治通鉴长编》卷一〇一"天圣元年十二月癸亥",第2344页。
③ (宋)李焘:《续资治通鉴长编》卷一九二"嘉祐五年十二月辛巳",第4654页。
④ (元)脱脱等:《宋史》卷一四《神宗一》,第271页。
⑤ (宋)李心传撰,辛更儒点校:《建炎以来系年要录》卷一八一"绍兴二十九年春正月丙辰",第3184页。
⑥ (宋)张扩:《东窗集》卷六《昭州文学王浹父年九十封右承务郎致仕制》《恩州文学李天佑父讽年九十七特封右承武郎致仕制》,《影印文渊阁四库全书》第1129册,第42页。宋代并无"右承武郎"的寄禄官名,此处似有误,应为"右承务郎"。
⑦ (宋)张扩:《东窗集》卷六《林洞年一百二岁特补右迪功郎致仕制》,《影印文渊阁四库全书》第1129册,第42页。
⑧ (宋)虞俦:《尊白堂集》卷五《百岁老人授官致仕制》,《影印文渊阁四库全书》第1154册,第123页。
⑨ (元)脱脱等:《宋史》卷四五《理宗五》,第882页。

分司官员，多被赐以金紫、紫服或改转服色。比如，前青州录事参军麻希梦，致仕后长期居住在临淄。端拱元年（988），宋太宗因其"年九十五，齿发不衰"召至京师，被赐以"金紫"①。庆历五年（1045）十二月，宋仁宗赐司封员外郎、分司西京赵希言"三品服"②。庆元五年（1199），宋宁宗前往寿康宫进香，赐80岁以上的致仕官员"紫服"，70岁以上的致仕官员，凡"服绯、绿及十年者"，"赐改转服色"③。

腰带作为章服制度的组成部分之一，具有明显的身份象征意义，也是赏赐百岁以上庶老的内容之一。淳化四年（993），宋太宗"召赐京师高年帛"。对于百岁老人，"一人加赐涂金带"④。宋仁宗时期，百岁老人张环随众人进京上尊号，被赐"紫衫银带"⑤。宋太宗、宋仁宗将这种象征身份的物品赏赐给百岁老人，足以表明宋政府对高年之人的尊崇。

（三）封号、紫衣及师号

封号，是宋政府叙封官员母妻的名号，也是赏赐高年女性的重要内容。北宋时期，康保裔父子先后战死疆场，其母亲已"八十有四"。宋真宗"遣使劳问"，同时又将康保裔的老母"封为陈国太夫人"⑥，赐以最高一级的封号。大观元年（1107），宋徽宗对"民百岁"，官员父母"年九十以上者"进行赏赐。其中，"妇人封"⑦，对于高年女性赐以封号。南宋时期，赏赐高年女性封号更为普遍。绍兴四年的明堂赦文规定"宣教郎以下父母年九十以上"者"与官封"⑧。绍兴二十六年（1156）的诏书规定对"宗妇、宗女年八十以上"⑨给予封号的待遇。南宋宁宗及理宗时期，赏赐高年女性封号的

---

① （清）徐松辑，刘琳、刁忠民、舒大刚、尹波等校点：《宋会要辑稿》职官七七之三〇，第5158页。
② （清）徐松辑，刘琳、刁忠民、舒大刚、尹波等校点：《宋会要辑稿》职官四六之四，第4261页；（宋）李焘：《续资治通鉴长编》卷一五七"庆历五年十二月甲子"，第3812页。
③ （宋）李心传撰，徐规点校：《建炎以来朝野杂记》卷一《寿康宫进香》，第30页。
④ （元）脱脱等：《宋史》卷五《太宗二》，第91页。
⑤ （宋）李焘：《续资治通鉴长编》卷一一七"景祐二年七月戊申"，第2748页。
⑥ （元）脱脱等：《宋史》卷四四六《康保裔传》，第13151页。
⑦ （宋）洪迈撰，孔凡礼点校：《容斋随笔·容斋三笔》卷九《老人推恩》，第531页。
⑧ （清）徐松辑，刘琳、刁忠民、舒大刚、尹波等校点：《宋会要辑稿》舆服四之二八，第2256页。
⑨ （清）徐松辑，刘琳、刁忠民、舒大刚、尹波等校点：《宋会要辑稿》仪制一〇之三五，第2521页。

活动依然持续不衰。嘉泰三年(1203),南郊赦文明确规定百岁以上的"妇人与官封"①。淳祐八年(1249)三月,宋理宗特封福州福安县(今福建福安市)的百岁老人"孺人","以厚风化"②。宋政府所赏赐给高年女性的封号,从孺人到国太夫人不等。封号的等级与高年女性的身份有密切联系。如果为官员的母亲,被赐的封号主要由儿子的官阶及功绩决定。对于高年庶民女性,一般被赐以孺人。

紫衣多被赐予高年的僧尼、道士和女冠。宋太祖在位时,曾赐龙兴观的高年道士苏澄隐"紫衣一袭"③。太平兴国九年(984),宋太宗诏赐进京朝谒的陈抟"紫衣一袭"④。绍兴二十九(1159)年十二月,宋高宗对年满八十的僧尼、道士、女冠赐以"紫衣"⑤。宋光宗继承了南宋中兴时期赏赐高年宗教人员的政策,绍熙五年(1194)在庆寿赦文中规定:"僧尼、道士、女冠年八十以上","并与紫衣"⑥。

师号,主要是赏赐给高年隐士或是已取得紫衣的高年僧尼、道士、女冠。高年隐士陈抟在太平兴国年间进京朝谒,宋太宗"诏赐号希夷先生"⑦。南宋绍兴二十九年(1159),宋高宗曾下诏规定"僧尼、道士、女冠年八十以上","已有紫衣者,与师号"⑧。宋孝宗及宋光宗在赏赐已取得紫衣的高年僧尼、道士、女冠时,与宋高宗的政策一致,也是赐以师号。师号原本是政府赏给宗教界上层人士,用来拉拢和控制宗教发展的重要手段。南宋时期,这一象征政治地位的称号,成为高年赏赐的内容之一。

三、宋代赏赐高龄老人的时机

两宋时期,政府赏赐高龄老人的时机较为固定,在时间分布上呈现出较

---

① (清)徐松辑,刘琳、刁忠民、舒大刚、尹波等校点:《宋会要辑稿》职官九之一六,第3279页。
② (元)脱脱等:《宋史》卷四三《理宗三》,第839页。
③ (元)脱脱等:《宋史》卷四六一《方技上》,第13511页。
④ (元)脱脱等:《宋史》卷四五七《陈抟传》,第13422页。
⑤ (清)徐松辑,刘琳、刁忠民、舒大刚、尹波等校点:《宋会要辑稿》道释一之三五,第9992页。
⑥ (清)徐松辑,刘琳、刁忠民、舒大刚、尹波等校点:《宋会要辑稿》道释一之一〇,第9978页。
⑦ (元)脱脱:《宋史》卷四五七《陈抟传》,第13422页。
⑧ (清)徐松辑,刘琳、刁忠民、舒大刚、尹波等校点:《宋会要辑稿》道释一之三五,第9992页。

为明显的规律。北宋时期,安放先帝御容、南郊大礼、明堂大礼之际,中央往往举行大赏,高年老人成为赏赐对象之一。南宋时期,除南郊大礼、明堂大礼之外,政府在为太上皇、皇太后举办庆寿大礼时,也多赏赐高龄老人。

(一) 北宋赏赐老人的时机

纵观北宋赏赐高龄老人的活动可发现,安奉先帝御容是政府赏赐高年的重要时机。天禧元年(1017),宋真宗前往西京(今河南洛阳)安奉宋太祖御容,下诏赏赐宴请"西京诸城内耆老年八十以上者"①,并赏赐茶帛。此后,在安奉先帝御容时赏赐高年成为一种惯例。天圣元年(1023),宋仁宗"奉安真宗御容于西京应天院",诏令赏赐城内"八十岁以上之老人"②。除西京外,南京(今河南商丘)也建有安奉先帝御容的宫观,建造于大中祥符七年(1014)的鸿庆观即是皇家安奉祖宗御容之地。庆历七年(1047)七月,宋仁宗"奉安三圣御容于鸿庆宫",诏令设宴招待"父老年八十以上者",同时赐"绢二匹、腊茶一斤"③。熙宁二年(1069),宋神宗"奉安仁宗、英宗御容于会圣宫及应天院",同样降诏赏赐"西京城都内耆老"④。元祐二年(1087),宋哲宗因"奉安神宗御容礼毕"降诏赏赐西京高年,规定"耆老年八十以上者,人给酒食茶绢"⑤。据《宋大诏令集》的记载,宋徽宗在崇宁二年(1103)三月五日,降有"奉安哲宗御容毕曲赦西京"⑥的诏令。令人遗憾的是,此诏令省去了赦文的具体内容,西京高年是否在此次赦免中得到赏赐缺少史料支撑。不过,根据真宗、仁宗、神宗、哲宗朝的惯例可推断出,宋徽宗在安奉哲宗御容时应有赏赐高年的内容。

南郊大礼作为重要的祭天之礼,也是北宋政府赏赐高年的重要时机。

---

① (宋)佚名编:《宋大诏令集》卷一四三《应天院奉安毕西京管内见禁减降德音》,中华书局,1962年,第518页。
② (元)脱脱等:《宋史》卷九《仁宗一》,第177—178页。
③ (宋)佚名编:《宋大诏令集》卷一四三《奉安三圣御容于鸿庆观曲赦南京德音》,第518页。
④ (宋)司马光撰,李文泽、霞绍晖点校:《司马温公集笺注》卷五六《西京应天禅院及会圣宫奉安仁宗英宗皇帝御容了毕德音》,四川大学出版社,2010年,第1162页。
⑤ (宋)李焘:《续资治通鉴长编》卷四〇六"元祐二年十月辛卯",第9884页。(宋)佚名编:《宋大诏令集》卷一四三《会圣宫奉安神宗神御毕西京德音》,第519页。
⑥ (宋)佚名编:《宋大诏令集》卷一四三《西京奉安哲宗御容毕曲赦西京》,第520页。

咸平五年(1002)十一月,宋真宗"享太庙",举行南郊大礼,大赦天下,白州庶民黄受"百余岁",获赐"赐粟帛"①。皇祐五年(1053),宋仁宗按照惯例举行南郊大礼。嘉州(今四川乐山)百姓魏翔,"年七十余岁",因"本州表其行义"被宋仁宗赐以"粟帛"②。熙宁元年(1068),宋神宗举行南郊之礼,辽山县令贾祥的母亲、著作佐郎周纶的母亲、南宫县令董京的父亲及巴东县令元大章的母亲③,在此次南郊大礼中蒙恩被赐官封。元祐七年(1092),宋哲宗因南郊礼赏赐高年,右殿班直王志的母亲、宣义郎致仕孙向的母亲张氏、左班殿直葛世良的母亲郭氏、左班殿直袁务成的母亲赵氏均被封为"长寿县太君"④。

除南郊礼外,宋廷在明堂礼之际也会大赏天下,高年群体因年龄的优势成为赏赐的重要对象。皇祐二年(1050),宋仁宗当行亲祀大礼,"而日至在晦,用建隆故事,宜有所避"⑤,因此改行明堂大礼,大肆赏赐天下,其中"四京、诸路州府年九十以上人者",每人可获赐"米面各一石"⑥。自此之后,明堂礼得到宋朝诸帝的重视,"本朝每三岁一行郊祀,皇祐以来始讲明堂之礼,至今遵行"⑦,逐步成为三岁一亲郊的主流⑧,高年群体也因此多次受到政府的赏赐。嘉祐七年(1062),宋仁宗再次举行明堂大礼,大理寺丞苏唐卿的母亲孙氏因此被封为"万年县君"⑨。宋哲宗在位期间,分别在元祐元年(1086)、元祐四年(1089)、绍圣二年(1095)举行了三次明

---

① (元)脱脱等:《宋史》卷六《真宗一》,第118页。
② (宋)李焘:《续资治通鉴长编》卷一七五"皇祐五年十月戊戌",第4237页。
③ (宋)苏颂撰,王同策等点校:《苏魏公文集》卷三四《辽山县令贾祥母著作佐郎周纶母并年九十一岁封县君南宫县令董京父年九十一岁可守秘书省校书郎制》,中华书局,1988年,第519页;《归州巴东县令元大章母年九十一岁封长寿县君制》,第520页。
④ (宋)吕陶:《净德集》卷九《右班殿直王志母安氏可封长县太君制》《左班殿直葛世良母郭氏可封长安县太君制》《宣义郎致仕孙向母张氏可封长寿县太君制》《左班殿直袁务成母赵氏可特封长寿县太君制》,《丛书集成初编》第1922册,第101—103页。
⑤ (元)马端临撰:《文献通考》卷七四《郊赦考七》,第2285页。
⑥ (清)徐松:《宋会要辑稿》礼二四之三一,第1155页。
⑦ (元)脱脱等:《宋史》卷一〇一《礼四》,第2429页。
⑧ 杨高凡:《宋代历次明堂大礼考》,《华北水利水电学院学报(社会科学版)》2011年第4期。
⑨ (宋)王安石撰,王水照主编:《王安石全集·临川先生文集》卷五四《大理寺丞苏唐卿母孙氏万年县君制》,复旦大学出版社,2016年,第1027页。

堂礼,其中前两次均有赏赐高年的内容。常州司理参军孟三英的父亲孟真、郓州东阿县尉孙彦卿的母亲宋氏均因"朝廷恩礼"①——明堂礼分别被赐予官职、封号。元祐四年(1089),"大飨明堂","士庶高年九十以上者"②均可享受政府的赏赐。大观元年(1107),宋徽宗因明堂大礼,大赦天下,"民百岁,男子官,妇人封,仕而父母年九十,官封如民百岁"③,大赏高年老人。

(二) 南宋赏赐高龄老人的时机

与北宋相同,南宋政府也明堂礼、南郊礼之际赏赐高龄老人。例如,在绍兴四年(1134)、绍兴七年(1137)、绍兴十年(1140)、绍兴三十一年(1161)的明堂大礼,均有赏赐高龄士庶的措施。其后,宋光宗、宋宁宗、宋理宗也在南郊大礼或明堂大礼之时赏赐高龄士庶。

值得注意的是,宋高宗、宋孝宗时期政府赏赐高龄老人的活动不仅密集,而且呈现出三年一赏的趋势。绍兴四年(1134)、绍兴七年(1137)、绍兴十年(1140),宋高宗均有赏赐高龄士庶的活动,开始呈现三年一赏的趋势。乾道年间,三年一赏的趋势更为明显,且实行相对稳定的赏赐标准。乾道元年(1165)、乾道三年(1167)、乾道六年(1170)、乾道九年(1173)的大礼赦文,均有赏赐"士庶男子、妇人年九十以上"④的记录。

南宋时期,赏赐高龄之人的具体标准,多依据宋高宗时期所制定、完善的"则例"。建炎元年(1127)五月,宋高宗在即位之初,便下令"户部具别则例,行下所在州县就赐"⑤高年。绍兴七年(1137)年九月,宋高宗诏令"户部勘会则例"⑥,以保证赏赐政策在州县的落实。宋孝宗乾道年间的赏赐高年

---

① (宋)刘攽:《彭城集》卷二〇《郓州东阿县尉孙彦卿母宋氏封寿县太君制》,《丛书集成初编》第1909册,第275页。卷二三《新授常州司理参军孟三英父真可承务郎致仕制》,《丛书集成初编》第1910册,第332页。
② (元)脱脱等:《宋史》卷一七《哲宗一》,第329页。
③ (宋)晁补之:《鸡肋集》卷三一《积善堂记》,《四部丛刊续编》本。
④ (清)徐松辑,刘琳、刁忠民、舒大刚、尹波等校点:《宋会要辑稿》礼二五之二三,第1217页。
⑤ (宋)徐梦莘:《三朝北盟会编》卷一〇一"建炎元年五月庚寅",第743页。
⑥ (清)徐松辑,刘琳、刁忠民、舒大刚、尹波等校点:《宋会要辑稿》礼二五之二一,第1216页。

活动,强调"依格给赐束帛",他所依据的"格"即为宋高宗朝所形成的标准。由此可见,赏赐高龄老人的活动在乾道年间已趋于制度化①。

南宋时期,除南郊礼、明堂礼外,太上皇及皇太后的庆寿大礼也是政府赏赐高龄老人的重要时机。绍兴二十九年(1159),韦太后迎来80岁生日。为庆祝母亲八十大寿,宋高宗在宫中举行了隆重的庆寿礼,"与普天同庆",诏令赏赐天下高年。此次赏赐对象广泛,升朝官、京官、使臣父母,得解进士父母及宗子、宗女、宗妇,还有高龄士庶男女和高龄僧道、女冠,只要其年龄在80岁以上,或被赐以粟帛羊酒,或被赐以品官、封号②。

宋孝宗在位期间,分别在淳熙二年(1175)、淳熙十年(1183)、淳熙十三年(1186)颁布庆寿赦文,对全国高龄士庶大行封赏。其中淳熙十年十二月十六日的庆寿赦文对官员、曾得解进士祖父母、父母,老年致仕官员,70岁以上的宗子、宗妇、宗女及90岁以上士庶男女,均"与官封"或"转官加封"。值得注意的是,太学、武学的上舍生、内舍生的祖父母及父母也同样享受到"与初品官""与封号"或"转一官资"③的待遇。此次庆寿赦文赏赐官员祖父母、父母及老年宗室的年龄标准从80岁降至70岁,太学生、武学生的祖父母、父母也在赏赐之列,与绍兴二十九年(1159)相比,此次赏赐高年的范围更为广泛。淳熙十三年,宋孝宗为太上皇帝宋高宗举行庆寿之礼。正月一日颁布的庆寿赦文,在赏赐高年的范围上遍及老年无官宗室、高年文武官员等人,特允70岁以上的无官宗室"补承信郎",可不拘吏部名额所限,"添差岳庙差遣一次,就寄居州县支破请给",70岁以上文武臣宫观官、岳庙任数已满,可破例"陈乞一次",80岁以上"特许两任"④。

---

① 据文献记载,宋孝宗乾道元年、三年、六年、九年的大礼赦文相同,均"依格"对九十岁以上的士庶进行赏赐。赏赐时间间隔较为统一,赏赐标准也有章可依,这标志着赏赐高年活动制度化的形成。见(清)徐松辑,刘琳、刁忠民、舒大刚、尹波等校点:《宋会要辑稿》礼二五之二三,第1217页。

② (清)徐松辑,刘琳、刁忠民、舒大刚、尹波等校点:《宋会要辑稿》后妃二之一一至一二,第284页。

③ (宋)礼部太常寺纂修,(清)徐松辑:《中兴礼书》卷一八七《上寿》,《续修四库全书》第822册,上海古籍出版社,2002年,第637页。

④ (清)徐松辑,刘琳、刁忠民、舒大刚、尹波等校点:《宋会要辑稿》职官五四之四一,第4494页。

绍熙五年(1194),宋光宗为庆祝父亲宋孝宗生日颁布庆寿赦文,赏赐"宗子、宗妇年八十以上"①者。由此可见,南宋时期赏赐高年的活动与皇帝举行的庆寿大礼有着密不可分的关系。

从整体上看,郊祀大礼、明堂大礼等官方祭典,是宋政府赏赐高龄老人的重要时机。安放先帝御容作为祭拜祖宗的重要仪式,是北宋时期赏赐高年的又一重要时机。南宋时期,由于太上皇政治的存在,太上皇、皇太后的庆寿典礼成为政府赏赐高年的另一重要时机。

四、宋代赏赐高年政策的实施

大量的赏赐诏令、制书及奏书充分表明,宋政府对高年的赏赐不但已具有明显的制度化趋势,而且在实践中也得到较好的实施,但同时也存在虚报年龄、高龄庶民难以享受恩赏、地方奉行不力等问题。

(一) 赏赐高年政策的实施效果

北宋时期,官员父母频频受到政府的赏赐。大中祥符三年(1010),京西转运副使王随的父母因"耆耋善训"得到宋真宗的特赐,不仅获取皇帝所做的诗文,而且获赐"粟帛羊酒"②。嘉祐七年(1062),宋仁宗举行明堂大礼,大理寺丞苏唐卿的母亲孙氏即因明堂礼赦被封为"万年县君"③。熙宁元年(1068),宋神宗举行郊祀大礼,诏令赏赐官员父母高年者。辽山县令贾祥的母亲、著作佐郎周纶的母亲、归州巴东县令元大章的母亲均被赐封为"县君"④。元祐七年(1092),宋哲宗举行郊祀大礼,高龄老人因此得到政府的赏赐,左班殿直袁务成的母亲赵氏等即被特封为"长寿县太君"⑤。宣和七

---

① (清)徐松辑,刘琳、刁忠民、舒大刚、尹波等校点:《宋会要辑稿》帝系八之四四,第201页。
② (宋)李焘:《续资治通鉴长编》卷七四"大中祥符三年十一月戊戌",第1696页。
③ (宋)王安石撰,王水照主编:《王安石全集·临川先生文集》卷五四《大理寺丞苏唐卿母孙氏万年县君制》,第1027页。
④ (宋)苏颂撰,王同策等点校:《苏魏公文集》卷三四《辽山县令贾祥母著作佐郎周纶母并年九十一岁封县君南宫县令董京父九十一岁可守秘书省校书郎制》,第519页;《归州巴东县令元大章母年九十一岁封长寿县君制》,第520页。
⑤ (宋)吕陶:《净德集》卷九《左班殿直袁务成母赵氏可特封长寿县太君制》,第102—103页。

年(1125),宋徽宗"诏旌耄期",胡载的母亲张氏"乃百年之故老",因此被封为"孺人"①。

南宋时期,获得政府赏赐的官员父母更是比比皆是。绍兴十年(1140),李天佑的父亲、王浃的父亲因"宗祀礼成"分别被补授"右承务郎致仕""右迪功郎致仕"②。不仅官员父亲可享受到政府的赏赐,其母亲同样得到宋廷的恩赏。其中,右迪功郎冯经的母亲、保义郎吕定的母亲、左迪功郎孙朝隐的母亲、开州文学李由直的母亲均因绍兴十年(1140)的明堂大礼而被特封为"太孺人"③。根据洪迈所拟的制书可知,绍兴二十九年(1159),多位官员母亲因庆寿赦获得赏赐。例如,右迪功郎叶义制的母亲郑氏,"年九十岁",被赐封"太孺人"④。右文林郎安师道的母亲张氏也被封为"太孺人"⑤。左中奉大夫、充敷文阁待制、知泉州辛次膺的母亲王氏由"太硕人"进封为"太淑人"⑥。左宣教郎、试起居舍人张孝祥母的母亲时氏也由"孺人"进封为"恭人"⑦。淳熙十三年(1186),宋孝宗为太上皇庆寿,大赏天下高年,"凡子有官,悉许封之"。贺宣的妻子衡氏因"庆寿大霈",由"孺人"进封为"太安人"⑧。

两宋时期,即使是已故官员的父母,或官员的非直系亲属,只要年龄符合标准也可破例获得官封。大观元年(1107),宋徽宗因明堂礼大赦天下,

---

① (宋)胡铨:《孺人张氏墓志铭》,载曾枣庄、刘琳主编:《全宋文》卷四三三一(第196册),上海辞书出版社、安徽教育出版社,2006年,第158页。
② (宋)张扩:《东窗集》卷六《恩州文学李天佑父讽年九十七特封右承武郎致仕制》、《昭州文学王浃父年九十封右承务郎致仕制》,第42页。
③ (宋)张扩:《东窗集》卷八《左迪功郎孙朝隐母宋氏年九十一特封太孺人制》、《保义郎吕定母吴氏年九十二特封太孺人制》、《开州文学李由直母任氏年九十六封太孺人制》,第82—83页。
④ (明)解缙等纂:《永乐大典》卷二九七二《右迪功郎叶义制母郑氏年九十岁封太孺人制》,中华书局,1986年,第1616页。
⑤ (明)解缙等纂《永乐大典》卷二九七二《右文林郎安师道母张氏封太孺人制》,第1617页。
⑥ (明)解缙等纂:《永乐大典》卷二九七二《左中奉大夫充敷文阁待制知泉州辛次膺母太硕人王氏封太淑人制》,第1613页。
⑦ (明)解缙等纂《永乐大典》卷二九七二《左宣教郎试起居舍人张孝祥母孺人时氏封恭人制》,第1614页。
⑧ 陈柏泉编:《江西出土墓志选编》第三编《南宋墓志》,《贺宣妻衡氏墓志铭》,江西教育出版社,1991年,第175页。

"仕而父母年九十,官封如民百岁",官员的父母只要在 90 岁以上即被赐予官封。已故漳州军事判官晁仲康的母亲黄氏,虽然"年九十一",但由于晁仲康已不在世便不能享受赏赐,其子晁仲询奔赴京师,"状其事省中,为漳州请"。虽然"赦令初不异往者",但政府仍以"黄氏蕴仁积善,享有耄龄",封为"寿光县太君"①。政府赏赐官员父母的诏令对赏赐对象有着明确的界定,但在实践中,高级官员的非直系亲属也会破例享受赏赐。绍兴二十九年(1159),宋高宗为韦太后举行庆寿典礼,诏令赏赐高龄老人。左太中大夫、同知枢密院事王纶母亲的亲妹妹庞氏,"见年八十三岁",王伦特为其奏请封号。虽然庞氏"非诏所褒",并未达到此次庆寿赦恩的条件,但宋高宗依然慷慨赐以"孺人"②的封号。

除官员父母外,高龄庶民和太学生的父母也能享受到政府的赏赐。咸平五年(1002)十一月,白州百余岁的庶民黄受因南郊大礼被"赐粟帛"③。皇祐五年(1053),宋仁宗受赐举行明堂大礼,"比诏天下,博采以闻",诏令地方州县访闻、上报高龄之人。抚州将临川县临汝乡百岁老人何彧上报至中央,宋仁宗任命其"以下士之秩,助教于州里"④。绍兴十年(1140),年过百岁的普通百姓林洞与方海水因朝廷明堂大礼被赐以"右迪功郎致仕"⑤。根据张扩任中书舍人时所拟的制书可知,阆州南部县径池里税户马文贵"年一百二岁",因绍兴三十一年(1161)的明堂礼赦恩,"补右迪功郎致仕"⑥。宋理宗时期,百岁老人仍可因明堂礼获赐封号。例如,淳祐二年(1242),钱塘县百岁妇人叶氏因明堂礼被特封为"孺人"⑦。南宋时期,太学生的父母

---

① (宋)晁补之:《鸡肋集》卷三一《积善堂记》,《四部丛刊初编》本。
② (明)解缙等纂:《永乐大典》卷二九七二《左太中大夫同知枢密院事王纶亲姨庞氏封孺人制》,第 1616 页。
③ (元)脱脱等:《宋史》卷六《真宗一》,第 118 页。
④ (宋)沈遘:《西溪文集》卷四《抚州奏临川县临汝乡何彧一百七岁可本州助教制》,《影印文渊阁四库全书》第 1097 册,第 31 页。
⑤ (宋)张扩:《东窗集》卷六《林洞年一百二岁特补右迪功郎致仕制》《方海水年一百七岁特补右迪功郎致仕制》,第 42 页。
⑥ (宋)周必大撰,王瑞来校证:《周必大集校证》卷九四《掖垣类稿》一《马文贵补右迪功郎致仕制》,上海古籍出版社,2020 年,第 1327 页。
⑦ (明)解缙等纂:《永乐大典》卷二九七二《钱塘县百岁妇人叶氏特封孺人制》,第 1617 页。

与官员父母一样也享受到政府的赏赐。绍熙五年(1194),宋光宗为庆祝皇太后八十大寿举行庆典,诏令士庶"父母高年者,赐爵有差",对高年群体大加赏赐。因此,太学生员、吉州泰和县进士胡笺的父亲被特封"迪功郎致仕",母亲欧阳氏被封为"孺人"①。

由上可知,政府赏赐高年政策在一定范围得到较好的贯彻,无论是官员的父母,还是普通高龄庶民,抑或是太学生的父母均不同程度享受到政府的赏赐,但官员父母得到赏赐的机会明显多于高龄庶民及太学生的父母。

(二) 赏赐高年政策实施中存在的问题

宋政府赏赐高年的活动,的确使部分高龄老人享受到官方的恩赏,提高了其社会地位,但在实施过程中同样也暴露出诸多问题。其中,最为突出的是虚报年龄的问题。

年龄是宋政府赏赐高年的重要标准,部分子孙为了使祖父母、父母享受到政府的恩遇,往往增改年龄。南宋时期的庆寿典礼,"施泽下逮士庶,妇人、高年亦如版授",高龄士庶均可获得赏赐,"诚不世之恩"。然而在其实施过程中"增加年甲,伪冒寖出"②的情况频频出现。洪迈对南宋虚增年龄以冒赏的现象有着清醒的认识,他认为此弊端在淳熙三年(1176)表现得比较突出,当年宋孝宗"以太上皇帝庆寿之故推恩稍优","遂有增年诡籍以冒荣命者"③。

虚报年龄的现象引起了朝中大臣的关注,由此呼吁严格审查父母年龄。淳熙三年(1176)正月,政府降诏赏赐高年,其中"得解进士父母年七十以上,并与初品官,妇人与封号"。礼部尚书赵雄担心"侥幸为多,恩赏泛滥",因此在当年三月,建议委派"郎官将举人家状内所载父母年甲,尽入本名贡籍",将州县所上报的结果与"贡籍点对",如果"父母年甲至今若实及七十以上",便可享受恩赏。"如年未及七十,不应赦,即与驳下",中央将驳回地

---

① (宋)杨万里撰,辛更儒笺校:《杨万里集笺校》卷七四《福荣堂记》,中华书局,2007年,第3102页。
② (宋)周煇撰,刘永翔校注:《清波杂志校注》卷二《庆寿推恩》,中华书局,1997年,第35—36页。
③ (宋)洪迈撰,孔凡礼点校:《容斋随笔》卷九《老人推恩》,第115—116页。

方奏请。同时,他还奏请"上舍、内舍、外舍生父母准此",也要严格审查太学生父母的年龄。与此同时,吏部尚书韩元吉还奏请责罚增改父母年龄的进士,建议"增改父母年甲以冒封爵"的进士,"坐以学规一等之罚,限一月自首改正",此建议得到宋孝宗的批准。淳熙三年(1176)八月四日,中央正式颁布责罚"进士增改父母年甲以冒封爵"①的诏令,以明示天下。

除虚报年龄之外,生活贫困的高龄老人难以获得恩赐也是赏赐高年实践中存在的问题之一。南宋时期,温阳有一位老人,"行年一百十",属名副其实的高年,理应受到政府的赏赐。但他一生贫困,"自幼至老未尝识富贵之事","虽阅一百二十二年之寒暑",但只能"以二当一","年始六十有一"。因此,尽管他恰逢"旷世之典","已仕、未仕之父母"均可获取恩赏,依然无法享受到政府的赏赐。而富贵之人却可"以一而当二"②,虽不及官方规定的年龄标准,也应诏申请赏赐。温阳老人的遭遇并非个案,它反映出贫困高年由于经济地位的低下而无法享受到应有的政治待遇这一现实。

消息闭塞、申请手续复杂也是阻碍贫困老人享受政府赏赐的重要因素。身处偏远之乡的高龄老人,常年身居乡里,甚至"终身未尝识官府"。他们即使闻知朝廷恩泽,也未必通晓获取赏赐的程序。再加上道途遥远,"往返经营"③,是一件耗时耗财之事,贫困家庭根本无力承担,因此"虽微且贱"的高龄老人也就无缘得到政府的恩泽。

在赏赐高年政策的实施过程中,相关部门奉行不力及地方州县财政困难也是一大突出问题。南宋时期,政府在举行庆寿大礼时对不同阶层、不同身份的高年均有赏赐,"天下耄耋,咸被爵邑",实属"大惠"。但相关部门在奉行时"不体上意","拘以岁月之限,间有阻抑","使万古旷泽而有不偏之累"④,影

---

① (清)徐松辑,刘琳、刁忠民、舒大刚、尹波等校点:《宋会要辑稿》职官九之一三至一四,第3277页。
② (宋)周煇撰,刘永翔校注:《清波杂志校注》卷二《庆寿推恩》,第36页。
③ (宋)周麟之:《海陵集》卷四《论乞给告降下诸州就付老人》,《影印文渊阁四库全书》第1142册,第29页。
④ (宋)史浩:《鄮峰真隐漫录》卷七《轮对札子》,《宋集珍本丛刊》第43册,线装书局,2004年,第9页。

响了赏赐高年政策的落实。此外,地方州县的财政状况在一定程度上也限制了赏赐高年政策的实施。按照宋代政府赏赐高年的运作机制,户部制定"则例",并将其"下所在州县就赐"①,敦促地方州县按照标准就地发放束帛。按照规定,赏赐所需的束帛由地方州县承担,这无疑增加了地方财政压力。财政困难的州县,往往"阙乏",无力承担赏赐所需。如若不是中央财政的支持,"于上供物帛内支给"②,赏赐政策便无法顺利实施。

此外,科举管理制度在一定程度上也妨碍了政府赏赐高龄老人政策的实施。南宋时期,进士父母凡年龄在80岁以上者即可享受政府的赏赐,但在实施过程中,由于科举管理制度的制约,四川地区的进士在为父母奏请官封时遇到了障碍。按照赏赐高年的基本程序,州县统计、上报本地符合赏赐条件的人员信息,礼部则要"考验贡籍",即核查进士身份及其父母的年龄。如果属实则放行,否则将驳回申请。但是四川地区得解进士的贡籍"不在礼部而在制置司",礼部以"无贡籍可照,不见得解"为由拒绝放行。由此以来,该地区进士父母高年者就无法享受赏赐。据周麟之的记述,仅绍兴二十九年(1159)一年便积压多人,"得解进士史尧仁等七十四人"③皆因贡籍问题无法为父母奏请官封。由此看来,贡籍管理制度成为限制四川地区进士父母高年者享受赏赐的重要因素。

赏赐高年,早在先秦时期已是政府尊老、敬老的重要措施。宋代继承前代优待老人的传统,频频赏赐高年老人。高龄官员、官员及得解进士的祖父母与父母、高龄庶民、高龄宗教人员,皆为政府高年赏赐的对象。与前代临时性的赏赐不同,宋代赏赐高年的时机相对固定,赏赐高龄老人成为郊祀大礼、明堂大礼、安奉先帝御容礼及庆寿礼等朝廷大典的一项重要内容。伴随着赏赐时机的固定,赏赐标准也逐渐确立,宋代赏赐高年政策呈现出明显的制度化趋势。

宋代赏赐高年政策虽然在赏赐对象的划分上细致入微,赏赐内容名利

---

① (宋)徐梦莘:《三朝北盟会编》卷一〇一"建炎元年五月庚寅",第743页。
② (清)徐松辑,刘琳、刁忠民、舒大刚、尹波等校点:《宋会要辑稿》礼六二之六七,第2151页。
③ (宋)周麟之:《海陵集》卷三《论乞与四川进士父母年高者先次补官续行照验》,第23页。

兼有,赏赐时机相对固定,但地方官员在实施过程中多奉行不力,真正享受到政府赏赐的高龄老人较为有限,高龄庶民更是难以享受到政府的恩泽。因此,宋代赏赐高年政策并无法从根本上保障高龄老人的晚年生活,其象征意义仍然比较突出。宋代之所以将这一象征意义突出的政策加以制度化,主要是借此宣示政府对老人的尊崇,推动孝文化、孝观念的传布,恢复、巩固尊卑分明的等级秩序,具有重要的政治功能。

孝作为中国古代社会的重要伦理规范,是儒家学说重要内容之一。自西汉"罢黜百家,独尊儒术"之后,孝从一个单纯的家庭伦理规范演变为一个具有政治意义的伦理范畴,其政治化色彩愈来愈浓。唐中期以后直至五代十国时期,与中央权威式微相对应的是,社会伦理道德建设也处于低潮,忠孝文化面临着严重的挑战,中央集权政治体制的伦理基础遭受到剧烈的冲击。赏赐高年,不仅使宋代帝王占据道德的制高点,而且能够传播孝道。孝道的强化,不仅关乎民间养老习俗的改变,而且有利于加强对官员及民众的控制,有助于伦理秩序的恢复与重建。因此,宋朝统治者屡屡在朝廷大礼之际赏赐不同阶层的高龄老人,希图借助制度化的力量实现有效的社会控制。

第二节　宋代对高龄罪犯的刑律减免

高龄老人,作为经验和智慧的象征,历来都是政府优待的对象。他们不仅能享受到官方的赏赐,在刑律方面也拥有一定的优免权。在高龄罪犯刑律优免上,中国古代社会的政策极具连续性。自春秋战国时期开始,各诸侯国已有减免高龄刑罚的措施。汉代引礼入法,在律法的建设上尤为强调优待高龄老人的原则。唐代则在汉代基础上完成了礼法的融合,将政府在刑律方面给予高龄老人的优待以法律的形式固定下来。宋代在高龄罪犯刑律优免方面遵循《周礼》优待老幼废疾之人的原则,继承《唐律疏议》的相关规定,体现了政府在法制建设过程中优恤高年的宗旨。

一、高龄罪犯享有刑律减免权的年龄标准

《周礼》提出了"三赦之法",一曰幼弱,二曰老旄,三曰憨愚①,其中的"老旄"特指80岁以上的老人。三赦法成为后世优免高龄罪犯的重要依据。先秦及汉代,一直沿用80岁的年龄标准。直至唐代,减免高龄罪犯刑罚的年龄标准发生了变化。《唐律疏议》分别制定了减免70岁以上、80岁以上、90岁以上罪犯的刑罚规定,将享受刑律减免权的年龄标准定为70岁,宋代沿袭了这一标准。《宋刑统》关于老疾犯罪的法律规定,70岁以上的老人罪犯享受一定的刑律减免权。

宋代减免高龄老人的刑罚,一般以70岁为标准,但高龄女性在60岁以上即享有一定的减免权。在刑律减免方面,高龄女性罪犯的年龄标准低于男性。缘坐之罪本不可赦,但高龄老人因年事已高可得到免除。按照宋律规定,高龄之人如果因"谋反及大逆人得流罪以上",可免除缘坐之罪。其前提是男性需"年八十",妇女需"年六十"②,高龄女性罪犯免于流刑的年龄标准比男性低20岁。

二、宋代对高龄罪犯的刑律减免规定

(一) 对高龄罪犯量刑定罪的减免规定

宋律对高龄罪犯的刑律减免,基本上遵循年龄愈高,豁免权愈大的原则。制律者认为"七十衰老,不能徒役"③,"依律不合加杖"④,因此《宋刑统》规定,70岁以上的老人,如果"犯流罪以下"的罪行,可"收赎"⑤,以铜赎罪。如果他们"勘检复无财",可"放免不征"⑥。元丰五年(1082),开封府

---

① (宋)窦仪等撰,薛梅卿点校:《宋刑统》卷四《老幼疾及妇人犯罪》,法律出版社,1998年,第65页。
② (宋)窦仪等撰,薛梅卿点校:《宋刑统》卷二《以官当徒除名免官免所居官》,第34页。
③ (宋)窦仪等撰,薛梅卿点校:《宋刑统》卷四《老幼疾及妇人犯罪》,第68页。
④ (宋)窦仪等撰,薛梅卿点校:《宋刑统》卷六《官户奴婢犯罪》,第109页。
⑤ (宋)窦仪等撰,薛梅卿点校:《宋刑统》卷四《老幼疾及妇人犯罪》,第64页。
⑥ (宋)窦仪等撰,薛梅卿点校:《宋刑统》卷六《官户奴婢犯罪》,第109页。

根据"诸老幼疾病犯罪应赎铜而孤贫无以入赎者,取保矜放"的规定,奏请"本府审查,贫乏直接放行"①,请求直接放免孤独贫穷的老年犯人,不必赎铜。70 岁以上、79 岁以下的老人,如果犯"加役流、反逆缘坐流、会赦犹流",虽不能收赎,要处以流刑,但宋政府"矜其老小,不堪役身",给予其"免居作"②的待遇,到流配之地后无需服劳役。此外,对于案发时年龄未及 70 岁,但审理定刑时已到 70 岁的罪犯,依然"不可仍遣役身"③。由此可见,70 岁以上的老人,如果犯流罪以下的罪行,可使用赎刑,无力支付赎铜的可直接放免。如果犯有加役流、反逆缘坐流、会赦犹流者在服刑期间免除劳役。

80 岁以上的高龄罪犯,享受更大的减免权。《宋刑统》规定,80 岁以上的老人,除"犯反逆、杀人应死"及"盗及伤人"外,其他罪行,"皆毋论"④。"盗及伤人者"的罪行,"侵损于人",因此"不许全免",但可"收赎"⑤。"反逆及杀人"的罪行,"准律应合死",虽然不在赦免之列,但 80 岁以上的高龄罪犯,"曹司不断",而是"依上请之式,奏听敕裁"⑥。经过奏裁的案件,一般都不会处以死刑。将犯有死罪的高龄罪犯交由皇帝裁决,也就相当于免除其死刑。按照宋律规定,造畜蛊毒者即使遇赦,"同居家口及教令人,亦流三千里"。但"八十以上""无家口同流者,放免"⑦。因此,80 岁以上老人如果犯下一般罪行,将会免除刑事责任;即使犯下死罪,也可通过收赎或奏裁免除一定的刑罚。

90 岁以上的老人,在量行定罪上所享受的减免权最大。90 岁这样的高寿即是《周礼》中所言的"耄",按照《周礼》的规定,"虽有死罪,不加刑",体现了政府在刑律方面的"养老之义"。北宋初年,窦仪等人奉诏在编修律令时将其写入《宋刑统》,"九十以上","虽有死罪,不加刑"⑧。成为宋代优免

---

① (宋)李焘:《续资治通鉴长编》卷三二二"元丰五年二月丁巳",第 7780 页。
② (宋)窦仪等撰,薛梅卿点校:《宋刑统》卷四《老幼疾及妇人犯罪》,第 65 页。
③ (宋)窦仪等撰,薛梅卿点校:《宋刑统》卷四《老幼疾及妇人犯罪》,第 68 页。
④ (宋)窦仪等撰,薛梅卿点校:《宋刑统》卷四《老幼疾及妇人犯罪》,第 64 页。
⑤ (宋)窦仪等撰,薛梅卿点校:《宋刑统》卷四《老幼疾及妇人犯罪》,第 65 页。
⑥ (宋)窦仪等撰,薛梅卿点校:《宋刑统》卷四《老幼疾及妇人犯罪》,第 65 页。
⑦ (宋)窦仪等撰,薛梅卿点校:《宋刑统》卷一八《造畜蛊毒》,第 320—321 页。
⑧ (宋)窦仪等撰,薛梅卿点校:《宋刑统》卷四《老幼疾及妇人犯罪》,第 66 页。

90岁罪犯的法律依据。所以说,90岁以上的老人,即使犯下死罪,也无须承担刑事责任。

(二) 对高龄罪犯刑事处罚的减免规定

在刑事处罚的执行过程中,宋政府充分考虑到高龄罪犯的身体承受能力,往往减免其刑罚。宋代制律者认为,"老、疾不堪受刑",因此在刑罚上对高龄老人"节级优异"。对于70岁以上的罪犯,无论是杖刑,还是流刑、徒刑,均须"斟量决罚",如果有"不堪者",可"覆奏"①,由中央裁决。即使是不能收赎的"加役流""反逆缘坐流""会赦犹流"罪犯,在执行流刑时,也要"量决"。"不任者"同样需"奏裁"②。80岁以上的罪犯,"不须覆奏"③,可直接释放,免除刑事处罚。对于80岁以上的罪犯,"虽犯死罪,亦散禁"④。90岁以上的老人,"虽有死罪,不加刑"⑤,即使犯有死罪也不施以刑罚,这充分体现了政府对高龄之人的优待。

由于技术手段的限制,中国古代社会在审讯过程中,刑讯是合法手段。但如果对高龄罪犯进行刑讯,负责办案的官员就要"以故失"罪论处。《宋刑统》规定,70岁以上的犯人"不合拷讯",其罪行均"据众证定罪"⑥。在刑讯逼供盛行的社会里,高龄罪犯能够因年龄而免受其苦,也是一种莫大的幸运。此外,宋政府对80岁以上的死刑犯做出特别的规定。唐天宝元年(742)的敕令规定,80岁以上死刑犯的处罚决定需要"上请"。窦仪在编订《宋刑统》时,提议政府怜恤80岁以上,"犯十恶死罪、伪造、劫盗、妖讹等至死者",请求将其"移隶僻远小郡,仍给递驴发遣"⑦,得到宋太祖的批准。由此以来,80岁以上的高龄罪犯可免死刑。

配军、编管、羁管是宋代处罚罪犯的常规措施。针对罪行轻重,有可

---

① (宋)窦仪等撰,薛梅卿点校:《宋刑统》卷四《老幼疾及妇人犯罪》,第68页。
② (宋)谢深甫编,戴建国点校:《庆元条法事类》卷七四《刑狱门四·老疾犯罪》,第774页。
③ (宋)窦仪等撰,薛梅卿点校:《宋刑统》卷四《老幼疾及妇人犯罪》,第68页。
④ (宋)窦仪等撰,薛梅卿点校:《宋刑统》卷二九《应囚禁枷锁杻》,第530页。
⑤ (宋)窦仪等撰,薛梅卿点校:《宋刑统》卷四《老幼疾及妇人犯罪》,第66页。
⑥ (宋)窦仪等撰,薛梅卿点校:《宋刑统》卷二九《不合拷讯者取众证为定》,第536页。
⑦ (宋)窦仪等撰,薛梅卿点校:《宋刑统》卷四《老幼疾及妇人犯罪》,第69页。

移放与不可移放之区别。对于罪行严重的,宋代规定不准移放。但70岁以上的罪犯,可享受移改或直接释放的优厚待遇。嘉祐七年(1062)九月七日,宋廷举行明堂大礼,赦文规定:陕西路北犯青白盐配逐处编管人"年七十以上"者,"不以赦数,并放逐便"①。沙门岛是宋代重刑犯的刺配地,此处罪犯一般都不许移配,即使在大赦之际,也不在赦囿之列,但高龄罪犯可享受移配的待遇。元祐六年(1091)十一月十九日,刑部奏请给予70岁以上的高龄罪犯移配待遇,"笃疾或年七十、在岛三年已上"者,"移配近乡州军牢城";"其永不放还者,各加二年移配"②,宋哲宗批准此项申请,高龄重刑犯从此获得移配的待遇。宋政府虽然没有免除他们的刑事处罚,但是能够脱离沙门岛这样一个条件恶劣的"人间地狱",对于高龄罪犯来说也是一种优遇。宣和七年(1125)十一月十九日,宋徽宗在南郊赦文中规定了优待高龄罪犯的规定:编管、羁管人年"七十并具元犯闻奏,当议量轻重移改,或放逐便"。对于"笃疾并年七十以上,编配及五年"者,经验实后"特与放逐便"③。绍兴九年(1139)正月,宋高宗对于新复河南州军中的高龄配军、编管及羁管人也给予放还的优遇,下诏规定河南州军中"永不量移或不放还者",若"年七十以上,仰所属验实,特与放还"④。

三、防范高龄罪犯刑律减免权弊端的措施

宋政府在刑律方面给予高龄罪犯较大的优免权,避免或减轻他们在晚年遭受刑狱之苦,但实践中不断有高龄老人倚仗年龄优势干扰司法秩序的事件,甚至为了逃避刑事处罚,故意增改年龄。宋政府为维护正常的法律秩序,针对减免高龄刑律所出现的弊端,制定了严密的防范措施。

在司法审判中,老疾之人拥有免于刑讯的特权,但为避免高龄老人滥用

---

① (清)徐松辑,刘琳、刁忠民、舒大刚、尹波等校点:《宋会要辑稿》刑法四之二四,第8459页。
② (清)徐松辑,刘琳、刁忠民、舒大刚、尹波等校点:《宋会要辑稿》刑法四之三一,第8463页。
③ (清)徐松辑,刘琳、刁忠民、舒大刚、尹波等校点:《宋会要辑稿》刑法四之四〇,第8468页。
④ (清)徐松辑,刘琳、刁忠民、舒大刚、尹波等校点:《宋会要辑稿》刑法四之四六,第8471页。

减免权,政府对其诉讼资格做出明确的界定。后唐在长兴二年(931)闰五月发布敕令,规定"悼、耄、笃疾,不胜刑责者,不得身自论对"①,禁止80岁以上老人充当原告,70岁以上的老人并不在禁止之列。宋朝建国初期,婚田诉讼中"恃老年不任杖责","多令七十以上家长陈状,意谓避在禁系"的现象比较普遍。乾德二年(964)六月三日,宋州观察判官何保枢奏请今后"七十以上不得论诉",由"次家人陈状"②,这就弥补了法律规定的缺失,有利于防止高龄老人干扰司法现象的蔓延。令人无奈的是,在诉讼案件中,即使有合法的诉讼人,高龄老人仍或被动或自愿充当原告。大中祥符四年(1007)九月,宋真宗为规范司法秩序,再次诏令"自今诉讼,民年七十以上及废疾者不得投牒,并令以次家长代之"③。需要指出的是,宋代限制高龄老人诉讼权的规定,不适用于鳏寡独老。建隆四年(963),窦仪等人在奉敕编纂《宋刑统》时,强调没有同居亲属的"悼、耄、笃疾之人",如果"被人侵损","官司亦须受理"④,保证高年独老捍卫自身权益的权利。乾德年间,宋州观察判官何保枢在奏请限制70岁老人诉讼资格时,也明确指出"实无他丁而孤老悖独者"⑤除外。

赎刑作为一种特殊的刑罚,本是政府对高龄罪犯的一种优待措施,但却时常被人利用,对社会秩序的稳定造成一定的威胁。因此,在限制高年诉讼资格的同时,宋政府也加大依仗刑律减免权而故意犯罪行为的打击力度。南宋庆元年间编纂的《庆元条法事类》,针对此种不法行为制定有明确的处罚规定,"诸老疾应赎而故有违犯,情不可恕者,邻州编管"⑥。由此可见,利用刑律减免权故意犯罪的高龄老人将被处以编管之刑,这样的处罚与赎刑相比要严重得多。

① (宋)窦仪等撰,薛梅卿点校:《宋刑统》卷二九《不合拷讯者取众证为定》,第537页。
② (清)徐松辑,刘琳、刁忠民、舒大刚、尹波等校点:《宋会要辑稿》刑法三之一〇,第8397页。
③ (清)徐松辑,刘琳、刁忠民、舒大刚、尹波等校点:《宋会要辑稿》刑法三之一五,第8400页。
④ (宋)窦仪等撰,薛梅卿点校:《宋刑统》卷二九《不合拷讯者取众证为定》,第537页。
⑤ (清)徐松辑,刘琳、刁忠民、舒大刚、尹波等校点:《宋会要辑稿》刑法三之一〇,第8397页。
⑥ (宋)谢深甫编,戴建国点校:《庆元条法事类》卷七四《刑狱门四·老疾犯罪》,黑龙江人民出版社,2002年,第773页。

为规范土地买卖秩序,保障交易双方利益,宋代不仅禁止高龄老人从事庄宅牙人,而且严厉惩处其利用刑律减免权非法充当土地买卖中介的行为。庄宅牙人是宋代田宅买卖活动的民间中介,在沟通田宅交易信息、促进土地买卖的同时也有种种违法乱纪的欺诈行为。为了规范市场秩序,减少土地交易中的欺诈行为,宋政府对庄宅牙人制定出详细的管理制度,对其非法行为严厉打击。在田宅买卖中,如果牙人欺妄亲邻,虚抬价钱,"及亲、邻有遮吝者,并据所欺钱数,与情状轻重,酌量科断"①。正因为此,政府在牙人的执业资格规定中明确要求"年七十以上者不得充"②,但这并未杜绝高龄老人利用刑律减免权从事土地买卖中的非法活动。因此,宋政府专门规定"老疾应赎人",如果无视法律,非法充当田宅牙人,将会被处"杖一百",并施以"五百里编管"③的附加刑。同时,还允许他人告发这种非法行为,对于告发者,官方给予"钱一百贯"④的奖励。由此可知,宋代高龄老人会利用刑律减免权,非法从事田宅买卖中介工作,官方对其则是加重惩处,并鼓励检举、告发高龄老人的违法行为。

年龄是高龄罪犯享受刑律减免权的主要条件,也是划分减免力度的重要标准。为避免虚报年龄以逃避刑罚的现象,宋政府对高龄罪犯年龄的审核比较严格。在年龄的审查上,宋政府认为"恤貌即奸生","刑名事重,止可依据籍书",坚持以户籍记录为准,不允许依据相貌推断年龄。对于"犯流罪以上及除、免、官当者",如果"犯罪者年貌悬疑",也不得依"貌定科罪",而要"申尚书省量定。须奏者,临时奏闻"⑤。在无法确定真实年龄的情况下,对高龄罪犯的是否施以减免权,需申请尚书省裁定。由此可知,宋代对高年刑律减免权的使用相当谨慎,这有利于避免高龄罪犯刑律减免权的滥用。

---

① (宋)窦仪等撰,薛梅卿点校:《宋刑统》卷一三《典卖指当论竞物业》,第232页。
② (宋)李元弼:《作邑自箴》卷二《处事》,《四部丛刊续编》本,第48册,上海书店出版社,1984年。
③ (宋)谢深甫编,戴建国点校:《庆元条法事类》卷七四《刑狱门四·老疾犯罪》,第773页。
④ (宋)谢深甫编,戴建国点校:《庆元条法事类》卷七四《刑狱门四·老疾犯罪》,第774页。
⑤ (宋)窦仪等撰,薛梅卿点校:《宋刑统》卷六《杂条》,第117页。

总而言之,宋政府对高龄罪犯的刑律减免政策,基本沿袭唐律而来。无论在量刑定罪上,还是在刑事处罚上,均遵循年龄愈高、减免权越大的原则,这是宋代养老宗旨在法制建设上的重要体现。为避免高龄罪犯依仗年龄优势干扰司法秩序,宋政府针对高龄罪犯刑律减免权的弊端,采取了较为严密的防范措施,这不仅有利于维护正常的法律秩序,也能更好地保障高龄罪犯刑律减免权的落实。宋代对高龄罪犯的优待,彰显出政府在立法、司法活动中对弱势群体的关注与保护,体现出宋代司法文明的进步。

第三节 宋代对高龄老人家庭的赋役优免

在征发赋役时,宋政府一般将60岁作为入老的标准。因此,60岁以上的老人无需承担赋税、徭役。对于年龄达到80岁、90岁以上的高龄老人,政府在赋役方面另有优免政策,其家中男丁的赋役可根据父母的年龄得到不同程度的减免。宋政府优免高龄老人家庭男丁赋役的政策,虽然不是针对高龄老人自身的优待,但它的确为高龄老人的养老提供了必要的人力保证,也显示出政府对高龄老人的优待。从这个意义上来说,赋役优免政策仍是政府优待高龄老人的重要方式,也是养老制度的重要组成部分。

一、高龄老人家庭享受赋役优免的年龄标准

北宋时期,高龄老人家庭享受赋役优免的年龄标准比较稳定,一般都在80岁以上。据现有资料看,宋政府免除高龄老人家庭男丁赋税始于天禧元年(1017)。天禧元年五月,宋真宗任命向敏中为礼仪使,"奉太祖圣容于西京应天院",并在次月大赦西京。在此次大赦中,"父老年八十者"不仅获赐"茶帛",还享受"除其课役"①的待遇。宋仁宗在位期间,曾先后在天圣元年(1023)、明道二年(1033)、嘉祐四年(1059)给予"八十岁以上"的老人"复

---

① (元)脱脱等:《宋史》卷八《真宗三》,第162页。

其家"①"免一丁"②"复其一丁"③的优遇。从北宋前期有限的记载看,年龄在80岁以上的老人,其家庭能够享受到免除家庭一名男丁赋役的优待。

南宋时期,高龄老人家庭享有赋税优免权的年龄标准呈现不断提高的趋势。南宋前期,沿袭北宋前期的做法,仍以80岁为标准。绍兴二十九年(1159)正月,宋高宗在为母亲韦太后举行八十大寿的庆礼时,下诏"祖父母、父母年八十以上"的家庭,特"免户下一名身丁钱物"④。宋高宗减免高龄老人家庭一名身丁钱物的做法,被其后诸位帝王效仿。淳熙二年(1175)、淳熙十三年的庆寿赦文中,也有针对祖父母、父母年八十以上的家庭免除"户下一名身丁钱物"的规定⑤。绍熙五年(1194)正月,宋宁宗下诏规定"人户有祖父母、父母年八十以上,与免户下一名身丁钱物"⑥。南宋后期,庆元五年(1199)八月,宋宁宗在去寿康宫进香时下诏赦免天下,规定"民有大父母、父母年九十以上,免身丁钱"⑦,将优免高龄老人家庭赋役的年龄标准提至90岁。淳祐八年(1248)二月,宋理宗优免高龄老人家庭赋税的年龄标准更高,"年过百岁"的老人才可享受到"复其家"⑧的优遇。

由上可知,两宋时期高龄老人家庭享受赋役优免权的年龄标准发生较大变化,北宋时期以80岁为准,南宋时期因财政危机将年龄标准由80岁提高到90岁,后又升至百岁,呈现不断提高的趋势。

二、高龄老人家庭赋役优免政策的基本内容

两宋时期,民众的赋役负担仍较重。除夏秋二税外,还有身丁钱。虽然

---

① (元)脱脱等:《宋史》卷九《仁宗一》,第178页。
② (宋)李焘:《续资治通鉴长编》卷一一二"明道二年二月丁未",第2605页。
③ (宋)李焘:《续资治通鉴长编》卷一九○"嘉祐四年十月癸酉",第4595页。
④ (清)徐松辑,刘琳、刁忠民、舒大刚、尹波等校点:《宋会要辑稿》后妃二之一一至一二,第284页。
⑤ (清)徐松辑,刘琳、刁忠民、舒大刚、尹波等校点:《宋会要辑稿》食货六六之一五,第7866页。
⑥ (清)徐松辑,刘琳、刁忠民、舒大刚、尹波等校点:《宋会要辑稿》食货六六之一八,第7868页。
⑦ (宋)李心传撰,徐规点校:《建炎以来朝野杂记·甲集》卷一《寿康宫进香》,第30页。
⑧ (元)脱脱等:《宋史》卷四三《理宗三》,第839页。

两税中包含有代役钱,但政府还会派发各种徭役。这些赋役是普通家庭较大的负担,政府一般只有在灾荒期间才会有所减免。而高龄老人家庭,可因年龄优势享受到优免赋役的厚遇。政府对高龄老人家庭的赋役优免,有赋税和徭役同免的,也有专免徭役的,还有只免除身丁钱物的。

赋役全免或专免徭役,是北宋前期高龄老人家庭赋役优免的主要内容。天禧元年(1017)六月,西京城内80岁以上的父老,因宋真宗安奉宋太祖御容而享受到"除其课役"①的待遇。天圣元年(1023)三月,西京80岁以上的老人享受"免其家徭役"②的恩遇。明道二年(1033)年二月,宋仁宗下诏规定"父母年八十者"的家庭"免一丁"③。嘉祐四年(1059),宋仁宗再次对给予"父母年八十者""复其一丁"④的待遇。

免除身丁钱物是宋代高龄老人家庭赋税优免的另一主要内容。南渡以后,宋高宗在韦太后八十大寿之际,发布庆寿赦文。此后宋孝宗、宋光宗、宋宁宗相继仿效。在南宋的庆寿赦文中,均有"祖父母、父母年八十以上"家庭享受"免户下一名身丁钱物"⑤的规定,免除高龄老人家庭一名男丁身丁钱物成为庆寿大赦的惯例,这与南宋前期太上皇的存在有着密切的联系。宋高宗经过长期的慎重考察,最终将皇位传至宋孝宗。由于特殊的皇位继承背景,宋孝宗对太上皇和皇太后异常恭敬,不惜财力为他们举办庆寿典礼,以示孝心。宋光宗、宋宁宗的即位,均以禅让的方式实现。在二元政治体制下,在位皇帝与太上皇的关系极其微妙。为彰显对太上皇的孝心、保全皇位,在位皇帝常在庆寿大礼对天下高龄老人大行恩赏,对外树立孝子明君的形象。身丁钱物作为人头税,在南宋时期非常普遍,这对于一般民众来说是个沉重的负担。因此,免除一名男丁身丁钱物成为政府尊崇高年的重要举措。

---

① (元)脱脱等:《宋史》卷八《真宗三》,第162页。
② (宋)李焘:《续资治通鉴长编》卷一〇〇"天圣元年三月丙子",第2318页。
③ (宋)李焘:《续资治通鉴长编》卷一一二"明道二年二月丁未",第2605页。
④ (宋)李焘:《续资治通鉴长编》卷一九〇"嘉祐四年十月癸酉",第4595页。
⑤ (清)徐松辑,刘琳、刁忠民、舒大刚、尹波等校点:《宋会要辑稿》后妃二之一一至一二,第284页。

三、高龄老人家庭赋役优免政策的弊端

虽然宋政府赋予高年家庭一定的赋役优免权,对高年老人的晚年生活有着积极的影响,但它也存在明显的弊端。其弊端主要有两点:

第一,年龄标准过高。两宋时期,一般只有 80 岁以上的老人才有可能获得免除家中一名男丁赋役的权利,南宋后期甚至达到 90 岁、100 岁。这一标准与赏赐高年老人及刑律优免的年龄标准相比,有所提高。在宋代社会,"七十,人寿罕至者"①,80 岁、90 岁的高龄,"实为上寿"②,"百未必一有"③,多数老人难以满足这一要求。

第二,优免政策缺乏连续性。从文献记载看,北宋优免高年家庭赋税的政策,多集中在在北宋前期,并且在宋仁宗朝实现了制度化。明道二年(1033)二月,宋仁宗诏令"父母年八十者,与免一丁,著为式"④,将政府优免高年家庭男丁赋税的政策固定下来,作为后世遵循的法式。此诏令对高年赋税优免权提供了制度上的保障,但它并没有规定免除赋税的时间、频率。究竟是免除 1 年、2 年还是 3 年、5 年,缺少必要的规范。优免高年家庭男丁赋税是每年一次,还是来年举行,抑或是三年一次? 诸如此类的细节问题的存在,也容易造成政策的中断,这或许是北宋后期较少见到优免高年家庭赋役政策的一个原因。南宋时期,政府虽在庆寿之际下诏免除高年老人家庭男丁身丁钱,并逐渐成为一种不成文的惯例,保持了一定的连续性。但这毕竟与太上皇政治密切相连,随着太上皇政治的结束,庆寿大礼赦免高年老人家庭男丁身丁钱的惯例,也就此中断。

总而言之,宋政府对高年家庭的赋役优免政策,对高年老人的年龄有着较高的要求,优免的内容以免除课税、徭役及身丁钱物为主。由于缺少完善

---

① (宋)强至:《祠部集》卷三五《赠卫尉卿梁公夫人李氏墓志铭》,《丛书集成初编》第 1898 册,第 538 页。
② (宋)毕仲游撰,陈斌校点:《西台集》卷一七《祭故相曾鲁公文》,中州古籍出版社,2005 年,第 276 页。
③ (宋)洪咨夔:《平斋文集》卷三一《孺人吴氏墓志铭》,《宋集珍本丛刊》第 75 册,第 292 页。
④ (宋)李焘:《续资治通鉴长编》卷一一二"明道二年二月丁未",第 2605 页。

的制度支撑,此政策在实践过程中有所中断,但它的存在为子孙侍养祖父母、父母提供了便利与动力,对家庭养老的实施及高年老人的晚年生活均有积极影响。

第二章 宋代对鳏寡独老的救助

在中国古代社会中,鳏寡独老常被视为穷民,是政府救助的对象之一。两宋时期,朝廷不仅建立有层级分明、分工明确的救助管理机构,而且大力兴建救助机构,在救助标准及救助资金来源方面均形成较为明确的规定,对鳏寡独老的救助逐渐由不定期的赏赐过渡至制度性的救济,有力推动了鳏寡独老救助事务的制度化进程。

第一节 宋代救助鳏寡独老的管理机构

宋代对鳏寡独老的救助经历一个从临时性恩赏到制度性救助的过程,在这一转变过程中,管理机构的建立和完善是救助鳏寡独老工作制度化的重要标志之一。宋代负责鳏寡独老救助工作的机构设置与行政管理体制高度一致,在中央到地方均设有负责及监督鳏寡独老救助工作的具体机构。这些机构在贯彻政府救助政策、监督救助工作的落实方面发挥了重要的作用,不仅有效保证了救助鳏寡独老工作的顺利进行,也为救助政策的调整和完善提供必要的参考,但同时也存在急于奉行、失于监察的弊端。学界以往的研究多关注居养院、安济坊等救助机构的设立与运行①,对宋代管理救助鳏寡独老的机构及职能有所忽视,下文将对中央和地方管理鳏寡独老救助事务的机构及具体职能进行系统梳理。

一、中央管理机构及其职能

宋代中央管理救助鳏寡孤老事务的机构大致从属于两大系统,一是掌管救济钱米的财政系统,二是监督救济政策实施的监察系统。北宋元丰改制前,三司、司农寺分别掌管赏赐鳏寡孤老的钱物和广惠仓的粮米。元丰改制后,户部统管救济钱米的调配及救助政策的完善。御史台作为最高监察机构,对地方监司及救济工作的实施均有监察之责。

(一) 三司、司农寺与户部的管理职能

1. 三司与司农寺的管理职能

北宋前期,三司与中书门下、枢密院鼎足而立,掌管"户口、田产、钱谷、食货"之政令,为国家最高财政管理机构,也是政府救助鳏寡独老事业的中央管理机构。三司在救助鳏寡独老方面的职责,主要是管理赏赐钱物。北宋前期,宋廷一般在改元、郊祀等朝廷大礼之际赏赐鳏寡独老钱物。淳化元年(990),宋太宗改元,大赦天下,"赐鳏寡孤独钱"②。至道二年(996)正月,政府举行南郊大礼,赦文规定"孤老惸独不能自给者,长吏倍加存恤"③。大中祥符四年(1011)八月,宋真宗因东封之事赐"青州孤老惸独民帛"④。此外,在冬季的雨雪天,宋廷也会遣官救恤鳏寡孤老,赐予其一定的钱物。淳化四年(993)二月,雨雪大寒,宋太宗遣使"赐孤老贫穷千钱、米炭"⑤。嘉

---

① 金中枢:《宋代几种社会福利制度》,载台北编译馆主编:《宋史研究集》第18辑。宋采义:《宋代的居养与宽疾》,《史学月刊》1988年第2期。王卫平:《唐宋时期慈善事业概说》,《史学月刊》2000年第3期。宋炯:《两宋居养制度的发展——宋代官办慈善事业初探》,《中国史研究》2000年第4期。李瑾明:《宋代社会救济制度的运作与国家权力——以居养制的变迁为中心》,《中国史研究》2005年第3期。甄尽忠:《论宋代安济坊的设置与管理》,《河南社会科学》2010年第6期。
② (元)脱脱等:《宋史》卷五《太宗纪二》,第85页。
③ (宋)钱若水修,范学辉校注:《宋太宗皇帝实录校注》卷七六《南郊赦天下制》,中华书局,2012年,第642页。
④ (元)脱脱等:《宋史》卷八《真宗纪三》,第149页。
⑤ (元)脱脱等:《宋史》卷五《太宗纪二》,第91页。

祐四年（1059）正月，因雨雪不止，"民饥寒，死道路甚众"。宋仁宗"遣官分行京城，视孤穷老病者，人赐百钱"①。宋制规定，三司度支部下的赏给案，专掌"诸给赐、赙赠"②等事务。由此可知，三司是赏赐鳏寡独老的直接管理机构。

除三司外，司农寺也是中央管理鳏寡孤老救助工作的机构之一，其主要职能是管理救助钱米。北宋前期，司农寺也和其他省、部、寺、监一样，是一个闲散的机构，事权甚微，仅"掌供籍田九种及诸祀豕及蔬果、明房油、平籴之事"③，宋真宗朝才开始掌管常平仓米。景德三年（1006），宋真宗应大臣之请，在"京东西、河北、河东、陕西、江南、淮南、两浙"等路设立常平仓，规定其"领于司农寺"。同时，强调"三司无辄移用"④常平仓钱米，以避免三司或地方政府挪用。司农寺的职权虽有所扩大，但还仅局限于平抑粮价。直至宋仁宗朝，才开始主管地方恤老事宜。嘉祐二年（1057）八月，在韩琦的奏请下，宋仁宗诏令"天下置广惠仓，使老幼贫疾者皆有所养"⑤。嘉祐四年（1059）二月，宋仁宗再次诏令三司，"天下广惠仓隶司农寺"，地方州县按照"一日给米一升，幼者半升"的标准救助贫老后，如果"有余，即量诸县大小而均给之"⑥。由此以来，司农寺正式成为广惠仓的主管机构，被赋予管理、调配救助粮米的权力。

在王安石变法期间，司农寺对常平仓、广惠仓的管理权一度受到制置三司条例司的挑战。熙宁二年（1069），制置三司条例司在发布青苗法的同时，"差官充逐路提举常平广惠仓，兼管勾农田水利差役事"⑦，在各路增设提举常平司，管理常平广惠仓诸事。如此一来，提举常平司对常平广惠仓也拥有管理权。这对司农寺明显不利，所以它很快上奏中央明确其对常平广惠仓

---

① （宋）李焘：《续资治通鉴长编》卷一八九"嘉祐四年正月丁酉"，第4547页。
② （元）脱脱等：《宋史》卷一六二《职官二》，第3809页。
③ （清）徐松辑，刘琳、刁忠民、舒大刚、尹波等校点：《宋会要辑稿》职官二六之一，第3687页。
④ （元）脱脱等：《宋史》卷一七六《食货志上四》，第4276页。
⑤ （元）脱脱等：《宋史》卷一七八《食货志上六》，第4337页。
⑥ （宋）李焘：《续资治通鉴长编》卷一八九"嘉祐四年二月己亥"，第4551页。
⑦ （清）徐松辑，刘琳、刁忠民、舒大刚、尹波等校点：《宋会要辑稿》职官四三之二，第4111页。

的管理权。熙宁二年(1069)三月二十六日,应司农寺之请,宋神宗下诏"诸处奏请擘画广惠仓钱斛,并申司农寺"①,重申司农寺对广惠仓的管理权。翌年三月五月,诏罢制置三司条例司,王安石转而依靠司农寺推行新法。宋神宗在八月份御批司农寺"专主天下常平广惠仓、农田、水利、差役事"②,赋予其领导变法的权力,司农寺的职权大增,同时仍负责管理常平广惠仓。元丰改制,寺监不治外事,司农寺所辖并归户部右曹,不再负责管理救助鳏寡独老工作。③

由上可知,从宋仁宗嘉祐年间至元丰改制前,司农寺一直是常平广惠仓的中央一级主管机构,负责管理鳏寡独老救助事业。

2. 户部的管理职能

在元丰官制改革中,三司被裁,"天下财计"并归户部,救助鳏寡独老的管理工作也由户部接管。同时,推行新法的重要机构——司农寺,也依照《唐六典》正名,"不治外事",其"旧职务悉归户部右曹"④。由此以来,元丰改制后,"常平、农田水利及义仓振济,户绝田产,居养鳏、寡、孤、独之事"⑤,统一由户部右曹的常平案管理,这样户部成为救助鳏寡独老工作的管理机构,并一直持续至南宋。户部对鳏寡独老救助工作的管理职能,主要体现在以下方面:

第一,申明、下达救助条法指挥。宋代救助鳏寡独老的工作,就政策层面而言,形成了较为完善的法律、法规。但在实施过程中,地方州县往往视为具文,致使弊端丛生,要么"宜收而弃""以壮为弱",要么"减克支散""虚立人数"⑥。这引起了户部官员及其他主管官员的关注。绍兴十九年(1149)十一月,权发遣秀州郭瑊上书反映,州县"往往有元非饥贫,

---

① (清)徐松辑,刘琳、刁忠民、舒大刚、尹波等校点:《宋会要辑稿》职官二六之三,第3688页。
② (宋)李焘:《续资治通鉴长编》卷二一四"熙宁三年八月甲申",第5224页。
③ 王曾瑜:《北宋司农寺》,《锱铢编》,河北大学出版社,2006年,第41—70页。
④ (元)脱脱等:《宋史》卷一六五《职官五》,第3905页。
⑤ (元)脱脱等:《宋史》卷一六三《职官三》,第3849页。
⑥ (清)徐松辑,刘琳、刁忠民、舒大刚、尹波等校点:《宋会要辑稿》食货六八之一四四,第8041页。

巧为计嘱,得以与籍",而真正"困穷无告却或弃遗"。同时请求"申严守令究心检察"①。绍兴二十六年(1156)十一月,试尚书户部侍郎兼详定一司敕令王俣,针对临安府救恤工作中所存在的弊端,奏请中央戒饬临安府当职官吏,对于外路州县,也要"特降指挥施行"②。于是,中央决策层多次责令"户部检坐条法指挥申严行下"③。检核政府救助法规,并下达于诸路、州县,成为户部的主要职能。

第二,制定解决救助弊端的对策。在救助鳏寡独老的过程中,冒名顶替的现象屡见不鲜,朝廷上下对此深恶痛绝。户部作为中央一级的管理机构,受命制定解决冒支之弊的对策。宋高宗对救助钱米"多被胥吏辈冒名支请,其实乞丐人未必皆得"的情形有着清醒的认识,认为这"非发政施仁之道",在绍兴二十七年(1157)十一月十八日指示辅臣"革去奸弊,务要实惠及民"④。宰臣汤思退等立即回奏,"令户部措置施行"。户部受命之后,立即讨论革奸去弊之对策。三天后,户部提交解决冒领问题的方案。其方案如下:

> 乞行下诸路州县,委自守令躬亲措置,责委坊正、耆保抄札贫乏乞丐姓名,尽数收养,不管漏落。仍立赏出榜,诸色人陈告诡名冒请及减克作弊之人,断罪、追赏施行,令常平司常切觉察。⑤

此方案在责令守令"躬亲措置"的同时,建议委托坊正、耆保等基层管理人员统计符合条件的收养对象。此外,户部果断提出"立赏出榜",听许"诸色

---

① (清)徐松辑,刘琳、刁忠民、舒大刚、尹波等校点:《宋会要辑稿》食货六八之一四三,第8040页。
② (清)徐松辑,刘琳、刁忠民、舒大刚、尹波等校点:《宋会要辑稿》食货六八之一四四,第8041页。
③ (清)徐松辑,刘琳、刁忠民、舒大刚、尹波等校点:《宋会要辑稿》食货六八之一四四,第8041页。
④ (清)徐松辑,刘琳、刁忠民、舒大刚、尹波等校点:《宋会要辑稿》食货六八之一四四至一四五,第8041页。
⑤ (清)徐松辑,刘琳、刁忠民、舒大刚、尹波等校点:《宋会要辑稿》食货六八之一四五,第8041页。

人陈告"的措施,希望凭借民众的监督来减免冒领现象,保证救助之政落实到位。与此同时,权户部侍郎林觉个人也递交一份解决临安府冒请问题的方案。林觉的方案,更加突出对不法官吏的惩处和对检举不法现象之人的奖赏。"临安府两县并在城兵官、公吏及甲头,如抄札贫民姓名不实,及自行诡名冒请钱米",经临安府查实后,"依条计赃断罪"。对于检举之人给予重赏,"每一名赏钱一十贯,至三百贯止"①,鼓励民众参与监督老人救助事宜。

第三,支拨、调拨救助钱物。两宋时期,政府在地方州县建有恤老机构,以收养鳏寡孤独无以自存者。无论是北宋的居养院、安济坊,还是南宋的养济院、安老坊等机构,均以户绝田产和常平仓息为主要经费来源。建中靖国元年(1101),宋徽宗设立居养院,"以处鳏寡孤独",并诏"以户绝财产给其费,不限月数,依乞丐法给米、豆;如不足,即支常平司钱"②。崇宁元年(1102)九月再次下诏,明确居养院的经费来源,"以户绝财产给其费,不限月,依乞丐法给米、豆,如不足,即支常平息钱"③。而户部作为主管户绝田产及常平钱米的财政机构,负责管理支拨救助机构经费,以维持其正常运转。

在地方政府的救助费用无法正常支出时,户部要为调拨粮米。例如,隆兴二年(1164)十二月,临安府依例救恤鳏寡贫老。但是当将"饥贫别无经营之家及流移人,开具姓名",准备置场发放时,却发现"常平米见管不多"。于是,中央下令"于省仓下界粜场封桩米内借拨二万石"。不过,省仓仅借拨"一千二百石",还有"一万八千八百石"未曾取拨。十二日,权发遣临安府薛良朋奏请"行下省仓照会,据本府今来赈给米数逐旋应副"。朝廷闻言后,责令"户部每料支二千石,俵散尽绝,接续支给"④。按照规定,州县镇寨救

---

① (清)徐松辑,刘琳、刁忠民、舒大刚、尹波等校点:《宋会要辑稿》食货六八之一四五,第8041页。

② (宋)陈均编,许沛藻、金圆、顾吉辰、孙菊园点校:《皇朝编年纲目备要》卷二六,中华书局,2006年,第664页。

③ (清)徐松辑,刘琳、刁忠民、舒大刚、尹波等校点:《宋会要辑稿》食货六八之一二九,第8032页。

④ (清)徐松辑,刘琳、刁忠民、舒大刚、尹波等校点:《宋会要辑稿》食货六八之一四七,第8043页。

助"老疾贫乏不能自存及乞丐之人豆、米",来源于"常平司见管没官田产收到租课"。但是"诸司官产,皆已卖过,即于常平司别无所入",救助费用失去来源。于是,浙东提举常平司奏请暂"将州县所管常平司义仓米"支给老疾贫发之人。户部碍于"义仓谷,在法唯充赈给,不得他用"的规定,并未同意支出义仓米,而是建议于"籴到常平米内通融取拨应副"①。由此可看出,户部作为最高财政管理机构,拥有调拨财物的权力,从而为地方州县的救助工作提供了必要的经费支持。

（二）御史台的管理职能

御史台作为皇帝耳目之官,专掌纠察文武百官的违法行为,对宋代救助政策的落实与实施负有监督管理的责任。其管理职能主要体现以下方面：

1. 纠察京师救济工作中的弊端

在监督地方救济鳏寡独老的实施上,御史台与路级监察机构有着不同的分工。由于京师特殊的政治地位,监司一般无权监督京师官员,皇帝往往将此项工作交由御史台负责。崇宁四年(1105)十二月,宋徽宗下诏明确了不同监察机构的监管对象,其中外路"委提举常平司",京畿地区"委提点刑狱司",而都城"仍许御史台纠劾"②。政和年间,尚书省向宋徽宗反映提举常平司"不复省察"居养院、安济坊的实施状况,对于"民之无告"者"坐视不救"。因此下诏加强对地方政府救助工作的监管。其中,京师"委御史台弹奏"③。

2. 纠察州县救济鳏寡独老过程中的弊端

御史台不仅可以监督京师的救助工作,同时也有权纠察其他地方州县在救助过程中所出现的问题。宋徽宗在位期间,在全国范围推行居养之政。但地方州县在实施过程中,存在观望、推诿的现象。作为地方州县的上级监察机构,监司本应发挥其监督职能,推动中央救助政策的实施。但监司却坐视

---

① （清）徐松辑,刘琳、刁忠民、舒大刚、尹波等校点：《宋会要辑稿》食货六八之一五二,第8045页。
② （清）徐松辑,刘琳、刁忠民、舒大刚、尹波等校点：《宋会要辑稿》食货六八之一三一,第8033—8034页。
③ （清）徐松辑,刘琳、刁忠民、舒大刚、尹波等校点：《宋会要辑稿》食货六八之一三四,第8035页。

不管,"不复按举"。宋徽宗对此十分不满,在崇宁五年(1106)六月下诏,强调"监司分按本道,举行如法"。如果"监司失于按举,令御史台弹奏"①。绍兴十八年(1148)八月二十八日,御史台主簿陈夔上言,列举出基层救助工作中的种种弊端:其一,偏远州县奉行不力。其二,救助对象的验证,应付了事。入冬前,"未尝检察老疾、乞丐之人而籍之",仅仅"行移文书,以应格令"。其三,救助物品缺乏保障。"所谓日给之米",要么"移之他用",要么"糜于侵盗"。因此,奏请"专责监司常切觉察",对于阴奉阳违者,"重置典宪"②。由此可见,御史台通过按察、监督监司,以发挥其管理职能。由此可看出,作为中央一级的监察机构,御史台对地方州县的救助工作也负有监察责任。

二、路级监察机构的管理职能

转运司、提点刑狱司及提举常平司,作为宋代路级监察机构,拥有监察州县之权,具有指挥或监督地方救恤鳏寡独老工作的职能,在宋代救助鳏寡独老管理体系中处于承上启下的地位。

(一) 转运使司及提点刑狱司的管理职能

作为路级监察机构,转运使司、提点刑狱司在经度一路财赋、疏理地方狱讼外,对救助鳏寡独老也具有管理责任。

北宋前期,转运司、提点刑狱司往往受命直接参与救恤鳏寡独老工作。景德三年(1006)三月,宋真宗诏令开封府、京东西、淮南、河北州军县"孤老及病疾不能自存者"由"本府及诸路转运使、副并差去臣僚,同共体量,出省仓米救济"③。治平三年(1066)三月,宋英宗因"星躔生变"而"避殿彻膳,夙夜惕厉",认为"鳏寡孤独死亡贫苦,甚可伤也",因此诏令"转运使、提点刑狱分行省察而矜恤之"④,转运使与提点刑狱使共同参与救恤。

---

① (宋)佚名:《宋大诏令集》卷一八六《监司分按居养安济漏泽诏》,第681页。
② (清)徐松辑,刘琳、刁忠民、舒大刚、尹波等校点:《宋会要辑稿》食货六二之三〇,第7565—7566页。
③ (清)徐松辑,刘琳、刁忠民、舒大刚、尹波等校点:《宋会要辑稿》食货六八之三三,第7960页。
④ (宋)李焘:《续资治通鉴长编》卷二〇七"治平三年三月癸酉"条,第5044页。

在提举常平司设立之前和废罢期间,提点刑狱司一度成为地方救助鳏寡独老工作的主管机构。嘉祐之前,"诸路有广惠仓,以救恤孤贫"①。嘉祐二年(1057)八月,宋仁宗应韩琦之请,明确规定"逐路提点刑狱司专领"②广惠仓。南宋初期,提举常平司废止不常,其职权一般归提点刑狱司。建炎二年(1128)六月,提举常平司被废,"并归本路提刑司"③。两个月后,复置提举常平司。但旋即又在建炎三年(1129)闰八月再次废罢,诏令"诸路复置提举常平官指挥勿行"④。绍兴五年(1135)闰二月,提举常平并入诸路茶盐司,但无茶盐处,仍由"提刑兼领"⑤。由此可知,从建炎二年(1128)以来,直至绍兴十五年(1145)八月设置提点常平茶盐司之前,提点刑狱司成为诸路常平及救恤事宜的主管机构。

宋徽宗在位时期,大力推行居养之政,但地方州县或阳奉阴违,或奉行过当。因此,中央不断加强对鳏寡独老工作的监督管理,转运司、提点刑狱司作为重要的监察机构,成为宋廷倚重的监察力量。政和二年(1112)五月,宋徽宗诏令"转运、提刑司条具废弛事状及违法官吏以闻"⑥,充分发挥转运司、提点刑狱司对地方州县的监察职能。绍兴十八年(1148)年八月,御史台主簿陈夔上书揭露地方州县初冬时"未尝检察老疾乞丐之人而籍之",对于救助之事仅"行移文书,以应格令而已","日给之米,乃或移之他用,或糜于侵盗"的弊端,请求专责监司检察。于是户部要求"诸路常平司约束所部州县,恪意奉行","常切觉察"。同时也命令"诸路提刑司更切觉察施行"⑦,加强路级管理机构之间的相互配合与相互制约。绍兴二十四年(1154),监登闻鼓院曹绂上书建议"明诏有司","令州县及时广籴,使仓廪充实,异时

---

① (宋)李焘:《续资治通鉴长编》卷四〇八"元祐三年春正月"条,第9919页。
② (宋)李焘:《续资治通鉴长编》卷一八六"嘉祐二年八月丁卯",第4488页。
③ (清)徐松辑,刘琳、刁忠民、舒大刚、尹波等校点:《宋会要辑稿》职官四三之一三,第4117页。
④ (宋)李心传编撰,辛更儒点校:《建炎以来系年要录》卷二七"绍兴三年闰八月乙酉",第546页。
⑤ (宋)李心传编撰,辛更儒点校:《建炎以来系年要录》卷八六"绍兴五年闰二月丙辰",第1460页。
⑥ (宋)佚名:《宋大诏令集》卷一八六《居养以大观三年四月以前指挥御笔》,第681页。
⑦ (清)徐松辑,刘琳、刁忠民、舒大刚、尹波等校点:《宋会要辑稿》食货六二之三〇,第7565—7666页。

用以赈贷"。宋高宗责令户部讨论,讨论意见是:"乞下诸路常平司,严切行下所属,遵依见行条法及已降指挥施行"。如果提举常平司"不切检察",即"仰漕、宪司按劾施行"①。由此可见,在提举常平司失于按察地方救助事宜的情况下,转运司、提点刑狱司则需监督地方州县奉行救助之政。

(二) 提举常平司的管理职能

作为常平仓的主管机构,提举常平司对救助鳏寡独老的钱米具有管理权。熙宁九年(1067),知太原韩绛奏请对"鳏、寡、孤、独、癃老、疾废,贫乏不能自存应居养者","以户绝屋居之。无,则居以官屋,以户绝财产充其费,不限月,依乞丐法给米、豆;不足,则给以常平息钱"②。按照规定,提举常平司掌管"常平、义仓、免役、市易、坊场、河渡、水利之法"③,老人救助费用由提举常平司管理。南宋嘉泰三年(1203),宋宁宗复置福田、居养院,下诏规定"诸路提举常平司主之"④,再次明确提举常平司对救助鳏寡孤老机构的管理权。从救济费用看,提举常平司是救助鳏寡独老重要财政管理机构。

提举常平司在管理救济钱米的同时,对地方州县救助鳏寡独老工作也具有监察职能。宋徽宗即位后,非常重视社会保障制度的建设,既为鳏寡独老立"居养之法",还为"疾而无医"者"置安济坊",积极推动地方州县恤老机构的发展,不断敦促"提举常平司与监司、守令悉力奉行,毋或违戾"⑤。崇宁四年(1105),诏令"外路委提举常平司""常切检察"⑥地方救助工作的开展状况。崇宁五年(1106),下诏敦促州县速行救助之政。考虑到州县容易怠于奉行,命令"提举常平司倍加提按,勿致文具灭裂"⑦。南宋时期,由于地方救助鳏寡独老弊端丛生,中央尤其重视发挥提举常平司的监察职能。

---

① (清)徐松辑,刘琳、刁忠民、舒大刚、尹波等校点:《宋会要辑稿》食货六二之三一,第7566页。
② (元)脱脱等:《宋史》卷一七八《食货志上六》,第4339页。
③ (元)脱脱等:《宋史》卷一六七《职官七》,第3968页。
④ (元)脱脱等:《宋史》卷三八《宁宗二》,第735页。
⑤ (宋)佚名编:《宋大诏令集》卷一八六《奉行居养等诏令诏》,第680页。
⑥ (清)徐松辑,刘琳、刁忠民、舒大刚、尹波等校点:《宋会要辑稿》食货六〇之四,第7418页。
⑦ (清)徐松辑,刘琳、刁忠民、舒大刚、尹波等校点:《宋会要辑稿》食货六〇之五,第7419页。

淳熙八年(1181),宋孝宗诏令以"义仓米"赈济江浙、湖北、淮西路"鳏寡孤独贫乏不能自存之人",同时要求"本路漕臣及提举常平官"①按察州县地方官的落实情况。绍熙五年(1195),宋光宗针对诸州在收养乞丐时,往往将政府的救助物品支给"强壮慵惰及有行业住家之人",而真正"老疾孤幼贫乏之人不沾实惠"的弊端,在明堂赦文中明确要求,"提举常平司觉察,按治施行"②,以此来消除救助工作中的积弊。嘉泰三年(1203),宋宁宗诏令地方救恤鳏寡独老工作,如遇有"违戾去处",提举常平司需"按治施行"③,再次明确提举常平司的监察权。

三、地方州县的管理职能

作为地方行政机构,地方州县官员对本地救济鳏寡独老工作的开展具有直接的管理权。宋制规定,宋代的知府、知州、知军、知监统称郡守,总掌一地民政、军政、财政及司法事务。这在《文献通考》中有较为详细的记载:

> 掌总理郡政,宣布条教,导民以善而纠其奸慝;岁时劝课农桑,旌别孝悌;其赋役、钱谷、狱讼之事,兵民之政皆总焉。凡法令条制,悉意奉行,以率所属;有赦宥,则以时宣读而颁告于治境;举行祀典,察郡吏德义材能而保任之,若疲软不任事或奸贪冒法,则按劾以闻;遇水旱,以法赈济,安集流亡,无使失所。④

从上述记载可看出,郡守作为地方最高行政长官,总揽一方兵民之政,赈济灾民,安集流民也是其职责之一。同时,它也是中央考核知县县令的重

---

① (元)佚名撰,汪圣铎点校:《宋史全文》卷二七上《宋孝宗七》"淳熙八年二月壬午",中华书局,2016年,第2260页。
② (清)徐松辑,刘琳、刁忠民、舒大刚、尹波等校点:《宋会要辑稿》食货六〇之一,第7415页。
③ (清)徐松辑,刘琳、刁忠民、舒大刚、尹波等校点:《宋会要辑稿》食货六〇之一七,第7432页。
④ (元)马端临著:《文献通考》卷六三《职官考十七》,第1896页。

要内容之一。熙宁二年(1069)五月,考课院提出的《考校知县县令课法》以"四善三最"作为考课州县官的标准。而"赈恤困穷、不致流移"即为"抚养之最"①的重要内容之一,并一直沿用至南宋②。由此可见,赈济困穷是地方州县长官的重要职责之一。鳏寡孤老作为社会中的弱势群体,成为地方州县救助的重要对象。地方州县长官在救济鳏寡孤老事宜中的管理作用,主要体现在以下方面:

(一) 统计救恤对象,验证其真伪

统计、登记救恤对象是开展救济工作的基础,此项工作主要由地方州县长官组织管理。例如,嘉祐四年(1059)二月,宋仁宗诏令"逐州选募职、曹官各一人专监"救助事宜,并"差官检视老弱疾病不能自给之人,籍定姓名"③。熙宁九年(1076),宋神宗在救助老病贫乏之人的诏令中,同样要求府州长官在"十月差官检视内外老病贫乏不能自存者注籍"④。南渡后,临安府奏请救恤"老疾孤寡,贫乏不能自存及丐者等人",政府委托"钱塘、仁和县官,以病坊改作养济院,籍家姓名,每名官给钱米赡之"⑤。淳熙八年(1181)二月,江浙、湖北、淮西路郡县间的"鳏寡孤独贫乏不能自存之人""无钱收瘗"。宋孝宗应臣僚之请,准以"义仓米赈济",并诏令由"州县镇寨乡村抄籍姓名"⑥,救助无法自存的鳏寡独老。

宋代对老人的救助,主要针对无法生存的鳏寡独老。因此,救济对象的身份验证成为一项关键性的工作,而此项工作主要由身处基层的亲民之官承担。元符元年(1098)冬十月,宋廷批准了详定一司敕令关于救助无以生

---

① (清)徐松辑,刘琳、刁忠民、舒大刚、尹波等校点:《宋会要辑稿》职官五九之九,第4642页。
② 《庆元条法事类》卷五《考课·考课格》记载了南宋时期州县官的考课方法。其中,"赈恤困穷"成为"养葬之最"的一项内容。见(宋)谢深甫编,戴建国点校:《庆元条法事类》卷五《考课·考课格》,第69—70页。
③ (宋)李焘:《续资治通鉴长编》卷一八九"嘉祐四年二月乙亥",第4551页。
④ (宋)李焘:《续资治通鉴长编》卷二八〇"熙宁九年二月丁酉",第6865页。
⑤ (宋)吴自牧撰,符均、张社国校注:《梦粱录》卷一八《恩霈军民》,三秦出版社,2004年,第285页。
⑥ (元)佚名撰,汪圣铎点校:《宋史全文》卷二七上《宋孝宗七》"淳熙八年二月壬午",第2260页。

存的鳏寡独老的建议,官方救助法令正式形成。其规定如下:

> 鳏寡孤独贫乏不得自存者,知州、通判、县令、佐验实,官为居养之;疾病者仍给医药。监司所至检察阅视,应居养者,以户绝屋居,无户绝以官屋居之;及以户绝财产给其费,不限月分,依乞丐法给米豆。阙若不足者以常平息钱充。已居养而能自存者,罢。①

此项法令明确指出,救助对象的身份由"知州、通判、县令、佐验实",对于无所依靠的鳏寡独老,"官为居养之"。对于"已居养而能自存者",则要及时遣放。乾道元年(1165),临安府组织赈济饥民,按照规定"至四月终"。但经过访闻得知,仍有疾病残废之人。因此,宋廷要求两浙路转运判官姜诜等人与"本府通判、漕司属官"一同"躬亲拣点,将委实疾病残废、癃老羸弱、鳏寡孤独不能自存见在病坊之人,更展限半月,给散粥药养济"②。由此可见,地方州县长官在救助对象身份的验实上负有首要责任。

(二)筹措救助费用

按照宋制,地方州县救助鳏寡独老的费用,主要来源于"户绝财产",不足的部分"给以常平仓息钱"③。北宋时期,中央财政相对比较宽裕,地方救助费用具有较为稳定的保证。南宋以后,由于战事频繁,军费激增,常平钱米频频被挪用、侵占,这极大限制了地方救助工作的开展。因此,筹措救助经费成为地方行政长官的一项重要任务。

地方州县官员在筹措费用方面,一般通过两种途径。第一,向中央申请义仓米。④ 绍兴三十一年(1161),知汉州王葆面对"川蜀地狭民稠,贫窭者众"的现实,在"常平田土多已出卖"的情况下,为依法救助"老疾贫乏不能

---

① (宋)李焘:《续资治通鉴长编》卷五〇三"元符元年十月壬午",第11976页。
② (清)徐松辑,刘琳、刁忠民、舒大刚、尹波等校点:《宋会要辑稿》食货六八之一五一,第8045页。
③ (元)脱脱等:《宋史》卷一七八《食货志上六》,第4339页。
④ 孔祥典:《两宋义仓研究》,《南京农业大学学报(社会科学版)》2010年第4期;杨芳:《宋代仓廪制度研究》,上海古籍出版社,2019年,第236—239页。

自存乞丐之人",奏请在"见管义仓米内通融应副"①。淳熙八年(1181),知台州唐仲友奏请"依乾道九年例,取拨常平义仓赈给""鳏寡孤独老幼疾病之人"。宋孝宗认为义仓米"本是民间寄纳在官,以备水旱。既遇荒岁,自合还以与民"②,批准了唐仲友的申请。第二,借助僧道劝分。在水旱饥馑等自然灾害期间,地方官员往往奏请开放义仓,救济鳏寡孤老及废疾之人。不过,义仓米并不单纯由一纸文书所决定,奏请获批但粮米迟迟未发的情况时有发生。如果义仓米未及时下发,或者所发义仓米"不足沾济",无法满足救济之需,地方官员转而"令僧道劝谕"③,通过宗教力量劝导民众节衣缩食、救济饥困之人。

(三) 设置救助机构

救助机构的建立,突破了传统临时赏赐的局限,实现了对鳏寡独老的集中收养,是宋代救助鳏寡独老制度化的重要标志之一。基层主管长官在地方居养机构的建设方面,是一支不可或缺的中坚力量。

北宋时期,州县官员主要是根据中央的诏令建立广惠仓、居养院、安济坊等救助鳏寡独老的机构。广惠仓作为地方救助机构,在嘉祐之前就已存在,但并不普遍。因此,枢密使韩琦奏请在地方州县普及广惠仓,嘉祐二年(1057)八月,宋仁宗下诏"天下置广惠仓"④。熙宁四年(1071),宋神宗听从宰相王安石的建议,"鬻广惠仓田,为常平本",由此以来,"广惠仓赈济之意"⑤遭到破坏。五年后,知太原府韩绛奏请对于"鳏寡孤独、癃老疾废,贫乏不能自存应居养者",可"以户绝屋居之,无则居以官屋",为其提供固定住所,并且突破救助时限的限制,"不限月"收养。元符元年(1098)冬十月,

---

① (清)徐松辑,刘琳、刁忠民、舒大刚、尹波等校点:《宋会要辑稿》食货六八之一四六,第8042页。
② (宋)佚名撰,汪圣铎点校:《宋史全文》卷二七上《宋孝宗七》"淳熙八年正月庚午",第2259页。
③ (宋)董煟:《救荒活民书》卷三《代能仁院赈济疏》,中华书局,1985年,第69页。
④ (元)脱脱等:《宋史》卷一七八《食货志上》,第4337页。
⑤ (宋)吕中著,张其凡、白晴霞整理:《类编皇朝大事记讲义》卷一六《坏常平法 鬻广惠仓》,上海人民出版社,2014年,第303—304页。

详定一司敕令所以敕的方式,将集中收养鳏寡独老的方式固定下来。此后,地方救助机构的设置进入到快速发展的时期。据《宝庆四明志》的记载,在元符元年至徽宗崇宁二年,明州府鄞、奉化、慈溪、定海、昌国、象山等六县就已设立居养院①。崇宁年间,居养院、安济坊的建设达到新的高潮,截止崇宁四年(1105),地方州县基本都已行居养之法,设置了居养机构。

北宋末年,由于宋金战争的影响,诸多地方的居养机构遭到破坏。南宋以后,地方救助机构亟待重建。在增设、恢复居养机构方面,地方长官的作用尤为突出。东南望郡吴兴县在居养机构的建设上,起步较早,这与知州王回的努力紧密相连。绍兴三年(1133),知吴兴州事王回,"在奉胜门内霸王庙旁","为屋二十七楹",命名为"利济院"。同时"拨置田亩,岁收租养赡"②鳏寡独老。建康府城原来已有养济院,为前守臣钱良臣所建,但"规模未广,收养不多"。嘉定五年(1212),知府黄度对其进行扩建,"于城南北创两养济院,为屋舍百间","所养贫民以五百人为额"③。经过扩建,建康府养济院的收容能力大大提高。四明地区原有的养济院"不过矮屋三数间",而且已经"转为马厩","不惟实亡,名亦亡矣"。作为"浙左雄邦",四明县贫富差距较大,"富者日富,贫者日贫","鳏寡孤独、瘖聋跛躄之人,益无生活之路",亟需政府的救恤。因此,守臣吴潜"以省务酒额并归公库",对空闲的房屋进修葺,"改为广惠院",以收养"无归着不能自存之人",使其"寒不致冻,饥不致馁,老者以待其尽,少者以俟其长"④。淳祐十一年(1251),玉峰县令项泽创建安怀坊,专门安置孤穷老人⑤。

---

① (宋)胡榘修,方万里、罗濬纂:《宝庆四明志》卷一四《奉化县志一·仓库场务等》、卷一六《慈溪县志一·仓库场务等》、卷一八《定海县志一·仓库场务等》、卷二〇《昌国县志一·仓库场务等》、卷二一《象山县志·仓库场务等》,《宋元方志丛刊》,中华书局,1990年,第5179、5205、5230、5247、5263页。
② (宋)谈钥纂修:《嘉泰吴兴志》卷八《公庙·州治》,《宋元方志丛刊》,第4724页。
③ (宋)马光祖修,周应合纂:《景定建康志》卷二三《庐院·养济院》,《宋元方志丛刊》,第1702页。
④ (宋)吴潜修,梅应发、刘锡纂:《开庆四明续志》卷四《广惠院》,《宋元方志丛刊》,第5972页。
⑤ (宋)项公泽修,凌万顷、边实纂:《淳祐玉峰志》卷中《公宇·安怀坊》,《宋元方志丛刊》,第1066页。

(四) 推动中央救助政策的改进与完善

中央所制定的救助政策,强调整齐划一。地方政府在奉行过程中,则会根据当地实际情况,向中央申请对既有政策作出灵活变通,以保证救助工作的实效。例如,在救助时限上,政府规定自十一月一日起,止于次年三月。但不同地区由于地理位置的差异,入冬时间有一定的差别。一般来说北方地区的入冬时间较早,在十月份时天气已经变寒。韩绛在知太原府期间,就注意到"河东地寒,与诸路不同"情况,因此向中央奏请"自十月一日起支,至次年二月终止。如米豆有余,即至三月终"①,得到宋神宗的批准。

地方州县在建立恤老机构有效保障机制方面的探索,也有利于中央救助政策的改进与完善。南宋时期,人事变更往往影响地方居养机构的兴衰存废,地方官员在兴建、重建居养机构的同时,尤为注重建立有效保障机制。据婺州知州钱佃所言,江西隆兴府的养济院在漕臣芮辉、赵汝愚的苦心经营下初具规模。在此基础上,他又投入"千缗,增置长定一庄,仍创造屋一区,差人看守,轮遣医工诊视,日给口食药饵"。同时,他在城外另"置养济院一所,收养贫病无依之人"。由于三人的不懈努力,江西养济院已坚持"首尾九年"。钱佃担心"后来官吏或不究心,便致废坏",奏乞本路漕臣"常切提督,所有钱物不许移用"②,借助于转运使的监督作用,避免救助物资被移用。建康府的居养机构,无论是基础设施建设,还是收养规模,在南宋都是首屈一指的。为避免出现"时改岁迁,来者不继,则所拨钱米或遂中辍,所置屋庐渐至颓"的现象,黄公度特上书乞请中央"行下建康府及江东安抚常平司",敦促其每年"照数取拨""所给钱米","毋得辄废"③。这些建议对于救助管理机构的管理与运行,具有明显的推动作用。

---

① (元)脱脱等:《宋史》卷一七八《食货上六》,第4339页。
② (清)徐松辑,刘琳、刁忠民、舒大刚、尹波等校点:《宋会要辑稿》食货五八之一五至一六,第7365页。
③ (宋)马光祖修,周应合纂:《景定建康志》卷二三《庐院·养济院》,《宋元方志丛刊》,第1703页。

四、小结

综上所述,宋代既在中央设有管理救助鳏寡独老工作的机构,又相应赋予路级监察机构及地方州县明确的管理职能,形成了分工明确、纵横交错的管理网络,标志着宋代救助鳏寡独老的工作已基本实现制度化。宋代在救助鳏寡独老管理机构的建设上,较为注重诸机构之间的配合与制约,强化中央及路级管理机构对地方州县救助工作的监督职能,为救助工作的开展提供了必要的制度基础。从救助鳏寡独老的实践看,宋廷煞费苦心建立的管理网络,并未有效遏制冒名支领、地方州县奉行不力等弊病。由此可知,在制度建设过程中,管理机构的设置固然重要,但其职能的发挥更多依赖各级管理机构中的官吏。此外,中央与地方、官吏与民众之间错综复杂的利益关系,对救济鳏寡独老管理机构职能的发挥也有明显的制约。

第二节 宋代救助鳏寡独老的方式及其演变

在救助鳏寡独老的方式方面,宋代与以往朝代相比具有显著的进步,其突出表现为大量居养机构的建立。这已引起学界的广泛关注,围绕居养院、安济坊等收养鳏寡独老的机构产生了较为丰富的成果①。现有成果多从制度史的角度对宋代恤老机构的建立、管理、运行、演变等问题进行探讨,其关注的对象是救助机构,而不是救助对象,因此较少从整体上系统探讨宋代救助鳏寡独老的方式及其演变。事实上,北宋前期,专门收养鳏寡独老的机构主要集中在京师,通过居养机构救恤并不是主要的救助方式。直至北宋后期,随着恤老机构的普及,集中收养才逐步演变为主要的方式。南宋时期,

---

① 代表性成果如下:金中枢:《宋代几种社会福利制度》,载台北编译馆主编:《宋史研究集》第18辑。宋采义:《宋代的居养与宽疾》,《史学月刊》1988年第2期。王卫平:《唐宋时期慈善事业概说》,《史学月刊》,2000年第3期。宋炯:《两宋居养制度的发展——宋代官办慈善事业初探》,《中国史研究》2000年第4期。

政府依然修建居养机构,以集中收养鳏寡独老。

一、北宋救助鳏寡独老的方式

北宋时期,政府救助鳏寡独老的方式经历了从传统的赏赐、存恤到专门机构居养的演变。宋英宗之前,宋廷往往在朝廷大礼或雨雪天气时赏赐鳏寡独老,同时也敦促地方政府存恤鳏寡独老。此时期,虽然京师建有福田院,但收容人数只有24人,机构收养还未成为救助鳏寡独老的主要方式。宋英宗之后,政府在扩大福田院收养人数的同时,逐步增加地方居养机构,机构收养逐步演变为宋代救助鳏寡独老的主要方式。

(一)宋英宗以前的救助方式

1. 赏赐与赈恤

赏赐钱帛是历代政府恤养鳏寡孤独的常见方式,这一方式在北宋前期也较为普遍。汉唐以来,政府多在登基、改元、大赦之际赏赐生活困难的鳏寡老人,宋太宗、宋真宗沿袭了这一传统。淳化元年(990),宋太宗改元,大赦天下,"赐鳏寡孤独钱"①,以赐钱的方式传达政府对鳏寡独老这一弱势群体的关注。大中祥符四年(1011)八月,宋真宗因东封之事赐"青州孤老惸独民帛"②。除朝廷大礼外,雪寒天气时政府也经常赏赐鳏寡独老。淳化四年(993)二月,雨雪大寒,宋太宗遣使"赐孤老贫穷人千钱、米炭"③。嘉祐四年(1059)正月,因雨雪不止,"民饥寒,死道路甚众"。宋仁宗诏令"遣官分行京城,视孤穷老病者,人赐百钱"④。此外,政府在自然灾害期间,也会赏赐老疾不能自存者。庆历八年(1048),河北遭受水灾,次年春,"复疾疫"。宋仁宗遂下诏"八十以上及笃疾不能自存者,人赐米一石、酒一斗"⑤,通过赏赐的方式救恤无法生存的贫老和残疾之人。

---

① (元)脱脱等:《宋史》卷五《太宗二》,第85页。
② (元)脱脱等:《宋史》卷八《真宗三》,第149页。
③ (元)脱脱等:《宋史》卷五《太宗二》,第91页。
④ (宋)李焘:《续资治通鉴长编》卷一八九"嘉祐四年正月丁酉",第4547页。
⑤ (元)脱脱等:《宋史》卷九《仁宗三》,第227页。

2. 定期施以粮米

宋仁宗朝后,随着广惠仓的普及,定期施以粮米逐渐成为宋廷恤养鳏寡独老主要方式。嘉祐二年(1057),在枢密使韩琦的建议下,宋仁宗下诏,"置天下广惠仓",以作救济之用。二年后,即嘉祐四年(1059),宋仁宗诏令地方州县选派"幕职、曹官各一人专监"广惠仓,每年十月"差官检视老弱疾病不能自给之人"①,自十一月份至次年三月份对其施以粮米,以帮助他们渡过寒冬。由此以来,宋廷常在冬季定期对生活无依的老疾之人施以粮米。

3. 设置救助机构

北宋英宗朝以前,通过专门机构救助鳏寡独老的方式较为罕见,仅存在京师。据范祖禹所记,在嘉祐之前,"京师有东、西福田院","以收养老幼疾废"②。北宋初年,政府仿照唐制在京师设置了东、西福田院,"以廪老疾孤穷丐者",但它的收养人数非常有限,"给钱粟者才二十四人"③。虽然福田院的数量、规模远远无法满足京师救助鳏寡独老的需要,但它毕竟是一种较为新颖的救助鳏寡独老的方式,对于其后救助方式的改变具有一定的示范意义。

(二) 宋英宗以后的救助方式

1. 冬季钱米救助

自宋仁宗应韩琦之请在地方建立广惠仓,冬季定期发放粮米成为官方救恤寡孤老的重要方式,这一状况至熙宁年间有所变化。熙宁二年(1069年)十一月,制置三司条例司上书进言,建议"出卖天下广惠仓见管田,为河北、河东、京东、陕西四路常平籴本"④,这一提议在熙宁四年(1071)被付诸实施。该年正月,宋神宗正式下诏:"出卖天下广惠仓见管田","所卖钱申司农寺,为三路并京东常平仓本钱"⑤,广惠仓的财源被截留,充入常平仓作

---

① (宋)李焘:《续资治通鉴长编》卷一八九"嘉祐四年二月乙亥",第4551页。
② (宋)范祖禹:《太史范公文集》卷一四《乞不限人数收养贫民札子》,《宋集珍本丛刊》第24册,第229页。
③ (元)脱脱:《宋史》卷一七八《食货上六》,第4338页。
④ (清)徐松辑,刘琳、刁忠民、舒大刚、尹波等校点:《宋会要辑稿》食货五三之九,第7200—7201页。
⑤ (清)徐松辑,刘琳、刁忠民、舒大刚、尹波等校点:《宋会要辑稿》食货五三之一一,第7203页。

为推行青苗法的储备金。其后,广惠仓的钱斛逐渐转入常平仓,无法继续为生活困难的鳏寡孤老提供粮米。

虽然广惠仓田被出卖,但广惠仓、常平仓钱依青苗法例放贷取息,但其济贫职能仍在,需"依例合支老、疾、贫穷、乞丐人,据数量留"①,冬季救济鳏寡独老的传统并未中断。熙宁八年(1075)十一月,京师遭遇大寒风雪,开封府奏请在"新旧城门、相国寺"等处为"京城内外老病孤幼无依乞丐者"发放现钱。如果因"冻殍疾患"不能亲自领取,"量支钱救济"②,宋神宗批准了开封府的奏请。宋神宗时期,不仅京师的老病无依者在冬季能够得到救助,地方无所依靠的老病之人也能得到救助。熙宁九年(1077)二月,宋神宗下诏,命令地方州县每年十月统计"老病贫乏不能自存者",登记入册,并在"十一月朔"至"明年三月晦"③之间为其提供米豆。宋哲宗朝,宋廷仍对京师附近地区的鳏寡独老施以米豆。元祐二年(1087)十二月,宋哲宗明确要求畿县可不受法令约束,为"贫乏不能自存,及老幼疾病、乞丐之人"④发放米豆,以帮助其渡过严冬。

2. 建立居养机构,集中收养

在救济鳏寡孤老方式的转变中,宋英宗具有关键作用。北宋初年,政府曾仿照唐制在京师设置了东、西福田院,"以廪老疾孤穷丐者",但"给钱粟者才二十四人"⑤,收养人数非常有限。直至宋英宗即位,福田院收养能力大增。嘉祐八年(1063)十二月,宋英宗诏令扩建福田院,"东、西各盖屋五十间",同时"别置南、北福田院",规定每所福田院"所养各以三百人为额"。由此京师收养无所依靠的老疾孤穷之人可达1200人,远远超过原来人数。同时,宋英宗还规定"岁出内藏五千贯给之",后又"赐以泗州大圣塔施利钱,增为八百万"⑥,为福田院正常运转提供资金保障。

---

① (清)徐松辑,刘琳、刁忠民、舒大刚、尹波等校点:《宋会要辑稿》食货五三之八,第7200页。
② (宋)李焘:《续资治通鉴长编》卷二七〇"熙宁八年十一月辛巳",第6625—6626页。
③ (宋)李焘:《续资治通鉴长编》卷二八〇"熙宁十年二月丁酉",第6865页。
④ (宋)李焘:《续资治通鉴长编》卷四〇七"元祐二年十二月甲午",第9907页。
⑤ (元)脱脱等:《宋史》卷一七八《食货上六》,第4338—4339页。
⑥ (宋)李焘:《续资治通鉴长编》卷一九九"嘉祐八年十二月庚寅",第4841页。

嘉祐八年（1063）四月，宋英宗即位。同年十二月，他便颁发扩建福田院的诏令。在政治上表现平平的宋英宗，为何对福田院如此关注呢？据《龙川别志》记载，英宗的生母为仙游县君任氏，"幼时父兄不以为子弟数"①，子成为濮王赵允让之前，生活困窘。傅增湘本《龙川别志》以小字注出"治平中京师置福田左右院，养丐者千人，由此故也"②。李焘在编写《续资治通鉴长编》时采纳这一说法，将英宗扩建福田院的举动与其生母任氏的乞讨经历联系在一起③。尽管宋英宗增建京师福田院行为基于私情，但这使福田院突破单纯的象征意义，具有更为普遍的现实意义。

扩建后的福田院，成为京师冬季救助鳏寡独老的重要机构。熙宁二年（1069）冬，京畿内外正值寒雪，宋神宗诏令开封府将"老疾孤幼无依乞丐者"集中到福田院收养，并明确指出可"于现今额定人数外收养"④，不受固有名额限制。熙宁三年（1070）十二月，宋神宗再次下诏开封府，将"京城内外贫寒、老疾、孤幼无依乞丐者""分送四福田院"⑤，避免他们流离失所。熙宁六年（1073），每年冬季由福田院集中收养鳏寡独老的做法，作为一项制度被固定下来。当年十一月，宋神宗下诏京城内外老疾幼孤无依之人，"并收养于四福田院"，并规定"自今准此"⑥。自此以后，冬季集中收养成为京师救助鳏寡独老的固定方式。

由上可知，早在宋神宗时期，集中收养就已成为京师救助鳏寡独老的主要方式，而这一新兴方式直至宋哲宗元符元年（1098）才得以推广到地方州县。元符元年冬十月，宋政府颁发了著名的居养令，这标志着地方州县也开始采用居养方式救助鳏寡独老：

---

① （宋）苏辙著，俞宗宪点校：《龙川别志》卷下，中华书局，1982年，第92页。
② （宋）苏辙著，俞宗宪点校：《龙川别志》卷下，中华书局，1982年，第101页。
③ （宋）李焘：《续资治通鉴长编》卷一九九，嘉祐八年十二月庚寅，第4841页。
④ （清）徐松辑，刘琳、刁忠民、舒大刚、尹波等校点：《宋会要辑稿》食货六八之一二八，第8031页。
⑤ （宋）李焘：《续资治通鉴长编》卷二一八"熙宁三年十二月甲子"，第5296页。
⑥ （宋）李焘：《续资治通鉴长编》卷二四八"熙宁六年十一月庚寅"，第6051页。

鳏寡孤独贫乏不得自存者,知州、通判、县令、佐验实,官为居养之;疾病者仍给医药。监司所至检察阅视,应居养者,以户绝屋居,无户绝以官屋居之;及以户绝财产给其费,不限月分,依乞丐法给米豆。阙若不足者,以常平息钱充。已居养而能自存者,罢。①

元符元年的居养法令,在宋代救助鳏寡独老方式演变进程中,具有转折性的意义。在此之前,地方政府在救助鳏寡独老时多局限于粮米的救恤,并未解决居住问题。而元符《居养令》则明确规定,生活贫困且无所依靠的鳏寡独老,"官为居养之",将户绝屋或官屋作为他们的住所,从法律上推进了地方救助鳏寡独老方式的转变。它不仅充分体现出宋政府在救助鳏寡独老方面的探索与智慧,也成为北宋后期救助鳏寡独老工作的指导方针。

元符元年以后,建立居养机构,集中收养鳏寡独老成为地方救助鳏寡独老的主要方式。元符元年,福州奉旨建立居养院、安济坊,"以处不能自存者"②。崇宁年间,平江府下辖的吴江县土地狭小,但仍在"县学之东隙地"③依次建造居养院、安济坊、漏泽园。元符元年至徽宗崇宁二年(1103),明州地区率先建立居养机构,据《宝庆四明志》的记载,奉化、慈溪、定海、昌国、象山等县在此期间设立居养院④。崇宁初年,中央下令规定"诸城、砦、镇、市户及千以上有知监者","依各县增置居养院、安济坊"⑤,此法令直接推动了地方居养机构的发展。与此同时,宋徽宗又下令在京师增建居养院、安济坊。崇宁四年(1105)十月,宋徽宗鉴于福田院

---

① (宋)李焘:《续资治通鉴长编》卷五〇三"元符元年冬十月壬午",第11976页。
② (宋)梁克家:《淳熙三山志》卷四《地理类》,《宋元方志丛刊》,第7821页。
③ (宋)龚明之撰,张剑光整理:《中吴纪闻》卷五《生老病死》,大象出版社,2008年,第256页。
④ (宋)胡榘修,方万里、罗濬纂:《宝庆四明志》卷一四《奉化县志一·仓库场务等》、卷一六《慈溪县志一·仓库场务等》、卷一八《定海县志一·仓库场务等》、卷二〇《昌国县志一·仓库场务等》、卷二二《象山县志·仓库场务等》,《宋元方志丛刊》,第5179、5205、5230、5247、5263页。
⑤ (元)脱脱:《宋史》卷一七八《食货上六》,第4339页。

"所养之数未广,祁寒盛暑,穷而无告及疾病者,或失其所",御笔诏令开封府"依外州法居养鳏寡孤独及置安济坊"①。随着居养院、安济坊的普及,集中收养的救助方式更为普遍。大观三年(1109)十二月,由于地方"奉法太过,致州县受弊",中央下令规范救助标准,规定"以元符令"②为准。次年八月,中央又命令地方州县可存留"以前所置居养院、安济坊",但剩余的"更不施行"。京师所创置的"坊院悉罢",现有的居养人"并归四福田院"③,由福田院负责救助。虽然大观年间的政策调整,对居养机构的建设有所不利,但它主要因地方救助标准过高和救助对象不实的弊端而起,并不是对集中收养这一方式的否定。北宋末年,集中收养仍是政府规定的救助鳏寡独老的方式。

从整体上看,北宋英宗前,赏赐及定期施以粮米是政府救助鳏寡独老的主要方式,集中收养的方式主要局限于京师。宋英宗朝,扩充京师居养机构。宋哲宗元符年间,政府颁布居养令,集中收养鳏寡独老成为政府救助鳏寡独老的主要方式。

二、南宋救助鳏寡独老的方式

两宋之交,由于战乱的影响,原有的居养院、安济坊遭到极大的破坏。南宋政权建立后,不断恢复、重建居养机构,对鳏寡独老继续实行集中收养。

南宋初年,在救助鳏寡独老方面,政府沿袭北宋后期的政策,继续推行居养、安济之政,集中收养仍是救助鳏寡独老的主要方式。建炎元年(1127),京师物价居高不下,导致"鳏寡孤独不能自存之人艰食",宋高宗命令"开封府依法居养"④,同时要求留守司对居养情况进行检查。除开封外,

---

① (宋)佚名编:《宋大诏令集》卷一八六《开封府置居养安济御笔手诏》,第680—681页。
② (清)徐松辑,刘琳、刁忠民、舒大刚、尹波等校点:《宋会要辑稿》食货六八之一三三,第8035页。
③ (清)徐松辑,刘琳、刁忠民、舒大刚、尹波等校点:《宋会要辑稿》食货六八之一三四,第8035页。
④ (清)徐松辑,刘琳、刁忠民、舒大刚、尹波等校点:《宋会要辑稿》食货六八之一三七至一三八,第8037页。

宋高宗的驻跸地越州，也建有养济院。绍兴元年（1131）十二月，绍兴府奏请将"无依倚流移病患之人，发入养济院"①，采用集中收养的方式救助鳏寡独老。绍兴二年（1132）正月，中书省奏请以绍兴府例救助鳏寡独老，宋高宗遂下诏"临安府委两通判并都监分头措置"，"依绍兴府已得指挥施行"②。由此以来，临安府与绍兴府一样，在每年冬寒天气，集中收养当地无家可归的鳏寡独老。按照《建炎以来系年要录》的记载，绍兴十六年（1146）之前，"居养、安济已行之"③，这表明集中居养仍是宋高宗朝救助鳏寡独老的惯用方式。宋孝宗在位时期，同样使用集中收养的方式救助鳏寡独老。隆兴二年（1164）十二月，权发遣临安府薛良朋奏请分委钱塘、仁和两县县尉审验乡村及临安周边州县的饥贫之老，其中委实贫乏之人"给牌押赴养济院"④，由养济院集中收养。

南宋前期，集中收养虽然是政府的惯用方式，但原有的居养遭到较大的破坏，救助机构基础设施建设较为落后。北宋时期，京师建有东、西、南、北四个福田院，宋徽宗崇宁年间还增置了居养院。相比较而言，南宋临安城居养机构的建设较为仓促。据《梦粱录》的记载，宋廷在救助"老疾孤寡，贫乏不能自存及丐者等人"时，委派钱塘、仁和两地行政长官将"病坊改作养济院"⑤。由此可看出，临安城的养济院是由原来的病坊改建而来。此外，寺院也被用于收养无家可归的贫老。绍兴十三年（1143）十月，臣僚建议宋高宗命令临安府钱塘、仁和县"踏逐近城寺院充安济坊"，"本坊量支钱米养济"⑥无所依靠老疾之人，此建议得到宋高宗的批准，寺院遂成为政府收养

---

① （清）徐松辑，刘琳、刁忠民、舒大刚、尹波等校点：《宋会要辑稿》食货六〇之八，第7422页。
② （清）徐松辑，刘琳、刁忠民、舒大刚、尹波等校点：《宋会要辑稿》食货六八之一三八，第8037—8038页。
③ （宋）李心传编撰，辛更儒点校：《建炎以来系年要录》卷一五五"绍兴十六年十一月辛未"，第2667页。
④ （清）徐松辑，刘琳、刁忠民、舒大刚、尹波等校点：《宋会要辑稿》食货六八之一四七至一四八，第8043页。
⑤ （宋）吴自牧撰，符均、张国社校注：《梦粱录》卷一八《恩霈军民》，第285页。
⑥ （清）徐松辑，刘琳、刁忠民、舒大刚、尹波等校点：《宋会要辑稿》食货六八之一四〇，第8038页。

生活贫困鳏寡独老的机构。乾道元年(1165),浙西州军蒙受水灾,饥民流入临安。宋廷诏令临安府措置施粥赈济,受济人数达到数万人之多。对于"疾病残废、癃老羸弱、鳏寡孤独不能自存"①之人,则发入病坊和寺院收养。行在尚要依靠寺院收养鳏寡独老,地方州县居养机构的建设也就可想而知。

  南宋中后期,由于地方官员的重视与努力,地方居养机构的建设取得较大进展,这为集中收养鳏寡独老提供了必要的物质基础。宋宁宗朝,地方州县收养鳏寡孤独机构的建设成就较为突出。嘉泰三年(1203)十一月,宋宁宗下诏"复置福田、居养院"②,此诏令极大地推动了地方居养机构的建设。真州(今扬州仪征)的居养院在淳熙年间遭遇火灾,后当地豪民又将此地占为己有。庆元初年,提举常平官汪梓,"编茅织苇,架以散材,为屋十有六间",重建真州居养院。刘宰到任后,认为现存的居养院"敝漏庳湿",不适合老疾之人居住。于是,他四处筹集经费,计划对旧有居养院进行改建。③ 改建后的居养院,"分两庑为八,以便其私。合中堂为一,以处义聚者。窗户床第,各称其所"④,布局合理,设施完整,是收养鳏寡孤独较为理想的居所。庆元六年(1200),提举常平官韩挺申请在和州(今安徽省和县)建立居养院,以收养"孤老残疾不出外乞食之人"。于是,和州地方长官在城西路逐买民田,创建居养院,收养"鳏寡孤独无依倚人六十九口"⑤。嘉定四年(1211),台州知州将养济院移至中津桥南,建造"屋总二十楹"⑥,其中的安老坊专门收养鳏寡独老。嘉定五年(1212),知建康府黄度在城南、城北创建两个养济院,"为屋舍百间",使得鳏寡独老"安居饱食,不复宛转于市井,捐瘠于道途"⑦。

---

① (清)徐松辑,刘琳、刁忠民、舒大刚、尹波等校点:《宋会要辑稿》食货六〇之一五,第7430页。
② (元)脱脱:《宋史》卷三八《宁宗二》,第735页。
③ 刘子健:《刘宰与赈饥——申论南宋儒学的阶级性限制社团发展》,《北京大学学报(哲学社会科学版)》,1979年第3、4期;黄宽重:《刘宰的人际关系与乡里公益》,《艺文中的政治:南宋士大夫的文化活动与人际关系》,北京大学出版社,2020年,第131—154页。
④ (宋)刘宰:《漫塘文集》卷二〇《真州居养院记》,《宋集珍本丛刊》第72册,第333页。
⑤ (清)徐松辑,刘琳、刁忠民、舒大刚、尹波等校点:《宋会要辑稿》食货六〇之一,第7415—7416页。
⑥ (宋)黄㽦、齐硕修,陈耆卿纂:《嘉定赤城志》卷五,《宋元方志丛刊》,第7320页。
⑦ (宋)马光祖修,周应合纂:《景定建康志》卷二三《庐院·养济院》,《宋元方志丛刊》,第1702页。

宋理宗朝,地方官员依然注重居养机构的建设,广泛采用集中收养的方式。苏州的居养机构即是在宋理宗时期得以建成。吴渊任姑苏郡守之初,通过询问左右得知苏州并无"居养安济之所"。他认为苏州"多名守,富课租,不应有此缺典",因此不辞辛劳,多方筹集资金,创建收养鳏寡独老的机构。绍定四年(1231),建成"屋七十楹","厅堂耽如,廊庑翼如,男子妇人,各有位置,仓廪庖湢,井臼床几,鼎鬴备具,无一乏缺",基础设施相当完备,收养人数多达"二百人"①。绍定五年(1232),知州魏了翁鉴于原有养济院"岁久朘削",无法承担收养鳏寡孤老的任务,遂"增置官田若干亩,增养百人",使"老且废者有养,疾且病者有疗"②,泸州养济院得以建成。四明虽为"浙左名郡",但在宝祐年间之前也是"素无养济院,以存养鳏寡孤独之民"。郡守吴潜深以为憾,遂于宝祐五年(1257)在都酒务的基础上"就行增添屋宇,改创房屋,共为七十余间",以收养鳏寡孤独之民。在宋理宗生日之际,无所依靠的孤寡老人已"入院居住养济"③。作为东南重镇,建康府救助鳏寡独老的任务相对较为繁重,地方官员因此格外重视居养机构的建设。转运使余晦认为"鳏寡孤独,天民之穷者",理应受到政府的救助,因此积极申请创置居养机构。得到中央批准后,于宝祐六年(1258)正月正式开建,共建成房屋"六十余间"④,可收养百人。

三、宋代救助鳏寡独老方式的演变轨迹及其原因

北宋前期,宋廷在救助鳏寡独老方面的作用相对有限,在救助方式上仍基本因袭传统,以赏赐与存恤为主。与唐代相同的是,北宋初年救助鳏寡独老的主体也呈现出明显的层级性,位于首要位置的是近亲,其次是乡里,最

---

① (宋)吴渊:《退庵先生遗集》卷下《广惠坊记》,《宋集珍本丛刊》第 83 册,第 216 页。
② (宋)魏了翁:《鹤山先生大全文集》卷四五《泸州社仓养济院义冢记》,《宋集珍本丛刊》第 77 册,第 188 页。
③ (宋)吴潜:《履斋遗稿》卷三《养济院记》,《影印文渊阁四库全书》第 1178 册,第 422—423 页。
④ (宋)马光祖修,周应合纂:《景定建康志》卷二三《庐院·养济院》,《宋元方志丛刊》,第 1706 页。

后才是政府。这在《宋刑统》中有明确的规定：

> 诸鳏寡孤独、贫穷老疾不能自存者,令近亲收养；若无近亲,付乡里安恤。如在路有疾患,不能自胜致者,当界官司收付村坊安养,仍加医疗,并勘问所由,具注贯属、患损日,移送前所。①

《宋刑统》中救助鳏寡独老的规定,基本因袭唐律而来。从此规定可看出,北宋初年,宋廷对鳏寡独老的救恤,更为注重血缘、地缘关系,政府介入的程度有限。政府对鳏寡独老的救助,仍以传统的赏赐方式为主。这种局面在宋仁宗朝开始有所改变。嘉祐二年(1057),随着广惠仓在地方州县的建立,每年冬季定期施以粮米成为政府救助鳏寡独老的重要方式。

北宋仁宗朝,虽然京师设有福田院,但集中收养仍不是政府救助鳏寡独老的主要方式。直至宋英宗后,政府在鳏寡独老的救恤中所发挥的作用才愈来愈明显,设立居养机构、集中收养才成为主要的救助方式。宋英宗后,京师福田院的规模有了较大的发展,地方上的居养机构也逐渐普及,标志着政府救助鳏寡独老方式的转变。南宋以后,政府积极恢复、重建恤老机构,继续使用集中收养的方式救助鳏寡独老。

宋代救助鳏寡独老的方式,先由临时性的赏赐过渡为季节性的救恤,继而又发展为救助机构集中收养。在这一过程中,孔孟思想,尤其是孟学的崛起与发展,是一个不容忽视的因素。

在儒家思想体系中,救助鳏寡独老被视为帝王仁政的重要体现。作为孔子众多追随者之一,孟子继承并发展了孔子"仁"的思想,把"仁"和"义"当作基本的政治范畴和道德规范,形成了"仁义"之说,"恻隐之心,仁之端也；羞恶之心,义之端也；辞让之心,礼之端也；是非之心,智之端也"②。在孟子看来,"恻隐之心"即为仁,是仁的根本。他从"人皆有不忍人之心"出

---

① (宋)窦仪等撰,薛梅卿点校:《宋刑统》卷一二《脱漏增减户口》,第215页。
② (汉)赵岐注,(宋)孙奭音义并疏,廖名春、刘佑平整理:《孟子注疏》卷三下《公孙丑上》,北京大学出版社,2000年,第113页。

发,实现了从道德到政治的转化,指出"先王有不忍人之心,斯有不忍人之政矣,以不忍人之心,行不忍人之政,治天下可运之掌上"①。君主对鳏寡孤独的救恤,正是所谓"不忍人之政"的重要内容,孟子在回答齐宣王的提问时明确表达了这一思想:

  老而无妻曰鳏,老而无夫曰寡,老而无子曰独,幼而无父曰孤。此四者,天下之穷民而无告者。文王发政施仁,必先斯四者。②

  从孟子的回答中可知,救恤鳏寡独老是周文王施政的核心,也是仁政的重要体现,这与孔子的思想有着明显的一致性。《礼记·礼运》记载了孔子的话:"大道之行也,天下为公。选贤与能,讲信修睦,故人不独亲其亲,不独子其子,使老有所终,壮有所用,幼有所长,矜寡孤独废疾者,皆有所养。"③在孔子所规划的理想社会中,鳏寡孤独之民要有所养,这是"大道之行"的标志之一。

  北宋时期,孟子的学说受到前所未有的关注,上至中央要员,下至士人举子,对孟子关于鳏寡孤独的议论均表示出极大的认可。宋学奠基人之一胡瑗,认为帝王若"尽仁爱之道以养育万物",使"鳏寡孤独皆得其所养"便可避免"无妄之道"④。景德初年,陈彭年向宋真宗献《大宝箴》一部,建议政府在"发号施令,宜先及之"⑤,优先考虑鳏寡孤独。元祐二年(1087)年十二月,著作郎兼侍讲范祖禹以孟子"文王发政施仁,必先鳏寡孤独"的成说为依据,奏请政府出资在京师增盖房屋,"不限人数,并以旧法收养"⑥鳏寡独老,

---

① (汉)赵岐注,(宋)孙奭音义并疏,廖名春、刘佑平整理:《孟子注疏》卷三下《公孙丑上》,第112页。
② (汉)赵岐注,(宋)孙奭音义并疏,廖名春、刘佑平整理:《孟子注疏》卷二上《梁惠王下》,第55页。
③ (汉)郑玄注,(唐)陆德明音义、孔颖达疏,龚抗云整理:《礼记正义》卷二一《礼运第九》,第769页。
④ (宋)胡瑗撰:《周易口义》卷五,《影印文渊阁四库全书》第8册,第294页。
⑤ (元)脱脱等:《宋史》卷二八七《陈彭年》,第9663页。
⑥ (宋)范祖禹:《太史范公文集》卷一四《乞不限人数收养贫民札子》,第230页。

同时建议政府恢复广惠仓,以救助地方无所依靠的鳏寡独老。次年正月,宋哲宗下诏,"复广惠仓"①。

南宋时期,孟子惠养鳏寡孤独的主张,也得到皇帝与名儒的认同。宋高宗在位时期,遵循孟子之说,多次下诏敦促各级政府救助癃老废疾之人。绍兴十三年(1143)九月,宋高宗与大臣交谈时曾说"癃老废疾之人",乃为"穷民之无告者","王政所先也"②,因此要求各地依照临安府的成例养济。绍兴十四年(1144)十二月,百官纷纷前来贺雪。宋高宗借机宣谕,"天下穷民,宜加养济。孟子所谓文王发政施仁,必先斯四者",并诏令诸路常平官"严切约束州县如法奉行"③,以避免鳏寡孤老流离失所。杨时的门生张九成精研经学,在对待鳏寡孤独的态度上,深受孟子的影响。他认为疲癃残疾、鳏寡孤独之人是"吾兄弟颠连而无告者",均为"天民之穷也"。既然"同生于天地"④,就应施以救恤。南宋理学集大成者朱熹认为,鳏寡孤独之人"无父母妻子之养","尤宜怜恤"⑤,因此政府应优先救恤。在真德秀看来,帝王"爱鳏寡孤独,无一不遂其生"⑥,救助鳏寡孤独,避免其流离失所,便是所谓的"仁"。

两宋时期,随着孟学升格运动的进行⑦,救恤鳏寡孤独,行"不忍人之政"的思想也获得更为广泛的认可,这正是宋代救助鳏寡独老的思想基础。

虽然两汉及盛唐时期同样推崇孔孟口中的"仁政",也有赏赐鳏寡孤独的举动。但宋以前的救恤,多局限于临时性的赏赐,几乎未创置专门机构收养

---

① (宋)李焘:《续资治通鉴长编》卷四〇八"元祐三年正月庚戌",第9919页。
② (清)徐松辑,刘琳、刁忠民、舒大刚、尹波等校点:《宋会要辑稿》食货六八之一三九,第8038页。
③ (清)徐松辑,刘琳、刁忠民、舒大刚、尹波等校点:《宋会要辑稿》食货六八之一四一,第8039页。
④ (宋)张九成撰,杨新勋整理:《张九成集·横浦集》卷一五《孟子拾遗》,浙江古籍出版社,2013年,第171页。
⑤ (明)丘濬:《大学衍义补》卷一五《悯民之穷》,《影印文渊阁四库全书》第712册,第223页。
⑥ (宋)真德秀:《大学衍义》卷六《格物致知之要》,《影印文渊阁四库全书》第704册,第547页。
⑦ 王曾瑜:《孟子在宋代亚圣地位之确立与影响》,载《庆祝邓广铭先生九十华诞论文集》,河北教育出版社,1997年,第491—498页。周淑萍:《两宋孟学研究》,人民出版社,2007年,第48页。

鳏寡独老。而宋政府则突破了临时救恤的限制,大力推进居养机构的建设,将集中收养作为政府救助鳏寡独老的主要方式,实现了制度的收养。这既是孟学影响不断扩大的结果,也是宋代应对土地制度变迁、敦厚风俗的需要。

  与唐中前期实行均田制①所不同的是,宋代"不立田制"②,鳏寡独老并无稳定的土地可以依靠。在均田制下,凡是政府的编户齐民,均可分得一定数量的土地。当年龄达到政府所规定的"入老"标准时,口分田需要上交,但依然可拥有永业田,这在法律上保障了鳏寡孤老的基本生活。袁燮对唐代状况有所记载,"唐之口分、世业,尊卑贵贱莫不有分,废疾孤寡莫不有养,守而不失,自足以传远"③。宋代以降,不抑兼并,土地买卖合法化。在土地兼并盛行的情况下,处于弱势的鳏寡孤老根本无力购买土地。同时,由于身体原因,他们往往无法承佃土地,由此陷入生活的困境。为了谋生,他们往往涌入城市,依靠乞讨为生。城市中乞丐的增加,尤其是大量贫老的存在,不仅对城市管理形成了较大的压力,而且有悖于政府所标榜的"仁政",这促使宋人探索新的应对方法。京师的乞丐"困入泥涂,号呼里间,呻吟道路,聚为袂厉",在苏舜钦看来,此种现象"甚伤化风"。因此,他在景祐四年(1037)奏请创置悲田院、病坊院收养"无家可归"④之贫老。由此可见,维护城市管

---

① 关于唐代均田制是否实施这一问题,学界存在一定争议。邓广铭先生认为唐初所公布的所谓均田令,自始不曾认真推行过。耿元骊用新制度经济学的制度观念来衡量"均田制",认为"均田制"只是一种由日本学者建立的学术体系,而非唐代实际制度。日本学者西嶋定生利用吐鲁番文书证实开元末西州高昌县均田制在此地区被实行了的情况。杨际平在《唐令·田令》复原的基础上指出均田制以后的研究不是均田制是否实行,而是均田制如何实施。详见邓广铭:《唐代租庸调法研究》,《历史研究》1954 年第 4 期;耿元骊:《"土地还授"与唐代"均田制"研究——制度得以成立的实施机制》,《江汉论坛》2010 年第 6 期;西嶋定生:《从吐鲁番出土文书看均田制实施情况:以给田文书、退田文书为中心》,《中国经济史研究》,农业出版社,1959 年,第 313—519 页;杨际平:《〈唐令·田令〉的完整复原与今后均田制的研究》,《中国史研究》2002 年第 2 期。

② 所谓的"不立田制",主要指政府对土地管理方式的改变,承认土地私有化的合法性,允许土地依法买卖。详见王辉:《北宋"不抑兼并"、"田制不立"政策新论》,《江西社会科学》2010 年第 7 期;姜密:《论宋代"不抑兼并"的土地政策与合法的土地买卖》,《河北师范大学学报(哲学社会科学版)》2019 年第 5 期;李华瑞:《宋代的土地政策与抑制兼并》,《中国社会科学》2020 年第 1 期。

③ (宋)袁燮:《絜斋集》卷六《策问田制》,《丛书集成初编》第 2027 册,第 74 页。

④ (宋)苏舜钦著,沈文倬校点:《苏舜钦集》卷一一《论五事》,上海古籍出版社,2011 年,第 141 页。

理秩序和社会伦理秩序的双重需要,是宋政府突破传统救助方式,建立专门机构收养鳏寡独老的重要推动因素。

救助鳏寡独老,是中国古代社会仁政的重要内容之一,受到历代贤明帝王和有志之士的重视,而宋代救助方式的革新,正是国家的"仁政"或地方官员的"仁心"的体现,也是政府应对新的社会变化时所做出的政治选择。宋政府救济鳏寡独老方式的转变,固然不能完全解决所有鳏寡独老的生活问题,但这在一定程度上避免鳏寡贫在严冬流离失所,展现了政府对社会弱势群体的关注,标志着宋代政治文明的提高,对社会伦理秩序、政治秩序的维护也有积极影响。

第三节 宋代救助鳏寡独老的资金来源

宋政府对鳏寡独老的救助,不仅提供衣食、药品,而且还创建有专门的收养机构。无论是鳏寡孤老的日常生活费,还是收养机构的建设费用及管理费用,均是一笔较大的开支。在鳏寡独老的救助工作中,资金是一个最为关键、最为棘手的问题。学界对宋代救助鳏寡独老事业给予充分的重视,推出不少的研究成果。以往的成果多侧重于研究宋代的居养机构[①],较少系统探讨宋代救助鳏寡孤老的资金来源问题。宋代救助鳏寡独老的资金,既有中央的财政支持,还有地方州县筹集而来的经费。下文将在前人研究基础上,专题探讨宋代救助鳏寡独老的资金来源。

一、政府财政拨付

宋代救助鳏寡独老之所以取得显著发展,与中央财政的有力支持密不

---

① 宋炯:《两宋居养制度的发展——宋代官办慈善事业初探》,《中国史研究》2000 年第 4 期。李瑾明:《宋代社会救济制度的运作与国家权力——以居养院制的变迁为中心》,《中国史研究》2005 年第 3 期。甄尽忠:《论宋代安济坊的设置与管理》,《河南社会科学》2010 年第 6 期。

可分。中央财政对救助鳏寡独老的资金支持,除三司、户部所掌管的常规经费外,内库钱物也偶被用于救助鳏寡独老。正是由于救助经费得到保证,两宋时期,尤其是北宋的救助事业取得了前所未有的成绩。宋代中央财政对鳏寡独老救助事业的支持,主要包括两个方面:第一,中央直接拨款;第二,中央财政政策的支持。

(一) 中央拨款

1. 内藏库的拨款

内藏库是宋代皇帝专管的财政机构,它独立于国家财政机构之外,其主要功能为"掌受岁计之余积,以待邦国非常之用"[1]。按照史料记载,所谓的"非常之用"主要包括"用兵及水旱振给、庆泽赐赍"[2]等方面,有时也用来弥补三司日常费用的不足。事实上,除用于军费、赈灾、赏赐之外,内藏库也是政府救助鳏寡独老费用的一大来源[3]。

宋英宗即位后即着手扩建京师福田院,所需资金即来源于内藏库,同时鳏寡独老的日常费用也从内藏库支出。嘉祐八年(1063)以前,京师设有东、西福田院,仅能收养"二十四人"。为使更多的老疾孤穷者能够享受到朝廷的救助,嘉祐八年十二月,宋英宗诏令"别置南、北福田院","各盖屋五十间",同时规定"所养各以三百人为额"。由此以来,京师的收养机构增加到4个,收养人数也大大增加,由原来的24人增加到1200人。为了保证救助事业的顺利进展,宋英宗对于经费来源也作出明确的规定,"岁出内藏五千贯给之"[4],由内藏库定期拨款,支持福田院的救助工作。内藏库作为内库之一,主要"供君之用及待边费"[5],承担福田院运转费用,只是宋英宗在位时期的特例。其后便极少见到政府从内藏库拨付救助经费。

---

[1] (元)脱脱等:《宋史》卷一六八《职官五》,第3907页。
[2] (元)脱脱等:《宋史》卷一七九《食货下一》,第4370页。
[3] 李伟国:《论宋代内库的地位和作用》,《宋代财政和文献考论》,上海古籍出版社,2007年,第18页。
[4] (宋)李焘:《续资治通鉴长编》卷一九九"嘉祐八年十二月庚寅",第4841页。
[5] (清)徐松辑,刘琳、刁忠民、舒大刚、尹波等校点:《宋会要辑稿》职官二七之二,第3709页。

2. 左藏库及户部的拨款

与内藏库不同,左藏库是宋代重要的国库之一,它最初属左仓库使,后隶三司,元丰后隶太府寺、户部。虽然左藏库与内藏库在性质上有所不同,但在功能上却有所相似,也是国家军费、赏赐的主要经费来源。此外,它还是政府救助鳏寡孤老资金的主要来源之一。

宋神宗时期,朝廷下诏规定,由左藏库提供京师在雨寒天气救助鳏寡独老的费用。熙宁二年(1069)闰十一月,京师降雪,天气寒冷,政府打破福田院收养人数的限制,下令开封府将"老疾孤幼无依乞丐者"一并"分擘于四福院住泊","每日特与依额内人例支给与钱养活",所需费用从"左藏库见管福田院钱内支拨"①。由此可见,左藏库曾专门给福田院划拨救助资金,是北宋救助鳏寡独老费用的又一主要来源。

作为国家最高财政管理机构,户部也会奉旨拨付救助物资。绍兴七年(1137)闰十月,天气寒凛,宋高宗下令建康府"疾速踏逐舍屋",妥善安置无家可归的孤寡老人,同时规定"户部支拨钱米"②,以满足救助之需。由此可知,在皇帝特谕情况下,户部会支拨钱米,充作地方救助鳏寡独老的费用。

3. 拨付施利钱

信众施舍给宫观寺院祠庙的钱财、田产、房产等即宋代的施利钱,是宋代宫观寺庙生存和发展的重要经济来源③,同时也一度成为京师救助鳏寡独老费用的来源。嘉祐八年(1063)十二月,政府下诏"岁出内藏五千贯",作为救助京师老疾孤穷者的费用,后来又"赐以泗洲大圣塔施利钱",救助费用由原来的五千贯增至八千贯④。政府之所以将信众所施舍给泗洲大圣塔钱财,用于救助鳏寡独老,主要有两个原因:一、泗州大圣塔位于大运河畔,是宋代五代名刹之一,朝廷政要、文人墨客多慕名而来且所有施舍,此塔的

---

① (清)徐松辑,刘琳、刁忠民、舒大刚、尹波等校点:《宋会要辑稿》食货六八之一二八,第8031页。
② (清)徐松辑,刘琳、刁忠民、舒大刚、尹波等校点:《宋会要辑稿》食货六八之一三九,第8038页。
③ 汪圣铎、史泠歌:《宋代施利钱研究》,《河北学刊》2011年第2期,第55页。
④ (宋)李焘:《续资治通鉴长编》卷一九九"嘉祐八年十二月庚寅",第4841页。

施利收入相当可观,具有较强的经济实力;二、英宗生母任氏的特殊经历。李焘据《龙川别志》的记载,推测宋英宗的生母任氏曾是"典丐者"①。同时采纳了《龙川别志》中傅增湘本的注解,②认为正是因为任氏的这种经历,宋英宗才格外关注鳏寡独老的救助工作,才会在治平年间扩建福田院,加大经费支持力度。

由上可知,中央直接拨款主要集中在北宋前期,北宋后期及南宋时期较为罕见。同时,中央直接拨款也有极其明确的地区指向,多针对京师、行在及政治地位、军事地位、经济地位突出的大城市,具有较大的偶然性,缺少制度性的规定,并不是政府救助鳏寡独老费用的主要来源。

(二) 中央财政政策支持

中央政府除直接划拨救助钱米外,还会通过财政政策为救助鳏寡独老提供经费支持。宋代财政实行高度的集权,中央政府对户绝财产、常平钱米、义仓米及地方官仓的经费支出有着严格的限制。为保证救助工作的顺利实施,中央政府往往通过政策支持,满足地方救助事务的需要。

1. 拨付户绝田产

户绝财产,指的是无男性继承人的家庭所遗留下来的田宅、耕牛、钱帛等。宋律规定,如果户绝之家无在室女、出嫁女、亲姑姊妹和任何同居三年以上的亲属等法定继承人,其遗留下来的财产除留部分丧葬之费外一律"纳官,庄田依令文均与近亲,如无近亲,即均与从来佃莳或分种之人承税为主"③。凡当没官的户绝财产,经检括后需上报至州府置籍备案,由诸路常平司拘收处理。

嘉祐二年(1057),随着广惠仓在地方州县的普及,政府对户绝田的处置方式由出卖为主转变为以租佃为主,出租后所获得的租税则用于救助老幼贫乏之人。嘉祐二年之前,政府往往一般将户绝田地出售与人。嘉祐二年,

---

① 此种说法源于宋人李焘的注解,见(宋)李焘:《续资治通鉴长编》卷一九九"嘉祐八年十二月庚寅",第4841页。
② 傅增湘本以小字注出:"治平中京师置福田左右院,养丐者千人,由此故也。"见苏辙著,俞宗宪点校:《龙川别志》卷下,第101页。
③ (清)徐松:《宋会要辑稿》食货六一之五八,第7465页。

枢密使韩琦建议停止售卖户绝田,"募人承佃",将其租税作为救助城市中"老幼贫乏不能自存者"的资金。由此可知,户绝田的租税成为政府救助鳏寡独老的重要经费来源。需要指出的是,户绝田地的租税并不是全部用于救助鳏寡独老,而是根据所在地区的人口制定出相应的标准,"十万户以上留一万石,七万户八千石,五万户六千石,三万户四千石,二万户三千石,万户二千石,不满万户一千石"①。如果还有剩余的田地,仍允许出售。

宋神宗朝,户绝田虽被出售,但卖地的收入和其他没官的财产仍是政府救助鳏寡独老费用的主要来源。宋神宗在位期间,曾下诏明确规定户绝财产是救助鳏寡独老的首要来源:

> 凡鳏、寡、孤、独、癃老、疾废、贫乏不能自存应居养者,以户绝屋居之。无,则居以官屋,以户绝财产充其费,不限月。依乞丐法给米、豆。②

从宋神宗的诏令中可知,政府救助鳏寡独老的费用仍源于户绝财产。但此时的户绝财产与宋仁宗朝并不完全相同,韩琦所说的户绝财产,主要指户绝田地的夏秋两税,而韩绛所指的户绝财产内容更为宽泛,包括户绝房屋及出售土地的收入。

北宋后期直至南宋,户绝财产一直都是政府救助鳏寡独老费用的首要来源。宋哲宗朝,政府对鳏寡独老的救助,已在全国范围展开,且逐步实现制度化,从法律上明确了救助费用的来源。元符元年(1098)冬十月,详定一司敕令所正式提交救助鳏寡独老的具体方案。此方案不仅明确了居养对象、救助程序及内容,还规定了救助费用的来源。按照元符《居养令》的规定,贫乏不能自存的鳏寡独老,经官方验实后"以户绝屋居之"。如果无户绝屋,"以官屋居之","以户绝财产给其费"③,他们的日常生活费用来源于户绝财产。宋徽

---

① (宋)李焘:《续资治通鉴长编》卷一八六"嘉祐二年八月丁卯",第4488页。
② (元)脱脱等:《宋史》卷一七八《食货上六》,第4339页。
③ (宋)李焘:《续资治通鉴长编》卷五○三"元符元年十月壬午",第11976页;(元)脱脱等:《宋史》卷一七八《食货上六》,第4339页。

宗朝,户绝财产仍是政府救助鳏寡独老费用的第一来源。崇宁元年(1102)九月,政府诏令京师"置居养院以处鳏寡孤独",其经费来源与地方州县居养院一致,同样"以户绝财产给养"①。崇宁二年(1103),怀州(今河南沁阳)申请安济坊"一切支用常平钱斛",户部主张遵循"元符令"的规定,"以户绝财产给其费,若不足,即以常平息钱充"②,优先使用户绝财产。南宋时期,仍以户绝财产作为救助鳏寡孤老的经费来源。知和州(今安徽马鞍山)富嘉谋鉴于"两淮、历阳为淮西要郡",计划凭借官田创立广惠仓以救助鳏寡独老。嘉定五年(1212),他将"没官户绝田入于官者"登记入册,借此机会得到"一千七百亩"③户绝田,其租税用于赡养鳏寡贫穷孤独之人。

户绝财产之所以能够成为救助鳏寡独老费用的首要来源,主要是因为它具有较强的连续性和广泛性。除了人户正常死亡、田产无人继承之外,户绝的形成与灾荒和战争有关。例如,景祐四年(1037),河东忻、并、代州地震,忻州(今山西忻州)"有李赟等二十五家,皆户绝,田产当没官"④。此外,在自然灾害期间,大量民众往往背井离乡,流落外地,他们所遗留下的土地也会被作为户绝田没官。除自然灾害外,战争是造成户绝的又一重要原因。四川王小波、李顺起义失败后,许多农民惨遭屠杀,转运使张咏卖"五州绝户遗田,不数月获钱四百万"⑤。由于自然灾害、农民起义、对外战争时有发生,农民又缺乏抵御天灾人祸的能力,造成大量的户绝田,朝廷将其收归国有,变成官田,作为救助鳏寡独老的常规经费。

2. 划拨常平钱米

常平钱米主要用以平抑物价,是政府赈灾的主要经费来源,同时也是救助鳏寡独老费用的重要来源。元符元年的居养令明确规定,救助鳏寡独老的费用由户绝财产提供,但同时也规定"阙若不足者,以常平息钱充"⑥。如

---

① (元)脱脱等:《宋史》卷一九《徽宗一》,第365页。
② (清)徐松:《宋会要辑稿》食货六〇之三至四,第7417页。
③ (清)徐松:《宋会要辑稿》食货六二之七三,第7589—7590页。
④ (宋)李焘:《续资治通鉴长编》卷一二二"宝元元年十一月乙未",第2883页。
⑤ (宋)文同:《丹渊集》卷三九《太子中舍王君墓志铭》,《宋集珍本丛刊》第9册,第315页。
⑥ (宋)李焘:《续资治通鉴长编》卷五〇三"元符元年十月壬午",第11976页。

果户绝财产不足以满足救助需要,可使用常平仓所获取的利息加以弥补。宋徽宗时期,常平钱财仍是救助鳏寡独老的备用经费。崇宁元年(1102)八月,政府诏令设置居养院以安置鳏寡独老,规定依照乞丐法常年收养,不受时间限制,"以户绝财产给其费"。如果不足,"支常平司钱"①。虽然户绝财产具有较强的连续性和稳定性,但它的用途并不止于救助鳏寡独老,同时还常被用于助边、助学,有时还会被各种势力所侵吞,因此政府规定在户绝田产无法满足救助时,以常平钱米补充。北宋末年,居养院、安济坊快速发展,所需经费浩大,户绝钱无法已无法满足其需要,因此常平钱成为救助费用的又一主要来源。《嘉泰会稽志》对这一情况有清晰的记载:

  崇宁中,始取以充学校养士之费也。而居养院、安济坊、漏泽园,至于花石应奉,皆于此取。②

北宋末年以后,直至南宋时期,常平钱米一直是救助鳏寡独老费用的主要来源。绍兴十四年(1144)十二月,臣僚向皇帝"贺雪"。宋高宗因此宣谕"天下穷民,宜加养济",并特下指挥,敦促地方州县切实救助鳏寡独老,同时明确其经费来源,"所用米斛,并仰于常平诸色米内前期取拨备桩",救助物资仍从常平仓支取。绍兴三十二年(1162)十月,宋高宗诏令户部"检坐条法指挥",敦促诸路州县"以常平米斛养济"③老疾贫乏乞丐之人,政府救助老疾贫乏之人的经费仍来源于常平米。乾道元年(1165)十月,宋孝宗听从中书门下的请求,诏令诸路州县"以常平米斛养济"④老疾贫乏乞丐之人。从地方州县救助工作的实际运行状况看,常平钱米的确发挥着不可或缺的作用。例如,吉水县的居养院,在经费上得到常平使的大力支持,"岁给常平五十斛","以备溢额之病而无归者"⑤,作为救

---

① (宋)陈均编,许沛藻、金圆、顾吉辰、孙菊园点校:《皇朝编年纲目备要》卷二六,第664页。
② (宋)沈作宾修,施宿等撰:《嘉泰会稽志》卷三《提举司》,《宋元方志丛刊》,第6762页。
③ (清)徐松:《宋会要辑稿》食货六八之一四一,第8039页。
④ (清)徐松:《宋会要辑稿》食货六八之一五一至一五二,第8045页。
⑤ (宋)程珌:《洺水集》卷一一《吉水县创建居养院记》,《宋集珍本丛刊》第71册,第98页。

助鳏寡独老的费用。又如,黄度在知建康府期间,在前任钱良臣的基础上进一步扩建居养院,分别在城南、城北"创两养济院,为屋舍百间",收养人数高达"五百人",每年大约用米"一千五百斛",其中"千斛取办于常平"①,常平仓承担三分之二的费用。由此可见,南宋时期政府救助鳏寡独老费用的主要来源是常平钱米。

3. 挪拨义仓米及省仓粮米

虽然常平钱米是政府指定的救助费用来源,但南宋时期军费激增,常平钱米被挪用的现象比较普遍,导致救助经费不足。朝廷往往允许借支义仓钱米,以解决费用不足的难题。绍兴三十一年(1161)九月,知汉州(今四川广汉)王葆上书因"自军兴以来,常平田土多已出卖",无法依照政府规定救助"老疾贫乏不能自存、乞丐之人",特奏乞从"见管义仓米内通融应副"②。宋高宗批准了其请求,同意借支义仓米充当救助物资。乾道元年(1165)二月,提举司"支拨到八千石"钱米,用以救助临安城贫乏之人。由于收养人数过多,提举常平司所拨付的钱米不足,无法满足救助需要,因此临安府申请"支拨七千石应副"。宋孝宗诏令将"义仓米内取拨五千石,应副支散施行"③。淳熙八年(1181)正月,知台州唐仲友奏请"依乾道九年例取拨常平义仓赈给"鳏寡孤独、老幼疾病之人,获得宋孝宗的认可。他认为江浙、湖北、淮西路等遭遇旱灾之地,虽然已令"多出桩积等米广行赈粜",但仅仅使"米价低平",而没有生存能力的鳏寡孤独之人仍然"无钱收籴"。因此再次诏令地方州县、镇寨,乃至乡村"抄籍姓名,将义仓米赈济"④。由此可看出,南宋时期政府常从义仓调拨粮米救恤鳏寡孤老。

---

① (宋)马光祖修,周应合纂:《景定建康志》卷二三《庐院·养济院》,《宋元方志丛刊》,第1702页。

② (清)徐松辑,刘琳、刁忠民、舒大刚、尹波等校点:《宋会要辑稿》食货六八之一四六,第8042页。

③ (清)徐松辑,刘琳、刁忠民、舒大刚、尹波等校点:《宋会要辑稿》食货六八之一四九,第8043页。

④ (元)佚名撰,汪圣铎点校:《宋史全文》卷二七上《宋孝宗七》"淳熙八年二月壬午",第2260页。

除义仓米外,省仓也会被用于救助鳏寡独老。景德三年(1006)三月,宋真宗下诏命令开封府、京东西、淮南、河北等地地方长官与转运使、副妥善安置"孤老及病疾不能自存者",同时规定"出省仓米救济"①,由此可见,省仓一度是政府在灾荒期间救恤鳏寡独老的经费来源之一。隆兴二年(1164)十二月,临安府在救助饥贫之人时,由于"常平米见管不多",权发遣临安府薛良朋申请从"省仓下界粜场封桩米内借拨二万石"②,以满足救恤之需。在常平米不足时,省仓也是救恤老疾之人的费用来源。知建康府黄度所创建的养济院规模较大,每年仅用米就多达"一千五百斛",其中一千斛由常平仓承担,剩下的则需"从府仓耗米挪拨"③,由府仓填补常平仓的不足。

由上可知,中央财政政策对政府救恤鳏寡独老的工作给予较大支持,户绝田产、常平仓米是救助费用的两大主要来源,而义仓米、省仓米则是其重要补充。

二、地方州县官员筹资

除中央财政拨付外,州县官员筹集资金也是救助鳏寡独老费用的一大来源,这在南宋较为普遍。南宋时期,由于庞大的军费开支,中央政府财政往往无力满足救助鳏寡独老的需要,因此地方官员不得不自筹经费。常平、义仓本是救助鳏寡独老最为主要的经费来源,但中央规定"有司不得擅发",由此使"鳏寡孤独、瘖聋跛躃之民得其养者又鲜"④,这就迫使地方官员自筹救助经费。例如,知明州(今浙江宁波)吴潜为救恤当地鳏寡独老,积极筹措资金,在省并都酒务的基础上,"就行增添屋宇,改创房屋,共为七十余间",重建明州收养鳏寡独老的机构。按照"大口月支米六斗、钱十五贯,中口月

---

① (清)徐松辑,刘琳、刁忠民、舒大刚、尹波等校点:《宋会要辑稿》食货六八之三三,第7960页。
② (清)徐松辑,刘琳、刁忠民、舒大刚、尹波等校点:《宋会要辑稿》食货六八之一四七,第8043页。
③ (宋)马光祖修,周应合纂:《景定建康志》卷二三《庐院·养济院》,《宋元方志丛刊》,第1702页。
④ (宋)吴潜:《履斋遗稿》卷三《养济院记》,《影印文渊阁四库全书》第1178册,第422页。

支米五斗、钱十贯,小口月支米四斗、钱七贯"的标准,吴潜所创置的广惠院每年所需"米约二千余石","钱约六万余贯"。这些救助鳏寡独老的钱米,"上于朝廷系省钱无预,下于本府经常钱无关",均由吴潜"自行措置"①。从整体上看,地方州县官员筹集经费的途径,大致有五种:

第一,拨付公田、圭田充当救助之资。湖州吴兴(今浙江湖州)的利济院,主要以公田、圭田的收入作为赡养鳏寡孤老的资费。吴兴利济院在初创时期共有27间房屋,有田若干亩,"岁收租米二百九十石"为养赡之资。庆元年间,通判曾筑将圭田三年租入积攒下来,置田64亩多,岁收租米30石②,一并归入利济院,用于救助鳏寡独老及癃老疾病之人。

第二,调拨惠民药局的利息满足救助之需。嘉定年间,黄度知建康府,大力推进当地救助鳏寡独老事业,分别在城南、城北建立两个养济院,可收养500人,每年要耗费大量钱米,其中现钱一项需"二千缗",这笔费用主要来自于"安抚司惠民药局息钱"③,将惠民药局的利息用于救助当地的鳏寡独老。

第三,利用寺庙土地的收入筹集救助费用。嘉定四年(1211),陈俊卿的儿子陈宓知安溪县(今福建安溪)时,"相地于近县西南,立屋十四间",创建安养院以收养鳏寡独老及贫困之人。他"取废寺之粟岁若千石"④以满足饮食之需,将废弃寺庙的土地收入作为安养院日常费用。瑞州上高县曾建有安养院,但其年久颓圮,土地被狡猾的胥吏占领。宝祐元年(1253),上高县(今江西上高)佐赵宗澯"核图籍,量步晦,定租额",在安养院旧址上建成养济院,"民有残疾者、孤独者、矜寡者,居养其中,视寺租岁入几何,析三之一以赡之,不足则发县廪以益之"⑤,多方筹措救助费用。

---

① (宋)吴潜:《许国公奏议》卷四《奏创养济院以存养鳏寡孤独之民》,《宋集珍本丛刊》第84册,第142页。
② (宋)谈钥纂修:《嘉泰吴兴志》卷八《公庙·州治》,《宋元方志丛刊》,第4724页。
③ (宋)马光祖修,周应合纂:《景定建康志》卷二三《庐院·养济院》,《宋元方志丛刊》,第1702页。
④ (宋)陈宓:《复斋先生龙图陈公文集》卷九《安溪县安养院记》,《续修四库全书》第1319册,第349页。
⑤ (宋)江湘:《上高修养济院记》,载(同治)《瑞州府志》卷一八,《中国方志丛书》,成文出版社,1970年,第390页。

第四,利用地方结余经费或挪移通融的方法救助孤老残疾之人。庆元六年(1200),和州(今安徽和县)建造养济院一所,"计瓦屋二十五间","可存养一百余人",每年所需钱"三千二百余贯","米二十石"。和州在创办收养机构时,"不敢支破朝廷钱物",所需经费系"撙节那融支使"①,即依靠地方政府节省下来的经费,或挪移通融地方财政以提供救助所需钱米。

第五,利用寺庙化缘所得救助鳏寡独老。南宋时期,在常平钱米迟迟不发的状况下,动员僧道劝分也是地方政府筹集救助资金的一大途径。淳熙七年(1180),绍兴、隆兴、建康、江陵府出现大旱,地方政府曾按照惯例统计受灾人数,经"乡官抄札鳏寡孤独、跛眇废疾不能自存之人,计一千五百九十九也"。地方长吏虽多次申请"下义仓米赈济",但一直迟迟未下,无奈通过能仁院"劝分赈粜"②,将僧道化缘得来的钱财用于救助鳏寡独老。

从整体上看,南宋中央政府财政对救助工作的经费支持远不及北宋。北宋时期,中央财政对救助鳏寡独老的经费支持较为稳定,南宋则不然,中央政府几乎未直接出资救助鳏寡独老。即使是增建京师收养机构,宋廷也不轻易拨款。绍熙五年(1194)十一月,徐谊因拥立之功除授权工部侍郎兼知临安府,他目睹"鳏寡孤独夜宿堂寒苦",计划在京师"都门外"建造"居养院",但"费不大给",因此向皇帝申请经费,宋宁宗十分慷慨,"赐贯余四万"。但正在徐谊"相地市木"③时,由于政敌御史刘德秀上疏反对,皇帝中断了拨款,居养院无疾而终。此外,户绝田产、常平钱米也时常被挪用,无法满足救助鳏寡独老的需要。因此,地方官员自筹经费,成为南宋救助鳏寡独老费用的重要来源。

总而言之,中央财政拨付是宋代救助鳏寡独老的主要经费来源,也是两

---

① (清)徐松辑,刘琳、刁忠民、舒大刚、尹波等校点:《宋会要辑稿》食货六〇之一至二,第7416页。

② (宋)董煟:《救荒活民书》卷三《程迥代能仁院赈济疏》,第69页。

③ (宋)叶适著,刘公纯等点校:《叶适集》卷二一《宝谟阁待制知隆兴府徐公墓志铭》,中华书局,1961年,第404页。

宋时期救助事业持续发展的经济基础。相比较而言,中央直接拨付物资具有较大的偶然性,且局限于京师,是救助制度尚不完善情况下的权宜之计。随着救助范围的扩大、救助人数的增加及收养机构的发展,中央的财政拨款显然无法满足不断攀升的救助费用。因此,宋代救助鳏寡独老的费用来源主要以地方财政拨付为主,户绝田产、常平钱米、义仓米及地方官仓是救助费用的主要来源。

从制度上而言,宋代救助鳏寡独老的经费具有稳定的保障。但在具体实施中,由于财政支出结构的变化,制度规定所提供的保障往往受到冲击、破坏,这说明政府的态度固然对救助经费的投入有决定性的作用,但最终还要受到政治局势及财政状况的制约。

第四节　宋代救助鳏寡独老的标准

宋仁宗嘉祐四年之前,宋代对鳏寡独老的救助仍以传统的赏赐、存恤为主,并无固定的标准①。嘉祐四年之后,随着收养机构的建立和完善,无论是中央层面,还是地方政府均制定出明确的救助标准,这是宋代救助工作制度化的又一标志。救助标准的制定,对于救助工作的规范及救助效果的保障,均有明显的推动作用。政府救助鳏寡独老的标准,一般仅能满足最基本的生存,但在不同时期、不同地区也有所变化。

一、北宋救助鳏寡独老的标准

(一) 宋徽宗以前的救助标准

宋徽宗以前,政府救助鳏寡独老的标准一般为每人每天给米1升。宋

---

① 嘉祐四年之前,京师已有东、西二福田院。据宋神宗熙宁二年的诏令可知,当时政府制定有《福田院条贯》。依此判断,福田院应有明确的救恤标准。不过,嘉祐四年前的福田院的收养规模非常有限,仅能容纳24人,还不具有普遍的实际意义,更多的是一种象征意义。因此,在讨论北宋仁宗之前的救助标准时,暂将不考虑福田院的救恤标准。

政府救助鳏寡孤老标准的制定与收养机构的产生紧密相连。嘉祐二年（1057），在枢密使韩琦的建议下，广惠仓成为救助鳏寡独老的固定机构。两年后，即嘉祐四年（1059）二月，宋仁宗又将广惠仓的管理权做出变更，脱离三司，改由司农寺掌管，同时还明确了救助"老弱疾病不能自给之人"的标准，"一日给米一升"①，这一标准一直沿用至宋神宗时期。熙宁九年（1077）二月，宋神宗诏令地方州县在每年十月统计"老病贫乏不能自存者"，以便在次月发放救助物资，其救助标准仍是"人日给米豆共一升"②。宋哲宗朝，政府救助鳏寡独老时，借用救恤乞丐的标准，"以乞丐法给米豆"③，仍是每天人均1升米。随着地方收养机构的建立，每人每天1升粮米的救助标准也得以确立。

需要指出的是，每日1升粮米的救助标准，主要针对的是地方州县无法生存的鳏寡独老，京师福田院的标准，仍按"福田院条贯"中的成例执行。熙宁二年（1069）闰十一月，东京雪寒，宋神宗下令在福田院"额定人数外收养"老疾孤幼无依者，"每日特与依额内人例支给与钱养活"④。由于资料阙失，无法确定京师福田院救助老疾之人的具体标准，但估计应不会低于广惠仓的标准。

（二）宋徽宗时期的救助标准

宋徽宗时期，政府救助鳏寡独老的标准以宣和二年（1111）为界，划分为两个时期。宣和二年之前，政府救助鳏寡独老的标准，在旧制的基础上有了一定的提高。在发放米豆的同时，增加了现钱支出。宋徽宗时期，京师的收养机构，除旧有的福田院外，又新增了居养院，并提高了救助标准，"居养、安济人给米二升、钱二十"⑤，与学校养士的标准相同，高于官方规定的救助乞丐的标准。

---

① （宋）李焘：《续资治通鉴长编》卷一八九"嘉祐四年二月己亥"，第4551页。
② （宋）李焘：《续资治通鉴长编》卷二八一"熙宁十年二月丁酉"，第6865页。
③ （宋）李焘：《续资治通鉴长编》卷五〇三"元符元年冬十月壬午"，第11976页。
④ （清）徐松辑，刘琳、刁忠民、舒大刚、尹波等校点：《宋会要辑稿》食货六八之一二八，第8031页。
⑤ （宋）杨时：《龟山集》卷一二《语录三》，《宋集珍本丛刊》第29册，第384页。

对于高年居养人,政府救助的标准更高。按照大观二年(1108)以前的规定,80岁以上的居养人"依条许支新色白米及柴钱"。90岁以上的独老,"每日更增给酱菜钱二十文,夏月支布衣,冬月衲衣絮被"①。从救助实践看,宣和二年(1120)以前,政府对贫老的救助标准,从原来的每日1升米提高至2升米,现钱也由原来的10文增加到20文,最高者可达30文,这样的标准高于救恤乞丐的标准。

宣和二年后,政府救助鳏寡孤老的标准,再次恢复至元丰时期救恤乞丐的标准。在救助鳏寡独老的实践中,地方州县奉行太过的情形,早在大观三年(1109)就引起了政府的注意。但直至宣和二年(1120),宋徽宗才接受户部建议,降低救助标准。宣和二年(1120)六月,政府以有关部门"奉行失当"为由,下诏"参考元丰惠养乞丐旧法,裁立中制"。经裁定后的救助标准,与元丰时期惠养乞丐的参考的标准持平,"日给粳米或粟米一升,钱十文省。十一月至正月加柴炭钱五文省"②。由此以来,米1升、钱10文省再次成为政府救助鳏寡独老的标准。

二、南宋救助鳏寡独老的标准

南宋时期,中央救助鳏寡独老的标准,基本上仍沿袭元丰救恤乞丐的标准。地方政府在救助鳏寡独老的实践中,如果救助经费充裕,则会适当提高标准。如此一来,南宋时期的救助标准存在中央与地方的差别。

(一)中央政府统一制定的救助标准

南宋时期,宋廷承袭北宋救助鳏寡独老的传统,继续以收养的方式救助鳏寡独老。其救助标准多以《临安例》中的规定为准。绍兴七年(1137)闰十月,天气寒凛,宋高宗诏令建康"疾速踏逐舍屋,于户部支拨钱米,依临安府例"③

---

① (清)徐松辑,刘琳、刁忠民、舒大刚、尹波等校点:《宋会要辑稿》食货六〇之五,第7419页。
② (清)徐松辑,刘琳、刁忠民、舒大刚、尹波等校点:《宋会要辑稿》食货六八之一三六,第8036页。
③ (清)徐松辑,刘琳、刁忠民、舒大刚、尹波等校点:《宋会要辑稿》食货六八之一三九,第8038页。

救助无家可归的鳏寡独老。绍兴十三年(1144)九月,宋高宗下令地方州县"依《临安例》"养济"癃老废疾之人"①。据《淳熙临安志》记载,《临安例》中所规定的救助标准为"每人日支米一升,钱一十文"②。这一标准在地方官员的上书中也得到印证。绍兴三十一年(1161)九月,知汉州王葆上书申请救助老疾之人的经费,在其奏状中谈及政府制定的标准,"每人日支米或豆一升"③,这一标准与元丰救恤乞丐的标准相同。

(二) 地方救助鳏寡独老的标准

1. 京师及畿内地区的救助标准

京师及畿内地区救助鳏寡独老时,一般遵循政府所规定的标准,每人每天1升米。隆兴二年(1164)十二月十二日,权发遣临安府薛良朋在救恤京师临安无所依靠的贫困老人时,一次性发放半月的粮米,"每口一斗五升"④,所执行的标准仍是每日1升。为避免日后乡村和邻近州县的贫困之人涌入京师,增加临安的压力,薛良朋分别委派钱塘、仁和两县县尉负责救助附近州县贫困,且无依靠的老疾之人,其救助标准与京师相同,"每人日支米一升,钱一十文"⑤。

2. 其他地区的救助标准

南宋时期,由于庞大的军费开支与俸禄支出,中央财政对地方事业力不从心。在地方救助鳏寡独老的过程中,地方政府往往自筹经费。各个地方因救助经费多寡的不同,也执行不同的救助标准。

明州地区救助鳏寡独老的标准,由每人每天1升米升至每人每天1.5升~2升米。明州(今浙江宁波)地处沿海,为"浙左雄邦",是南宋著名城市

---

① (宋)李心传编撰,辛更儒点校:《建炎以来系年要录》卷一五〇"绍兴十三年九月戊辰",第2552页。
② (宋)施谔纂修:《淳祐临安志》卷七《养济院》,《宋元方志丛刊》,第3290页。
③ (清)徐松辑,刘琳、刁忠民、舒大刚、尹波等校点:《宋会要辑稿》食货六八之一四六,第8042页。
④ (清)徐松辑,刘琳、刁忠民、舒大刚、尹波等校点:《宋会要辑稿》食货六八之一四七,第8043页。
⑤ (清)徐松辑,刘琳、刁忠民、舒大刚、尹波等校点:《宋会要辑稿》食货六八之一四八,第8043页。

之一。此地人民富庶,但"富者日富,贫者日贫",贫富差距较大,"鳏寡孤独、瘖聋跛躄之人,益无生活之路"。因此,地方官员极为重视鳏寡独老的救助工作。宝庆三年(1227),郡守胡榘对原有的居养机构进行整修,收养"百余人","人支米一升、钱十二文省"①,此时的救助标准与官方规定的标准相差无几。安徽人吴潜在嘉定十年(1217)考中进士,为人正直不阿,任职期间多有惠举,曾多次恢复、修建地方居养机构。宝祐六年(1258),吴潜知庆元府(今浙江宁波)时,又多方筹集经费重建明州养济院。在其努力下,明州的养济院收养规模在地方州县首屈一指,"收养鳏寡孤独之民二百人"。同时,其救助标准也较以前有了明显提高,"大口月支米六斗、钱十五贯,中口月支米五斗、钱十贯"②,每人每天可获得粮米 1.5 升～2 升、现钱 35 文～50 文。

建康府(今江苏南京)的救助标准,也高于中央统一制定的标准。建康府乃东南重镇,是淮河、太湖、钱塘江商品交换的枢纽,一度作为南宋的陪都,具有突出的经济、政治、军事地位,救助鳏寡独老的事业也较为发达。嘉定五年(1212),黄度在旧有养济院的基础上,分别在城南、城北修建两座养济院,收养人数"以五百人为额"③,颇具规模。宝祐六年(1258),余晦在"旧北酒库后"觅得一块闲地,遂"鼎新建造",取名"实济院","收养无告之民"。余晦所创建的实济院,"以一百名为额",在收养规模上有所缩小,但救助标准明显高于中央所规定的标准,"每名月支米陆斗,盐菜钱一十五贯文,柴钱五贯文"④,仅粮米一项就高出一倍,盐菜钱、柴钱的增幅更大。

明州、建康府之外的州县在救助鳏寡独老时,所持的标准也不尽相同。例如,绍熙五年(1194),淮南西路遭遇干旱,其中滁州(今安徽滁州)灾情最为严重。当时滁州最高行政长官石宗昭,"预谋荒政"。在赈灾过程中,他直

---

① (宋)胡榘修,方万里、罗濬纂:《宝庆四明志》卷三《养济院》,《宋元方志丛刊》,第 5023 页。
② (宋)吴潜:《许国公奏议》卷四《奏创养济院以存养鳏寡孤独之民》,《宋集珍本丛刊》第 84 册,第 142 页。
③ (宋)马光祖修,周应合纂:《景定建康志》卷二三《庐院·养济院》,《宋元方志丛刊》,第 1702 页。
④ (宋)马光祖修,周应合纂:《景定建康志》卷二三《庐院·养济院》,《宋元方志丛刊》,第 1706 页。

接赈济"鳏寡孤独癃老废疾者",规定"人受粟二升"①,这样的救恤标准与每天1升米相比有了明显的提高。庆元六年(1200),和州(今安徽和县)救恤孤老残疾之人的标准便无法与滁州相比。当年和州购买民田,创建居养院,"根括到鳏寡孤独无依倚人六十九口","每人日支米一升"②,其救助粮米的数量以中央规定为标准。吴渊在兼知平江府时期,在赈灾过程中表现出色,不仅使大批民众免于死亡,而且创办广惠坊,规定每天"大人粟一升半,月钱三十有三"③,救助标准高出中央规定的一半。

从整体上看,两宋时期政府救助鳏寡独老的标准比较稳定,基本维持在每人每日1升米。但宋徽宗时期,政府的救助标准有了较大幅度的提高。不过,最终因财政不负重堪而又重新恢复至原有标准。南宋时期,个别地方救助鳏寡独老的标准高于中央。宋政府救助鳏寡独老的标准,仅能维持最基本的生活,这与宋代经济发展水平相适应。北宋徽宗朝救助标准的变化说明,救助标准的制定不能仅凭决策人员的一厢情愿,必须以政府的财力为基础。南宋时期救助标准的差异性,也正是各个地区救恤费用多寡的体现。

第五节 宋代救助鳏寡独老的弊端及应对措施

宋廷对救助方式、救助标准、救助内容、救助经费来源等均有较为明确的规定,远远优于前代。但在具体实施过程中,弊端丛生,使救助效果大打折扣。现有的成果在研究救助机构的过程中,对实施效果有所涉及,由于文章主旨所限,未展开论述政府救助鳏寡独老实践中的弊端。然而,考察宋廷

---

① (宋)龚维蕃:《滁州赈荒录》,载(光绪)《安徽通志》卷八〇,《续修四库全书》第651册,第759页。
② (清)徐松辑,刘琳、刁忠民、舒大刚、尹波等校点:《宋会要辑稿》食货六〇之一至二,第7416页。
③ (宋)吴渊:《退庵先生遗集》卷下《广惠坊记》,《宋集珍本丛刊》第83册,第216页。

对鳏寡独老的救恤时,仅仅关注制度规定本身是远远不够的,需要进一步探讨制度的实施过程,探讨制度背后的因素,只有这样才能更为全面、准确地把握宋代救助鳏寡独老的政策。

一、宋代救助鳏寡独老的弊端

宋代救助鳏寡独老的政策在实施过程中,暴露出种种弊端。其中,冒名支领的弊端最为突出,地方官推行不力、监司监察不力也较为常见。此外,救助标准混乱、救助钱米被挪用同样是常见弊端。

(一) 冒名支领

两宋时期,无论是福田院,还是居养院,或者是安济坊,其收养的对象均为无法生存的鳏寡独老。但在实践过程中,往往存在冒领的现象。北宋徽宗时期,冒名支取的情况较为突出,引起了部分官员的关注。政和四年(1114),臣僚专门向宋徽宗反映冒领问题,指出地方官员往往以"以亲戚识认为名,虚立案牍"①,使真正需要救助的鳏寡独老无法享受到应有的救助。除地方官员的亲属、朋友外,游手之徒往往冒领救助钱米。杨时对此弊端有所记述,在他的笔下,居养院所养之人"止浮浪游手之徒",并不是"穷民疾病者"②。杨时的记载难免有夸大的嫌疑,但也不是空穴来风,在一定程度上反映出救助实践中冒领现象的存在。

南宋时期,冒领现象更为普遍。绍兴二年(1132)十一月,政府在南郊赦文中明确指出,地方州县在救助实践中,"往往将强壮有行业住家之人,公然违法计嘱所属官司并团头,貌验养济,冒滥支给钱米",而真正"老、疾、孤、幼、贫乏、乞丐之人"③却未沾实惠,因此敦促常平司加强监督,但冒领现象依然存在。绍兴十九年(1149)十一月,权发遣秀州郭城在其奏状中直指地方冒领

---

① (清)徐松辑,刘琳、刁忠民、舒大刚、尹波等校点:《宋会要辑稿》食货六八之一三五,第8036页。
② (宋)杨时:《龟山集》卷一二《语录三》,第384页。
③ (清)徐松辑,刘琳、刁忠民、舒大刚、尹波等校点:《宋会要辑稿》食货六〇之一七,第7431—7432页。

的弊端,"往往有元非饥贫,巧为计嘱,得以与籍,而困穷无告却或弃遗",奏请中央命令地方守令"究心检察"①,使鳏寡独老享受到国家的惠政。绍兴二十七年(1157)九月,右正言朱倬在以浙西提举官的身份入对之时,也直陈冒领之弊,"狡狯者举家皆预支请,而贫婆无以自存者反见弃遗"②。宋高宗对冒领现象也有清醒的认识,曾告谕辅臣救助钱米"多被胥吏辈冒名支请"③,要求宰臣采取措施,革除此弊。虽然户部也采取种种应对措施,但效果并不明显,宋光宗、宋宁宗朝冒名支领的现象仍然很突出。绍熙五年(1194)九月,中央发布的明堂赦文坦称地方州县对收养对象审查不严,"往往将强壮慵惰及有行业住家之人"列入救助范围,"冒滥支给",致使"老疾孤幼贫乏之人不沾实惠"④。此后的郊祀、明堂赦文均论及冒领救助物资的弊端,这反映出冒领现象依然很普遍。董煟在《救荒活民书》对冒领问题也有详细的记述:

> 抄札之时,里正乞觅,强梁者得之,善弱者不得也;附近者得之,远僻者不得也;胥吏、里正之所厚者得之,鳏寡孤独疾病无告者未必得也。⑤

由上可知,胥吏、里正在统计救助对象的过程中,并未按照中央要求登记无法生存的鳏寡独老,而是将"强梁者""附近者"及"所厚者"上报给官府,冒领救助钱米。

(二) 地方官员推行不力

救助鳏寡独老作为仁政的重要内容,得到宋廷的重视,但地方官员在推行救助政策之时并不积极,即使是在宋徽宗时期也不例外。崇宁年间,宋徽宗大

---

① (清)徐松辑,刘琳、刁忠民、舒大刚、尹波等校点:《宋会要辑稿》食货六八之一四三,第8040页。
② (宋)李心传编撰,辛更儒点校:《建炎以来系年要录》卷一七八"绍兴二十七年十月癸丑",第3219页。
③ (清)徐松辑,刘琳、刁忠民、舒大刚、尹波等校点:《宋会要辑稿》食货六八之一四四,第8041页。
④ (清)徐松辑,刘琳、刁忠民、舒大刚、尹波等校点:《宋会要辑稿》食货六〇之一,第7415页。
⑤ (宋)董煟:《救荒活民书》卷二《义仓》,第29页。

力发展救助之政,但"吏不奉法,但为具文,以应诏令"。无奈之下,崇宁四年(1105)五月二十九日,他下诏要求提举常平司、提点刑狱司、转运司、守令"悉力奉行"①居养等事。大观四年(1110),中央因个别地方在救助鳏寡独老时标准过高,下诏将调整救助标准,同时还规定以前"所置居养院、安济坊""许存留外","余更不施行",要求地方州县停止增建居养机构。至于开封府所创办的"坊院悉罢",所收养的贫老"四福田院"②,京师的居养院、安济坊被撤销。中央救助政策的松弛,使地方官员对救助鳏寡独老之事更是漠不关心。宋徽宗在阅览各地奏疏时发现"无一吏称述居养、漏泽、安济者"③,在实践中无视中央规定,"只给米豆,而不居之以屋",甚至直接将鳏寡独老"付亲戚、村坊养恤"。由于官吏"推行法意往往疏漏"④,鳏寡独老根本无法享受到政府的救助。

南宋时期,地方官员在奉行救助之政之时仍比较消极,远离京师的州县更为被动。按照《常平令》的要求,每年十月份地方州县需登记本地"老疾贫乏不能自存"并制作簿籍,但"去朝廷稍远者"的地方官员"未尝检察老疾乞丐之人而籍之",仅仅"行移文书,以应格令"⑤,政府的救助法令变为一纸空文,使救助效果大打折扣。

(三) 监司监察不力

作为王安石变法的产物,提举常平司不仅主管地方常平仓、义仓、户绝财产,而且具有按察官吏的职能⑥,对本路救助工作的实施负有监察之责。令人遗憾的是,提举常平使对地方州县救助工作的监察并不到位。崇宁年间,宋徽宗大力推行救助鳏寡独老之政。但地方官员"乘间观望,全不遵

---

① (宋)佚名编:《宋大诏令集》卷一八六《奉行居养等诏令诏》,第680页。
② (清)徐松辑,刘琳、刁忠民、舒大刚、尹波等校点:《宋会要辑稿》食货六八之一三四,第8035页。
③ (宋)佚名编:《宋大诏令集》卷一八六《居养安济漏泽事务仰监司廉访分行所部按察御笔》,第681页。
④ (宋)李新:《跨鳌集》卷二二《与家中孺提举论优恤户绝书》,《影印文渊阁四库全书》第1124册,第589页。
⑤ (清)徐松辑,刘琳、刁忠民、舒大刚、尹波等校点:《宋会要辑稿》食货六二之三〇,第7565页。
⑥ 贾玉英:《宋代提举常平司制度初探》,《中国史研究》1997年第3期。

奉",致使"已行之令,公然陇废",居养院、安济坊废而不行。负有监察之责的监司也是坐视不管,"不复按举",这使宋徽宗大为恼火。因此在崇宁五年(1106)六月十一日专门下诏敦促监司"分按本道,举行如法"①。政和年间,地方州县对中央的救助政策怠于奉行,提举常平官同样置若罔闻,"全不复省察,民之无告,坐视不救",未履行监察之责。为加大监察力度,宋徽宗诏令"转运、提刑、盐香司并许按举"②居养、安济之事。

北宋末年直至南宋时期,提举常平司、转运司、提点刑狱司同时被赋予监察救助鳏寡独老之政的权力,然而监察力度并未由于监察力量的增大而加强。南宋时期,地方官员无视中央法令,对救助鳏寡独老工作漠不关心,"不曾留意"。作为监察机构,监司"亦不检察",未发挥其监察、督促的职能。因此,中央政府在绍兴十三年(1143)十一月八日的南郊赦文中,敦促提举司"遵依条法指挥,多方存恤养济"③老疾贫乏不能自存之人。此后宋高宗分别在绍兴十九年、二十二年、二十五年、二十八年的南郊赦文和三十一年的明堂赦文中,多次要求提举常平司依照法令养济鳏寡独老。中央政府连篇累牍的赦文,充分地说明监司的监察工作不力。

(四)救助标准混乱

宋徽宗时期,中央政府尤为重视对鳏寡独老的救助方面,为救助工作的开展提供了强大的政策支持,但这在一定程度上也引起救助标准的异常提高。为迎合中央,部分地方官员在救助鳏寡独老时"奉行太过",出现"设供张、备酒馔"④的现象,最为奢侈时,"冬为火室给炭,夏为凉棚,什器饰以金漆,茵被悉用毡帛"⑤。过于优厚的救助标准,超出地方政府的财政承受能力,"致州县受弊"⑥。

---

① (宋)佚名编:《宋大诏令集》卷一八六《监司分按居养安济漏泽诏》,第681页。
② (清)徐松辑,刘琳、刁忠民、舒大刚、尹波等校点:《宋会要辑稿》食货六八之一三四,第8035页。
③ (清)徐松辑,刘琳、刁忠民、舒大刚、尹波等校点:《宋会要辑稿》食货六八之一四〇,第8038—8039页。
④ (清)徐松辑,刘琳、刁忠民、舒大刚、尹波等校点:《宋会要辑稿》食货六八之一三三,第8035页。
⑤ (宋)沈作宾修,施宿等纂:《嘉泰会稽志》卷一三《漏泽园》,《宋元方志丛刊》,第6959页。
⑥ (清)徐松辑,刘琳、刁忠民、舒大刚、尹波等校点:《宋会要辑稿》食货六〇之五,第7420页。

为纠正地方任意抬高救助标准的做法,大观三年(1109)四月,宋徽宗诏令禁止超标准救助鳏寡独老的行为。此后,仍有地方"奉行失当"。例如,"给衣被器用","资给过厚",常平收入已无法满足其需要。宋徽宗不得不在宣和二年(1120)再次下诏,明确"参考元丰惠养乞丐旧法,裁立中制"①,以规范救助标准。

与任意抬高救助标准相反的是,部分地方官员在推行救助之政时往往克扣救助钱米。宋徽宗朝,各地在奉行救助之政时并非都抬高标准,尤其是中央下令禁止"奉行过分"后,克扣救助钱米的现象逐渐增多。据政和二年(1112)五月二十五日的所颁发的诏令可知,部分地方州县对救助之政"观望废弛",甚至"彻屋鬻器,播弃孤老"②,有悖于中央惠养鳏寡独老的愿望。政和四年(1114)二月,两浙转运司奏言镇江府及丹徒县(今江苏丹徒)居养院、安济坊"不置造布絮衲被给散孤老孱弱之人",其布絮所花费的"钱数不多,即非过有滥支钱物",因此他奏请"寒月许置布絮被给散盖卧"③,此建议得到宋徽宗的批准,并被推广至诸路。南宋时期,地方政府在救助鳏寡独老的过程中,也存在克扣钱米的弊端。绍兴二十六年(1156)十一月,试尚书户部侍郎、兼详定一司敕令王俣奏言,在救助实践中,官吏"失于措置",筹划不周,遂有"减克支散"之弊,建议当职官吏亲"躬亲监临,尽数支散"④。除克扣救助钱米外,还存在虚发钱米的弊端。绍兴二十三年(1153)十月,宋高宗诏令户部向地方州县申明在救助鳏寡独老时"实给钱米,以施实惠"⑤。由此可判断,在以往的救助实践中有虚发钱米、应付监察的现象。

此外,救助钱米被移作他用也是救助之政的一大弊端。粮米是政府提

---

① (清)徐松辑,刘琳、刁忠民、舒大刚、尹波等校点:《宋会要辑稿》食货六八之一三六,第8036页。
② (宋)佚名编:《宋大诏令集》卷一八六《居养依大观三年四月以前指挥御笔》,第681页。
③ (清)徐松辑,刘琳、刁忠民、舒大刚、尹波等校点:《宋会要辑稿》食货六八之一三四至一三五,第8035页。
④ (清)徐松辑,刘琳、刁忠民、舒大刚、尹波等校点:《宋会要辑稿》食货六八之一四四,第8041页。
⑤ (清)徐松辑,刘琳、刁忠民、舒大刚、尹波等校点:《宋会要辑稿》食货六八之一四三,第8040页。

供给鳏寡独老的最为基本的生活资料,但这些救命之米"或移之他用,或糜于侵盗"①。钱佃的奏书也印证了地方移用救助钱米弊端的存在。钱佃知隆兴府期间,在前任官员芮辉、赵汝愚的基础上捐资修建养济院,经过九年的苦心经营才安排妥当。淳熙九年(1182)钱佃被任命为婺州知州,由于担心继任官员不专心救助之政,养济钱米被移作它用,遂特奏请转运使"常切提督,所有钱物不许移用"②。与此同时,宋代救助实践中还存在城乡分布不均的弊端。常平仓、义仓均设立在州县,居养院、安济坊也多在城市,这决定了政府对鳏寡独老的救助"往往止及城下","外县、乡村亦皆不及"③,乡村的鳏寡独老较难享受到政府的救助。

二、宋政府应对救助弊端的举措

针对救助鳏寡独老工作存在的冒名支领、地方官推行不力、监司监察不力、救助标准高低不一等弊端,宋政府出台了以下措施:

(一) 严惩不法官吏及冒领之人

北宋末年,宋徽宗大力推行救助之政,同时也针对救助实践中的弊端制定出严厉的惩处规定。不认真贯彻中央救助政策的地方官吏,轻则处以徒刑,重则处以流刑。针对地方官员在施政过程中"观望废弛"的弊端,崇宁五年(1106)六月,宋徽宗下诏要求监司"分按本道,举行如法"。"违慢观望、不修阙职"的官员"必罚无赦"④,其罪行不能赦免。其后又于政和二年(1112)五月二十五日下诏命令转运司、提点刑狱司上报"废弛事状及违法官吏",同时规定对中央救助政策奉行不力的官员,"以违制加二等论"⑤,所

---

① (清)徐松辑,刘琳、刁忠民、舒大刚、尹波等校点:《宋会要辑稿》食货六二之三〇,第7565页。
② (清)徐松辑,刘琳、刁忠民、舒大刚、尹波等校点:《宋会要辑稿》食货五八之一六,第7365页。
③ (清)徐松辑,刘琳、刁忠民、舒大刚、尹波等校点:《宋会要辑稿》食货六八之一四四至一四五,第8041页。
④ (宋)佚名编:《宋大诏令集》卷一八六《监司分按居养安济漏泽诏》,第681页。
⑤ (宋)佚名编:《宋大诏令集》卷一八六《居养依大观三年四月以前指挥御笔》,第681页。

受到的惩罚高于一般违制罪,需处以三年徒刑。宣和元年(1119)五月,宋徽宗诏令诸路监司"分行所部,按吏之不虔者",对于奉行不力的官吏将"重置以法",其中舞弊胥吏"配流千里"。如果监司"失按容庇","其罪依此"①,也要受到相应的惩罚。对于在登记救助对象过程中徇私舞弊的不法官员,中央则给予免官的处分。政和四年(1114)二月,臣僚针对地方州县"以亲戚识认为名,虚立案牍"的弊端,建议以后州县官员如果与救助对象熟识或存在亲属关系,均需回避,"委不干碍官一员验实"。如果"诈冒及保明不实","去官原免"②,宋徽宗批准了此建议。对于在救助事宜中舞弊的官员或被处以徒刑,或给予免官的处分;胥吏的处罚更重,一度被处以流刑。

  南宋时期,诡名冒请的现象依然十分突出,记赃断罪、重禄治赃成为中央惩处违法抄札的官吏及冒领之人的常见方式。绍兴二十七年(1157)十月,宋高宗在户部的建议下,诏令地方"守令躬亲措置"救助鳏寡独老事宜。对于被举报的"诡名冒请及减克作弊之人",将根据相关法规"计赃断罪、追赏"③。在记赃定罪的同时,南宋政府还将重禄法作为治理胥吏舞弊的手段④。绍兴三十年(1160)九月,两浙转运司奏请对"冒名支请钱米之人","依重禄法"⑤处置,加大对冒领行为的惩处力度。由此可见,南宋惩处的对象不再局限于不法官吏,冒领之人同样也要根据所领钱米的数量受到相应的惩罚。

---

  ① (宋)佚名编:《宋大诏令集》卷一八六《居养安济漏泽事务仰监司廉访分行所部按察御笔》,第681页。
  ② (清)徐松辑,刘琳、刁忠民、舒大刚、尹波等校点:《宋会要辑稿》食货六八之一三五,第8036页。
  ③ (清)徐松辑,刘琳、刁忠民、舒大刚、尹波等校点:《宋会要辑稿》食货六八之一四五,第8041页。
  ④ 重禄法是宋神宗熙宁六年(1073)所出台的防止胥吏贪污受贿的条例。此条例在给予胥吏俸禄待遇的同时,也加大了惩处犯赃胥吏的惩处力度。《仓法》中明确规定:"赃钱不满一百徒一年,每一百钱加一等;一千流二千里,每一千加一等,罪止流三千里","徒罪配五百里外牢城,流罪皆配千里之外,满十千即受赃为首者配沙门岛",对"许赃未受"的为首者,"配广南牢城"。见《长编》,第5223页。
  ⑤ (清)徐松辑,刘琳、刁忠民、舒大刚、尹波等校点:《宋会要辑稿》食货六八之一四六,第8042页。

（二）建立严密的监察体系

两宋时期,中央政府在推行居养、安济之政的过程中,为解决救助实践中所存在的种种弊端,注重发挥各级监察机构的监督职能,建立有严密的监察体系。

在路级机构中,提举常平司是地方救助事业的主管机构,对救助鳏寡独老的实施负有监督、管理的责任。崇宁五年(1106)九月,由于担心州县"怠于奉行"居养、安济之政,宋徽宗特下诏要求"提举常平司倍加提按"①,充分发挥监督职能。南宋时期,提举常平司仍是监察地方州县贯彻救助政策状况的主要机构。绍兴十八年(1148)八月,御史台主簿陈夔向宋高宗汇报地方州县在救助实践中敷衍应付、奉行不力、移用救助钱米的弊端,奏请"专责监司常切觉察"。宋高宗责令户部安排处理此事,户部的建议仍是充分发挥提举常平司的监督功能,由它"约束所部州县恪意奉行"②。宋光宗朝,常平官仍是监督惠养鳏寡独老的主要官员。绍熙二年(1191)十一月,宋廷在南郊赦文中规定,由"主管常平官常切觉察"救助对象的真伪,避免不法之人"冒滥支请"③救助钱米。

转运司、提点刑狱司虽有相对明确的分工,但中央政府仍多次诏令其加强监督地方政府落实救助政策的状况。崇宁四年(1105)十二月,为保证鳏寡孤独、癃老疾废之人能够享受到政府恩惠,中央特下诏命令监司加强监察地方州县的救助工作,"外路委提举常平司、京畿委提点刑狱司常切检察。外路仍兼许他司分巡,皆得受诉"④,提举常平司、提点刑狱司及转运司一并巡视、监察诸州县落实救助政策的状况。政和年间,提举常平司未依法履行

---

① （清）徐松辑,刘琳、刁忠民、舒大刚、尹波等校点:《宋会要辑稿》食货六八之一三二,第8034 页。
② （清）徐松辑,刘琳、刁忠民、舒大刚、尹波等校点:《宋会要辑稿》食货六二之三〇,第7566 页。
③ （清）徐松辑,刘琳、刁忠民、舒大刚、尹波等校点:《宋会要辑稿》食货六〇之一七,第7432 页。
④ （清）徐松辑,刘琳、刁忠民、舒大刚、尹波等校点:《宋会要辑稿》食货六八之一三一,第8033—8034 页。

监察救助鳏寡独老之责,"全不复省察民之无告,坐视不救"。宋徽宗诏令"转运、提刑、盐香司并许按举"①,要求转运司、提刑司一并参与监察地方居养、安济之事。南宋时期,中央政府仍采用路级监司共同监督的方式应对救助中的弊端。绍兴二十四年(1154),户部建议命令诸路常平司"严切行下所属,遵依见行条法及已降指挥施行"。如果常平司不能有效监察地方救助之政,则依靠"漕、宪司按劾施行"②,由转运司、提刑司履行监察职责。淳熙八年(1181)二月,宋孝宗诏令出义仓米赈济江浙、湖北、淮西等地鳏寡孤独贫乏不能自存之灾民。为保证"实惠及民",中央明确要求"本路漕臣及提举常平官"③加强监察,如果州县不认真奉行救助之政,需及时上报。

御史台作为中央监察机构,对路级监司及地方州县均有监督权力。如果路级监司玩忽职守,未依法按察地方州县对救助政策奉行不力的官员,御史台可对其进行弹劾。崇宁五年(1106)九月,宋徽宗针对"监司坐视、不复按举"的弊端,诏令御史台弹劾"失于按察"④的监司。由此可知,宋代监督地方救助之政的监察机构,既有路级监司,也有中央御史台,形成了较为严密的监察体系。

(三) 奖励举告

冒领现象是宋代救助鳏寡独老实践中最为突出的问题,中央政府也是着力治理此难题。在加大对不法官吏及冒请之人惩罚、监督力度的同时,宋政府还鼓励普通民众举告冒领之人。绍兴二十七年(1157)十月,户部奏请"立赏出榜",允许"诸色人陈告"诡名冒请及减克作弊之人。权户部侍郎林觉也建议中央奖励举告之人,各色人等每告发一名胥吏"抄札贫民姓名不实,及自行诡名冒请钱米",可予"赏钱一十贯,至三百贯止"⑤,此建议得到

---

① (清)徐松辑,刘琳、刁忠民、舒大刚、尹波等校点:《宋会要辑稿》食货六八之一三四,第8035页。
② (清)徐松辑,刘琳、刁忠民、舒大刚、尹波等校点:《宋会要辑稿》食货六二之三一,第7566页。(宋)李心传编撰,胡坤点校:《建炎以来系年要录》卷一六五"绍兴二十三十月戊寅",第3142页。
③ (元)佚名撰,汪圣铎点校:《宋史全文》卷二七上《宋孝宗七》"淳熙八年二月壬午",第2260页。
④ (宋)佚名编:《宋大诏令集》卷一八六《监司分按居养安济漏泽诏》,第681页。
⑤ (清)徐松辑,刘琳、刁忠民、舒大刚、尹波等校点:《宋会要辑稿》食货六八之一四五,第8041页。

宋高宗的批准。绍兴三十年(1160)九月,浙东、浙西在救助实践中也沿用奖励举告的方式防止"冒滥不实"的现象,规定凡举告属实者"立赏钱一百贯文"。如果当职官员对举告之人"故意阻节",可"直经本府陈告"①。由此可见,奖励举告也是南宋政府根治冒领现象的措施之一。

三、宋代老人救助弊病产生的根源

尽管宋廷加重官吏徇私舞弊行为及冒领之人的惩处力度,甚至采用奖励举告的方法来遏制老人救助中冒领行为的发生,但直至南宋中后期,冒名支领的现象依然普遍存在。同样,官方对不法官员的惩处规定,以及多途监察的手段,均未有效敦促地方州县如法奉行老人救助政策。官方防弊、治弊措施之所以无法产生实效,主要在于未触及滋生老人救助弊病的根源。

(一) 胥吏对救助信息的控制

救助对象的统计、核验,虽然是地方州县官员的主要职责,但"一县之大,周围数百里,知县不能亲历",因此在老人救助事务中仅负责组织工作。具体的抄札工作"必须付之胥吏、付之乡官、付之保正"。② 由此以来,胥吏和乡一级的职役者乡官里正、保长及社甲首、副等,是统计、核实救助对象工作的具体执行人。他们在统计救助对象时,"借是以求赂,有赂非穷民亦得预,无赂虽穷民不得给"③。尤其是在灾荒救济时期,"公吏非贿赂不行""抄札不实"④的现象较为普遍。

对于老人救助中胥吏的舞弊行为,无论是地方州县官员、路级监司还是深居朝堂的皇帝均有清醒的认识。为遏制胥吏的舞弊行为,宋廷在制定严厉的惩处措施的同时鼓励举告,但效果并不明显,救助不实的现象依然存

---

① (清)徐松辑,刘琳、刁忠民、舒大刚、尹波等校点:《宋会要辑稿》食货六八之一四六,第8042页。
② (宋)黄榦:《勉斋先生黄文肃公文集》卷三〇《临川申提举司住行赈粜》,《宋集珍本丛刊》第68册,第57页。
③ (宋)不著撰人:《州县提纲》卷二《常平申给》,中华书局,1985年,第25页。
④ (清)徐松辑,刘琳、刁忠民、舒大刚、尹波等校点:《宋会要辑稿》食货五七之二一,第7348页。

在。胥吏在老人救助中的舞弊行为,仅是宋代吏治腐败的表现之一。对于胥吏腐败行为产生的原因,学界做出不同的解释。祖慧认为自身素质不高和社会地位低下等因素,与胥吏违法乱纪行为的发生有密切关系①。苗书梅进一步指出,吏人缺乏考评晋升等有效的激励政策,出职入仕的机会较少,是胥吏营私舞弊的重要原因。② 刁培俊则从役法的变化分析胥吏舞弊的原因③。以上分析有助于理解胥吏在老人救助中的不法行为,但这些原因最终演化为营私舞弊的行为,还需借助一定的条件。其中,对于救助信息的控制与管理,是造成胥吏登记救助对象过程中舞弊行为的重要条件之一。

在中央救助孤寡老人政令文书的下达链条中,胥吏处于信息的终端位置。虽然宋廷要求地方州县将救助政令公布于州县衙署门、治所城门、市曹、通衢、驿铺、邸店及乡村村落④。但地方官府及胥吏在执行的过程中,对于中央政令的传布存在极大的选择空间,"凡遇诏下,事有便于民,而不便于吏者,或宣毕而遂匿,或略挂而遽收"。救助孤寡老人的诏令、严惩不法官吏的规定及奖励举告的政策,显然"有便于民","而不便于吏",因此他们便竭力隐匿、控制信息,以便于其营私舞弊。胥吏对政府救助政令的把控,使朝廷的"良法美意,下不得而知者多"⑤,影响了基层救助信息的传达。

胥吏对救助信息的占有、控制与利用,是冒名支取现象屡禁不止的根源。政府针对冒领现象所制定的严厉惩罚措施,以及奖励举告政策,与救助诏令一样,均因胥吏对政令文书的控制而无法发挥应有的惩处与监督作用,自然也无法防止冒领支取弊端的产生与蔓延。

(二) 地方财政的困窘

两宋时期,地方州县对老人救助之政奉行不力,并无能一概冠以怠政之

---

① 祖慧:《论宋代胥吏的作用及影响》,《学术月刊》2002 年第 6 期,第 85 页。
② 苗书梅:《宋代州级公吏制度研究》,《河南大学学报(社会科学版)》2004 年第 6 期,第 107 页。
③ 刁培俊:《从"职"到"役":两宋乡役负担的演变》,《云南社会科学》2004 年第 5 期,第 107—112 页。
④ 高柯立:《宋代的粉壁与榜谕:以州县官府的政令传布为中心》,见邓小南主编:《政绩考察与信息渠道——以宋代为中心》,北京大学出版社,2008 年,第 416 页。
⑤ (宋)王十朋:《王十朋全集》卷二一《与邵提刑》,上海古籍出版社,1998 年,第 924 页。

名。高度集权的财政体制造成了地方财政的困窘，这极大地制约了州县官员推行救助政策的能力与热情。北宋神宗之前，地方州县的财政储备还比较充足，"天下财物皆藏州郡"①。熙宁初年，王安石向神宗建言"郡之财用太专而收之"②。经过熙丰变法，"郡县之财悉归公上"③，地方州县财权萎缩。宋徽宗朝过而甚之，使地方财政彻底陷入捉襟见肘的境地。南宋以来，随着财政中央集权的进一步强化，地方州县财政更加困窘④，大幅度亏空的局面相当普遍。

高宗绍兴年间，右奉议郎鲁冲上书谈及他前任宜兴县（今江苏宜兴）财政状况，该县一年收入，"不过一万五千余缗"，而仅上供岁额一项支出就高达"三万四千余缗"⑤。再加上官俸军廪，财政赤字更高。孝宗年间，朱熹任南康军（今江西赣州）郡守，"本军每年有租米四万六千石"，其中"三万九千"用于上供，剩下"七千石"粮米仅能"赡得三月"⑥，同样存在财政亏空。

地方州县面对财政亏空的局面，一方面"别做名色，巧取于民"，通过法外科敛的方法弥补财政赤字⑦。另一方面，通过削减必要开支项目，减少地方财政的支出。地方州县财政支出，除上供岁额以外，还有"养兵、给官吏禄廪之费"⑧。此外，还有公务费用、民政开支等等。在诸项开支中，用于州县日常行政办公和迎送犒设的公用钱，并未因财政压力的增大有所削减，相反却出现无节制的增长，加剧了地方财政困窘的局面⑨。公用钱的使用虽然

---

① （元）马端临：《文献通考》卷二三《国用考一》，中华书局，2011年，第693页。
② （宋）林駉：《古今源流至论·续集》卷七《郡守》，上海古籍出版社，1992年，第455页。
③ （宋）章如愚：《群书考索·续集》卷三七《守令》，广陵书社，2008年，第581页。
④ 黄纯艳：《宋代财政史》，云南大学出版社，2013年，第264、287页。
⑤ （宋）李心传编撰，辛更儒点校：《建炎以来系年要录》卷一七一"绍兴二十六年二月甲戌"条，第2980页。
⑥ （宋）黎靖德编，王星贤点校：《朱子语类》卷一〇八《论治道》，中华书局，1986年，第2681页。
⑦ 包伟民：《宋代地方财政史研究》，中国人民大学出版社，2011年，第118—128页。
⑧ （宋）李纲：《李纲全集》卷六三《乞减上供数留州县养兵禁加耗以宽民力札子》，岳麓书社，2004年，第674页。
⑨ 包伟民：《宋代地方财政史研究》，第118—128页。

受到严格的管理,但地方州县官员对其仍具有较大的自主权,便于他们"贪取公用,以济私家"①。因此,地方州县在节流方面,往往是克扣下级官员俸禄、军兵的廪饷和军政赈济②。在官俸军廪尚无法保证,地方州县官员又怎会对生活困难的老人积极施以救助呢? 救助孤寡老人,虽然是正当的财政支出,但由于地方财政的不断恶化,常平仓与义仓粮米常被挪用、侵吞,无米可出,也只能流于形式。

(三) 官员考核的财政导向

尽管中央不断敦促监司加强对地方州县老人救助事务的监督,但监司仍疏于监察、地方州县奉行不力的现象仍一直存在。之所以如此,并不能完全归咎于监司、地方州县官员的失职与怠政,宋代地方官员考核制度的经济导向是其中更为重要的原因。

无论是监司,还是地方州县官员,都承担着沉重的财政压力,中央对他们的考核,尤为注重赋税的征收与传输。在路级监司中,转运司的财政职能最为集中,承担着上供征调和运输的任务,能否如期足额完成上供成为考核转运司官员的重要标准③。不能按时上交课利者,根据数额不同,将会被罚俸或"降差遣"。若超额完成任务,则可"别与升陟"④。这种过分考核转运使财政业绩的做法,使其"专以办赋财为职业","先财利而忽民事"⑤。与转运司并立的路级监司——提点刑狱司,主要职责是"察所部之狱讼而平其曲直"⑥,但在熙丰变法后也涉足财政管理,负责管理封桩钱、无额上供钱、经制钱。作为熙丰新法的产物,提举常平司是中央征收地方财赋的又一重要渠道,其考核的重点同样是财政业绩。

由于各路上供定额要分配到州县,因此州县能否如数完成赋税征收,对于监司能否通过中央的考核至关重要。由此以来,监司对州县官员的考核

---

① (宋)李焘:《续资治通鉴长编》卷一二五"宝元二年十一月癸卯",第2943页。
② 包伟民:《宋代地方财政史研究》,第133—135页。
③ 黄纯艳:《宋代财政史》,第220页。
④ (清)徐松辑,刘琳、刁忠民、舒大刚、尹波等校点:《宋会要辑稿》食货四九之一三,第7101页。
⑤ (宋)李焘:《续资治通鉴长编》卷一八六"嘉祐二年七月辛卯",第4484—4485页。
⑥ (元)脱脱等:《宋史》卷一六七《职官七》,第3967页。

与监督也更加重视其财政职能。郡守、县令作为行政长官,其法定职能不仅包括"赋役、钱谷、狱讼"之事,同时"赈济"之事也是其职责。对于中央的"德泽禁令",地方州县需"宣布于治境"①,灾荒期间要"以法赈济,安集流亡,无使失所"②。虽然赋役、钱谷、狱讼、赈济均为地方州县的法定职责,但这些职责的重要性却因监司考核州县官员的导向存在着明显的差别。在各种职能中,财政职能是州县官员最为重视的职能。为保证上供如数、按时的上缴,监司对州军官吏的考核与监督,多与赋税相联系。崇宁二年(1103),规定"违负上供钱物"的官员,"以分数为科罪之等",如若"不及九分",则"罪以徒","多者更加之"③。在突出的经济导向下,不计名利、甘心"以宽恤为意",力行救助政策的地方官员毕竟只是少数,多数官员则是"惟财赋是念",无暇"奉行宽恤诏书"④。官员考核制度对于财利的过分强调,削弱了郡县的"赈济"职能,"外台以财利督郡县,不责守令以治民之效;郡县以财利责民,不暇及抚循安养之术"⑤。对于财赋的重视与追求,使老人救助的惠政在实施过程中受到冷遇。

尽管宋人对于官员考核制度的经济导向已经有了清醒的认识,也呼吁改进地方官员的考核制度,保举"拙于催科"但"以抚字为先"的州县官员,对于"不能抚字""健于催科"⑥的州县官员则予以弹劾,以改变地方州县对于宽恤之事的漠视。但在沉重的财政压力下,其经济导向一直未得以改变,"今天下县有令,郡有守,列郡有提刑,有转运、有发运,所治者财谷而已,于民事有不与也"⑦,难以调动地方官员奉行救助政策的积极性。

宋代的老人救助政策体现了朝廷对于孤老、贫老这一弱势群体的关注

---

① (元)脱脱等:《宋史》卷一六七《职官七》,第3977页。
② (元)马端临:《文献通考》卷六三《职官考十七》,第1896页。
③ (元)脱脱等:《宋史》卷一七九《食货下一》,第4358页。
④ (宋)李心传编撰,辛更儒点校:《建炎以来系年要录》卷一七一"绍兴二十六年二月甲戌",第2980页。
⑤ (宋)赵汝愚:《宋朝诸臣奏议》卷七二《上哲宗乞定州县考课之法(上官均)》,上海古籍出版社,1999年,第792页。
⑥ (宋)王十朋:《王十朋全集》卷二一《与邵提刑》,第925页。
⑦ (宋)赵汝愚:《宋朝诸臣奏议》卷六五《上神宗论安抚使如古之州伯(彭汝砺)》,第724页。

与重视,有利于其基本生存问题的解决,实属仁义之政、惠民之政。然而这一惠政在实施过程中,不断出现冒领现象。多数地方官员消极、被动奉行老人救助事宜,救助粮米也常被克扣、挪用。这些弊病的存在,使生活贫困的老人无法正常享受到政府的救济,极大影响了老人救助政策的实施效果。针对老人救助政策运行中存在的问题,中央制定了相应的防弊、治弊措施,但政府的应对措施,过分依靠自上而下的监督,既未从制度上改变胥吏对救助信息的占有与控制,又未对高度集权的财政体制做出调整,扭转地方财政的困窘局面,由此就无法避免冒领现象,也不能激发地方官员推行老人救助政策的热情。地方州县仍多将老人救助政策"视为文具,不曾留意",监司也"不曾检察",贫困老人流离失所的现象依然存在,老人救助政策惠而不实的状态并未得到有效改善。

宋政府一方面竭力推行老人救助政策,一方面又不断加强财政集权,强化各级官员的财政职能。前者是为了彰显官方对"仁政""圣政"的追求,后者则是为了应对严重的财政压力。对于统治者来说,财政是维系政权的基石,是其根本利益之所在。面对不断恶化的财政状况,在"取民"与"养民"之间①,统治者自然更为重视"取民",对于老人救助这一养民政策则多停留于形式。因此,宋代地方官员对老人救助政策的漠视,具有时代特点和历史原因。与任何政策的实施相同,宋代老人救助政策的运行效果,更大程度上受制于基层社会运作机制。在宋代基层社会的政治结构中,胥吏像一条条毛细血管深入到州县乡里的角角落落,凭借着对信息的占有与控制影响着基层政务的运作。南宋时期,部分地方官员试图通过乡里"有声誉行止公干之人"的参与,限制胥吏的舞弊行为,但并未形成制度,在基层社会权力结构中,始终未产生出独立于官方的制衡力量。中央面对基层社会政治的种种弊病,只能强化自身的权威,诉诸精心构建的自上而下的监督体系,这是专制体制的特性,也是制约政令实施效果的重要政治因素。

---

① 杨宇勋:《取民与用民:南宋的财政收支与官民互动》,台湾师范大学研究所,2003年。

四、小结

宋代以前,政府救助鳏寡独老的方式,多是赏赐粟米布帛等基本生活用品。例如,汉武帝在位时期,就频频下诏赏赐鳏寡独老。元狩元年(前122)夏四月,立皇太子,汉武帝诏赐"年九十以上及鳏寡孤独帛,人二匹,絮三斤;八十以上米,人三石"①。太始三年(前94)冬,他再次下诏,"赐行所过户五千钱,鳏寡孤独帛,人一匹"②。仅西汉而言,至少有37次赏赐鳏寡独老的行为③。唐代统治者仍将赏赐实物作为救助鳏寡独老的重要方式。据盛会莲研究,唐五代共有42个皇帝在颁发的诏令中专门针对鳏寡惸独之老实行过赈恤,这42个皇帝共对鳏寡惸独之老赈济了46次④。

与前代相比,宋代救助鳏寡独老的方式有了明显进步,实现了临时性赏赐到集中收养的转变。同时,救助内容也从单纯地赐以粟米布帛,扩展到提供钱米、居所及医疗救助。宋代救助鳏寡独老的经验,对元明清时期的救助事业极为明显的影响。元代孤老院及明清养济院的设立,均受宋代居养院、安济坊的影响。虽然宋代救助鳏寡独老的政策在实施过程中存在种种弊端,但这并不是宋代所特有的。因此,不能因其运行中的弊端,而否定宋代在救助鳏寡独老方面所做出的探索与努力。

---

① (汉)班固撰,(唐)颜师古注:《汉书》卷六《武帝纪》,中华书局,1962年,第174页。
② (汉)班固撰,(唐)颜师古注:《汉书》卷六《武帝纪》,第207页。
③ 唐光孝:《从〈养老图〉谈汉代养老、抚孤等民政问题》,《四川文物》2001年4期,第34页。
④ 盛会莲:《试析唐五代时期政府的养老政策》,《浙江师范大学学报(社会科学版)》2012年第1期,第43页。

第三章　宋代对特殊老年群体的优恤

在宋代老年人口中,老年科举士人、老年僧道、老年军人及战亡将士的祖父母和父母是一个特殊的群体,宋政府对这一特殊的老年群体也采取了不同的优恤措施。

第一节　宋代对老年科举士人的优待

两宋时期,科举考试的程序日趋规范、完善,科举取士的人数不断增加,这不仅为宋代官僚制度的有效运转提供了必要的人才支持,也引发社会结构的变化,其突出表现之一即是士人阶层的扩大,其中就包含诸多终生读书应举的老年士人。大量老年科举士人的存在引起了官方的关注,宋政府"哀怜老儒"①,创设特奏名制度。作为两宋科举制度中所特有的现象,特奏名制度引起了学界关注。以往学界多从科举制度的角度论述特奏名制度,也有学者对其长期存在的原因作深入的分析②,但较少从养老的角度考察特奏名制度。事实上,对于多年应举无果的老年士人来说,特奏名政策为其提

---

① (宋)苏轼撰,孔凡礼点校:《苏轼文集》卷四六《谢韩舍人启》,中华书局,1986年,第1339页。
② 张希清:《论宋代科举中的特奏名》,载邓广铭、漆侠等主编:《宋史研究论文集》,河北教育出版社,1989年。苗书梅:《宋代官员选任和管理制度》。裴淑姬:《论宋代的特奏名制度》,《湖南大学学报(社会科学版)》2007年第4期。

供了一条通向功名的捷径,不仅满足了其对功名的追求,而且带来了诸项经济权利,这对其老年生活有着积极的影响。下文将在现有研究成果的基础上,探讨特奏名制度对老年科举士人影响。

一、老年士人获取特奏名资格的条件

北宋初年,宋太祖、宋太宗虽有特奏名之举,但并未形成制度。直至宋真宗时期,特奏名制度才得以确立,获取特奏名的条件也得以明确。关于宋代获取特奏名基本条件,《宋史·选举志》有十分明确的记载:

> 凡士贡于乡而屡黜于礼部,或廷试所不录者,积前后举数,参其年而差等之,遇亲策士则别籍其名以奏,径许附试,故曰特奏名。①

从上述记载可知,举数和年龄是士人获得特奏名的两大条件。需要指出的是,这两个条件并不是同时出现的。在特奏名制度的初创时期,应举次数的多寡是士人能否享受特奏名的重要条件。宋真宗认为老年科举士人"累举不第,年齿已高,深可怜悯"②,因此在大中祥符八年(1015)二月下诏,"进士六举、诸科九举以上,虽不合格,并许奏名"③,规定了不同科目授予特奏名的举数要求,其中进士科需在"六举"以上,诸科的要求更高,需在"九举以上",此时并未对年龄提出明确的要求。宋仁宗时期,士人获取特奏名的条件发生了变化,增加了年龄的限制。天圣五年(1027),宋仁宗诏赐"进士五举年五十,诸科七举及六举终场年六十"④者特奏名资格,明确规定了进士、诸科获取特奏名的举数和年龄要求。

天圣之后直至南宋时期,举数和年龄一直是士人获取特奏名的两大基本条件。景祐元年(1034),宋仁宗念及落第士人"栖迟田里,白首而不得

---

① (元)脱脱等:《宋史》卷一五五《选举一》,第3609页。
② (宋)章如愚辑:《群书考索》后集卷三二《宋朝取士之法》,第630页。
③ (宋)李焘:《续资治通鉴长编》卷八四"大中祥符八年二月丙子",第1919页。
④ (宋)李焘:《续资治通鉴长编》卷一○五"天圣五年三月甲子",第2438—2439页。

进",再次诏令优待多次应举的老年科举士人,"进士五举年五十,诸科六举年六十"①者均可获取特奏名。南宋时期,特奏名的条件有所降低。绍兴十二年(1142)三月,宋高宗下令进士、贡士已系"四举,年五十以上"及"七举,年四十以上者","特与奏名"②,可直接参加殿试。乾道二年(1166)十二月,宋孝宗下诏规定"诸路进士八举,年四十以上;五举,年五十以上"③者均可赴特奏名殿试。

上述条件主要针对在省试、殿试中落榜的士人,对于在州府发解试中屡次被淘汰的士人,宋代实行"一举三十年而后推恩"的做法,不再拘泥于举数的限制,更为重视士人的年龄。熙宁三年(1070)三月,宋神宗诏令"景祐五年(1038)以前到省举人,进士一举,诸科前后两举,见年六十五岁以上,令本贯州县当职官勘会闻奏,当议特与推恩"④,将年龄作为推恩的重要依据。熙宁九年(1076),宋神宗再次下诏规定"庆历六年(1045)已前到省"的老年科举士人,"进士一举、诸科两举"者只要年龄在"六十以上"⑤便可被享受推恩,年龄标准比以往又有所下降。此后,一次预荐、三十年推恩的做法,成为宋政府优待无缘参加礼部考试的老年科举士人的惯用做法。

南宋仍然奉行此种推恩方法,年龄标准更低,一度降至55岁。南渡以后,百废待兴。为了搜求人才,政府不仅放宽了科举录取条件,而且也格外优待前朝参加过省试的老年科举士人。建炎二年(1128)四月,宋高宗诏令"元符三年以前到省一举"的老年科举士人,仅需满足"见年五十五以上"⑥的条件,即可被州县上报至礼部,享受特奏名的恩遇。

由此可见,两宋时期政府优待老年科举士人的年龄标准基本维持在50～60岁之间,举数前后差异较大,一般进士科举应举的次数至少达到四

---

① (宋)李焘:《续资治通鉴长编》卷一一四"景祐元年正月癸未",第2661页。
② (清)徐松辑,刘琳、刁忠民、舒大刚、尹波等校点:《宋会要辑稿》选举四之二七,第5331页。
③ (清)徐松辑,刘琳、刁忠民、舒大刚、尹波等校点:《宋会要辑稿》选举一三之五,第5517页。
④ (清)徐松辑,刘琳、刁忠民、舒大刚、尹波等校点:《宋会要辑稿》选举三之四三,第5308页。
⑤ (清)徐松辑,刘琳、刁忠民、舒大刚、尹波等校点:《宋会要辑稿》选举三之四五至四六,第5309页。
⑥ (清)徐松辑,刘琳、刁忠民、舒大刚、尹波等校点:《宋会要辑稿》选举四之二〇,第5327页。

举以上,诸科的举数更高。

二、老年士人获取特奏名资格后的待遇

获取特奏名资格的老年科举士人,无论是在考试内容,还是在录取比例上都享有特殊的待遇。与正奏名殿试不同,特奏名的考试内容相对比较简单。宋真宗、宋仁宗时期,特奏名进士科"只试论一首、诗一首";诸科更为简单,仅需"对义五道"①,即仅有5道试题。宋神宗即位后,鉴于策、论在科举考试中地位的提高,罢除诸科,特奏名进士只考试一道策论,而且题目难度较小。在录取上,特奏名的条件非常宽松,无论殿试成绩合格与否,均可被特赐予出身或官衔。例如,太平兴国二年(977),应考九经的考生中"七人不中格",但宋太宗"怜其老",特赐"同三传出身"②。又如,元丰年间,曾有一位70多岁的老生参加殿试,他在试卷中以"臣老矣,不能为文也,伏愿陛下万岁万万岁"作答。令人吃惊的是,宋神宗竟然还"嘉其诚",并赐其"初品官"③,使其终身食俸。有时,宋政府甚至允许被特奏的老年科举士人不参加殿试,直接赐以出身或官职。例如,景祐元年(1034),宋仁宗在召集特奏名殿试时,下诏规定"年老者特与免试"④。

由特奏入仕的老年科举士人,尽管绝大部分只能被授予"诸州文学助教"⑤之类的低级官职,但他们仍然可拥有一般士人所无法享有的经济特权。首先,以特奏名方式获取功名的老年科举士人,每月同样可领取一定量的俸禄。他们的俸禄虽然微薄,但也可使毕其一生应举的年老士人获得慰藉。其次,由特奏入仕的老年科举士人还享受一定的减免赋税、差役的权利。王安石变法之前,"命官、形势占田无限,皆得复役"⑥,官户一般不服差

---

① (清)徐松辑,刘琳、刁忠民、舒大刚、尹波等校点:《宋会要辑稿》选举三之一八,第5294页。
② (元)脱脱等:《宋史》卷一五五《选举一》,第3607页。
③ (宋)朱彧撰,李伟国点校:《萍洲可谈》卷一《七十老生特奏名试卷》,中华书局,2007年,第122页。
④ (清)徐松辑,刘琳、刁忠民、舒大刚、尹波等校点:《宋会要辑稿》选举三之一八,第5294页。
⑤ (宋)吴自牧撰,符均、张社国校注:《梦粱录》卷三《士人赴殿试唱名》,第41页。
⑥ (元)脱脱等:《宋史》卷一七七《食货上五》,第4296页。

役,特奏名之人的官职虽然较低,但依然属于官户,同样可免除差役。熙宁二年(1069),王安石进行役法改革,推行募役法,改轮流充役为以钱募役,按照户等高低征收免役钱,官户亦不例外,也需缴纳助役钱,但其数目比同一户等的免役钱减少一半。① 宋徽宗时期,政府恢复了官户的免役特权,允许官员在依品级占有的田亩数内,免除差役和科配。绍兴三年(1133)四月,宋高宗批准了权发遣严州颜为之的建议,允许"诸未入官人:校尉、京府诸州助教免二丁,二人以上免一丁"②,赋予低级官员部分免除身丁钱的权利。减免赋税、差役的特权对老年科举士人的养老生活有着积极影响。

三、特奏名政策的实施及影响

两宋时期,政府优待老年科举士人的特奏名政策得到较好地实施,不少老年科举士人在50岁或60岁以上便获得出身。例如,黄庭坚好友萧济父的父亲,博学多才,年少时"累试礼部",但未能如愿登科。熙宁年间,"忽自废,不为举子",不再参加科举考试。直至元祐六年(1091),在其59岁之时才"以特奏名试于廷"③,得到孜孜追求的功名。又如,富延年自幼聪慧好学,乡里后生多拜其为师,"从之学"。在教书的同时,他还多次参加科举考试,但结果并不理想,"乡举三上不第",三次考试均以失败告终。建炎二年(1128),获取特奏名资格,在浙西盐香使者的推荐下出任"江浦盐官"④,此时他的年龄已是57岁。邵武军光泽县东里人李某,"少治《周礼》学,兼通《左氏春秋》",在太学读书时已受到受到推荐,但"荐而不第"。太学实行三舍法后又"当充贡",但仍"不果行",最终在绍兴五年(1135)"以累试礼部恩奏名天府"⑤,其时他的年龄为52

---

① 王曾瑜:《宋朝的役钱》,载《中国古代社会经济史诸问题》,福建人民出版社,1990年,第291页。
② (清)徐松辑,刘琳、刁忠民、舒大刚、尹波等校点:《宋会要辑稿》食货一二之八,第6233—6234页。
③ (宋)黄庭坚撰,刘琳、李勇先、王蓉贵点校:《黄庭坚全集·正集》卷三一《萧济父墓志铭》,四川大学出版社,2001年,第829页。
④ (宋)程俱:《北山小集》卷三一《宋故右迪功郎监潭州南岳庙富君墓志铭》,《宋集珍本丛刊》第33册,第572页。
⑤ (宋)朱熹撰,戴扬本、曾抗美点校:《晦庵先生朱文公全集》卷九一《特奏名李公墓志铭》,《朱子全书》第24册,上海古籍出版社、安徽教育出版社,2010年,第4207页。

岁。由此可知,部分老年科举士人在 50 岁以后即可获取特奏名资格。

需要注意的是,在特奏名政策的实施过程中,不少应试者直至 70 岁才取得特奏名资格。据《清波杂志》的记载,福建人韩南老通过特奏名考试后,有人前来议亲,但他的年龄已有 73 岁,因此即兴创作了一首绝句示以来者:"读尽文书一百担,老来方得一青衫。媒人却问余年纪,四十年前三十三。"①这首诗既委婉地拒绝了媒人的议亲之请,也道出其一生读书应考的无奈。绍兴年间,福州人陈修与韩南老一样,也是在 73 岁才获取特奏名的资格。陈修长年读书应举,直至参加殿试时还未娶妻生子。宋高宗特下诏"出内人施氏嫁之",并赐以施氏丰厚的嫁妆。当时施氏年仅 30 岁,新郎陈修的年龄与其相差甚大,因此时人多有嘲弄之语:"新人若问郎年几,五十年前二十三。"②龚宗元的曾孙龚明之,绍兴二十年(1150)时"举乡贡",其时他已是 60 岁。十年后,他在 70 岁时才蒙"特恩召廷试,授高州文学"③。

作为优待老年科举士人的主要措施,特奏名政策满足了士人对功名的追求,吸引着无数士人倾其毕生精力于科场,"老死不止"④,同时它也为老年科举士人提供了一份稳定的俸禄收入,这有助于改善其晚年生活条件。最为重要的是,它改变了老年科举士人的社会身份,使其实现了由民到官的转变,这不仅为其带来了一系列的经济特权、法律特权,而且有助于提高其社会地位。从老年科举士人这一群体看,特奏名制度具有一定的合理性与积极意义。

然而,特奏名制度的存在对宋代政治及宋代财政产生了诸多不利影响。由特奏名方式获取出身和官阶的士人多是年迈之人,他们"年迫桑榆,进无所望,退无所归"⑤,因此为官后多"惟务黩货以为归计","残民败官者不可胜数","能自奋励有闻于时"⑥之人极其罕见,加剧了宋代贪污腐化的现象,

---

① (宋)周煇撰,刘永翔校注:《清波杂志校注》卷七《恩科议姻》,第 286 页。
② (宋)罗大经撰,王瑞来点校:《鹤林玉露·乙编》卷六《中兴赋联》,中华书局,1983 年,第 222 页。
③ (宋)龚明之撰,张剑光整理:《中吴纪闻》卷六《龚明之传》,第 288 页。
④ (宋)王栐撰,诚刚点校:《燕翼诒谋录》卷一,中华书局,1981 年,第 1 页。
⑤ (宋)苏轼撰,孔凡礼点校:《苏轼文集》卷二九《转对条上三事状》,第 821 页。
⑥ (宋)苏轼撰,孔凡礼点校:《苏轼文集》卷二八《论特奏名》,第 810 页。

不利于廉政之风的建设。此外,大量特奏名者的存在加重了宋代财政负担,使冗官、冗费的问题更为突出。据统计,北宋正奏名进士数量分别为19628人,诸科为16772人,特奏名为23635人,三者合计为60035人,其中特奏名所占的比例几乎达到40%。南宋时期正奏名、特奏名总数是49915人,其中特奏名进士的数量为26717人①,占总数的54%,超出北宋时期的比例。由此可看出,两宋时期,由特奏名入仕的老年士人在整个官僚队伍中占有相当大的比例,这无疑加剧了冗官的问题。同时他们的俸禄待遇也增加了政府的财政负担,不利于冗费问题的解决。

正是由于上述弊端,宋代士大夫才将特奏名制度视为弊政,呼吁减少特奏名人数,提高特奏名条件,甚至有人提出废除特奏名的主张。然而终宋之世,特奏名制度一直存在。特奏名制度既是政府"隆儒优老"②的具体体现,也是政府笼络士人、实现社会控制的有效手段,这即是宋代政府不废除特奏名制度的主要原因。

第二节　宋代对老年僧道的优待

两宋时期,佛教、道教均得到长足的发展,其主要表现之一即为庞大僧道群体的存在。作为特殊身份的神职人员,僧道与普通平民有着较大的差别,但他们同样也要经历生老病死的人生历程。在老年人口中,老年僧道是一个重要的组成部分,同时也是宋代政府优待对象之一。宋政府的优待措施主要有二:一是赏赐高年僧道钱物名号、紫衣等;二是免除老年僧道的免丁钱。就僧道免丁钱而言,以往的研究,多从赋税制度的角度对僧道免丁钱进行了考察③,由于研究主旨的限制,较少关注它对老年僧道养老生活的影

---

① 张希清:《论宋代科举取士之多与冗官问题》,《北京大学学报(哲学社会科学版)》1987年第5期。
② (宋)陈襄:《古灵先生文集》卷一五《乞免解举人推恩状》,《宋集珍本丛刊》第8册,第773页。
③ 白文固、赵春娥:《宋元明时期僧道免丁钱问题探讨》,《青海民族学院学报(社会科学版)》2002年第2期。

响。下文将从养老的角度考察宋代免除老年僧道免丁钱政策的演变及实施。

一、宋代优待老年僧道政策及其演变

宋代优待老年僧道的政策,主要体现在赋役的优免上。宋政府优免老年僧道赋役政策,经历三次较为显著的变化。南宋绍兴十五年(1145)之前,政府免征老年僧道身丁税。南宋绍兴十五年至乾道元年(1165)之间,老年僧道丧失身丁税优免权。乾道元年之后,老年僧道重新获得免纳身丁钱的优待。

(一) 南宋绍兴十五年之前

南宋绍兴十五年之前,老年僧道作为一个特殊的社会阶层,在赋税方面享有较多的优待,不仅享有一定的免役权,还免纳身丁税。

老年僧道的免役特权,在北宋王安石变法前后发生显著变化。王安石变法之前,僧道"不徭不役"①,享有免役特权。宋神宗即位后,为改变役法弊端,推行免役法,原来享受免役特权的"官户、僧道、寺观、单丁、女户"均需"随贫富分等第出助役钱"②,丧失了免役特权。由于司马光等人的反对,募役法一度被废除,但宋哲宗亲政后又得以恢复,寺观僧道仍要缴纳助役钱。宋徽宗时期,遵照元丰时期的规定,"崇奉圣祖及祖宗神御、陵寝寺观不输役钱",其他寺院则"不许特免役钱"③。由此可见,王安石变法之前,老年僧道享有免役权。其后,他们逐渐丧失了免役权。

免纳身丁税,是老年僧道的另一赋税优遇。北宋建国初年,新收复的南方地区,不论主客、男女、僧道,每年都要征收钱米绢帛,即身丁税。自宋太宗朝后,宋廷逐渐放免身丁税。据陈傅良记载:"往者妇人有之,至淳化三年免;寺院行者有之,至咸平五年免;摄官有之,至道二年免。"④咸平五年

---
① (宋)宋祁:《景文集》卷二六《上三冗三费疏》,《丛书集成初编》第1876册,第336页。
② (清)徐松辑,刘琳、刁忠民、舒大刚、尹波等校点:《宋会要辑稿》食货一三之五,第6245页。
③ (清)徐松辑,刘琳、刁忠民、舒大刚、尹波等校点:《宋会要辑稿》食货六五之七四,第7840页。
④ (宋)陈傅良著,周梦江点校:《陈傅良文集》卷二六《乞蠲免身丁钱札子》,第356页。

(1002),宋廷免除僧道的身丁税。虽然宋政府蠲免了大部分地区的身丁钱,但丁盐钱、丁米、丁绢依然存在部分地区①。不过,这些身丁米、身丁盐钱只课世俗民户,不课寺观僧道②。总之,自咸平五年以后,直至南宋初年,宋政府免征老年僧道身丁税。

(二) 南宋绍兴十五年至乾道元年之间

绍兴十五年(1145),宋高宗诏令"僧道纳免丁钱"③,将身丁钱的征收范围扩大至僧道。此后,僧道也需缴纳身丁税,即使是60岁、70岁以上的老年僧道也不例外。

南宋政府征收僧道免丁钱,既是控制寺观经济发展的需要,更是应对财政危机的重要手段。北宋仁宗时期,冗官、冗兵、冗费的问题就已凸显,尽管宋神宗时期进行了大刀阔斧的改革,但三冗问题依然困扰宋代统治者。宋徽宗的大肆挥霍和有增无减的战争支出,加剧了宋代财政状况的恶化,因此南宋在建立之初就面临着严重的财政危机。南宋初年,战事不断,军费开支浩大,加重了政府的财政负担,这迫使统治者不得不广开财源,以满足庞大的财政支出需要。由此以来,征收僧道免丁钱,就成为南宋政府应对财政危机的措施之一。

宋代征收僧道免丁钱的标准,不仅有宗教派别的差异,而且因僧道宗教地位和社会地位的不同有所区别。《宋会要辑稿》对宋代僧道免丁钱的征收标准有详细的记载:

> 绍兴十五年正月二十七日,臣僚言:州县坊廓、乡村人户,既有身丁,即充应诸般差使,虽官户、形势之家亦各敷纳免役钱。惟有僧、道例免丁役,别无输纳。坐享安闲,显属侥幸。乞令僧、道随等级高下出免丁钱,庶得与官、民户事体均一。户部言:今措置到下项,甲乙住持律院

---

① 刁仕军:《宋代丁税制度略论》,《河北学刊》1991 年第 6 期,第 88 页。
② 白文固、赵春娥:《宋元明时期僧道免丁钱问题探讨》,《青海民族学院学报(社会科学版)》2002 年第 2 期,第 59 页。
③ (元)脱脱等:《宋史》卷三〇《高宗七》,第 562 页。

并十方教院、讲院僧：散众，每名纳钱五贯文省；紫衣二字师号，纳钱六贯文省（只紫表、无师号同）；紫衣四字师号，每名纳钱八贯文省；紫衣六字师号，每名钠钱九贯文省；知事，每名纳钱八贯文省；住持僧职法师，每名纳钱一十五贯文省。十方禅院僧：散众，每名纳钱二贯文省；紫表二字师号，每名纳钱三贯文省（只紫衣、无师号同）；紫衣四字师号，每名纳钱五贯文省；紫衣六字师号，每名纳钱六贯文省；知事，每名纳钱五贯文省；住持长老每名纳钱一十贯文省。①

从上述材料可知，南宋政府对禅、律、教三派僧徒，实行不同的课税标准。其中甲乙住持律院、十方教院的征收标准相同，相对较重，而十方禅院的征收标准则低于前者。同时，宋政府又针对律院、教院、禅院中不同等级的僧人制定了不同的征税标准。其中，甲乙律院和十方教院分为六等，普通的讲院僧及散众每人需缴纳五贯文省，拥有紫衣的僧人则根据师号字数多寡缴纳免丁钱，其标准从六贯至九贯文省不等。寺院的管理者知事、住持、法师的标准较高，分别为八贯、十五贯文省。十方禅院的征收标准也分为六等，其中普通院僧、散众仅需纳钱两贯，拥有紫衣、师号者至多征收六贯文省，最低仅收三贯文省。知事的标准与紫衣、五字师号者相同，均为五贯文省。作为寺观的最高管理者，住持的征收标准也最高，为十贯文省。

与世俗民众的身丁钱相比，僧道免丁钱的征收标准相对较高，影响了紫衣、师号的出售，因此宋政府其后又调整了僧道免丁钱课税标准。绍兴二十四年（1154），宋高宗因为"紫衣、师号不售"，下诏规定"律院有紫衣、师号者，输钱视禅刹禅僧及宫观道士有之者，输丁钱千三百有奇"②，降低了僧道免丁钱的征收标准。

（三）乾道元年之后

普通的世俗民众，一旦到入老的年龄，即官方规定的60岁，便可免纳身

---

① （清）徐松辑，刘琳、刁忠民、舒大刚、尹波等校点：《宋会要辑稿》食货一二之九，第6234页。
② （宋）李心传撰，徐规点校：《建炎以来朝野杂记·甲集》卷一五《僧道士免丁钱》，第329页。

丁钱,而老年僧道直至南宋孝宗朝才获取免除免丁钱的权利。绍兴十五年(1145)年,政府正式开始征收免丁税,寺观的僧道,不分贫富、不分年龄,均需缴纳不等的身丁税。即使是60岁、70岁以上的老僧也需交纳。宋孝宗朝,60岁以上的老僧方可免除免丁钱。乾道元年(1165)四月,宋孝宗诏令"僧道年六十以上并笃废残疾之人,并比附民丁放纳免丁钱"①。自此以后,老年僧道与普通老人一样,获得身丁钱优免权。

宋孝宗朝后,宋廷虽然坚持免除老年僧道免丁钱的政策,但却提高了优免的年龄标准,这在绍熙二年(1191)的南郊赦文中有明确的记载:

> 旧法,僧道年六十以上及笃废残疾者,本身丁钱听免。续降指挥,僧道七十以上及笃废残疾,本身并特放免。②

根据赦文可知,南宋政府免除老年僧道免丁钱的年龄原本为60岁,后来又颁发新的诏令,将优免的年龄标准提高至70岁。这一标准究竟始于何时,囿于资料限制,仍无法做出准确判断。但可以肯定的是,宋光宗朝所沿用的即是70岁的标准。绍熙五年(1194),针对"不行依法放免"老年僧道免丁钱的问题,宋光宗在明堂赦文中再次强调了政府优待老年僧道的政策,"旧法,僧道年六十以上及笃废残疾者,本身丁钱听免。续降指挥,僧道七十以上及笃废残疾,本身丁钱并特放免"③,依然坚持70岁的年龄标准。

宋宁宗时期,政府继续推行免除老年僧道免丁钱的政策。嘉泰三年(1203),宋宁宗针对"将依法合放免人仍旧催纳"的弊端,在南郊赦文中重申政府对60岁以上老年僧道的优待政策,"僧道年六十以上及笃废残疾之

---

① (清)徐松辑,刘琳、刁忠民、舒大刚、尹波等校点:《宋会要辑稿》道释一之三九,第9993页。
② (清)徐松辑,刘琳、刁忠民、舒大刚、尹波等校点:《宋会要辑稿》食货六六之一八,第7868页。
③ (清)徐松辑,刘琳、刁忠民、舒大刚、尹波等校点:《宋会要辑稿》食货六六之一八,第7868页。

人,本身丁钱听免",再次明确老年僧道免除免丁钱的权利,敦促地方州县依照"免丁钱条法"①,免除老年僧道的免丁钱。

由上可知,自宋孝宗乾道之后,宋政府免除了60岁、70岁以上僧道的身丁钱,以示对老年僧道的优待。

二、宋代老年僧道丁税优免权的实施状况

按照政府规定,只有60岁、70岁以上的僧道方能享受免征身丁钱的待遇。在实施过程中,不法僧道往往与地方官吏相勾结,增加年龄以逃避免丁钱。绍兴三十一年(1161)至乾道六年(1170),全国共卖出度牒12万余道,而僧道免丁钱却仅仅增加了35万贯。户部尚书曾怀等明确指出,此种状况"显是州县作弊所致"。在他看来,地方州县"或作僧道云游为名不纳,或当来妄供申年甲入老,规避免纳之数"②,由此导致免丁钱的减少。由此可知,妄增年甲以规避免丁钱是地方政府隐匿税收的惯用伎俩,也是政府优待老年僧道政策实施中的一大弊端。

宋政府虽然赋予60岁以上老年僧道免除免丁钱的权利,但在实施过程中,与普通老人一样,大多数的老年僧道无法享受到政府的优待。在征收免丁钱过程中,某些地方官吏为了邀功请赏,无视法律规定,对于"入老僧道""仍旧照额复行拘催",使老年僧人、道士深受免丁钱之害。为保障老年僧道的合法优免权,绍熙二年(1191),宋光宗下诏敦促地方官员依法免除老年僧道的免丁钱,严格按照"僧道丁籍实数拘催",同时要求"提刑司常切觉察"③,加强对地方官员征税行为的监督。然而,违法征收老年僧道免丁钱的做法,依然普遍存在。因此,三年后,即绍熙五年(1194),宋光宗再次下诏命令地方州县"照逐岁僧道丁籍实数拘催"④,要求提点刑狱司加强巡察。

---

① (清)徐松辑,刘琳、刁忠民、舒大刚、尹波等校点:《宋会要辑稿》道释一之三九,第9994页。
② (清)徐松辑,刘琳、刁忠民、舒大刚、尹波等校点:《宋会要辑稿》食货六六之九,第7863页。
③ (清)徐松辑,刘琳、刁忠民、舒大刚、尹波等校点:《宋会要辑稿》食货六六之一八,第7868页。
④ (清)徐松辑,刘琳、刁忠民、舒大刚、尹波等校点:《宋会要辑稿》食货六六之一八,第7868页。

尽管中央政府三番五次强调老年僧道免除免丁钱的权利,地方州县违法征收的现象依然屡禁不止。直至嘉泰三年(1203),"依法合放免人仍旧催纳"①的现象仍然存在,有的老年僧道无力缴纳身丁钱,最终"不堪催督至缢死"②。总之,违法征收老年僧道免丁钱成为南宋免丁钱征收中的另一弊端。

老年僧道无法享受政府优待的现实,并不能完全以吏治的腐败来解释。事实上,征收免丁钱这一政策自身就有无法克服的矛盾。政府征收免丁钱的直接目的即是为了满足巨大的财政开支,缓解财政困窘的状况,这在客观上就容易助长多征的弊端。在征收免丁钱之前,世俗民众往往为躲避赋税不惜花钱购买度牒,变身为佛道之徒。但随着免丁钱的征收,僧道丧失了免除身丁钱的特权,购买度牒的人数自然有所下降。而政府在征收免丁钱的过程中,并不是完全根据各地在籍的僧道人数征收,而是根据此地出售的度牒的最高数量。例如,台州在乾道三年(1167)出卖度牒最多,以后便以此为标准,历年课征12774贯。后来由于僧数减少,遂出现亏额。其实,不止台州一地,泉州、婺州的情况也是如此。户部尚书叶衡对地方免丁钱出现亏额的原因,有着清醒的认识,"泉、台、婺三州申到免丁钱亏额,皆为乾道初降买度牒最多,故所收钱亦随之。近年披剃稀少,且有老死游行,难执原额"③。地方州府为了完成中央下发的税额,也就无法顾及政府优待老年僧道的政策,60岁、70岁以上的僧道自然无法享受免除身丁钱的待遇。

总而言之,宋代政府在免丁钱的征收方面,虽然赋予老年僧道免纳的权利,但政府的优免政策与免丁钱的实施并不同步,而是在推行免丁钱政策20年后才出台优待老年僧道的政策。宋政府优待老年僧道的政策不仅相对滞后,而且所规定的年龄标准也相对较高。即便如此,在实施过程中,多数60岁、70岁的老年僧道仍无法享受到优免的待遇,甚至被免丁钱逼迫至死。

---

① (清)徐松辑,刘琳、刁忠民、舒大刚、尹波等校点:《宋会要辑稿》道释一之三九,第9994页。
② (宋)黄䧄、齐硕修,陈耆卿纂:《嘉定赤城志》卷一六《财赋门》,《宋元方志丛刊》,第7414页。
③ (宋)黄䧄、齐硕修,陈耆卿纂:《嘉定赤城志》卷一六《财赋门》,第7414页。

宋代政府对老年僧道的优免政策,在较大程度上为了彰显官方对老年之人的重视与尊崇,具有较强的象征意义。因此,在面对困窘的财政状况时,宋政府并无从根本上保障老年僧道合法权益得以落实的勇气。

第三节　宋代对老年军人的优恤

两宋时期,募兵制得以全面推行与实施。宋政府为维护稳定的社会秩序,在灾荒之年大量招募流民、饥民。宋朝募民为兵的次数之多,人数之众,在中国古代历史上是少见的①,这虽然在一定程度上消除了流民对社会秩序的潜在威胁,但同时也产生了新的社会问题,即老年军人的安置问题。如果政府不妥善安置他们,不仅不利于老年军士的晚年生活,而且也容易增加社会不安定因素。因此,宋政府在推行养兵政策的同时,也积极探索优恤老年军人的措施,以避免他们在年老之时流离失所。

一、退为剩员

两宋时期,无论是禁军、厢军,还是土军,凡年老体弱者均可退为剩员。剩员无需承担征戍的任务,但依然可保留军籍,享受一定的俸禄,降退剩员是政府优恤老年军人较为常用的措施。早在宋太祖时期,政府就创设剩员制度来安置年老怯弱之军人。建隆二年(961)五月,宋太祖诏令"殿前侍卫司及诸州长吏阅所部兵",其中"老弱怯懦者"②,退居剩员。自此以后,退为剩员成为宋政府安置老年军人的重要方式。嘉祐年间,宋仁宗敕令转运使、提点刑狱使巡历时,与当地行政长官拣选"本城牢城节级兵士",其中"老病久远,不堪征役者即减充剩员"。熙宁二年(1069),枢密院命令诸州拣选"本城牢城节级兵士",其中"稍堪征役"的老病之人可"减充剩员"③。

---

① 游彪:《论宋代军队的剩员》,《中国史研究》1989年第2期。
② (宋)李焘:《续资治通鉴长编》卷二"建隆二年五月甲戌",第45页。
③ (宋)梁克家纂修:《淳熙三山志》卷一八《兵防类一》,第7935页。

南宋时期，退为剩员仍是政府安置老年军人的重要方式。绍熙四年（1193），宋光宗诏令"诸路提刑司每遇巡历，就同守臣将拣中、不拣中禁兵并厢兵通选一次"，其中"年老禁兵愿充剩员者听"①，同样以剩员的方式安置老年禁军。

宋代老年军人退为剩员，有一定的年龄要求。不同等级的老年军人，退为剩员的年龄标准有所差异。一般而言，普通军人在 60 岁时即可被退为剩员，而将校、军吏降充剩员的年龄标准则是 65 岁。嘉祐八年（1063），右正言王陶建议在调发禁军之前进行拣选，其中普通士兵"年六十已上、将校年六十五已上衰老者"②，直接降充剩员。元丰年间，将校减充剩员的年龄标准有所降低。宋神宗规定 60 岁以上的将校和军士，只要"稍堪部辖""稍堪征役"，即可"减充剩员"③，将校和普通军士减充剩员的年龄标准相同，均为 60 岁。宋哲宗即位后，禁军节级退充剩员的年龄标准由 60 岁升至 65 岁。元祐四年（1089）五月，宋哲宗应枢密院之请，下诏规定禁军节级"六十五岁并减充剩员"④。由此以来，都一级副长官以下的十将、将虞侯、承局、押官，只要武艺不退，降充剩员的时间就比原来延迟了 5 年。南宋时期，军吏拣退剩员的年龄仍晚于普通军士。淳熙年间，宋孝宗规定禁军节级"年六十五者"及与长行"年六十"者均要"减充剩员"⑤。

立有战功的老年军人，退为剩员的年龄标准可延长至 70 岁。按照宋制规定，禁军、厢军中自十将到押官，"七十放停"，长行"六十五放停"。一旦达到放停年龄，将被削除军籍，不再享受俸禄。但如果他们"尝有战功"，即可"充看营不管事剩员"，不受年龄限制，依然可退为剩员，终身享受"其粮等各得元来之半"⑥的待遇。

---

① （宋）黄䎖、齐硕修，陈耆卿纂：《嘉定赤城志》卷一八《剩员》，《宋元方志丛刊》，第 7421 页。
② （元）脱脱等：《宋史》卷一九四《兵八》，第 4829—4830 页。
③ （宋）梁克家纂修：《淳熙三山志》卷一八《兵防类一》，《宋元方志丛刊》，第 7935 页。
④ （宋）李焘：《续资治通鉴长编》卷四二七"元祐四年五月庚寅"，第 10330 页。
⑤ （宋）梁克家纂修：《淳熙三山志》卷一八《兵防类一》，《宋元方志丛刊》，第 7935 页。
⑥ （宋）梁克家纂修：《淳熙三山志》卷一八《兵防类一》，《宋元方志丛刊》，第 7935 页。

二、降充小分

降充小分①，是宋代政府安置老弱军员的又一措施。皇祐元年(1049)十二月，宋仁宗下诏"将陕西保捷兵年五十以上及短弱不任役者听归农"，如果这些老兵"无田园可归"，可"减为小分"②。熙宁三年(1070)，司马光奏请依照拣汰禁军的旧法，"有不任征战者，减充小分"③来安置在京拣汰禁军，反对将他们迁徙至淮南。由此可知，在宋神宗以前，降充小分已是政府安置年老禁军的惯用措施。熙宁年间，宋神宗依然将其作为安置老兵的主要方式。据《玉海》的记载，宋神宗在《熙宁颁河北校阅法》规定，对于"老疾羸弱，即降充小分"④。

小分不仅设立在禁军中，而且也存在厢兵中。宋宁宗嘉定年间，镇江府厢兵崇节第十三指挥，"见管大、小分一百七十人"，其中"全粮一百六十五人，半粮五人"，第十四指挥"见管大、小分一百四十五人"，其中"全粮一百四十四人，半粮一人"⑤。所谓的半粮即指小分，仅支一半俸禄⑥。由此可见，南宋时期，降充小分也是政府优恤老年厢军的一项措施。

三、补授添差不厘务官

补授添差不厘务官的做法，是南宋时期政府优恤老年军人的一项措施，它主要针对年老病残的立功将士和三衙被拣汰的老年军员。南宋绍兴初年，政府已开始实行离军之人补授添差官的政策。绍兴五年(1135)四月，宋高宗诏令"诸军拣退不堪披带使臣，并许添差捕盗官司使臣一次，老病不堪任职者送忠锐将，支进勇副尉俸，终其身"⑦，允许拣退之老员注授添差官。

---

① 所谓的"小分"，一般仅支一半军俸，故又称半分。小分往往无需出入行阵，在军中的地位也较低。见王曾瑜：《宋朝军制初探》，中华书局，2011年，第312页。
② (宋)李焘：《续资治通鉴长编》卷一六七"皇祐元年十二月壬戌"，第4023页。
③ (宋)赵汝愚编，北京大学中国中古史研究中心校点整理：《宋朝诸臣奏议》卷一二一《上神宗论拣禁军》，第1329页；(元)脱脱等：《宋史》卷一九四《兵八》，第4835页。
④ (宋)王应麟辑：《玉海》卷一四五《熙宁颁河北校阅法》，广陵书社，2003年，第2680页。
⑤ (宋)史弥坚修，卢宪纂：《嘉定镇江志》卷一〇《兵防》，《宋元方志丛刊》，第2392页。
⑥ 王曾瑜：《宋朝军制初探》，中华书局，2011年，第312页。
⑦ (宋)李心传著，辛更儒点校：《建炎以来系年要录》卷八八"绍兴五年四月乙卯"，第1514页。

宋孝宗即位后,继续奉行补授添差不厘务官的优恤政策,并扩大了优恤范围、变通了优恤程序。乾道七年(1171)六月,兵部侍郎周必大奏请特降指挥,允许"拣汰下班祗应年七十以上人,依大小使臣及副尉见行条放行,注授添差"①,宋孝宗批准此建议。由此以来,70岁以上的下班祗应也被纳入补授添差官的范围。乾道九年(1173)四月,宋孝宗下诏规定,离军横行使臣,如果"年六十以上,精力已衰,有战功",可依旧例,"与差宫观,余差岳庙"②,立有战功的老年离军使臣可差注宫观、岳庙等闲职。淳熙三年(1176),宋孝宗针对老疾军员"无力赴部注授"的情况特降指挥,允许"曾经战阵立功,年七十以上"的拣汰大小使臣、校副尉、下班祗应在承旨司审验属实后,直接"依守阙进义副尉请给则例减半,均拨州军养老,以终其身"③。

四、归农与放停

对于河北、河东、陕西等地的老年军人,北宋政府多听任其归农。北宋前期,为了抵御西夏的进攻,宋政府在河北路实行征兵制,"自户籍选置"军士,"其老疾者召人承补,然后归农"。大中祥符四年(1011)十月,宋真宗废除"召人承补"的陈规,诏令"自今不得更然"④,老疾军士可直接归农。次年,宋真宗再次下诏,规定"河北河东忠烈、宣勇、广锐军士,自今老病者即放归农,无勒召人承替"⑤,重申河东、河北老年军士自由归农的权利。天禧元年(1017)十月,宋真宗因"河北、河东忠烈、宣永军老疾半俸者,多召人承替,贫者苦之",下诏规定"自今老疾者并即放停"⑥,任其归农。宋仁宗时期,政府也多次遣返老年军人归农。天圣五年(1027)十月,宋仁宗诏令"河北忠烈、宣勇等指挥,年六十以上者,听自便"⑦。皇祐

---

① (清)徐松:《宋会要辑稿》兵一五之二二,第8930页。
② (清)徐松:《宋会要辑稿》职官五四之三九,第4492页。
③ (清)徐松:《宋会要辑稿》职官一四之一七,第3403页。
④ (宋)李焘:《续资治通鉴长编》卷七六"大中祥符四年七月丁亥",第1736页。
⑤ (宋)李焘:《续资治通鉴长编》卷七八"大中祥符五年十月壬寅",第1776页。
⑥ (宋)李焘:《续资治通鉴长编》卷九〇"天禧元年十月戊辰",第2082—2083页。
⑦ (宋)李焘:《续资治通鉴长编》卷一〇五"天圣五年十月辛未",第2451页。

元年(1049)十二月,宋仁宗诏令"陕西保捷兵年五十以上""不任役者听归农"①。

对于老疾配军或逃军,宋政府多实行放停政策②。大中祥符五年(1012),宋真宗向广南东西、荆湖南北、福建、江南、京西等七路诸州、府、军、监各派遣一名使臣,命令他们与转运使、副、知州、通判、钤辖、都监、监押一并拣选当地"见管杂犯配隶军人",其中"年老病患,委实久远不任医治充役者放令逐便"③,免除刑事处罚。两宋时期,普通军士不堪盘剥、压榨,往往不顾军法,铤而走险。南宋后期,由于军政的腐败,军人逃亡的现象更加突出。宝祐五年(1257)十月,枢密院建议对老疾逃军给予优待,"今后有捕获及自首者","如老疾即与放停"④,直接释放,不再追究其刑事责任。

五、对宋代优恤老年军人政策的认识

宋代优恤老年军人的政策,体现了政府对老兵养老问题的关注,对老兵的晚年生活有着积极的影响。按照规定,凡退为剩员或降充小分的老年军人,均可领取原有俸禄的一半。例如,宋光宗朝,老弱禁军退为剩员后,其俸禄为"月白米一石二斗,春冬衣各绢二匹,折布钱八百五十文"⑤,这基本可以满足其晚年生活的需要。虽然厢兵的待遇不如禁军优厚,但老弱厢军在退为剩员或小分后仍拥有一定数量的俸禄,不至于流离失所。而补授添差不厘务官的政策,使那些年老病残的立功将士及三衙被拣汰的老年军员,注授宫观、岳庙,享有一定数量的俸禄,其晚年生活拥有了较为稳定的经济保障。归农、放停的老年军人虽不能享受稳定的俸禄,但可免除兵役和刑罚,

---

① (宋)李焘:《续资治通鉴长编》卷一六七"皇祐元年十二月壬戌",第4023页。
② 对于招募而来的士兵来说,归农、放停意味着不再享受军俸,并不是政府抚恤老年军士的政策。但是,对于被征调而来的老年军士来说,归农意味着免除兵役;对于因犯罪而编入军队的老年配军及老年逃亡军士来说,放停则意味着免除刑事处罚及军法惩罚,具有明显的抚恤色彩。文中所说的归农政策主要针对的是征调而来的老年举人,而放停则是针对老年配军或老年逃军而言。
③ (元)脱脱等:《宋史》卷一八九《兵三》,第4642页。
④ (元)佚名编,汪圣铎点校:《宋史全文》卷三五《宋理宗五》"宝祐五年十月庚戌",第2863页。
⑤ (宋)黄𩇕、齐硕修,陈耆卿纂:《嘉定赤城志》卷一八《剩员》,《宋元方志丛刊》,第7421页。

返回乡里与亲人团聚,这对其晚年生活来说同样具有积极意义。例如,皇祐元年(1049),宋廷在庞籍和文彦博的主持下进行大规模的裁兵,陕西保捷兵中年50岁以上"不任役"的老兵也在裁减之列,被裁减后他们"欢呼反其家"①,足见其被允许归农后的喜悦与兴奋。

退为剩员、降充小分、归农及放停等政策均对老年军人的生活有一定的保障,有利于社会秩序的稳定,但同时它们也存在较为突出的弊端。首先,无论是退为剩员,还是降充小分,都有一定的年龄限制。游彪先生认为,太祖、太宗两朝的剩员由国家一直供养直至到死,但真、仁之世,剩员放停已经很常见②。对于一般士兵而言,70岁是放停的年龄界限。一旦达到放停的年龄,除立有战功的老年军人及域外少数民族无家可归的老兵外,其他剩员或小分就被削除军籍,无法享受俸禄。70岁被放停的军士,"乡园改易,骨肉沦谢"③,无所依靠,不免流离失所。南宋绍兴年间,左武大夫伏深对老年军人被拣放后无所依靠的情况也有清醒的认识,他在奏言中直言"诸州军尽将年老或残疾之人并行拣放,无所仰食,往往至于乞丐"④。

其次,宋政府对剩员的数量也有一定的限制。为了缓解财政压力,宋政府自真宗、仁宗时期就已有限制剩员数量的呼声。大中祥符五年(1012)五月,宋真宗就诏令据"见管人数额定充看营剩员",既然有名额限制,"必不敢多拣充剩员"⑤,但此时政府并未明确诸军拣选剩员的具体比例。宋神宗即位后,对剩员制度进行整顿。熙宁十年(1077),正式颁布剩员定额制,宋神宗诏令"诸路州军,以逐州就粮。禁军、厢军,通计十分立一分为额,剩员立额自此始"⑥,这虽然有效地控制了剩员数量的冗滥,但也使多数老兵的

---

① (宋)李焘:《续资治通鉴长编》卷一六七"皇祐元年十二月壬戌",第4023页。
② 游彪:《北宋军队拣选制度研究》,《暨南史学》第7辑,广西师范大学出版社,2012年,第481—482页。
③ (宋)李焘:《续资治通鉴长编》卷一一二"明道二年七月癸未",第2625页。
④ (宋)李心传编撰,辛更儒点校:《建炎以来系年要录》卷一七三"绍兴二十六年七月丁未",第3024页。
⑤ (元)脱脱等:《宋史》卷一八九《兵三》,第4641页。
⑥ (元)马端临:《文献通考》卷一五二《兵考四》,第4550页。

晚年生活面临着重重困难。按照规定,只有10%的老兵能够被退为剩员,继续享受俸禄,而其余的老弱之兵则直接被削除兵籍,不得不自谋生路。例如,京师修内司兵士阙喜,"以年老解军籍","老而无子"①,因此以贩卖水果自给。谋生能力不足的老兵,则以行乞为生。兴国军民熊二的母亲早逝,父亲脱离兵籍后无力营生,熊二把父亲"视如路人","至使乞食"②。

再次,由于吏治的腐败,不少年少体壮之人占据了剩员的名额,违背政府优待老年军人的初衷。宋神宗朝的燕达,对于少壮之人占据剩员的状况有所关注。元丰四年(1081),他向宋神宗反映,"神卫剩员中甚有年三十五以下少壮之人",请求从中遴选"一千人分擘与将下,充櫜鞬诸般差使"③。仅开封府一地神卫剩员中,35岁以下的少壮之人就至少有1000人。如果将全国各地各种剩员累加一起,少壮之人的数量就相当可观。在剩员名额极其有限的情况下,大量少壮之人退为剩员,就意味着更多的老年军人将面临放停的命运,失去俸禄的他们,晚年生活可想而知。

总而言之,宋代政府对老年军人的优恤措施较为完善,在一定程度上为其晚年生活提供了有效的保障,对招募军士、提升战斗力、鼓舞士气均有积极影响,有助于维护国家稳定。但是,政府优恤老年军人的范围、时限、效果都有一定的局限性,这既由政府财政水平所限制,也与军政的腐败有着密切关系。

第四节 宋代对战亡将士祖父母及父母的抚恤

宋朝对外战争频繁,在与西夏、辽、金的对抗中,大量将士战亡,这对其祖父母、父母的晚年生活极其不利。为激励士气,稳定军心,宋政府对战亡将士采取了一系列的抚恤措施,以解决阵亡将士亲属的养老问题。以往的

---

① (宋)洪迈撰,何卓点校:《夷坚志·夷坚乙志》卷一一《米张家》,中华书局,1981年,第276页。
② (宋)洪迈撰,何卓点校:《夷坚志·夷坚支甲》第二《熊二不孝》,第732页。
③ (宋)李焘:《续资治通鉴长编》卷三一四"元丰四年七月戊申",第7609页。

研究成果多笼统论述宋政府抚恤战亡将士家属的措施①，较少关注政府为解决战亡将士祖父母及父母养老问题所采取的抚恤措施，下文将专题考察宋政府抚恤战亡将士祖父母及父母的措施，分析这些措施对战亡讲述亲属的老年生活的影响。

一、赏赐钱物及封号

赏赐钱物，是宋政府抚恤战亡军校祖父母及父母较为常见的措施。庆历二年(1042)七月，宋政府对"阵亡军校无子孙者"的遗属，按阵亡军校生前的军阶发放一定数量的缗钱，"指挥使七万，副指挥使六万，军使、都头、副兵马使、副都头五万"②。熙宁七年(1074)三月，宋神宗对战死于熙河之战中的将士家属予以抚恤，诏令赐予"熙河死事者家给钱有差"③，为其发放数量不等的抚恤金。除发放现钱外，宋政府还会赏赐阵亡军校遗属绢帛。熙宁六年(1073)五月，宋神宗下令赏赐阵亡军士家"钱帛有差"④，作为补偿。元丰元年(1078)二月，政府赏赐战亡军校家属绢帛的数量，不仅与阵亡者生前的官阶有关，还要看战争的胜负情况。如果胜利的话，"将校三十匹、兵二十匹"；如果失败，"各减半"⑤，败亡的将校家属仅能获赐15匹绢，而普通士兵只有10匹。

对于高级战亡将领的家属来说，政府赏赐的内容及力度均不受常规标准的限制，不仅有大量的钱绢，还有价值不菲的田宅。例如，鄜延、环庆副都部署刘平在与西夏的对决中，奋力作战，但不幸战亡。宋廷本来派遣黄德中援助刘平，但他非但不奉命救援，反而嫁祸于刘平。经文彦博调查后，刘平的冤情才得以洗刷，庞籍、韩琦为之请赏。因此，宋仁宗不仅追赐刘平"忠武节度使、兼侍中"，而且赐其家属"信陵坊第"⑥一座。熙宁九年(1076)二

---

① 郭文佳：《宋代社会保障研究》，新华出版社，2006 年。钱俊岭：《宋代军队赏罚制度研究》，河北大学博士学位论文，2011 年。
② (宋)李焘：《续资治通鉴长编》卷一三七"庆历二年七月丁未"，第 3282 页。
③ (元)脱脱等：《宋史》卷一五《神宗》，第 285 页。
④ (元)脱脱等：《宋史》卷一五《神宗》，第 283 页。
⑤ (宋)李焘：《续资治通鉴长编》卷二八八"元丰六年二月庚午"，第 7047 页。
⑥ (宋)李焘：《续资治通鉴长编》卷一二七"康定元年四月丁未"，第 3007 页。

月,广南西路经略司将苏缄战死的消息报告至朝廷,宋神宗特赐其家"京城甲第一区",此外还赏赐"乡里上田十顷"①。隆兴二年(1164),宋金议和,但金军却伺机入侵边境,忠州刺史、楚州知州魏胜率军抵抗,由于援兵未至,最终中箭阵亡。宋孝宗闻知后,对其家属大加抚恤,赐"银千两,绢千匹,宅一区,田百顷"②。

对于立有战功的军事将领,政府不仅会赏赐其遗属大量钱物,而且还会授予其母亲外命妇封号。咸平三年(1000)正月,契丹进犯河间(今河北河间),高阳关都部署康保裔在救援范廷召过程中,身陷敌人包围,由于救兵迟迟未到,战死沙场。宋真宗因康保裔"父祖死疆场,身复战没,世有忠节",对其老母陈氏优恤有加,不仅"遣内司宾劳问,赐白金五千两",而且封其母为"陈国太夫人"③。皇祐四年(1052)四月,壮族首领侬智高举兵反宋,攻陷邕州后挥师东进,一路攻打至广州。围攻广州近两月未果,侬智高改攻贺州,在白田与广东都监张忠相遇。张忠率军反击,最终因"马陷汙,不能奋,遂中标枪死"④。宋仁宗对其遗属大加赏赐,不仅予以大量钱帛,而且封其母贾氏"为河内郡夫人"⑤。

二、定期发放食俸

定期发放食俸是宋政府抚恤战亡将领祖父母、父母的另一重要方式。宋廷在为战亡将领祖父母及父母发放食俸时,并无特定的标准。咸平五年(1003)六月,左卫将军、滦州刺史杨海进奏请致仕,被授以"左卫大将军"。依照致仕半俸的规定,他致仕后的俸禄不足十五千。由于他的两个儿子均"死王事",于国有功,宋仁宗特"令月给实俸五十千"⑥,大大提高了其俸禄

---

① (宋)李焘:《续资治通鉴长编》卷二七三"熙宁九年二月",第6684页。
② (元)脱脱等:《宋史》卷三六八《魏胜传》,第11461页。
③ (元)脱脱等:《宋史》卷四四六《康保裔传》,第13151页。
④ (宋)李焘:《续资治通鉴长编》卷一七三"皇祐四年七月丁巳",第4164页。
⑤ (宋)李焘:《续资治通鉴长编》卷一七三"皇祐四年八月丙戌",第4167页。
⑥ (宋)李焘:《续资治通鉴长编》卷五二"咸平五年六月丙戌",第1138页。

待遇,这有利于其晚年生活质量的提高。又如,熙宁七年(1074)二月,河州知州景思立在对西夏作战中,"战死于踏白城"①。元丰年间,景思立的弟弟、东上阁门副使景思谊也死于王事,仅留下老母与幼子。元丰七年(1084)正月,宋神宗特诏赐景思谊的母亲"德安县太君董氏月特支钱二十千"②,直至景思谊的儿子长大成人、领取俸禄为止。

对于普通战亡士兵的祖父母、父母,政府往往支给小分请受。元丰年间,荆南、团结、雄略等十二指挥被派往顺州等南部地区,由于环境不适,"瘴役者众",大批军士感染疫病而死。宋廷决定从优抚恤,对于"父母年七十以上无子孙者","给衣粮之半",他们可终身享受小分请受。宋哲宗即位后,政府在抚恤战亡军士之独老方面,"悉依旧制"③,依然沿袭支给小分请受的规定。南宋时期,支给小分请受,仍是政府抚恤战亡军士祖父母、父母的主要措施。建炎元年(1127)五月,宋高宗在其即位赦文中规定,死于宋金战争之军士的祖父母,如果年龄在"七十以上,家无子孙",政府将"与支本营小分请受"④。

三、依鳏寡孤独条例存养

对于一般军士,在其阵亡后,宋政府会以救助鳏寡独老的标准存养其祖父母、父母。庆历四年(1044)六月,宋仁宗诏令"死事之家孤老,月给米人三斗"⑤,每月发放3斗米,与救恤鳏寡孤老的标准持平。宋神宗时期,政府赐予阵亡者祖父母、父母的月粮数量有所增加。熙宁七年(1074)四月,宋神宗下诏抚恤熙河战役中阵亡军士的祖父母、父母,"人日给米二升,以终其身"⑥。南宋时期,这一方式也是政府抚恤军士祖父母及父母的常用方式。绍兴七年(1137)九月,宋高宗在明堂赦文中规定,如果阵亡之家的"祖父

---

① (宋)李焘:《续资治通鉴长编》卷二五〇"熙宁七年二月甲申",第6098页。
② (宋)李焘:《续资治通鉴长编》卷三四二"元丰七年正月壬子",第8223页。
③ (元)脱脱等:《宋史》卷一九四《兵八》,第4844—4845页。
④ (宋)徐梦莘:《三朝北盟会编》卷一〇一"建炎元年五月一日",第742页。
⑤ (宋)李焘:《续资治通鉴长编》卷一五〇"庆历四年六月癸丑",第3638页。
⑥ (宋)李焘:《续资治通鉴长编》卷二五二"熙宁七年四月甲申",第6158页。

母、父母、妻年老及子孙幼小不能自存",同时又不符合"支破请给"者,所在州县需"依鳏寡孤独条存养"①。三年后,即绍兴十年(1140),宋高宗在明堂大礼之际,再次发布赦文,重申政府优恤战亡军士祖父母即父母的政策。其后,在历次的南郊大礼之际,宋高宗屡次敦促地方依法存养战亡军士祖父母及父母。总之,依鳏寡孤老条存养阵亡军士祖父母、父母,是宋政府抚恤死于战事之老的重要方式。

综上所述,两宋时期,政府比较重视对战亡将士祖父母、父母的抚恤,既有临时性的赏赐,也有制度性的俸禄与救恤,为失去子孙的独老提供了基本的生活保障。这既反映出宋代军事管理水平的提高,也体现了宋代养老制度的发展与完善。

---

① (清)徐松辑,刘琳、刁忠民、舒大刚、尹波等校点:《宋会要辑稿》职官一四之六,第3398页。

第四章 宋代官员养老制度

两宋时期,随着科举制度的发展和治国战略的转变,官员队伍不断壮大,形成一个较为庞大的社会群体。为充分发挥官员在政治统治中的作用,实现对社会的有效控制,宋政府不仅注重官员的选拔和任用,同时也十分关注官员的养老问题,积极出台优待老年官员的措施。宋代优待老年官员的措施,除致仕养老之外,还创设有分司官、祠禄官,闲职养老也是政府优待老年官员的重要措施。

第一节 宋代致仕养老

两宋时期,致仕制度得到较大的发展和完善,年老体弱的官员致仕后不仅享有种种政治、经济待遇,而且享有侍养及医疗待遇。作为政府优待老年官员的重要措施,致仕养老是解决官员养老问题的主要途径。

一、宋代致仕养老的条件及方式

(一)宋代致仕养老的条件

中国古代自古已有七十致仕的传统,宋代沿袭这一传统,将 70 岁作为官员致仕养老的重要条件。北宋初年,王朝初建,百废待兴,政府求贤若渴,因此只是提倡依礼引年致仕,并未强制实施。宋太祖朝,官员致仕时的年龄参差不齐,70岁以上的官员仍有大量在任的。宋太宗时虽明文规定,"朝廷之制,七十致仕"①,但实际仍有超龄的官员继续留任。宋真宗时期,由于科举取仕名额的扩大,大量士大夫通过科举考试进入到国家官僚系统,由此以来政府就面临着官员新老更替的问题。为实现官员队伍的及时更新、满足老年官员的养老需求,宋政府开始重视致仕制度,宋真宗下诏"文武官七十以上求退者许致仕"②,初步将70岁作为官员致仕养老的年龄标准。

宋仁宗朝,70岁成为官员致仕的法定年龄。虽然政府将致仕作为一种优待老年官员的措施,但仍有官员年逾七十而不愿致仕,"有年近八十尚未辞官"的现象仍较为普遍。为解决此问题,监察御史曹修古在天圣四年(1026),建议中央诏令御史台和各路转运司告谕文武百官,除个别"元老勋贤询议军国"外,其他官员凡七十岁者,需主动申请致仕。对于"不自陈乞者",委托"审官、三班、吏部勘会岁数",如果属实,"特与致仕",以示朝廷"戒贪之道"和"崇养老之风"③。皇祐年间,知谏院包拯、吴奎多次强调引年致仕,极力要求对于不自觉申请致仕者实行"直除致仕"。因此,宋仁宗下诏规定"文武臣僚年七十以上未致仕者,更不许考绩"④。至此,70岁成为宋代官员致仕养老的法定年龄,年龄已及七十而不主动申请致仕者不准参加考课。其后直至南宋时期,70岁一直是官员致仕的法定年龄标准。

需要注意的是,宋神宗之前,文臣、武臣致仕养老的年龄标准有所不同。文臣凡在70岁以上即可申请致仕,而武臣的退休年龄高于70岁。景德元年(1004)三月,宋真宗颁布诏令,规定三班使臣凡"年七十已上、视听未衰者,与家便监临,其老耄不任事及七十五已上者,借职授支郡上佐,奉职、殿直授节镇上佐,不愿者放还乡里"⑤。对于武臣而言,即使年龄已超过70

---

① (清)徐松辑,刘琳、刁忠民、舒大刚、尹波等校点:《宋会要辑稿》职官七七之二九,第5158页。
② (宋)李焘:《续资治通鉴长编》卷五二"咸平五年五月丙申",第1130页。
③ (清)徐松辑,刘琳、刁忠民、舒大刚、尹波等校点:《宋会要辑稿》职官七七之三五至三六,第5161页。
④ 《宋会要辑稿》中仅载未按时致仕的官员"不许考绩",《长编》中载"更不考课迁官"。详见(清)徐松辑,刘琳、刁忠民、舒大刚、尹波等校点:《宋会要辑稿》职官七七之三九,第5163页;(宋)李焘:《续资治通鉴长编》卷一七一"皇祐三年十二月庚子",第4121页。
⑤ (宋)李焘:《续资治通鉴长编》卷五六"景德三年三月戊子",第1231页。

岁,只要本人愿意,仍可继续担任散官。熙宁三年(1071)十二月,编修条例所建议"武臣借职以上"也可除为致仕官,宋神宗批准了此建议。自此,借职以上的武臣可申请致仕,但政府并未对其致仕养老的年龄提出明确要求。所以,直到元祐年间仍有使臣"年七十犹与近地监当,至八十乃致仕"的现象。监察御史徐君平注意到文武官员致仕养老年龄标准不一的状况,他在元祐六年(1091)向宋哲宗奏请武臣"致仕之年如文臣法"①,其建议得到批准。自此以后,70岁也成为武臣致仕养老的法定年龄。

在年龄条件之外,身体状况是老年官员致仕养老的又一重要条件。治平四年(1067)五月,宋神宗听从枢密院的建议,诏令70岁以上的大使臣如果精力尚好,可降为闲慢监当,不受七十致仕养老的约束。如果"委实年老,昏昧病患",或曾有过犯,则"具姓名取旨,直除致仕"②。对于身体患病,不能正常工作的年老官员,政府允许他们在70岁之前申请致仕以养老。

此外,政绩和级别也是影响老年官员能否采用致仕养老的重要因素。官员如果在任期内政绩突出,即使年龄已达到70岁仍可留任。庆历二年(1042)六月,权御史中丞贾昌朝建议年及七十的官员如果身体康健,"别有功状","朝廷固留任使者"③,可不拘泥于七十致仕养老的规定。对于高级官员来说,政府在致仕养老的年龄上采用较为宽松的政策。天圣四年(1026),监察御史奏请推行七十致仕养老,但同时强调"元老勋贤"因备"询议军国"④,不受此年龄限制。

总而言之,年龄标准、身体状况是宋代老年官员能否采用致仕方式来养老的两个基本条件,对于身体状况良好,任内政绩卓著且为朝廷倚重的高级官员,即使得到官方规定的致仕养老年龄,依然可留于任内。

(二)宋代老年官员致仕养老的方式

宋代老年官员致仕养老的方式有两种,其一为主动申请致仕养老,其二

---

① (清)徐松辑,刘琳、刁忠民、舒大刚、尹波等校点:《宋会要辑稿》职官七七之五七,第5171页。
② (清)徐松辑,刘琳、刁忠民、舒大刚、尹波等校点:《宋会要辑稿》职官七七之四一,第5164页。
③ (清)徐松辑,刘琳、刁忠民、舒大刚、尹波等校点:《宋会要辑稿》职官七七之三六,第5162页。
④ (清)徐松辑,刘琳、刁忠民、舒大刚、尹波等校点:《宋会要辑稿》职官七七之三五,第5161页。

是政府勒令致仕养老。

1. 主动申请致仕养老

主动依礼致仕养老,是备受推崇的美德懿行,不仅受到社会舆论的称赞,也会享受迁官加俸、恩荫子孙的待遇。宋代主动申请致仕以养老的官员,主要有以下几种类型:第一,遵循礼法规范,按期引年致仕以养老。历任数镇节度的开国重臣王彦超称,"朝廷之制,七十致仕,吾今六十九矣,当自知止足之分",因此在69岁时已准备申请致仕以养老。宋太宗诏令他以"太子太师致仕","依旧给本官俸料"。王彦超这种"能以富贵知止"的做法赢得时人的肯定,"人以此多之"①。绍兴三十年(1160)正月十四日,左宣教郎、守尚书司封员外郎鲍彪,"自言年七十,衰老不任职事,乞守本官职致仕",宋高宗不仅同意其致仕,还应吏部郎官杨朴等人的请求,对其大加奖赏,"特转一官,仍赐章服"②。第二,身患疾病,提前致仕以养老。老疾官员或因身体原因无法胜任工作,或担心病亡于任内,因此主动申请提前致仕。按照政府规定,御史台、监司可弹劾身患疾病无力任事的老疾官员,强迫其致仕。一旦被政府强制还政,就会丧失种种致仕养老的待遇,因此他们主动请求致仕以养老。老疾官员不仅有被弹劾的风险,而且随时有病亡的可能。如果他们在致仕前病亡,就无法享受"致仕则得任子"的优遇,因此"疾困及暴卒者,往往旋求致仕"③。不过,以疾病为借口申请致仕,也是士大夫明哲保身的惯常做法。南宋初年,大量官员托疾致仕,以致影响政务的正常运转,所以宋高宗不得不下诏规定,"今后文武官非疾病危笃及笃疾、废疾不能任职者,不得陈乞致仕"④,禁止官员托疾致仕。第三,不满现实,仕途不顺,为逃避政治斗争主动提前申请致仕。北宋后期和南宋时期,党争成为政治

---

① (清)徐松辑,刘琳、刁忠民、舒大刚、尹波等校点:《宋会要辑稿》职官七七之二九,第5158页。
② (清)徐松辑,刘琳、刁忠民、舒大刚、尹波等校点:《宋会要辑稿》职官七七之七〇至七一,第5178页。
③ (宋)朱彧撰,李伟国点校:《萍洲可谈》卷一《员外郎致仕得任子之弊》,第115页。
④ (清)徐松辑,刘琳、刁忠民、舒大刚、尹波等校点:《宋会要辑稿》职官七七之六四,第5175页。

生活中突出的问题。在互相攻击、倾轧的斗争中,失意的一方往往选择致仕,以躲避政治斗争。例如,王安石变法期间,范镇、富弼、欧阳修、司马光等因不满新法,纷纷申请致仕养老。

2. 政府勒令致仕养老

尽管宋政府"以利诱之""以赏劝之",但仍有大量官员贪恋权位,"中外臣僚有年近八十尚未辞官"的现象较为普遍。为敦促士大夫依礼致仕,宋政府允许台谏官及监司弹劾年迈多病、逾期不致仕的官员。天圣四年(1026)九月,监察御史曹休古奏请朝廷对于不主动陈请致仕的官员,"委审官、三班、吏部勘会岁数以闻,特与致仕"①,较早提出强制致仕养老的建议。景祐三年(1036),工部郎中、兼侍御史知杂事司马池上奏,请求政府允许御史台纠察"不自陈"致仕者,并"特令致仕"②。包拯对于老弱官员贪恋权位的现象也是痛心疾首,认为这种行为"驰末景于桑榆,负厚颜于钟漏","非士大夫所以遵礼义之常",因此主张强制推行七十致仕养老。他建议政府命令御史台弹劾年及七十应致仕者,如果在"牒举后三两日内,未见抗章祈请",朝廷可"降令致仕"③。

尽管强制致仕以养老的呼声连绵不断,但宋仁宗并未急于实施,这与胡宿等人的反对有一定的关系。针对朝廷中"官年七十而不致仕者,并令御史台以时按籍举行"的议论,知制诰胡宿提出异议。他认为"文吏当养其廉耻,武吏当念其功旧"。如果一律强制致仕,"殆非优老劝功之意",建议政府"少缓其法",对于武臣"察其任事与否,勿断以年";对于文臣,使其"自陈而全其节"④,宋仁宗听从了胡宿的建议,放缓了强制推行七十致仕的步伐。当时反对强制七十致仕养老的臣僚不止胡宿一人,奉直郎、守侍御史王平也不主张对逾年不申请致仕的官员采取强制措施。在他看来,如果因为士大

---

① (清)徐松辑,刘琳、刁忠民、舒大刚、尹波等校点:《宋会要辑稿》职官七七之三五至三六,第5161页。
② (宋)李焘:《续资治通鉴长编》卷一一八"景祐三年六甲戌",第2791页。
③ (宋)包拯撰,杨国宜校注:《包拯集编年校注》卷三《论百官致仕》,黄山书社,1999年,第182页。
④ (宋)李焘:《续资治通鉴长编》卷一七〇"皇祐三年四月甲申",第4088页。

夫"不能据礼引去,从而斥辱,殆非所以为国养恩之道",并上奏"养老颂"①加以讥讽。

强令致仕养老固然不利于"优老劝功",但大量官员贪恋权位,迟迟不申请致仕的做法加剧了冗官问题。如何才能既不伤害老年官员,又能实现官员队伍更新,缓解冗官、冗费问题,成为北宋仁宗时期一个棘手的难题,刘敞针对这一难题提出了折中性的意见。他建议"察有功者而必赏之,无问其齿";对于无功者,"必废之,无问其齿",以功勋作为是否强制致仕的重要条件,不再考虑年龄是否及年。对于逾期不致仕的官员,"非礼义所诱,则驱之以法"。即使"驱之以法",也"不废其礼义之指"②,这一主张从理论上论证了强制致仕以养老的合理性。

中央政府内部关于强令致仕养老的争论,随着宋神宗的即位而结束。治平四年(1067),宋神宗继承皇位,果断地将七十强制致仕以养老的规定付诸实施。枢密院向皇帝反映"致仕虽有著令,臣僚鲜能自陈"的现象,宋神宗为警示逾期不申请致仕的官员,诏令果州团练使何诚用、惠州防御使冯承用、嘉州团练使刘保吉、昭州刺史邓保寿致仕。以上四位官员"皆年七十以上至八十余岁"③,超过官方法定的致仕养老年龄。宋神宗一次勒令四位高龄官员致仕,标志着七十致仕实现了从礼到法的转变,也表明政府推行致仕制度的决心。

自治平四年(1067)后,强制致仕成为宋代老年官员致仕养老的另一方式。元丰五年(1082)八月二十五日,宋神宗诏令恩州总管、信州团练使孙吉,沧州总管、辰州团练使刘阒等,"以年高令致仕"④。宋哲宗在轮对过程中,察觉夔州(今重庆奉节)知州张焘"老不任事",因此在元符元年(1098)九月,诏令朝散大夫张焘"特令致仕"⑤。绍兴三十年(1160)八月九日,宋高

---

① (宋)胡宿:《文恭集》卷三七《宋故奉直郎守侍御史王公墓志铭》,《丛书集成初编》第1889册,商务印书馆,1935年,第445页。
② (宋)刘敞:《公是集》卷三六《致仕义》,《丛书集成初编》第1906册,商务印书馆,1935年,第442页。
③ (清)徐松辑,刘琳、刁忠民、舒大刚、尹波等校点:《宋会要辑稿》职官七七之四一,第5164页。
④ (清)徐松辑,刘琳、刁忠民、舒大刚、尹波等校点:《宋会要辑稿》职官七七之五一,第5168页。
⑤ (宋)李焘:《续资治通鉴长编》卷五〇二"元符元年九月庚寅",第11960页。

宗诏翰林良医冯彦祖、翰林医效高楸"各为年老,难以祗应","特与致仕"①。中大夫、右文殿修撰、提举江州太平兴国宫潘景珪"年七十有五","尚明秘殿崇资,珍祠厚禄,恬不省退",因此遭到大臣弹劾。嘉泰元年(1201)十月二十三日,宋宁宗诏"罢祠禄,与致仕"②。乾道六年(1170)闰五月三日,殿中侍御史徐良能上奏弹劾右朝议大夫傅宁台参,"老赃宿蠹","官年七十有五而实年过之","既满宫观,便合休致",因此乞请"特令致仕"③,宋孝宗接受徐良能的建议。

宋代官员致仕养老的条件,一般以 70 岁为标准。70 岁已是古稀之年,"人寿罕至者"④,而且此时"筋力倦矣,聪明衰矣",在外"致王事于君",在内则"传家事于子",已经"不可与事者"⑤。从身体机能上来看,将 70 岁作为致仕养老主要条件具有一定的合理性,符合老年人不断衰退的身体状况,便于老年官员解除政务负担。对于身患疾病的官员,提前致仕,让位于贤,不仅可以保证政务的有效运作,也为老年官员疗养疾病提供便利。因此,从官员致仕养老的条件上来看,宋政府的规定对于老年官员的养老是有积极影响的。

强制致仕养老的方式虽然有不近人情之处,但它正是大量老年官员逾期不致仕的行为所催生的。强制推行致仕养老法,不仅是规范官员管理制度的要求,也是缓解冗官问题的重要途径。从现有的资料来看,两宋时期政府以强制方式要求老年官员致仕以养老的案例并不普遍,显示出官方在使用这一方式时还是比较谨慎的。事实上,对于强制致仕养老这一方式,政府所看重的是它的震慑功能,而非惩罚作用,希望借助它敦促老年官员主动申

---

① (清)徐松辑,刘琳、刁忠民、舒大刚、尹波等校点:《宋会要辑稿》职官三六之一〇五,第 3948 页。
② (清)徐松辑,刘琳、刁忠民、舒大刚、尹波等校点:《宋会要辑稿》职官七四之一一,第 5047 页。
③ (清)徐松辑,刘琳、刁忠民、舒大刚、尹波等校点:《宋会要辑稿》职官七七之八一,第 5184 页。
④ (宋)强至:《祠部集》卷三五《赠卫尉卿梁公夫人李氏墓志铭》,第 538 页。
⑤ (宋)卫湜撰:《礼记集说》卷二,《影印文渊阁四库全书》第 117 册,第 57 页。

请致仕。因此,强制致仕的形式与老年官员的养老并无根本冲突。

二、宋代官员致仕养老的待遇

致仕养老的待遇问题,与老年官员的切身利益息息相关,直接关系着其晚年生活质量,同时也是影响致仕养老这一方式能否顺利推行的重要因素。因此,宋政府尤为重视提高致仕养老的待遇。就整体而言,宋代致仕养老的待遇相当优厚,不仅有升转官阶、恩荫子孙和赏赐章服的政治待遇,而且有稳定的俸禄待遇和名目繁多的物质赏赐,同时还享有侍养待遇和医疗待遇。对此,学术界给予一定的关注,对官员致仕后的待遇进行了初步的梳理,但囿于篇幅和文章主旨所限未进行深入的探讨与分析,下文则将从养老角度系统分析宋代致仕官员的诸种待遇,力图完整展现宋政府为保障官员养老所作出的探索与努力。

(一) 宋代官员致仕养老的政治待遇

1. 升转官阶与官员养老

依照宋制,文武官员致仕时均可享受加官晋阶的待遇。《宋会要辑稿》记载,"凡文武官致仕者,皆转一官"。其中"观察使、防御团练使、刺史及内职三班即换环卫","幕职州县官改京朝官"①。在实际执行中,并没有完全拘泥于"转一官"的规定,存在超转现象。开宝六年(973)五月,兵部侍郎、参知政事刘熙古因患有足疾致仕,致仕后的官阶为"户部尚书"②,由从三品升至从二品,跨越正三品。至道元年(995)七月,鸿胪卿慎知礼以"工部侍郎"③致仕,官阶由从四品升到从三品。甚至还有超转六资的情况,"工部尚书并除太子少保致仕,乃是超转六资"④。武臣有八品官而以六品官致仕者,也有七品官以三品致仕者,选人的升转也有高于京官者。这种滥迁之弊在宋神宗以前蔚然成风。

---

① (清)徐松辑,刘琳、刁忠民、舒大刚、尹波等校点:《宋会要辑稿》职官七七之二八,第5157。
② (清)徐松辑,刘琳、刁忠民、舒大刚、尹波等校点:《宋会要辑稿》职官七七之二九,第5157页。
③ (清)徐松辑,刘琳、刁忠民、舒大刚、尹波等校点:《宋会要辑稿》职官七七之三一,第5158页。
④ (元)脱脱等:《宋史》卷一七〇《职官十》,第4091页。

为改变升转不均的现象，宋神宗对迁转官资进行了改革。熙宁三年（1070）重申，"凡文臣京朝官以上、武臣借职以上各转一官"。带职致仕者不得迁转官资。另外，"历任有入己赃，不得乞亲戚恩泽，仍不转官。其致仕官除中书、密院外，并在见任官之上"①，明确致仕官员迁转官资的规定。需要指出的是，宋神宗在明确老疾官员致仕升转官阶的同时，对中下级致仕官员的转资有所裁抑。元丰七年（1084），宋神宗下诏规定，"文臣中大夫、武臣诸司使以下致仕，更不加恩"②，正五品以下的文官及正六品以下的武官致仕后均不准迁转官阶。

南宋孝宗朝，政府在改元、明堂大礼及庆寿之际，多出台致仕官员转官的政策。例如，绍兴三十二年（1162）六月十三日，宋孝宗即位，大赦天下，文武致仕官员不仅被赐予粟帛羊酒，还可享受"并与转官"③的待遇。此后，明堂大礼之际，致仕官员转官成为一种惯例。宋孝宗连续在乾道元年（1165）正月一日大礼赦、乾道三年（1167）十一月二日大礼赦、乾道六年（1170）十一月六日大礼赦及乾道九年（1173）十一月九日大礼赦中，致仕官员均享受转官的恩遇。除改元及明堂大礼外，庆寿赦文也对70岁以上的致仕官员在转官方面给与优待。淳熙二年（1175）十二月，宋孝宗在庆寿赦中规定，已申请致仕的官员，凡年龄在70岁以上"特与转行一官"，选人"循一资"，如果"无资可转与改初等京官"④。淳熙十三年（1186）正月的庆寿赦同样规定，"文武官已乞致仕年七十已上人，并特与转行一官，选人循一资，无资可转与改初等京官"。对于八十以上的致仕官员则"更与加转一官资"⑤。年龄愈大，在加转官资方面所享受的恩遇越优厚。

官阶，对于官员来说至关重要，它不仅是政治地位的象征，也直接决

---

① （清）徐松辑，刘琳、刁忠民、舒大刚、尹波等校点：《宋会要辑稿》职官七七之四七，第5166—5167页。
② （清）徐松辑，刘琳、刁忠民、舒大刚、尹波等校点：《宋会要辑稿》职官七七之五四，第5169页。
③ （清）徐松辑，刘琳、刁忠民、舒大刚、尹波等校点：《宋会要辑稿》职官七七之七一，第5179页。
④ （清）徐松辑，刘琳、刁忠民、舒大刚、尹波等校点：《宋会要辑稿》职官七七之八四，第5185页。
⑤ （宋）叶宗鲁纂修，（清）徐松辑：《中兴礼书续编》卷二二《奉太上皇帝尊号册宝礼毕庆寿二》，《续修四库全书》第823册，第519页。

定着俸禄的高低。对于老年官员来说,致仕后升转官资,意味着俸禄的增加,也提高了他们的社会地位,对于其晚年生活来说,是一种莫大的实惠。

2. 荫补子孙与官员养老

致仕官员在享受升转官资的同时,还拥有恩荫子孙的权利。宋代致仕官员既可在致仕时荫补子孙,也可以在郊祀大礼之际荫补子孙官职。

官员因致仕而荫补子孙为官即致仕荫补,是宋代政府优待致仕官员的重要措施。在致仕荫补方面,宋政府制定有较为完善的制度,不仅对享有荫补权的官品做出严格的限定,还规定了致仕荫补的人数。

致仕荫补权并非所有致仕官员的权利,而是与官品有密切关系。天禧四年(1020),宋真宗曾明确规定"郎中以上致仕"①可恩荫一子,天圣四年(1026)十月,都官郎中熊同文以老病陈乞致仕,并为其儿子熊若思、熊若山"各乞一末科出身"。宋仁宗并未完全同意他的请求,仅允许熊同文在"守本官致仕"的情况下,"男一人特与斋郎",同时规定"以后郎中休致者准此例"②。自此,以郎中致仕的官员在不迁转官资的前提下,可恩荫一名子孙。六年后,也就是明道元年(1032),宋仁宗再次明确文武官员致仕荫补的权利。他规定"员外郎以上"的文官致仕时,"录其子试秘书省校书郎。三丞以上为太庙斋郎"③。员外郎以下的官员,如果荫补子孙,便不再享受转官的待遇,需"守本官致仕"。副使及其以上的武官,如果"历任无赃罪",且子孙无官,允许恩荫"子孙或弟侄一名"。副使以下的内殿崇班、承制,"更不推恩"④,不能恩荫亲属。宋仁宗在致仕荫补制度的建设上,既对不同官品的致仕官员有着不同的荫补规定,而且注意将其任内表现与致仕恩泽相连。宝元二年(1039)六月,宋仁宗下诏规定,京朝官若因犯有赃罪而奏请致仕,

---

① (元)脱脱等:《宋史》卷九《仁宗一》,第182页。
② (清)徐松辑,刘琳、刁忠民、舒大刚、尹波等校点:《宋会要辑稿》职官七七之三六,第5161页。
③ (元)脱脱等:《宋史》卷一七〇《职官十》,第4089页。
④ (清)徐松辑,刘琳、刁忠民、舒大刚、尹波等校点:《宋会要辑稿》职官七七之三九,第5163页。

"自今止与转官,更不推恩子孙"①,剥夺其恩荫子弟的权利。其他因"事责降分司""老疾不任官职之事""居官犯法"及"不治为所部劾奏"而被迫致仕者,"子孙更不推恩"②,不再享有恩荫的权利。相反,如果副使以下的官员曾经立有"战功,或因捉获强恶贼,用酬奖改官者"③,可破例享有恩荫权。

元丰七年(1084),宋神宗下诏宣布"文臣中大夫、武臣诸司使以下致仕,更不加恩"④,明确规定正五品以下的文官和正七品以下的武官不再享有致仕恩荫权。宋哲宗即位后,在元祐四年(1089)又将致仕荫补的标准重加修定,允许承议郎、奉议郎"陈乞有服亲一人恩例"。由此以来,从七品的承议郎和正八品的奉议郎,如果致仕时放弃迁资,也可获得荫补一人的权利。

由上可知,五品以上的官员,凡任内无赃罪,未被弹劾、责降且主动致仕者均可恩荫子孙,五品以下的官员一般在放弃迁转官资的前提下方能恩荫一人。副使以下的武臣也可因战功享有致仕恩荫权。

两宋时期,致仕荫补的人数以北宋末年为界分为前后两个时期。北宋末年之前,致仕荫补的人数比较稳定,基本以一名为限。宋仁宗时期,明确规定官员致仕时荫补一人。天圣四年(1026),宋仁宗下诏规定,郎中以上的官员在不转官的情况下可"官其一子"⑤。明道二年(1033)年又补充规定,若三丞以上致仕的官员没有儿子,降一等"官嫡孙若弟侄一人"⑥。熙宁五年(1072),辰州团练使郭化致仕,"例得一子恩",他请求援旧例"降资分授子二人",也就是通过降低官阶将荫补人数从一人增至二人。宋神宗并未同意其请求,诏令"止与一人右班殿直"⑦,严格控制恩荫人数。

---

① (清)徐松辑,刘琳、刁忠民、舒大刚、尹波等校点:《宋会要辑稿》职官七七之三六,第5161—5162 页。
② (元)脱脱等:《宋史》卷一七〇《职官十》,第 4090 页。
③ (清)徐松辑,刘琳、刁忠民、舒大刚、尹波等校点:《宋会要辑稿》职官七七之三九,第5163 页。
④ (元)脱脱等:《宋史》卷一七〇《职官十》,第 4093 页。
⑤ (元)脱脱等:《宋史》卷九《仁宗一》,第 182 页。
⑥ (宋)王栐撰,诚刚点校:《燕翼诒谋录》卷五,第 54 页。
⑦ (宋)李焘:《续资治通鉴长编》卷二三二"熙宁五年四月辛未",第 5637 页。

北宋末年直至南宋,高级官员致仕时所荫补的人数往往超过官方规定的一人。宣和四年(1122),宋徽宗对高级致仕官员荫补人数做出明确规定,诏令吏部、户部、兵部、刑部、礼部、工部尚书致仕遗表恩泽,"共与四人",其余"侍从官三人",并将其"立为定制"①。恩荫入仕的人数大增,这不仅加剧了冗官问题,也增加了政府的财政负担。② 因此,南宋初年请求减少荫补人数的呼声比较强烈。绍兴七年(1137),中书舍人赵思诚入对时论及任子之弊,奏请"特诏侍从官共议所以革弊之术"③。宋高宗虽同意其请求,但"累月未闻有所施行"。因此,殿中侍御史金安节在同年十一月再次奏请限制恩荫人数,建议规定"致仕遗表恩泽,各不得过若干人"④。后来虽经讨论,但却议而未决,最终又不了了之。直至宋孝宗淳熙九年(1182)八月,才将致仕荫补的人数"减三分之一"⑤。宋宁宗庆元年间修立的《荐举格》对致仕荫补子孙的人数做出明确规定,"曾任宰相及见任三少、使相:三人。曾任三少、使相、执政官见任节度使:二人。太中大夫及曾任尚书侍郎及右武大夫以上,并曾任谏议大夫以上及侍御史:一人"⑥。由此可看出,四品以上的致仕官可荫补一至三人不等。对于自中大夫以下、朝奉郎以上的文臣,武功大夫以下、武翼大夫以上的武臣,只有在放弃"转一官"的情况下才有致仕恩荫子孙的权利,"听补本宗缌麻以上亲一名"⑦。

　　总而言之,致仕官员恩荫子孙的人数在北宋时期较为稳定,维持在一人。北宋末年至南宋初年呈现增长趋势,南宋孝宗、宁宗朝得以控制,即使是一品官员,至多能恩荫三人。二品以下、四品以上的官员仅能恩荫一人。

---

① (元)脱脱等:《宋史》卷一七〇《职官十》,第 4094 页。
② 游彪:《宋代荫补制度研究》,中国社会科学出版社,2001 年。
③ (宋)李心传编撰,辛更儒点校:《建炎以来系年要录》卷一一五"绍兴七年十月辛丑",第 1930 页。
④ (宋)李心传编撰,辛更儒点校:《建炎以来系年要录》卷一一七"绍兴七年十一月己亥",第 1950 页。
⑤ (元)佚名撰,汪圣铎点校:《宋史全文》卷二七上《宋孝宗七》"淳熙九年八月庚子",第 2271 页。
⑥ (元)脱脱等:《宋史》卷一七〇《职官十》,第 4099 页。
⑦ (宋)谢深甫编,戴建国点校:《庆元条法事类》卷一二《荫补·荐举令》,第 222 页。

其他官员在放弃迁转官资的情况下,也只能恩荫一人。

此外,在致仕恩荫制度建立之前,宋真宗曾特批中下级致仕官员恩荫子孙。例如,咸平五年(1002)九月,郭成范在赴朝时,在殿门摔倒,阁门使闻知后上报皇帝。宋真宗不仅"特原之",而且在其致仕时特允其"愿得一子食禄给养"①的请求。景德二年(1005)四月九日,虞部员外郎、安定郡王府翊善董浔为都官员外郎致仕,宋真宗"赐其子经进同士出身"②。天禧元年(1017)七月十七日,祠部郎中胡旦以秘书少监的身份致仕,他"自陈目疾",奏请"授其子官"。宋真宗因怜其患疾,诏授其子胡粲书"试秘书省校书郎"③。

除致仕荫补外,致仕官员还可在临终前为子弟奏请官职,即遗表恩补。宋制规定,带职朝奉郎以上的文官、武翼郎以上的武臣,"非降黜中身亡"皆可上表,奏补缌麻以上亲为官。《庆元条法事类》对宋代遗表恩补的标准有着明确规定,"曾任宰相及见任曾任三少、使相,五人。曾任执政官并见任节度使,四人。太中大夫以上,一名。诸卫上将军子承宣使,四人。观察使,三人"④,这是在缩减原有人数三分之一的基础上确定的标准。在此之前,遗表荫补的数量非常惊人。例如,王旦死后,其子、弟、侄及外孙、门客、常从等十几人补官⑤;王钦若死后,其"亲属及所亲信"⑥补官者达二十余人。

中高级致仕官员不但享受致仕恩泽、遗表恩泽,而且在朝廷郊祀大礼之际也可恩荫子孙。至和元年(1054),宋仁宗对南郊大礼致仕官恩荫子孙做出了详细规定:

> 大将军致仕,遇南郊陈乞亲子孙班行者,如元系正团练使及遥郡防御使已上,曾任两省都知除致仕者,每遇郊恩许奏一名;曾任正刺史及两

---

① (清)徐松辑,刘琳、刁忠民、舒大刚、尹波等校点:《宋会要辑稿》职官七七之三二,第5159页。
② (清)徐松辑,刘琳、刁忠民、舒大刚、尹波等校点:《宋会要辑稿》职官七七之三三,第5159页。
③ (清)徐松辑,刘琳、刁忠民、舒大刚、尹波等校点:《宋会要辑稿》职官七七之三三,第5160页。
④ (宋)谢深甫编,戴建国点校:《庆元条法事类》卷一二《恩泽·荐举格》,第236页。
⑤ (元)脱脱等:《宋史》卷二八二《王旦传》,第9552页。
⑥ (元)脱脱等:《宋史》卷二八三《王钦若传》,第9563页。

省押班致仕,后遇郊恩,许奏一名,依例与班行。后更两遇南郊,方许更奏一名,仍勘会历任无赃罪者施行。其余分司致仕官,更不得陈乞。①

至和元年的规定,所针对的是高级致仕武官郊祀大礼恩荫子孙的条件和人数。按此规定,正任团练使和遥郡防御使以上的致仕武官,只有"曾任两省都知"才能在南郊大礼时恩荫直系子孙,数量是一人。正任刺史及两省押班致仕后,遇有郊祀大礼,也允许恩荫一名子孙,前提是"历任无赃罪",其他致仕官员则无郊祀恩荫子孙的权利。

南宋宁宗朝所编纂的《庆元条法事类》,系统总结了两宋致仕官员郊祀大礼恩赏子孙官职的规定。与至和元年(1054)的规定相比,它更为详细、全面:

> 诸太中大夫、观察使以上致仕,每遇大礼,听荫补小功亲;刺使及遥郡防御使以上,两遇大礼,听荫补子孙(刺史以下听荫补者,并一名止)。
>
> 诸带职事官致仕者,遇大礼荫补,听奏本宗亲一名;东宫三师听奏小功以上,三少至谏议大夫,权六曹侍郎、侍御史,听奏大功以上,其两遇者,听奏小功以上亲。
>
> 诸厢都军指挥使带遥郡曾立战功者,虽以老病直令致仕,亦听荫补。②

由上可知,《庆元条法事类》对不同级别文武致仕官员的郊祀恩荫权及恩荫范围均做出相应的规定。文官太中大夫以上致仕者,武官刺史及遥郡防御使以上致仕者,均可在郊祀大礼时荫补子孙。两宋时期,凡被勒令致仕者,所有的致仕待遇都会被剥夺。但对于立有战功的诸厢都军指挥使带遥郡的武官,政府格外优待。即使他们"以老病直令致仕",也可以荫补子孙。在恩荫范围上,不再局限亲子孙,本宗亲和大功亲是也是郊祀大礼荫补的对

---

① (宋)李焘:《续资治通鉴长编》卷一七七"至和元年十月",第4287—4288页。
② (宋)谢深甫编,戴建国点校:《庆元条法事类》卷一二《荫补·荐举令》,第230、231、233页。

象,如果连续两次遇上郊祀大礼,小功亲也可被恩荫官职。

荫补子孙的待遇,使老年官员的子孙享受到稳定的俸禄,这不仅有利于提高子孙侍养祖父母及父母的积极性,而且也提高了子孙的经济供养能力。同时,它还有助于维护老年官员在家庭中的权威和地位。致仕恩荫制度加剧了宋代的冗官现象,但在官员的养老方面具有较为明显的保障功能。

(二) 宋代官员致仕养老的经济待遇

宋代致仕官员的经济待遇主要有两大来源,其一是常规性的俸禄,其二是非制度性的赏赐。它们是老年致仕官员主要的经济来源,较为稳定,为其养老提供了必要的经济保障。

1. 宋代致仕官员的俸禄待遇

常规性的俸禄是宋代老年致仕官员较为稳定的经济收入,对其晚年生活质量具有重要的影响,也直接关系着致仕养老方式的顺利推行,因此宋政府在俸禄制度的建设上颇为用心。宋代老年致仕官员的俸禄向以"丰厚"著称,引起了学术界的关注。以往的研究成果在宋代致仕官员享受半俸制上基本取得共识,但是对于致仕俸禄的发放形式与程序,以及发放过程中所存在的弊端,还缺少专题的探讨。下文将在前人基础上对宋代致仕官员的俸禄待遇进行进一步探讨。

北宋初年,致仕官员半俸制得以确立。宋太祖时期,政府未从制度上强制官员致仕养老,致仕官员的俸禄待遇尚无明确标准。针对官员"纳禄归田"后"奉养之阙"的现实,宋太宗在淳化元年(990)五月颁布《致仕官给半俸诏》,诏令规定,"应曾任文武职事官恩许致仕者,并给半俸,以他物充,于所在州县支给"①,正式确立致仕半俸的标准。宋真宗朝,致仕官员"例得迁秩,令录即授朝官,并给半俸"②,继承了致仕半俸的规定。

北宋仁宗朝,老年致仕官员的俸禄待遇因官品不同出现半俸、全俸之

---

① (宋)佚名编:《宋大诏令集》卷一七八《致仕官给半俸诏》,第640页;(清)徐松辑,刘琳、刁忠民、舒大刚、尹波等校点:《宋会要辑稿》职官七七之三〇,第5158页。(宋)谢维新:《古今合璧事类备要》后集卷六《俸禄》,《影印文渊阁四库全书》第939册,第599页。

② (宋)李焘:《续资治通鉴长编》卷五二"咸平五年五月丙申",第1130页。

别。致仕半俸的待遇,使"未尝为显官者"告老后"贫不能自给",生活陷入了困境,这有悖于政府"遇高年、养廉耻"的初衷,也影响到致仕养老方式的推行。景祐三年(1036)六月,宋仁宗颁发诏令,规定"自今大两省、大卿监、正刺史、阁门使以上致仕者,给俸如分司官例"①。由此以来,五品以上的致仕官员便可享受全俸的待遇,但此项规定至多延续至宋英宗朝。据史料记载,治平四年(1067)十月,李柬之、李受分别以太子太保、刑部侍郎致仕,其官阶虽在五品以上,但仍"支半俸"②。熙宁元年(1068)五月,工部郎中、知滑州(今河南滑县)王猎奏请致仕。他虽然以三品官员身份致仕,但却因属"先帝藩邸旧臣",才被神宗特赐"全俸实钱"③。由此可知,宋神宗朝时五品以上致仕官全俸的规定并未得到实行。

北宋神宗与哲宗朝,致仕官员俸禄待遇仍有半俸、全俸之别,战功成为致仕官员享受半俸或全俸的主要依据。宋神宗在进行官制改革的同时,对致仕官员的俸禄待遇也进行了大刀阔斧的改革。为了激励在任官员,尤其是武官勇猛作战,宋神宗在熙宁年间就对立有战功的致仕官员给以全俸。侬智高围攻广州时,都监侍其渊率领士卒击退叛贼。他年老致仕后,因守城有功,被特赐"给全俸"④。元丰七年(1084)十一月,宋神宗从制度上确立战功对文武官员致仕俸禄待遇的决定作用。他下诏规定:"丞务郎及使臣以上致仕,尝以战功迁官者,俸钱、衣赐并全给。余历任无公私罪事理重及赃罪,给半。因过犯若老疾体量致仕者,不给。非战功而功状显著,奏裁。"⑤依此

---

① (宋)佚名编:《宋大诏令集》卷一七八《致仕官给俸诏》,第642页。(宋)李焘:《续资治通鉴长编》卷一一八"景祐三年三月戊戌",第2778—2779页。(元)脱脱等:《宋史》卷一〇《仁宗二》,第201页。关于此诏令的颁布具体时间,《宋大诏令集》和《长编》记载的有所不同,前者是六月十九日,后者记载的是三月,今以《宋大诏令集》中的时间为准。
② (清)徐松辑,刘琳、刁忠民、舒大刚、尹波等校点:《宋会要辑稿》职官五七之三八至三九,第4578页。
③ 《续资治通鉴长编》记载的时间有所不同,为熙宁九年四月丁丑。分别见(清)徐松辑,刘琳、刁忠民、舒大刚、尹波等校点:《宋会要辑稿》职官五七之三九,第4579页。(宋)李焘:《续资治通鉴长编》卷二七四"熙宁九年四月丁亥",第6701页。
④ (宋)江少虞:《宋朝事实类苑》卷五五《侍其渊》,第724页。
⑤ (清)徐松辑,刘琳、刁忠民、舒大刚、尹波等校点:《宋会要辑稿》职官七七之五一至五二,第5168页。

规定,上至一品宰相,下至九品承务郎,只要因"亲冒矢石,见阵立功"升迁者,即可得全俸。政绩一般且无罪者,则为半俸。被勒令致仕的老年官员则取消俸禄。宋哲宗提高了因战功迁官者享受致仕全俸的条件,他在户部的建议下,于元祐六年(1092)十二月宣布"致仕官有战功曾经转两官以上者,并许支给全俸"①,但依然将战功作为致仕官员享受全俸的重要依据。

南宋时期,致仕官员的俸禄仍以半俸为主。陆游致仕后,曾多次赋诗描述其老年生活。他在告老还乡后,依靠儿子生活,"不请半俸"②。在他看来,"卖薪自可了盐酪,治地何妨栽果蔬",致仕后无需不顾"老钝","顽请半俸"③。从陆游的诗句中可知,他致仕后享受半俸。绍熙二年(1191)四月,魏国公史浩引年致仕,被宋孝宗特赐全俸,但他次日奏乞孝宗将其俸禄"止依致仕禄格支破"④。由此可判断,当时禄格所规定的标准仍然是半俸。此外,《夷坚志》对南宋致仕官员的俸禄也有所记载。兴化地区的致仕官员吴公诚,"年七十以大夫致仕",曾在梦得知自己"犹有俸金七百千在官"。次年归西,"计挂冠后所入半俸,适满七百千"⑤。由此可知,南宋时期,致仕官员的俸禄基本还是半俸制。

从宋代致仕官员俸禄待遇的演变过程来看,半俸制始终占据主要位置,但在普遍实行半俸制的情况下,恩赐全俸的特例始终存在。宋代享受致仕全俸的老年官员,多是身份特殊的高级官员。咸平四年(1001)五月,翰林学士、吏部郎中、知制诰朱昂罢为工部侍郎,后申请致仕以养老。宋真宗念其"未尝以私事干朕",赐其"全俸,诏本府岁时省问"⑥。天圣四年(1026)十

---

① (清)徐松辑,刘琳、刁忠民、舒大刚、尹波等校点:《宋会要辑稿》职官七七之五七,第5171页;(元)脱脱等:《宋史》卷一七〇《职官十》,第4094页。
② (宋)陆游撰,钱仲联校注:《陆游全集校注》第5册《剑南诗稿校注》卷三九《致仕后即事》,浙江教育出版社,2011年,第103页。
③ (宋)陆游撰,钱仲联校注:《陆游全集校注》第7册《剑南诗稿校注》卷六九《泛舟过金家堰赠卖薪王翁》,第242页。
④ (清)徐松辑,刘琳、刁忠民、舒大刚、尹波等校点:《宋会要辑稿》礼五九之一〇,第2085页。
⑤ (宋)洪迈撰,何卓点校:《夷坚志·夷坚甲志》卷八《吴公诚》,第64页。
⑥ (宋)李焘:《续资治通鉴长编》卷四八"咸平四年五月戊辰",第1059页。

二月,礼部尚书、集贤院学士晁迥累章请老,宋仁宗因其为"先朝学士,志行修洁",特"授太子少保致仕,给全俸"①。一般的老年致仕官员,偶尔也会因特恩享受短暂的全俸待遇。大中祥符元年(1008)冬十月,宋真宗东封,大赦天下,"赐致仕官本品全俸一季"②。大中祥符五年(1013)冬十月,宋真宗"札示中外,大赦天下,常赦所不原者咸除之","赐致仕官全俸一年"③,赏赐致仕官员一年全俸。

在俸禄标准上,老年致仕官员一般享受半俸的待遇。在俸禄的发放形式上,老年致仕官员与正任官也有所不同,主要以实物支付,现钱比例较小。

北宋初年,宋政府在确立致仕官员给半俸的同时,也规定了其支付方式——折支。淳化元年(990)五月,宋太宗颁布诏令,明确规定:"应曾任文武职事官恩许致仕者,并给半俸,以他物充,于所在州县支给"④。至于实物与现钱的比例,一般是九分实物,一分现钱。治平四年(1067)十月,宋神宗即位。龙图阁直学士兼侍读李柬之致仕,他"族大而家贫",因此王珪上书奏请增加其致仕俸禄。根据王珪的奏书可知,致仕官员的月俸,"例给见钱一分"⑤。熙宁二年(1069),翰林学士吕公著曾建议增加致仕官员俸禄的现钱比例,"依外任官例,与给四分俸钱"⑥,但并未被宋神宗采纳。由此可见,虽有臣僚呼吁提高致仕官俸禄的现钱比例,但多维持一分现钱的标准。

对于一般致仕官员来说,俸禄的现钱比例非常小,但身份特殊的致仕官员则可享受现钱的优厚待遇。致仕俸禄特免折支的官员,大致可分为三类:

---

① (宋)李焘:《续资治通鉴长编》卷一〇四"天圣四年十二月戊辰",第2428页。
② (元)脱脱等:《宋史》卷七《真宗二》,第138页。《长编》记载真宗大赦天下为大中祥符元年十月癸丑,与《宋史》记载有所不同,见(宋)李焘:《续资治通鉴长编》卷七〇,第1572页。今取《长编》之说。
③ (元)脱脱等:《宋史》卷八《真宗二》,第152页;(宋)李焘:《续资治通鉴长编》卷七九"大中祥符五年冬十月乙未",第1798页。
④ (宋)佚名编:《宋大诏令集》卷一七八《致仕官给半俸诏》,第640页。(清)徐松辑,刘琳、刁忠民、舒大刚、尹波等校点:《宋会要辑稿》职官七七之三〇,第5158页。
⑤ (宋)王珪撰:《华阳集》卷八《奏乞李谏之致仕增俸札子》,《丛书集成初编》第1912册,第81页。
⑥ (宋)赵汝愚编:《宋代诸臣奏议》卷七四《上神宗乞致仕官给四分俸钱(吕公著)》,第806页。

第一,先帝随从。治平四年(1067)十月十一日,太子太保致仕李柬之、刑部侍郎致仕李受因属"先朝随龙",并支半俸见钱①。熙宁元年(1068)五月九日,龙图阁直学士、工部郎中、知滑州(今河南滑县)王猎,守工部侍郎致仕。王猎"系先朝从龙",因此被宋神宗特支"半俸现钱"②。第二,高年致仕官员。大观二年(1108)三月九日,户部侍郎兼提举茶事洪中孚,奏乞"应致仕官朝士以下,年八十以上者,特免折支,合得俸料并支一色见钱"③,得到宋徽宗的批准。这样,八十岁以上的致仕官员特免折支,其俸禄以现钱支付。第三,归明致仕官。熙宁二年(1069)七月六日,陈州(今河南周口)通判、虞部郎中赵至忠守本官致仕,宋神宗因其为"自契丹归明人",特诏"与支见钱俸"④。

对于老年致仕官员俸禄的发放程序,宋政府也作出详细的规定。依照宋制规定,老年官员致仕后,需持政府发放的券历,到居住地粮料院指定的仓库领取俸禄。

老年官员致仕俸禄就地支付的方式,早在宋太宗时期就确立下来。淳化元年(990)五月,宋太宗颁布《致仕官给半俸诏》,规定"应曾任文武职事官恩许致仕者,并给半俸,以他物充,于所在州县支给"⑤。地方州县负责发放致仕官员的俸禄,成为宋代的定制。

老年致仕官在地方州县领取俸禄,需持有中央颁发的"券历"。洪迈在《夷坚志》中曾记载兴化人吴公诚致仕后"梦人告曰,公犹有俸金七百千在官。既觉,取券历会之,凡积留未请者正如其数"⑥。由此可知,官员致仕

---

① (清)徐松辑,刘琳、刁忠民、舒大刚、尹波等校点:《宋会要辑稿》职官五七之三八至三九,第4578页。
② 关于王猎的致仕时间,《宋会要辑稿》与《续资治通鉴长编》有着不同的记载:前者记载的是熙宁元年,而后者记载的是熙宁九年,今取《宋会要辑稿》的说法。分别见(清)徐松辑,刘琳、刁忠民、舒大刚、尹波等校点:《宋会要辑稿》职官五七之三九,第4579页;(宋)李焘:《续资治通鉴长编》卷二七四"熙宁九年四月丁丑",第6701页。
③ (清)徐松辑,刘琳、刁忠民、舒大刚、尹波等校点:《宋会要辑稿》职官五七之五三,第4587页;(元)脱脱等:《宋史》卷一七〇《职官十》,第4094页。
④ (清)徐松辑,刘琳、刁忠民、舒大刚、尹波等校点:《宋会要辑稿》职官五七之三九,第4579页。
⑤ (宋)佚名编:《宋大诏令集》卷一七八《致仕官给半俸诏》,第640页;(清)徐松辑,刘琳、刁忠民、舒大刚、尹波等校点:《宋会要辑稿》职官七七之三〇,第5158页。
⑥ (宋)洪迈撰,何卓点校:《夷坚志·夷坚甲志》卷八《吴公诚》,第64页。

后,政府不仅会颁发致仕告、敕,还会给其发放"券历"。老年官员致仕后"各持券书往请"①俸禄。由此可见,券历是发放致仕俸禄的重要凭据。

在各州县支付致仕官俸禄的过程中,地方粮料院是一个核心部门。宋制规定,粮料院的基本职能即"以法式颁廪禄"②,由监当官"依法式支付文武官吏月俸,凭券如数发给"③。除京城外,各府州也设有粮料院④,它们专门根据《禄令》规定,"凭券历批勘,并指定仓库支给"⑤。总而言之,州粮料院需对致仕官的券历进行审验、批勘,进而指定发放俸禄的仓库。

粮料院指定的仓库,即宋代地方州县仓。地方州县仓有都仓、省仓、郡仓、州仓、县仓之称,其主要收入来源于夏秋两税的输纳及政府籴买的粮食。⑥ 宋制规定,夏秋两税需输纳到州仓、县仓。例如,福州夏税产钱,秋税苗米,"分州、县仓送纳,支官兵粮俸及桩充义仓用"⑦。又比如秀州,"租赋视他邑为最,岁尽归于郡仓,无复输于邑者",后为免除运送之苦,"筑仓于县,以时其入"。⑧ 平江府昆山县对于州仓、县仓的收储范围做出了明确规定,"淳祐以来,平苗十石以上及折苗、糯苗皆在府仓输纳,平苗十石以下在县仓输纳"⑨。为了满足州县基本支出,地方政府还购买粮食,籴买来的粮食一般存放于州县仓。由此以来,州县仓在接受正常的夏秋两税输纳外,还"受纳、籴买"⑩。两税输纳和籴买之粮,是地方官仓收入的两大主要来源,也是宋代致仕官员俸禄的主要来源。

---

① (宋)王与之撰:《周礼订义》卷五,《影印文渊阁四库全书》第93册,第99页。
② (元)脱脱等:《宋史》卷一六五《职官五》,第3908页。
③ 龚延明编著:《宋代官制辞典》,中华书局,1997年,第559页。
④ 根据龚延明先生对监粮料院一官的解释,府、州、军、监各级行政机构从理论上说都应设有粮料院。苗书梅先生认为目前有关粮料院的史料还无法证明每州都有粮料院,只能说大的州府多设粮料院。详见苗书梅:《宋代官员选任和管理制度》,第514页。
⑤ (清)徐松辑,刘琳、刁忠民、舒大刚、尹波等校点:《宋会要辑稿》职官五之六五,第3152页。
⑥ 杨芳:《宋代仓廪制度研究》,第57—63页。
⑦ (宋)梁克家撰:《淳熙三山志》卷一七《财赋类·岁收》,《宋元方志丛刊》,第7925页。
⑧ (宋)杨潜修,朱端常、林至、胡林卿纂:《(绍熙)云间志》卷上《仓库》,《宋元方志丛刊》,第12页。
⑨ (宋)项公泽修,凌万顷、边实纂:《淳祐玉峰志》卷中《税赋》,《宋元方志丛刊》,第1067页。
⑩ (清)徐松辑,刘琳、刁忠民、舒大刚、尹波等校点:《宋会要辑稿》食货六二之五九,第7582页。

州县仓所接纳的夏秋输纳和籴买之粮,主要用于上供。上供之外的仓粮则主要用于本地官兵的廪禄。宋制规定"诸州县每年并豫准来年应需禄粮之数,各于正仓内量留拟备,随须出给"①。所谓的正仓,即为州县仓。比如慈溪县仓,在"县西南三十步,旧屋十间,今存其二",分别储放俸米和义仓米,"一贮官兵俸料米,一贮义仓米"②。南宋抗金名臣李纲,对州县仓发放官员俸禄的功能有所记载,"州仓月支官兵粮米并诸县支遣,以岁计之,凡八万六千余硕"③。从地方志中关于州县仓的记载来看,两宋州县仓储体系相对比较完备,这为致仕官俸禄的发放提供了基本的物质保障。

宋代致仕官员的俸禄,是老年官员经济来源之一,为其晚年生活提供了一定的经济保障④。在整个中国古代社会,宋代致仕官发放俸禄取消了品级限制。汉朝规定两千石以上的官员致仕后仅享受原来三分之一的俸禄,汉平帝元始元年(1)春正月,诏令"天下吏比二千石以上年老致仕者,参分故禄,以一与之,终其身"⑤。唐代规定五品以上的职事官致仕后才能享受半禄,"诸职事官年七十,五品以上致仕者,各给半禄"⑥。宋代则打破品级的限制,规定文武职事官只要不犯赃罪,正常致仕,不仅有半禄,还有半俸。宋人对此非常自豪,"唐人致仕非有敕不给俸,今致仕者例给其半,与旧制异矣"⑦。即使是明清时期,致仕官员的俸禄也未实现制度保障。总之,在宋代致仕官养老费用中,致仕俸禄是最为稳定和主要的来源⑧,它为致仕官的

---

① 天一阁博物馆、中国社科院历史研究所天圣令整理课题组校证:《天一阁藏明钞本天圣令校证》,中华书局,2006年,第278页。
② (宋)胡榘修,方万里、罗濬纂:《宝庆四明志》卷一六《慈溪县·仓库务场等》,《宋元方志丛刊》,第5204页。
③ (宋)李纲撰,王瑞明点校:《李纲全集》卷一二八《与张子公舍人书》,第1232页。
④ 何忠礼:《宋代官员的俸禄》,《历史研究》1994年第3期;张全明:《也谈宋代官员的俸禄》,《历史研究》1997年第2期;邵红霞:《宋代官僚的俸禄与国家财政》,《江海学刊》1993年第6期。
⑤ (汉)班固撰:《汉书》卷一二《平帝纪十二》,第349页。
⑥ (唐)杜佑:《通典》卷三五《职官十七》,中华书局,1988年,第968页。
⑦ (宋)曾敏行撰,李梦生、朱杰人点校:《独醒杂志》卷二,上海古籍出版社,2012年,第101页。
⑧ 俸禄是宋代致仕官的主要的经济来源,除此之外还有赏赐、土地收入、讲学收入、子女供养等,关于致仕官员养老费用来源将专文讨论。

养老生活提供了较为稳定的经济保障。虽然致仕俸禄对老年官员的养老生活具有积极的影响,但同时它也存有无法克服的问题与弊端。

第一,致仕官员俸禄的不仅在数量上减少了一半,其支付方式还以实物为主,现钱比例相当小,这就使致仕官员的俸禄大为缩水。在实物和现钱的比例上,现任官以现钱为主,致仕官则以实物为主。现任官俸禄的现钱比例最高可达三分之二,致仕官若非特恩,仅能支一分现钱。熙宁二年(1069),翰林学士吕公著奏乞"文武官致仕,非因过犯及因体量者,并依外任官例与给四分俸钱"①,但未被采纳,仍然沿用旧例,"致仕官俸给陈敝物,其直十得四"②。直到徽宗大观二年(1108),政府才同意"致仕官朝士以下,年八十以上者,特免折支,合得俸料并支一色见钱"③。致仕官员领到实物后需要将其卖掉,才能换得现钱,这对多数致仕官的老年生活也是有所影响的。杨亿对实物俸禄兑换现钱的缩水现象留下了详细的记录,"群官于半俸之中已是除陌,又于半俸三分之内,其二分以他物给之,鬻于市廛,十才得其一二",这样"糊口之不及,岂代耕之足"④。

第二,致仕官俸禄的发放,主要由地方州县仓支付,⑤但地方州县仓的粮米在战争或自然灾害期间,常因供应军粮和救恤灾民出现告急的状况,这直接影响了致仕官员俸禄的发放。州县仓所接纳的粮米用途较广,首先是要上交给中央,即所谓的"上供"。其次则是供应军需。地方军队数量庞大,加上战事频繁,军粮的支出成为州县仓的又一主要开支。再次才是作为俸禄发放给正任官员及致仕官员。此外,州县仓还要在灾荒期间支米以赈济灾民⑥,

---

① (宋)赵汝愚编:《宋朝诸臣奏议》卷七四《上神宗乞致仕官给四分俸钱(吕公著)》,第806页。
② (宋)李焘:《续资治通鉴长编》卷二七四"熙宁九年夏四月丁亥",第6701页。
③ (清)徐松辑,刘琳、刁忠民、舒大刚、尹波等校点:《宋会要辑稿》职官五七之五三,第4587页。
④ (宋)杨亿:《武夷新集》卷一六《次对奏状》,《宋集珍本丛刊》第2册,第351页。
⑤ 黄惠贤、陈峰:《中国俸禄制度》,武汉大学出版社,2012年;杨芳:《宋代仓廪制度研究》,第64—68页。
⑥ 关于州县仓在灾荒救济方面的作用,详见李华瑞:《北宋州县仓救荒功能略论》,载邓小南主编:《宋史研究论文集》,云南大学出版社,2009年,第308—323页。

地方酿酒的原料也是由州县仓提供。由此可以看出,支付致仕官俸禄,只是州县仓众多职能之一,它的储备状况与官员俸禄发放有直接的关系。从宋人的记载来看,官仓的储备并不充实。治平二年(1065)三月,司马光利用休假回陕州"焚黄",发现地方官仓贮备严重不足,影响到官兵粮米的发放。据其记述,"诸州仓库钱粮,类皆阙绝,其官吏军人料钱、月粮,并须逐旋收拾,方能支给"①。正任官的俸禄尚无保障,致仕官员的俸禄更是无从发放。宋宁宗朝的吕午,针对国家财赋提出了建议,在其奏议中也反映了当时州县仓储备不足的情况,"所在州县仓库俱空,解发朝廷反有拖欠"②。如果州县仓的粮米连上供都无法满足的话,官员俸禄,尤其是致仕官员俸禄的发放就可想而知。对于以致仕俸禄为生的老年官员,若无法按时领取俸禄,其晚年生活势必受到影响。

第三,南宋时期流行"借减"官员俸禄的做法,这是宋代致仕官员俸禄发放过程中的又一弊端。南宋时期因财政紧张,对官员俸禄实行借减,致仕官俸中也有"借减"名目。周必大对于政府"借减"致仕俸禄有明确的记载,致仕官"比见任人仅支得数分之一。又有借减折支、大段微细"。如某官依禄格"月钱二百贯,今支一百贯;米一百五十石,今支一百石"。只有高级官员在皇帝的特批下才能享受"真俸""全支",也就是"借减中更不减"③。至于一般的致仕官员,实际所得的俸禄与制度规定的还是有一定的差距,所以当时有大量官员采取虚报年龄的做法以延迟退休,有的官员更是不顾政府的规定,迟迟不申请致仕。总之,政府"借减"俸禄,造成了致仕官实际俸禄的下降,这对中下级致仕官员的晚年生活质量形成了一定的冲击。

第四,宋代致仕俸禄待遇,虽然打破了品级限制,在制度上具有稳定的保障,但却存在明显的高低悬殊。从元丰改制后至北宋末文武寄禄官请受表看

---

① (宋)李焘:《续资治通鉴长编》卷二〇四"治平二年二月己丑",第4954页。
② (宋)吕午:《左史谏草》《谕州县施行乞以成宪为法奏闻事伏侯敕旨》,《影印文渊阁四库全书》第427册,第7页。
③ (宋)周必大撰,王瑞来校证:《周必大集校证》卷一五〇《致仕禄格御笔》《回奏》《同日回奏》,第2291页。

出,一品官的俸禄差别最大,最高达400千,最低有90千。二品官的俸禄为60千,三品、四品、五品官员的俸禄在45千到55千之间。五品以下官员的俸禄均在35千以下,最低至4千①。由此可见,五品以下的官员,即占较大数量的中下级官员俸禄与五品以上的中高级官员相比,俸禄较低。致仕半俸后,他们的俸禄更低。例如,以六品官致仕的官员每月可领取17.5千文的俸禄,以九品官致仕的官员每月仅有2千文的俸禄。与高级致仕官员每月30千文、45千文的标准相比还是存有明显的差距。九品致仕官员的俸禄与五品致仕官员的俸禄待遇相差有10多倍,与二品致仕官的俸禄待遇则有15倍的差距。

政府给老年致仕官所提供的俸禄,对于中高级官员来说,是能够满足其晚年生活需要的。但对于大多数中下级官员,尤其是低级官员,还是无法保证其晚年生活之需。例如,六品致仕官员可领取17.5千文的俸禄,按照每天人均200文的消费标准,这份俸禄可以满足三个人的基本生活。但九品致仕官员的2000文的月俸,即使按照每天100文的最低标准②计算,也无法满足他一个人的基本生活。宋人对致仕官员的生活状况,也有清醒的认识。景祐三年(1036)六月十一日,工部郎中、兼侍御史知杂事司马池在其上书中就论及"未尝为显官者",致仕后"贫不能自给"③。翰林学士吕公著,对于部分致仕官员晚年生活窘迫的现象也有所认识,在他看来,廉洁无营产的官员,"其禄已常苦不足,一旦归老,则妻子不免冻馁"④。

总之,对于高级老年官员来说,致仕俸禄完全能够满足养老的需要,但对于中下级老年致仕官员来说,单纯的俸禄收入还无法真正使其安享晚年。如果缺少其他经济来源,其晚年生活也相当窘迫。⑤

---

① 龚延明编著:《宋代官制辞典》,《元丰改制后至北宋末文武寄禄官请受表》,第710—711页。
② 关于宋人生活费用标准,主要依据程民生先生的观点。见程民生:《宋代物价研究》,人民出版社,2008年,第564—565页。
③ (元)脱脱等:《宋史》卷一七〇《职官十》,第4089页。
④ (宋)赵汝愚编:《宋代诸臣奏议》卷七四《上神宗乞致仕官给四分俸钱》,第806页。
⑤ 何忠礼:《宋代官员的俸禄》,《历史研究》1994年第3期;张全明:《也谈宋代官员的俸禄》,《历史研究》1997年第2期;邵红霞:《宋代官僚的俸禄与国家财政》,《江海学刊》1993年第6期。

2. 物质赏赐

除制度性的俸禄外,宋代老年致仕官员在朝廷郊祀大礼、明堂大礼及太上皇、皇太后的庆寿大礼之时,也会享有数量不等的物质赏赐,①这也是他们晚年经济收入的重要组成部分。

北宋时期,政府对致仕官员的普遍赏赐实物始于宋真宗朝。大中祥符二年(1009)正月,宋真宗东封泰山,遍赏士庶,其中文武致仕官员的赐帛标准如下:"大将军三十匹,将军、郎中二十匹,员外郎十五匹,率府副率、国子博士而下十匹,大理寺丞而下七匹"②。由此看出,此次赏赐的范围非常广泛,中下级官员也在赏赐之列。但令人疑惑的是,在大中祥符二年的赏赐诏令中,并未见到中高级致仕文官和中下级致仕武官的赏赐标准。宋仁宗朝,政府赏赐致仕官员的标准更加详细、完备。皇祐二年(1050)十月,宋仁宗因"太礼庆成","赐内外致仕文武升朝官以上粟帛羊酒各有差",针对不同级别文武致仕官制定不同的赏赐标准:

> 致仕丞、郎、大卿监、曾任两省近侍之职,赐绢三十匹、米十五石、面十五石、羊三口、酒六瓶;大卿监不经任两省近职者不赐绢,余悉如数。少卿监至殿中丞、大将军、将军,赐米面各十石、羊二口、酒四瓶。中允至洗马、率府率、副率,赐米面各五石,羊一口,酒二瓶。③

宋仁宗在赏赐文武致仕升朝官时,划分了三个层次,第一个层次是五品以上的中高级官员,即"丞郎、大卿监"以上的致仕官员。如果他们"曾任两省近侍之职",可获"绢三十匹、米十五石、面十五石、羊三口、酒六瓶"的赏赐;如果"不经任两省近职",除"不赐绢"外,其他则如数赏赐。第二个层次

---

① 王艳曾指出官员致仕时获得的特恩赏赐,但仅注意宋廷对个别重臣、名臣,对普遍性赏赐有所忽视。详见王艳:《宋代物质赏赐研究》,河南大学博士学位论文,2013年,第178页。
② (清)徐松辑,刘琳、刁忠民、舒大刚、尹波等校点:《宋会要辑稿》职官七七之三三,第5159页。
③ (清)徐松辑,刘琳、刁忠民、舒大刚、尹波等校点:《宋会要辑稿》礼二四之三一,第1155页。

是少卿监至殿中丞、大将军、将军,按规定他们可被"赐米面各十石、羊二口、酒四瓶",与五品以上高级致仕官的赏赐标准相比,下降三分之一,同时也不再赐绢。第三个层次是"中允至洗马、率府率副率",他们的赏赐标准是五品以上高级致仕官员的三分之一,"赐米面各五石、羊一口、酒二瓶",也不再赐绢。此外,宋仁宗在改元时,也对文武致仕官员有所赏赐。嘉祐元年(1056),宋仁宗因改元赏赐致仕官员,"致仕大卿监以上及曾任近侍之臣粟、帛、羊、酒"①,此次赏赐的对象仅针对曾任近侍的五品以上致仕官,范围相当有限。

南宋时期,政府对致仕官员的物质赏赐更为频繁。皇帝在登基之时、明堂大礼及庆寿典礼之际,往往赏赐致仕官员粟帛羊酒。宋高宗即位后,为笼络人心,立即赏赐天下。在建炎元年(1127)五月一日的赦文中规定,"文武致仕官并赐粟、帛、羊、酒",其中"曾任太中大夫、观察使以上"②的高级致仕官加倍赏赐,开启了南宋赏赐老年致仕官员的先河。绍兴七年(1137)九月,宋高宗因明堂大礼再次赏赐文武致仕官员,"文武升朝官以上致仕者,赐束帛、羊酒有差,内曾任太中大夫、观察使以上官,仍从优异"③。绍兴二十九年(1159)正月,宋高宗在为母亲韦太后举行八十庆典时,诏令"文武致仕升朝官以上官年八十以上,并与依格支赐羊酒粟帛",其中"曾任太中大夫观察使以上,仍与倍赐"④。80岁以上的文武致仕升朝官均能享受到赏赐。

宋孝宗时期,政府对致仕官员的赏赐极富连续性。绍兴三十二年(1162)六月,宋孝宗仿效宋高宗,登基之后对天下文武官员大行恩赏。其中,文武致仕官"赐粟、帛、羊、酒","曾任太中大夫、观察使以上"的致仕官则加倍赏赐。三年之后,即乾道元年(1165)正月,在明堂大礼之际,再次下诏赏赐文武致仕

---

① (清)徐松辑,刘琳、刁忠民、舒大刚、尹波等校点:《宋会要辑稿》职官七七之三九,第5163页。
② (清)徐松辑,刘琳、刁忠民、舒大刚、尹波等校点:《宋会要辑稿》职官七七之六四,第5174页。
③ (清)徐松辑,刘琳、刁忠民、舒大刚、尹波等校点:《宋会要辑稿》礼二五之二一,第1216页。
④ (清)徐松辑,刘琳、刁忠民、舒大刚、尹波等校点:《宋会要辑稿》后妃二之一一至一二,第284页。

官员,赏赐标准依然如故。整个乾道年间,宋孝宗在历次朝廷大礼之际,均对文武致仕官员进行赏赐①。淳熙年间,宋孝宗依然坚持赏赐文武致仕官员。淳熙三年(1176)十一月,宋孝宗朝廷举行南郊之礼,在赦文中规定,"文武升朝官以上致仕者,等第赐束帛、羊酒"。在淳熙六年(1179)、淳熙九年(1182)的明堂赦文中均有相同的规定②。淳熙十三年(1186)正月,宋孝宗为太上皇帝举行八十庆寿大典,在庆寿赦文中规定"文武致仕升朝官年七十已上,并与依格支赐羊酒粟帛",80 岁以上并"曾任太中大夫、观察使以上"的致仕官员"仍与倍赐"③,老年升朝致仕官均可享受赏赐。

  宋代对致仕官员的物质赏赐,除朝廷大礼之际的恩赏外,还包括节日赏赐。景祐三年(1036)三月,宋仁宗诏令"每遇冬年寒食",赏赐致仕官过节物品"羊二口,米一石,面一石,酒二瓶",同时要求"今后并依此例"④。自此以后,寒食节之际赏赐致仕官员成为惯例。此外,高级官员在致仕时往往能够享受到皇帝的特赏,这样的事例屡见不鲜。例如,乾德四年(966)十一月,王晏以太子太师致仕,宋太祖特"赐绢五百匹、羊五十口、面五十石、酒五十瓶"⑤。咸平四年(1001)五月,翰林学士吏部郎中朱昂以"工部侍郎致仕"。宋仁宗因其"久在左右,特加优礼"。赐"银器二百两,帛三百匹"⑥。嘉祐四年(1059)七月,太常博士致仕胡瑗"常侍经筵",宋仁宗特"赐其家绢百匹"⑦。元祐五年(1090)正月,宋哲宗"赐太中大夫致仕程珦家绢二百匹"⑧。绍兴五年(1135)六月,龙图阁直学士、左朝请大夫杨时正式致仕,宋高宗特"赐其家银、绢各二百匹两"⑨。绍兴二十七年(1157)七月十二日,成

---

① (清)徐松辑,刘琳、刁忠民、舒大刚、尹波等校点:《宋会要辑稿》礼二五之二三,第 1217 页;
② (清)徐松辑,刘琳、刁忠民、舒大刚、尹波等校点:《宋会要辑稿》礼二五之四八,第 1219 页。
③ (宋)叶宗鲁纂修,(清)徐松辑:《中兴礼书续编》卷二二《奉太上皇帝尊号册宝礼毕庆寿二》,第 519 页。
④ (宋)佚名编:《宋大诏令集》卷一七八《致仕官给俸诏》,第 642 页。
⑤ (清)徐松辑,刘琳、刁忠民、舒大刚、尹波等校点:《宋会要辑稿》礼四四之一二,第 1699 页。
⑥ (清)徐松辑,刘琳、刁忠民、舒大刚、尹波等校点:《宋会要辑稿》职官七七之三一,第 5159 页。
⑦ (清)徐松辑,刘琳、刁忠民、舒大刚、尹波等校点:《宋会要辑稿》礼四四之一五,第 1700 页。
⑧ (清)徐松辑,刘琳、刁忠民、舒大刚、尹波等校点:《宋会要辑稿》礼四四之一六,第 1701 页。
⑨ (清)徐松辑,刘琳、刁忠民、舒大刚、尹波等校点:《宋会要辑稿》礼四四之二〇,第 1704 页。

都潼川府夔州利州路安抚制置使、兼知成都军府事萧振,以病乞请致仕,宋高宗"特赐银、绢五百匹两"①。

由上可知,宋代老年致仕官员在朝廷大礼及节日之际往往能够享受到政府的赏赐,但这种物质赏赐对官品有一定的限制,赏赐对象多为中高级老年致仕官员,低级老年致仕官较少得到此项优遇。

(三) 宋代致仕官员的侍养及医疗待遇

宋政府不仅给予老年致仕官员优厚的政治待遇和经济待遇,而且提供侍养及医疗等待遇。

为保证致仕官员老有所养,宋政府赋予其子孙近地差遣的权利。宋制规定,"致仕官子孙免选除近官"②,满足了子孙侍奉致仕官员的基本条件。就近差遣致仕官员子孙,在实践过程中也得到较好的贯彻。咸平四年(1001)五月,翰林学士、吏部郎中朱昂以工部侍郎致仕,退居江陵(今江苏南京)。宋仁宗因其"久在左右,特加优礼",诏命其子"知江陵府公安县,使得就养"③。咸平五年(1002)九月,仓部员外郎、武信军节度掌书记郭成范,家境贫困,因老病乞请致仕,宋真宗怜悯其"家贫""老病",特令其子太庙斋郎郭韬玉为"寿州霍邱县主簿,以便侍养"④。天禧元年(1017)八月,扬州上奏虞部员外郎致仕周令环,"年逾九十,无人供侍",仅有一孙周化元,其时担任"海州东海县尉"。因此"乞移授扬州判司簿尉"⑤,以便其侍奉祖父。俞献卿因患病申请致仕,以"刑部侍郎致仕"。宋仁宗听闻他退居"杭州,即从徙二子官吴中,以便奉养"⑥。宋孝宗即位后,曾求贤如渴,广泛搜求人才,

---

① (清)徐松辑,刘琳、刁忠民、舒大刚、尹波等校点:《宋会要辑稿》礼六二之六七,第2151页。
② (元)脱脱等:《宋史》卷一七○《职官十》,第4089页。
③ (清)徐松辑,刘琳、刁忠民、舒大刚、尹波等校点:《宋会要辑稿》职官七七之三一,第5159页。
④ (清)徐松辑,刘琳、刁忠民、舒大刚、尹波等校点:《宋会要辑稿》职官七七之三二,第5159页。
⑤ (清)徐松辑,刘琳、刁忠民、舒大刚、尹波等校点:《宋会要辑稿》职官七七之三三,第5160页。
⑥ (宋)刘敞:《公是集》卷五三《大中大夫行刑部侍郎致仕上柱国赐紫金鱼袋俞公墓志铭》,第638页。

曾几也蒙"请召",但他婉言回绝,最终"以通奉大夫致仕"。宋孝宗特"擢其子逮为浙西提刑"①,以便曾逮尽心侍奉父亲。宋政府就近差除致仕官员子孙的做法,为老年致仕官员的养老提供了必要的人力保证,有利于提高其晚年生活质量。

对于富有威望的高级致仕官员,皇帝为表示恩宠,常常会直接赐予医药。皇祐二年(1050)九月,宋仁宗诏请太子太保致仕杜衍、太子少傅致仕任布陪祀明堂,但杜衍"手疏以疾辞",任布也"辞以疾",因此宋仁宗"遣中使赍赐医药"②。太子太保致仕张方平患病,中书侍郎刘挚为之请医。元祐三年(1088)九月,宋哲宗特给"太医局教授杨文蔚假"③,命令其前往南京(今河南商丘)为张方平医治疾病。与赐钱、赐物所不同的是,赏赐医药一般在高级致仕官员患病情况下才会实施。

总而言之,宋代老年致仕官员不仅享有优越的政治待遇,也有丰厚的经济待遇,还有便于养老的侍养及医疗待遇,这为其养老生活提供了较为全面的保障。

三、宋代致仕官员的养老生活

宋代老年官员致仕后,其生活习俗与在任期间有明显的不同。解除政务后,老年官员在居住方面,不仅可以自由选择居住地点,也拥有充裕的时间修建园林,美化居所。在社会交往方面,老年致仕官员往往以居住地为核心,通过会社的形式建立社交网络。从繁忙的政务中解脱出来后,老年官员的文化生活、休闲生活更为丰富多彩,著书立说仍是其普遍选择。同时,笃信宗教、游山玩水也是老年致仕官员休闲生活的重要内容。

(一) 宋代致仕官员养老的居所

宋代致仕官员的居住场所,与其经济状况有密切的联系。家境殷实的致仕官员多在居住地修建园林,尽享生活之乐。但更多的老年官员在致仕

---

① (元)脱脱等:《宋史》卷三八二《曾几传》,第11769页。
② (宋)李焘:《续资治通鉴长编》卷一六九"皇祐二年九月丙申",第4059页。
③ (宋)李焘:《续资治通鉴长编》卷四一四"元祐三年九月丁未",第10053页。

后没有固定的住所,不得不租房或寄居寺院。

两宋时期,财力充裕的老年官员致仕后往往在居住地修建私家园林,足不出户便尽享山林之乐。张齐贤致仕后定居洛阳,"先得裴晋公午桥庄",并对其加以整修,"凿渠周堂,花竹照映"①,使其焕然一新。李侯致仕后也居住在洛阳,他"引水植竹,求山谷之乐",时常"增治其园"②,洛阳士大夫竞相与之交游。北宋仁宗朝的孙可久致仕后留居京师,他不仅"有居第",而且在"堂北有小园,城南有别墅",悠游自得,尽享"良辰美景"③。蒋堂两次担任苏州知州,致仕后便定居于此。他在居住地"作园隐圃","圃之内,如岩扃、水月庵、烟萝亭、风篁亭、香岩峰,皆极登临之胜。公喜宾客,日为燕会,时以诗篇为乐"④。

财力不足的致仕官员,虽然无经济实力建造园林,也非常注重美化居住环境。陈亚"晚年退居,有华亭双鹤唳,怪石一株尤奇峭,与异花数十本,列植于所居"⑤。曹修睦致仕后在"第舍园池"内"疏列泉石",并将"册书棋琴"⑥放置其中。石洵直致仕后,闭门谢事,在城南的旧园子里修建"亭沼,植名花异卉,每乘兴往游其间,以诗酒为娱"⑦。乾道六年(1170),林孝泽退休在家,"因旧葺庐,疏渠引泉,周以花竹"⑧。周密在《癸辛杂识》中对吴兴园圃有详细的记载,它们多为高级致仕官员府第,园内不仅拥有奇珍异石,还有亭台楼阁,占地数十亩到百亩之间。其中北沈(沈宾王)尚书园有灵寿书院、怡老堂、溪山亭、对湖台,尽见太湖诸山⑨。优雅的居住环境,为致仕

---

① (宋)文莹撰,郑世刚、杨立扬点校:《玉壶清话》卷三,中华书局,1984年,第24页。
② (宋)苏辙撰,陈宏天、高秀芳点校:《苏辙集》卷二四《洛阳李氏园池诗记》,中华书局,1990年,第412页。
③ (宋)吴处厚撰,李裕民点校:《青箱杂记》卷十,中华书局,1987年,第109页。
④ (宋)龚明之撰,张剑光整理:《中吴纪闻》卷一《蒋密学》,第187页。
⑤ (宋)王辟之撰,吕友仁点校:《渑水燕谈录》卷九《杂录》,中华书局,1981年,第117页。
⑥ (宋)蔡襄撰,吴以宁点校:《蔡襄集》卷三八《尚书司封员外郎曹公墓志铭》,上海古籍出版社,1996年,第698页。
⑦ (宋)吕陶:《净德集》卷二二《中大夫致仕石公墓志铭》,《丛书集成初编》第1923册,第247页。
⑧ (宋)杨万里著,辛更儒笺校:《杨万里集笺校》卷一二五《林运使墓志铭》,第4852页。
⑨ (宋)周密撰,吴企明点校:《癸辛杂识·前集》,中华书局,1988年,第8页。

官员安养晚年提供了必要物质条件。

宋代致仕官员在居住环境上存在巨大的反差,大量老年官员致仕后无法拥有亭台楼榭,他们多数仍要在老屋居住,甚至还有无处可居的官员。葛闳致仕还乡,"所居惟故屋十数间"①。杨万里"退休南溪之上",仅有"老屋一区""庇风雨"②。对于无处可居的致仕官员来说,租住房屋是他们解决居住问题的常见方式。北宋名臣杜衍,虽久居要职,但常常将俸禄用于周济生活困难的宗族,并未营造居室,以至于致仕后"无屋以居",于是长期寓居在南京驿舍③。范如圭因得罪南外宗官被罢官,退居家乡后,"僦舍邵武以居"④。此外,寺院也是老年官员致仕后的居所之一。宿州人王希吕,乾道五年(1169)登进士科,淳熙五年(1178)知绍兴府,以"刚正不阿,敢于直言"著称,因"触犯皇帝,退居乡里"。他为官清廉,生活清贫,致仕后"无屋可居",被迫"寓僧寺"。宋孝宗闻知,"赐钱造第"⑤。绍兴余姚人陈橐博学刚介,不事产业,将先祖遗留下来的田地、房屋"悉推予兄弟"。致仕后返回剡中(今浙江嵊州),无处居住,遂"侨寓僧寺"⑥。黄榦退休后回到故乡,"无可栖宿之地",后来幸"得法云寺僧庐数间",加以"葺治"⑦,寄居于寺院。

(二) 宋代致仕官员的社会交往

两宋时期,组建老年会社成为宋代致仕官员社会交往的主要方式。皇祐元年(1049),杜衍以太子太师致仕,移居南京,常同在此居住的太子宾客致仕王涣,光禄卿致仕毕世长,兵部郎中、分司朱寔,尚书郎致仕冯平相聚饮酒,"五人年皆八十余,康宁爽健,相得甚欢"⑧,逐渐形成睢阳五老会。熙宁六年(1072)三月,文彦博致仕,时判河阳府。因不满王安石变法,范镇、富

---

① (宋)苏颂撰,王同策等点校:《苏魏公文集》卷五七《光禄卿葛公墓志铭》,第874页。
② (宋)罗大经撰,王瑞来点校:《鹤林玉露·甲编》卷四《诚斋退休》,第63页。
③ (宋)欧阳修著,李逸安点校:《欧阳修全集》卷三一《太子太师致仕杜祁公墓志铭》,中华书局,2001年,第469页。
④ (元)脱脱等:《宋史》卷三八一《范如圭传》,第11731页。
⑤ (元)脱脱等:《宋史》卷三八八《王希吕传》,第11901页。
⑥ (元)脱脱等:《宋史》卷三八八《陈橐传》,第11909页。
⑦ (宋)黄榦:《勉斋先生黄文肃公文集》卷七《与郑成叔书》,第611页。
⑧ (宋)王辟之撰,吕友仁点校:《渑水燕谈录》卷四《高逸》,第48页。

弼、司马光等人纷纷申请致仕养老,聚居于洛阳。在文彦博的号召下,退居在洛阳的老年致仕官员仿效唐代白居易九老会,"置酒相乐,尚齿不尚官"①,组建了宋代著名的耆英会。邵伯温对洛阳耆英会有详细的记载:

> 元丰五年,文潞公以太尉留守西都,时富韩公以司徒致仕,潞公慕唐白乐天九老会,乃集洛中公卿大夫年德高者为耆英会。以洛中风俗尚齿不尚官,就资胜院建大厦曰耆英堂,命闽人郑奂绘像其中。时富韩公年七十九,文潞公与司封郎中席汝言皆七十七,朝议大夫王尚恭年七十六,太常少卿赵丙、秘书监刘几、卫州防御使冯行已皆年七十五,天章阁待制楚建中、朝议大夫王慎言皆七十二,大中大夫张问、龙图阁直学士张焘皆年七十。时宣徽使王拱辰留守北京,贻书潞公,愿预其会,年七十一。独司马温公年未七十,潞公素重其人,用唐九老狄兼謩故事,请入会。温公辞以晚进,不敢班富、文二公之后。潞公不从,令郑奂自幕后传温公像,又至北京传王公像,于是预其会者凡十三人。潞公以地主携妓乐,就富公宅作第一会。至富公会,送羊酒不出;余皆次为会。洛阳多名园古刹,有水竹林亭之胜,诸老须眉皓白,衣冠甚伟,每宴集,都人随观之。②

洛阳耆英会的规模与睢阳五老会相比,有了较大的发展,共有 13 名会员。其会员依次召集聚会,同时他们还一道游览洛阳的"名园古刹",欣赏其"水竹林亭之胜",极大丰富了其养老生活。洛阳耆英会的成立,促进了老年会社的发展,引领了宋代致仕官员社交方式的变化。

北宋时期,吴中地区的致仕官员也组建了老年会社,即吴中九老会。朝议大夫徐师闵致仕后退居家乡养老,"日治园亭,以文酒自娱乐"。当时,太子少保元绛、正议大夫程师孟、朝议大夫闾丘孝也相继致仕返乡。他们仿照

---

① (宋)吕中:《宋朝大事记讲义》卷一四《诸老君子致仕投闲》,第 336 页。
② (宋)邵伯温撰,李剑雄、刘德权点校:《邵氏闻见录》卷一〇,中华书局,1983 年,第 104—105 页。

洛阳耆英会,举行宴游。郡守章岵"大置酒合乐,会诸老于广化寺"。后来,朝请大夫王琪、承议郎通判苏湜也相继加入吴中老年会社,建立了吴中地区老年致仕官员的交游网络,可谓"吴门盛事"①。四川地区的老年致仕官员在社会交往方面,也多以老年会社这一组织为载体。例如,四川乐山人石洵直,以"中大夫致仕",退休后他"泊然无所营,不与俗子交",与大中大夫程公浚、史公瑜"安车往来,燕喜赓唱",以诗酒为乐,"凡如此者二十年",被里人称为"三卿"②。成都华阳地区以杨损之为首的四老,也时常相遇从游。杨损之晚年得官,但又上书辞官,先被授通直郎,继而转奉议郎。致仕后,杨损之常与承议郎任杰汉、承议郎杨子臧交游。其后,杨晦之又以通直郎致仕回到华阳,立即加入他们的队伍。他们四人"皆以恩免得官致仕","出则联辔,坐则连席,春昼秋宵,一觞一咏"③,相处甚欢。

南宋时期,老年会社的数量有了明显增长,老年致仕官员结社交游的活动更为普遍,其中四明地区的老年会社最为集中。南宋绍兴年间,王珩、顾文、薛朋龟、汪思温等相继申请致仕以养老,他们相约建立了五老会。王、蒋、汪等均是四明地区的望族大姓,所以五老会的成立成为四明地区的美谈,时人将其誉为"唐之九老、本朝之耆英"④。王珩、薛朋龟去世后,又新吸收了王次翁、高闶、吴秉信、徐彦老、陈先五人,扩展为八老会。南宋著名诗人危稹,官至著作郎兼屯田郎官,后因上言得罪宰相而出任潮州、漳州知州。后申请致仕归乡,与"乡里耆艾七人"⑤成立真率会。

(三) 宋代致仕官员的文化休闲生活

老年官员致仕后,解除了政务负担,著文立说成为其晚年生活的重要组成部分。此外,他们还出佛入道、游山玩水。

---

① (宋)龚明之撰,张剑光整理:《中吴纪闻》卷四《徐朝议》,第 242 页。
② (宋)吕陶:《净德集》卷二二《中大夫致仕石公墓志铭》,第 247 页。
③ (宋)袁说友等编,赵晓兰整理:《成都文类》卷四二《浣花四老堂记》,中华书局,2011 年,第 815 页。
④ (宋)袁燮:《絜斋集》卷一八《刑部郎中薛公墓志铭》,《丛书集成初编》第 2030 册,第 299 页。
⑤ (元)脱脱等:《宋史》卷四一五《危稹传》,第 12454 页。

1. 潜心读书

宋代致仕官员多由科举入仕，常年与书相伴，致仕后时间充裕，更是手不释卷。山东惠民人胡旦，酷爱读书，博学多才，善于文辞，尤长于史学。后因患眼疾提前致仕，他在眼睛失明的情况下，"犹令人诵经史，隐几听之不少辍"①。庞籍在致仕后也以读书为乐，"虽耋老家居，常读书赋诗"，完全沉浸其中，"至忘饥渴寒暑"②。葛闳家有数万卷藏书。致仕后，他心无旁骛，专心读书，"病革犹不舍卷"③，嗜书如命。北宋著名诗人梅尧臣的弟弟梅正臣，致仕后，虽然年事已高，但仍"不倦探讨"。"其子得书数百卷"后，他喜不自胜，如获珍宝，"继昼夜以读之，不逾月而终篇"④。任枏退休后"以琴棋诗酒为四友"，"读书不辍"⑤。江都人李衡，历任司封郎中、枢密院检详，并出知温、婺、台三州。致仕之后，他定居于江苏昆山，"结茅别墅"，"聚书逾万卷"⑥，在致仕后的闲暇生活中尽享读书的乐趣。

2. 著书立说

随着官员选拔制度的完善与发展，宋代官员队伍的文化素质有了明显提升。他们不仅熟读经史，而且深谙世事。长期的宦游生涯，既丰富了他们的人生阅历，也积累了为官从政的经验。解除政务以后，官员相对自由，可以按照兴趣、爱好安排晚年生活。在老年致仕官员的养老生活中，著书立说成为一种风尚。老年官员致仕后或整理、汇编在任时的诗文、奏议、书信、表章，或总结治国箴要、阐发经史。

两宋时期，著书立说是致仕官员文化生活的重要风俗。宋代多部知名笔记小说，多为老年官员在致仕之后完成的。例如，曾任参知

---

① （元）脱脱等：《宋史》卷四三二《胡旦传》，第12830页。
② （宋）司马光撰，李文泽、霞绍晖点校：《司马光集》卷七六《太子太保庞公墓志铭》，第1550页。
③ （宋）苏颂著，王同策等点校：《苏魏公文集》卷五七《光禄卿葛公墓志铭》，第874页。
④ （宋）杨杰：《无为集》卷一三《故朝奉郎守殿中丞梅君墓志铭》，《宋集珍本丛刊》第15册，第345页。
⑤ （宋）谢愫：《宋故左中散大夫致仕上柱国清平县开国子食邑五百户赐紫金鱼袋任公墓志铭》，载（同治）《叶县志》卷九，《中国方志丛书》，成文出版社，1976年，第960页。
⑥ （元）脱脱等：《宋史》卷三九〇《李衡传》，第11948页。

政事的范镇在致仕后,"追忆馆阁中及在侍从时交游语言,与夫里俗传说"①,完成《东斋记事》的写作。《归田录》也是北宋名臣欧阳修在致仕之后所著,它以"朝廷之遗事,史官之所不记,与夫士大夫笑谈之余而可录者"②为主要内容。南宋时期,石林叶梦得归隐卞山石林谷后,将平生所收录的"故实旧闻"及"古今嘉言善行"③汇集成册,著成《石林燕语》。除笔记小说外,致仕官员在诗歌创作、政论文章、风俗教化等方面均留下丰厚的文化遗产。陈汝奭致仕后,"气体康健",收集古今忠臣孝子"修身治人"之事,"总三十卷",将其视为"传家至宝"④,传于子孙。

宋代老年官员致仕后,虽然远离了政治中心,但对国事仍念念不忘,他们往往将著述献给朝廷,以备朝廷之需,这以秘书监致仕胡旦和曾任参知政事的赵概为代表。胡旦退居襄阳后博览群书,潜心著述,并在天圣五年(1027)将其所撰述的"《演圣通论》七十二卷、《唐乘》七十卷、《五代史略》四十三卷、《将帅要略》五十三卷"献给宋仁宗。宋仁宗十分赏识胡旦,不仅特封其子为"将作监主簿",而且命令襄州增加"月给米麦各三石"⑤给胡旦。熙宁二年(1069),赵概以太子太师致仕,退居睢阳,"犹以读书著文,忧国爱君为事",在十五年的时间里,"集古今谏争为《谏林》一百二十卷",于元丰二年(1079)呈献给朝廷,宋神宗对其大加称赞,"士大夫请老而去者,皆以声问不至朝廷为高,得卿所奏书,知有志爱君之士,虽退休山林,未尝一日忘也"⑥。

3. 出佛入道

两宋时期,无论是佛教,还是道教均得到较大的发展,其标志之一即是信众的增加。在大量的信徒中,不乏老年致仕官员。

在宗教信仰上,致仕官员普遍钟情于佛教。他们信奉佛教,但较少出

---

① (宋)范镇撰,汝沛点校:《东斋记事·自序》,中华书局,1980年。
② (宋)欧阳修撰,李伟国点校:《归田录·自序》,第1页。
③ (宋)叶梦得撰,侯忠义点校:《石林燕语·自序》,中华书局,1984年,第1页。
④ (宋)佚名:《京口耆老旧传》卷一《龙辅》,中华书局,1991年,第8页。
⑤ (宋)李焘:《续资治通鉴长编》卷一〇五"天圣五年十二月庚寅",第2457—2458页。
⑥ (宋)苏轼撰,孔凡礼点校:《苏轼文集》卷一八《赵康靖公神道碑》,第542页。

家,多是念诵佛书、交游僧人。宋初重臣李昉信奉佛教,他致仕后,"每晨起盥栉,坐于道室,焚香诵诗,每一诗日诵一遍,间或却诵道佛书"①,念诵佛书成为其日常生活不可或缺的部分。陕西韩城人张昇,大中祥符八年(1015)考中进士,官至御史中丞、参知政事兼枢密使。他致仕后退归阳翟(今河南禹州),"结庵于崇阳紫虚谷",每日清晨起床后"焚香读《华严》"②。黄直阁退休后,在五湖的旁边修建居室,"日阅浮屠氏书","刮去世故、捐爱憎"③,摒除杂念,捐弃爱憎。

除念诵佛经外,宋代老年致仕官员还常与僧人保持密切的交往。庆历六年(1046),湖南桃源人张颙考中进士,熙宁三年(1070)以中散大夫致仕。他退休后,"终日默坐,其心休休然",远离尘世,仅与"山僧野隐相与啸咏于泉石之间"④。朝散大夫致仕陈习将襄阳作为终老之地,退休后他"放意自适",遍游"山中诸佛刹"⑤,数月不归。平阳府汾西县主簿李章致仕后,"日游于僧舍吏寓庵"⑥,与僧人保持着密切的交往。

作为本土宗教,道教也受到老年致仕官员的青睐。宋代致仕官员对道教的喜好,更多的是源于其在养生方面的功效。北宋文学家、藏书家晁迥"善吐纳养生之术",累官至工部尚书、礼部尚书,以太子少保致仕。他退休后,居住在开封昭德坊里第,"名其所居堂曰'凝寂',燕坐萧然",其子弟无法与其朝夕相处。经过修炼,晚年时他耳中不断听到声响,"自言如乐中簧,始隐隐如雷,渐浩浩如潮","或如行轩百子铃,或如风蝉曳绪"。每五更后"闻之尤清澈",以为是"学道灵感之验"⑦。河东提刑崔钧,早在弱冠之年便

---

① (宋)江少虞:《宋朝事实类苑》卷六《李文正》,第62页。
② (宋)吴处厚撰,李裕民点校:《青箱杂记》卷八,第88页。
③ (宋)沈与求:《沈忠敏公龟溪集》卷一二《黄直阁墓志铭》,《丛书集成续编》第126册,新文丰出版公司,1988年,第744页。
④ (宋)张问:《宋故中散大夫致仕上轻车都尉南阳县开国伯食邑八百户赐紫金鱼袋张公墓志铭》,载曾枣庄、刘琳主编:《全宋文》卷一〇二九(第48册),第11页。
⑤ (宋)吕陶:《净德集》卷二三《朝散大夫致仕陈公墓志铭》,《影印文渊阁四库全书》第1089册,第189页。
⑥ (清)罗振玉校录:《京畿冢墓遗文》卷下《宋故迪功郎平阳府汾西县主簿李公墓志铭》,载《石刻史料新编》第1辑第18册,新文丰出版公司,1982年,第13659页。
⑦ (宋)叶梦得撰,侯忠义点校:《石林燕语》卷一〇,第153—154页。

对道教有所偏爱,"晚岁亦专心致志"。他并不热衷官宦生活,遂在阳翟(今河南禹州)购买田地,准备在此度过余生。后因事被罢官,崔公索性直接致仕。退居阳翟后,他杜绝宾客"不治外事","专以道家养生炼气之术为意","曰黄金可必成,飞仙可必学"①,对道家养生之术情有独钟。

4. 游山玩水

正如北宋时期的吕陶所言,"士君子少而从政,老而谢事,去仕途之劳,就林泉之佚"②,游山玩水是宋代老年致仕官员休闲生活的重要内容。王曙之子王益恭,在为父亲守丧结束后,以"尚书司门员外郎"致仕。他除阅读古书、鉴赏字画外,"间与浮屠、隐者出游",洛阳的"名园山水"③无所不至。刘始退休后,不闻家事,"与吴士大夫之贤者,纵游酣饮往来虎丘、洞庭之间"④,十余年而不倦。右承议郎吴悫高老后"退处一壑,不御冠裳,不诣城府","幅巾藜杖,徜徉川谷间,极欲而后返"⑤,尽享山林之乐。刘凝致仕后,携带妻子"自肆于山川之间",即使已是"白发皤然",但却"不知驾乘之劳","不知机擭之畏"⑥,仍能尽享山水之乐。熙宁年间,范镇因反对王安石变法被贬谪为翰林学士,以本官致仕。退居私第后,他"专以读书赋诗自娱",也时常出游。后来回到家乡四川,"周览江山、穷极胜赏"。虽然其年龄逐渐增长,但"视听聪明,支体尤坚"⑦。在游山玩水的过程中,既能欣赏山水美景,还能强健身体,同时还有利于排解致仕后的失落与寂寞,从大自然的美景中获取内心的安宁。因此,经济条件较为优越的致仕官员都乐于游山玩水,成

---

① (宋)苏过撰,舒大刚、蒋宗许等校注:《斜川集》卷五《河东提刑崔公行状》,四川大学出版社,1996年,第611页。
② (宋)吕陶:《净德集》卷一四《眉州醴泉寺善庆堂记》,第148页。
③ (元)脱脱等:《宋史》卷二八六《王曙传》,第9633页。
④ (宋)沈遘:《西溪集》卷一〇《尚书职方郎中致仕刘公墓志铭》,《影印文渊阁四库全书》第1097册,第101页。
⑤ (宋)孙觌:《鸿庆居士集》卷三四《宋故右承议郎吴公墓志铭》,《影印文渊阁四库全书》第1135册,第357页。
⑥ (宋)曾巩撰,陈杏珍、晁继周点校:《曾巩集》卷四五《寿安县君钱氏墓志铭》,中华书局,1998年,第608页。
⑦ (清)徐松辑,刘琳、刁忠民、舒大刚、尹波等校点:《宋会要辑稿》职官七七之五〇,第5168页。

为宋代官员晚年生活的重要内容之一。

尽管宋代致仕官员的老年生活因官职高低、家境贫富的不同有着较大的差异，但从整体上看，宋代老年官员通过致仕的方式获得了优厚的政治待遇、经济待遇、侍养待遇及医疗待遇，这较好地解决了其晚年生活的基本问题。正因为此，老年官员致仕后才得以安心著书立说、游山玩水、组建会社，缓解了其解除政务后的失落心理，致仕养老成为老年官员重要的养老方式。

第二节 宋代闲职养老

除致仕养老以外，分司养老、祠禄养老也是政府优待老年官员的重要措施。它们作为致仕养老的过渡和补充，对老年官员的养老生活同样具有一定的保障作用，是老年官员的又一养老方式。

一、宋代祠禄制度与官员养老

作为宋代所特有的一项政治制度，祠禄制度一直受到学者的广泛关注。现有的成果从制度层面对宋代祠禄制度进行了较为系统的研究[1]，在祠禄制度的演变过程、祠禄官的资序、祠禄官的俸禄等问题上基本形成了共识。祠禄制度的存在，在一定的程度上加剧了宋代冗官、冗费的问题，因此不时受到时人的非议，这也影响了后人对它的认识与评价。在批判祠禄制度的同时，也有学者注意到祠禄制度对宋代文学、文化的积极影响[2]。事实上，祠禄制度作为老年官员致仕的缓冲器，在官员养老方面具有显著的作用。目前学界对祠禄官的养老功能还未充分关注，因此下文重点探讨宫观官在

---

[1] 梁天锡：《宋代祠禄制度考实》，学生书局，1978年。金圆：《宋代祠禄官的几个问题》，《中国史研究》1988年第2期。白文固：《宋代祠禄制度再探》，《中州学刊》1989年第6期。汪圣铎：《关于宋代祠禄制度的几个问题》，《中国史研究》1998年第4期。

[2] 李光生：《南宋书院与祠官关系的文化考察》，《河北大学学报（哲学社会科学版）》2012年第5期。

官员养老方面的功能及作用。

(一) 宋代祠禄养老方式的演变

祠禄制度是宋代所特有的礼贤优老制度,马端临在《文献通考》中对宋代设立祠禄官的原因及其在北宋的演变有详细的记载:

> 祠禄之官,以"佚老优贤"。祖宗时员数绝少(官制旧典云:祖宗待臣以礼,虽年及挂冠,未尝直令致仕,皆以宫观处之,假以禄耳),熙宁以后乃增焉。是时方经理时政,患疲劳不任事者废职,欲悉罢之,乃使任宫观,以食其禄。时相王安石亦欲以此处异议者,遂诏宫观毋限员,并差知州人,以三十月为任。①

由上可知,宋代最初设立宫观官的原因是"直令致仕"与传统优待大臣之礼有所不符,为体现政府对辛劳一生老臣的关爱,特"以宫观处之",并且保留其俸禄。在熙宁变法之前,宫观官的职能主要是"佚老优贤",名额非常少,主要针对个别高级官员。

宋神宗在位时期,是祠禄制度的形成时期②。经过改革后,宫观官的名额不再受限制,资序也有所降低。宋神宗即位后,锐意改革前代积弊,冗官问题即是他着力解决的问题之一。在整顿日益见冗的吏治过程中,宋神宗一方面积极推进致仕制度的建设,使其实现从礼到法的转变③,同时增加祠禄阙位,扩大祠禄官员的除授范围,以缓解强令致仕所带来的压力。致仕制度虽然早在宋仁宗时期就已经确立,但按期主动致仕的官员并不普遍。为警戒贪恋权位、不愿致仕的高年官员,宋神宗即位后便勒令果州团练使何诚用、惠州防御使冯承用、嘉州团练使刘保吉、昭州刺史邓保寿四名"年七十以上至八十余"④

---

① (元)马端临撰:《文献通考》卷六〇《职官考十四》,第1819—1820页。
② 梁天锡:《宋代之祠禄制度》,载台北编译馆主编:《宋史研究集》第11辑,台北编译馆,1979年,第74—75页。
③ 苗书梅:《宋代官员选任和管理制度》,第529页。
④ (元)脱脱等:《宋史》卷一七〇《职官十》,第4090页。

高龄官员致仕,将强制致仕付诸实践。与此同时,宋神宗又认为罢免年老不胜政事的官员,毕竟"伤恩",不符合祖宗优待官员的传统。但"留之则玩政",不利于革新政治。因此,他增加"杭州洞霄及五岳庙",并诏令"依西京崇福宫置管勾或提举官",同时又规定"以知州资序人充"且不"复限以员数"①,采用祠禄制度来弥足致仕制度所带来的冲击,以示政府对老年官员的优待。

宋神宗增加宫观阙位、降低资序的初衷,在很大一定程度上是为了安置反对变法的官员,以减小变法的阻力。然而,这并不意味着祠禄制度"佚老优贤"功能的丧失,宫观官仍是部分官员解决养老问题的重要方式。元丰七年(1084)四月,朝散大夫、知均州张颉被调往广州。他以"二子一孙相继亡殁,孤老无托"为由奏请免去广州的差遣,除"一宫观差遣"。同年五月二十九日,宋神宗批准了他的请求,"诏罢直龙图阁,提举洪州玉隆观"②。

事实上,直至南宋时期,祠禄制度一直作为致仕制度的补充,为部分高年官员的养老提供种种便利。熙宁年间,宫观官的不再有名额的限制。其后,宫观官的数量大增,极其泛滥。为了遏制宫观官数量的激增,侍从、台谏两省集中讨论宫观官的规范问题。吏部尚书韩元吉对集议的结果进行了系统整理,结果如下:

> 照对陈乞宫观,已有立定条法。知县资序人,不许过两次;知州资序,年六十以上,更许两次;知县资序以下,许陈乞岳庙一次;郡守年七十,听自陈乞宫观。知县、县令,审察不才,许授宫观岳庙;现任通判癃老疾病之人,许差宫观;知县、巡尉癃老不职,许差岳庙,已有累降指挥,自合遵守。若通判已下,现任癃老疾病不职与差宫观岳庙者,更令将在任历过日月通理,宫观岳庙之任满罢,庶得不至虚费祠廪,少隆于合格宫观岳庙之人。③

---

① (宋)叶梦得:《石林燕语》卷七,第95页。
② (宋)李焘:《续资治通鉴长编》卷三四五"元丰七年四月丁亥",第8277页。
③ (宋)韩元吉:《南涧甲乙稿》卷九《集议繁冗虚伪弊事状》,《丛书集成初编》第1980册,第156—157页。

从讨论的结果看,癃老郡守、知州、知县、通判、巡尉均许差宫观、岳庙。其中60岁以上、具有知州资序的官员可申请两次宫观,知州资序以下的官员有一次申请宫观的机会。由此可知,宫观官仍是政府优待老年官员的重要方式。南宋时期,年迈的官员多申请宫观以满足养疾之需。建炎二年(1128),杨时频繁上书力辞工部侍郎、给事中、谏议、侍讲等职,请求宫观养老。他先是在二月十五日,以"年七十有六,素有足疾,拜履俱艰,日虞颠仆,触事昏忘,难以任职"为由,申请"一在外宫观差遣,任便居住"。后又分别在三月、四月连续上书奏请宫观官①。南宋孝宗朝,江州知州王寅"年逾七十,筋力弗强,事多废忘",不理政事,胥吏趁机作弊。袁州知州江自任"年老抱病",行动不便,"郡事不无废弛"。鉴于二人"实年皆及七十",无力治理政事,蔡戡特奏请政府命令他们"自陈与宫观差遣"②。对于这些年老无力胜任政事的官员,政府多准予改宫观官。

由上可知,北宋前期,祠禄官的养老职能比较突出,是政府优待高级老年官员的重要方式。北宋后期直至南宋时期,祠禄养老成为致仕养老的重要补充,也是政府优待老年官员的重要措施。

(二) 宋代祠禄养老的年龄标准及相关待遇

宋代祠禄官除资序条件③以外,还有一定的年龄标准。宋政府对祠禄官资序的要求非常严格,相关的规定较为系统、详细,同时对年龄也有一定的要求。元丰元年以前,政府对申请宫观官官员的年龄并未作出明确的规定,多是"老"④"衰老"⑤这些模糊不清的表达,这就容易造成官员托疾奏请宫观闲职。元丰元年(1078),权发遣三司使李承之上书指出部分官员"精

---

① (宋)杨时:《杨龟山先生集》卷二《乞宫祠状》,《宋集珍本丛刊》第29册,第294—295页。
② (宋)蔡戡《定斋集》卷二《臧否守臣奏状》,《影印文渊阁四库全书》第1157册,第582页。
③ 有关祠禄官的资序问题,学界已做详细的探讨,本文不再赘述,仅谈年龄条件。详见白文固:《宋代祠禄制度再探》,《中州学刊》1989年第6期。
④ 熙宁二年十二月二十五日,宋神宗诏令规定"宫观仍不限员,以待知州之老者"。见(清)徐松辑,刘琳、刁忠民、舒大刚、尹波等校点:《宋会要辑稿》职官一七之三九,第3469页。
⑤ 熙宁三年五月十四日,宋神宗诏令"诸臣历监司、知州,有衰老不任职者,令处闲局"。见(清)徐松辑《宋会要辑稿》职官五四之二七,第4480页。

神未衰,年齿方壮,以便私避事,亦求此职"的现象,宋神宗遂诏令中书立法,规定今后陈乞宫观的官员"年六十以上听差"①,对祠禄官的年龄提出明确要求。

由于战乱,北宋时期的案牍条法及成例均散失,因此宋高宗在即位后不久就着手恢复祠禄制度。建炎三年(1129)五月二十六日,公布了祠禄官的资序、任期、申请程序等规定,同时也明确了年龄标准。其中"曾任监察御吏以上而年四十以上者",不限资序,可"权差宫观一次";"年四十以上"具有知县资序的官员,只要"历任无赃私罪","权许差一次"②。40岁的官员便可申请宫观官,这与北宋时期的年龄标准相比,足足有二十岁的差距。虽然南宋的年龄标准明显降低,宫观官已非年老官员的专享待遇,但宫观官仍是政府安置70岁以上官员的重要去处。绍兴二十三年(1153)九月,侍御史魏师逊奏请中央允许年及七十的郡守"自陈宫观",使"公私两得其便",既便于官员养老,也使官僚队伍及时更新。对于"不自退省"的官员,中央"取索职位姓名","与理作自陈宫观"③,仍保留其应有的待遇,此建议得以批准。绍兴三十年(1160)十月二日,宋高宗再次颁发指挥,"郡守年及七十者",允许"自陈宫观";如果不主动申请则"与宫观",视为自陈。乾道四年(1168),宋孝宗在宫观阙位极其短缺的状况下,仍特准授"新知州贾价、新差知南恩州田伯彊"④等多名70岁以上的官员宫观官。淳熙十三年(1186),为了避免70岁以上、"不堪厘务"的小使臣"别无合入窠阙",流离失所,宋廷特破例允许他们"与差注岳庙一次","八十以上特许两任"⑤。

由此可见,北宋官员在申请宫观时需满足60岁的年龄标准,南宋祠禄官的最低年龄界限虽然下降至40岁,但政府仍会主动授予部分70岁以上的官员宫观官,在朝廷大赦之际,即使资序过低,不符合差注条件的官员,只

---

① (清)徐松辑《宋会要辑稿》职官五四之二七至二八,第4481页。
② (清)徐松辑《宋会要辑稿》职官五四之三三,第4486—4487页。
③ (宋)李心传编撰,辛更儒点校:《建炎以来系年要录》卷一六五"绍兴二十三年十月丁巳",第2857页。
④ (清)徐松辑《宋会要辑稿》职官五四之三七,第4491页。
⑤ (清)徐松辑《宋会要辑稿》职官五四之四一,第4494页。

要年龄在 70 岁以上,也可破例差注宫观官,甚至可以连任。由此可见,申请宫观官,仍是老年官员养老的重要方式。

宋代祠禄官的待遇虽不及正任官,但却高于致仕官员。宋代祠禄官相对较高待遇,成为年老官员养老生活的重要经济保障。熙宁年间,宋神宗在扩大宫观阙位、放宽宫观官资序时,对宫观官的俸禄也作出明确规定:

> 大两省、卿、监及职司资序人视小郡知州,知州资序人视小郡通判,武臣仿此。①

按照熙宁年间的规定,文武官员在奉祠后,其俸禄一般在原有官职的基础上降低二等支付。崇宁元年(1102),宋徽宗在熙宁、元丰期间俸禄规定的基础上制定出新的给俸方案:

> 诸三京留司御史台、国子监,诸州宫观岳庙提举、管勾等官添支,前宰相、执政官依知判诸路州府例,待制已上依见任官知郡例,中散大夫以上并监司资序人依知诸州府大卿监例,知州资序人依见任官充小郡通判例,通判资序人依见任官充军通判例,武臣正任横行以上依诸司副使知州例,路分钤辖以上依侍禁、阁门祗候知州例,路分都监以上依殿直充诸路走马承受例。②

相比较而言,崇宁年间所制定的给俸方案对祠禄官的俸禄做出更为详细的规定,将文资官员划分为五等,武资官员划分为三等,分别制定相应的俸禄标准。从整体上看,它仍遵循降等给俸的基本原则,但部分文资官员的俸禄标准高于熙宁年间的规定。例如,以监司身份申请宫观官,在熙宁年间是按照小郡知州的标准给俸,而崇宁年间则依诸州府大卿监的标准发放俸禄。

---

① (元)脱脱等:《宋史》卷一七〇《职官十》,第 4081 页。
② (清)徐松辑,刘琳、刁忠民、舒大刚、尹波等校点:《宋会要辑稿》职官五四之二八,第 4482 页。

与致仕官所不同的是,祠禄官除本俸外,还享受其他添支,"衣有绫绢罗绵,傔有餐钱相循"①。这些较为优厚的待遇②,对老年官员来说,是一种重要的经济保障。两宋时期,尤其是南宋时期,诸多负有盛名的官员在年老后多享受祠禄,因而能够安享晚年,陆游即是其中的代表人物。陆游虽然满腹才华,但由于政治斗争的影响,仕途并不顺利,长期担任祠禄官。在其诗篇中,他多次谈及祠禄,所谓"七十一翁心事阑,坐叨祠禄养衰残"③,正是他依靠祠禄俸禄生活的真实写照。他又在《山园杂咏》中写道:"祠禄留人未挂冠,山园三亩著身宽。百年竟向愁边老,万事元输静处看。花径糁红供晚醉,月天生晕作春寒。汗青事业都忘尽,时赖吾儿举话端。"④诗中所言,正是祠禄所带来的无职而有禄的待遇,使其能够泰然地享受村居生活。也正是由于祠禄官的优厚待遇,诸多官员在年老时,其首要选择往往是陈乞宫观,而不是直接申请致仕。如果宫观之请无法实现,或迟迟未批,才会退而求其次申请致仕,退出权力中心。

祠禄官不仅享有稳定的俸禄,在居住地上也享有较大的自主权,可"任便居住"⑤。宋人赵升记载,祠禄官"虽曰提举主管某宫观",但实际上却"不往供职"。官方在降旨时,"依所乞差某处宫观,任便居住"成了惯用表达。需要指明的是,"任便居住"多针对外祠官而言,内祠官即"在京宫观不许外居"⑥。元祐六年(1091),宋哲宗任命右朝奉郎李察"管勾仙源县景灵宫太极观",同时规定他可"任便居住"⑦。绍兴年间,安德军节度使、开府仪同三司、知

---

① (清)朱彝尊:《曝书亭集》卷六五《杭州洞霄宫提举题名记》,《影印文渊阁四库全书》第1318册,第376页。
② 黄惠贤、陈峰主编:《中国俸禄制度史》(修订版),第264页。
③ (宋)陆游撰,钱仲联校注:《陆游全集校注》第4册《剑南诗稿校注》卷三二《七十一翁吟》,第279页。
④ (宋)陆游撰,钱仲联校注:《陆游全集校注》第4册《剑南诗稿校注》卷三一《山园杂咏》,第273页。
⑤ 对于因获罪而遭贬谪的官员,如果被责降为祠禄官,政府往往视其罪行轻重、官阶高低及与皇帝亲属关系来决定是否给予自由选择住地的权利。一般来说,除罪行较重的官员会被安置到制定地方居住外,其他的祠禄官都可任意选择居住地。
⑥ (宋)赵升编,王瑞来点校:《朝野类要》卷五《宫祠》,中华书局,2007年,第101页。
⑦ (宋)李焘:《续资治通鉴长编》卷四五八"元祐六年五月甲戌",第10963页。

大宗正事士会"以老病自请"宫观。在绍兴二十年(1150)三月,宋高宗诏令他"充万寿观使,任便居住"①。嘉熙二年(1238)五月,诏令崔与之"提举洞霄宫,任便居住"②。嘉熙四年(1240)六月丙申,吴潜得以"提举隆兴府玉隆万寿宫",也被授予"任便居住"③的权利。景定三年(1262)十一月,马光祖乞祠禄,宋理宗诏令其"提举临安府洞霄宫,任便居住"④。

由上可知,祠禄官是政府优待老年官员的重要措施。祠禄官不仅可享受高于正任官的俸禄待遇,还可自由选择居住地点,对老年官员的养老较为便利,是宋代老年官员另一养老方式。

(三) 对宋代祠禄养老方式的认识与思考

作为致仕养老的重要补充,宋代祠禄养老为老年官员的养老提供较大的便利,但它也存在较大弊端。

1. 祠禄养老方式对官员养老的影响

官员一旦改为宫观官,不仅解除了政务负担,还保留有一定俸禄,得以安享晚年。刘晦叔"提举西京嵩山崇福宫,居许下,日与许下诸老及贤士大夫,以诗书琴奕自娱"⑤。建炎年间,前淮南江浙荆湖发运判官陆寘申请宫观官,"奉祠垂三十年"。在奉祠期间,他"手抄经史,洎释老书,亲加签校"⑥,尽享读书著文之乐。秘书阁修撰蒋圆"以疾辞,提举江州太平观",任期结束后又连任。在任宫观官期间,他"归即故居","间与姻旧觞咏自娱,终日夜无倦容"。子孙环绕膝下,"无一日不满意"⑦。显谟阁待制葛胜仲在奉祠后,"筑室宝溪之上,山水环凑"。接待前往造访的"名人魁士"时,他与众人"赋诗饮酒,乐而不厌",客人散去后,"观书著文","与子孙讲论文艺,

---

① (宋)李心传编撰,辛更儒点校:《建炎以来系年要录》卷一六一"绍兴二十年四月乙卯",第2767页。
② (元)脱脱等:《宋史》卷四二《理宗二》,第817页。
③ (元)脱脱等:《宋史》卷四三《理宗三》,第830页。
④ (元)脱脱等:《宋史》卷四五《理宗五》,第883页。
⑤ (宋)毕仲游撰,陈斌校点:《西台集》卷一一《吏部郎中刘公墓志铭》,第228页。
⑥ (宋)胡榘修,方万里、罗濬纂:《宝庆四明志》卷八《叙人上》,《宋元方志丛刊》,第5088页。
⑦ (宋)张守《毗陵集》卷一二《左中奉大夫充秘阁修撰蒋公墓志铭》,《丛书集成初编》第1974册,第191页。

朝夕不置"①，晚年生活丰富多彩，悠闲安乐。沈清臣得到祠禄官后，在居所"治圃筑亭"，"揭阁目曰潜溪"②，多作讽咏之诗。

对于身患疾病的官员来说，申请祠禄养老是一种更为理想的养老方式。宋代以前，五品以上的官员如果因疾病无法继续任职，就需要提前致仕。宋代以后，文武职事官如果年老因身体状况不能正常工作，除提前致仕这一途径外，还可以申请宫观官。宋制规定，"文武官实有疾病则许以寻医"，如果年龄较大的官员身患疾病，宋廷"悯其年劳则优以宫观"③。例如，元祐年间，河东路转运使弹劾知河中府郭逵"言语蹇缓，步履艰难"，建议"别与差遣，以安老疾"，郭逵也主动申请辞去郡守的职位。因此，元祐二年（1087）六月，宋哲宗诏令除授郭逵"左武卫上将军，提举嵩山崇福宫"④。宋代臣僚在申请宫观官时，身患疾病是最为普遍的理由。虽然部分官员是以疾病为托词，但申请宫观官的老年官员中的确有身患疾病的情况。叶梦得在申请祠禄时，就向皇帝报告旧疾复作，"喘满上乘，不可俯仰。两人扶掖，仅能行步。心气雕耗，通夕不寐"⑤。从其奏状看，叶梦得的身体状况确实不适合继续工作。对于患有疾病无力胜任工作的老年官员，祠禄官的俸禄不仅能够满足其基本生活之需，还为其提供了必要的医疗费用。

此外，祠禄官如无特殊罪行，与致仕官一样可根据所需选择居住地。任便居住的待遇，不仅便于他们选择优质的医疗资源和良好的居住环境，而且使其能够跟随子孙宦游，尽享人伦之乐。吴琼奏乞祠禄官，遂得"提点亳州明道宫"⑥，后就养于儿子吴浚复的官舍。胡宗汲在得到宫观官职位后，"从

---

① （宋）章倧：《丹阳集》卷二四《宋左宣奉大夫显谟阁待制致仕赠特进谥文康葛公行状》，《宋集珍本丛刊》第32册，第736页。
② （明）董斯张：《吴兴备志》卷一二《人物征第五之五》，《影印文渊阁四库全书》第494册，第400页。
③ （清）徐松辑，刘琳、刁忠民、舒大刚、尹波等校点：《宋会要辑稿》职官五四之三六，第4490页。
④ （清）徐松辑，刘琳、刁忠民、舒大刚、尹波等校点：《宋会要辑稿》职官五四之二八，第4481—4482页。
⑤ （宋）叶梦得：《建康集》卷七《第三次乞宫观第二状》，《宋集珍本丛刊》第32册，第789页。
⑥ （宋）晁说之：《嵩山文集》卷二〇《宋故朝请大夫提点亳州明道宫吴公墓志铭》，《四部丛刊续编》第389册。

其子宦游,奉养甚适","往来江湖间,幅巾萧散,怡然自得"①,绍兴十八年(1148)八月死于儿子秀州军事判官胡沂的官舍。

由上可知,宋代祠禄养老这一方式,在保障老年官员的晚年生活方面具有突出的作用,宋人对祠禄官的养老功能也给予了肯定。苏颂如愿申请到宫观官后,内心喜悦不已,认为祠禄官"官尊禄厚,顿增桑梓之辉光,迹放心闲,实便丘园之颐养"②,有利于官员颐养天年。崔与之则认为,祠禄官使年老而归退之人"少遂安闲",同时"又不失寸禄,以保全其末路"③,是国家优待老年官员的重要举措。总之,作为致仕养老的补充,祠禄养老是宋政府优待老年官员的重要措施。

在祠禄养老的实施过程中,部分老年官员以身体患疾为借口申请祠禄官,其真正的原因是由于政治斗争才主动要求任祠禄官,甚至有的官员是被责降为祠禄官的④。即便如此,祠禄官仍然具有养老的功能。在中国古代社会,入仕做官"取荣禄易","欲行其志而无愧于心者难"。祠禄官虽然使老年官员退出了权力中心,但也使其远离政治漩涡,同时还给了他们"居其官""行其志"⑤的自由,可以在享有俸禄的情况下按照自己的方式实现平天下的理想,这何尝不是一种解脱。因此,老年官员在得到祠禄官时,并非所有的人内心都是沮丧的,相反还有人欣喜不已。蔡戡经过数次申请,才如愿得到祠禄官。当朝廷允许其申请时,他抑制不住内心的喜悦,迫不及待作诗给友人:

多病身先懒,闲居乐有余。山林真可老,故事未应疏。性与禽鱼适,身便水竹居。非无轩冕志,吾亦爱吾庐。人心轻万仞,吾志在兼山。

---

① (宋)李光:《庄简集》卷一八《胡府君墓志铭》,《宋集珍本丛刊》第34册,第98页。
② (宋)苏颂撰,王同策等点校:《苏魏公文集》卷四三《谢中太一宫使》,第634页。
③ (宋)崔与之撰,张其凡等整理:《宋丞相崔清献公全录》卷五《再辞免知潭州湖南安抚使》,广东人民出版社,2008年,第58页。
④ 两宋时期,主动申请或被责降祠禄官的官员并非全在60岁以上,本书在论述祠禄制度的养老功能时则主要针对60岁以上的官员,其他官员暂不作讨论。
⑤ (宋)欧阳修撰,李逸安点校:《欧阳修全集》卷二八《太子中舍梅君墓志铭》,第434页。

知止今真止,求闲复得闲。天应念衰病,人免笑痴顽。二老风流在,何妨日往还①。

从蔡戡的诗篇中,丝毫看不出他的失落,看到的尽是摆脱政务后的洒脱与欢喜。事实上,诸多政治失意又有真才实学的老年官员在任祠禄官后,并未满足于丰足的物质享受,而是充分利用闲暇时间,投身于讲学、著书的工作中。在他们看来,教书育人、立德立言同样是实现人生追求与价值的重要途径,而祠禄官恰恰给他们提供了这样的便利。② 从这一意义上来说,祠禄养老不失为老年官员养老的重要方式。

2. 宋代祠禄养老的弊端

与致仕养老一样,祠禄养老在保障老年官员的养老方面有着积极作用,但它的存在却不利于致仕养老方式的实施,同时在一定程度上也成为党政的工具。

作为官员致仕养老的补充,祠禄制度对官员的养老提供了重要的保障,但也影响了致仕养老的实施。宋仁宗以后,"七十致仕"不单单是一种礼仪规定,而是上升到法律的高度。按照政府的规定,逾期不申请致仕的老年官员面临着勒令致仕的风险。一旦被强制致仕,他们便丧失了所有的待遇。这对于当时的老年官员来说,具有较大的威慑作用,促进了致仕养老的实施。但是,在实行勒令致仕的同时,政府还设立祠禄官来安置老疾官员,这不可避免地削弱了法律的威严性,也不利于致仕养老的推行。南宋时期,对于70岁以上的官员,政府不但不敦促致仕,甚至还主动授予他们宫观官,仍然享受全俸的待遇。乾道四年(1168)五月,臣僚根据绍兴三十年(1160)十月"郡守年及七十者,许令自陈宫观,不请者与宫观,理作自陈"的规定,奏请授与"新知州贾价、新差知南恩州田伯强、知汀州韦能定、知肇庆府秦吁、知

---

① (宋)蔡戡撰:《定斋集》卷一七《丐祠得请喜而有作示介卿》,《影印文渊阁四库全书》第1157册,第738页。
② 侯体健:《论南宋祠官文学的多维面相:以周必大为例》,《文学遗产》2018年第3期;侯体健:《南宋祠禄官制与地域诗人群体:以福建为中心的考察》,《复旦大学学报》2015年第3期。

昭州叶秉彝、知廉州章兼、知广安军姚悠、知荣州杨高、新差知辰州黄绎""知万州梁戴""知陕州胡括""直秘阁、新差知常德府张允蹈,知连州钱师仁"①宫观官,宋孝宗接受了此建议,以上 13 位高龄官员均蒙恩获取宫观官。这表明政府在致仕制度上实行的是双重标准,有损法律的公平,也不利于官员队伍的正常交替。

祠禄养老方式在满足部分老年官员养老需要的同时,更多地沦为党争的工具。宋代祠禄养老方式的发展与演变,与连绵不绝的党争有着密切的关系。祠禄官既是政府安置持有异议官员的重要去处,也是对现实不满的官员明哲保身的普遍选择。宋神宗以后,朝廷政要在变法问题产生极大的分歧,并出现了相互倾轧的党争。在激烈的斗争中,处于弱势的一方往往被贬谪为宫观官。熙宁变法以来,直至北宋末年,因为党争而被罢免为宫观官的官员比比皆是。同时,也不乏为躲避对方报复而主动申请宫观官的官员。元丰末年,随着宋神宗的逝世,变法派逐渐失势,以司马光为首的保守派开始回归权力中心。吕惠卿作为变法派的核心人物之一,为躲避保守派的攻击,借口患病主动申请宫观官。元祐元年(1086)三月,宋哲宗诏除吕惠卿"提举崇福宫"②。

南宋时期,因对金政策的不同也产生了激烈的党争,多数朝廷重臣的政治命运随着党争起伏不定。作为宋代政治的中枢,宰辅处于统治集团的顶端,因此与党争的联系更为密切。秦桧在任宰相期间,对不同政见的官员施以打击,降授宫观官即是其常用的伎俩之一。除被责降为宫观官外,主动申请宫观官以躲避政治斗争的方式也非常普遍。尽管官员在申请宫观官的奏状中,极力陈述身体如何羸弱,疾病如何严重,但这均为借口,政治上的不得志才是其根本原因。皇帝对此也是心知肚明,经过一番挽留后,便会根据政治的需要决定官员的去留。从两宋时期祠禄官的申请与除授可清晰地看出,祠禄制度在发挥保障老年官员养老生活作用的同时,还是党争的工具。

---

① (清)徐松辑,刘琳、刁忠民、舒大刚、尹波等校点:《宋会要辑稿》职官五四之三七,第4491页。
② (宋)李焘:《续资治通鉴长编》卷三七三"元祐元年三月己卯",第9024页。

二、宋代分司制度与官员养老

在宋代官员养老制度体系中,除致仕养老、祠禄养老以外,还有分司养老。分司官制度起源较早,按照勾利军先生的研究,西周时期已有陪都存在,但真正对后世分司官制度产生较大影响的还是唐制①。宋代在东京之外,分别设立西京、北京、南京充当陪都,产生了大量的分司官,在继承唐代的基础上形成了更为系统的分司官制度,这也引起学界的关注。现有的研究成果主要沿袭传统政治史的研究思路,对宋代官员分司的原因、方式,分司官的职责、任期、待遇及宋代官员分司制度的历史地位做出较为系统的分析②。从功能上讲,宋代分司制度与致仕制度及祠禄制度有着共通之处,这在优老尊贤的方面更为突出,但目前学界较少专题论述宋代分司官制度的养老功能,也缺少与致仕养老、祠禄养老方式的比较。因此下文将集中论述宋代分司官制度在优老尊贤方面的功能,同时将其与同样具有养老功能的致仕制度、祠禄制度加以比较,以明确其在官员养老体系中的地位。

(一)宋代分司养老方式及其演变

王安石变法以前,分司官是政府安置老疾官员的重要去处,分司养老是老疾官员的重要养老方式。

宋神宗前,对于主动申请致仕以养老的老疾官员,宋廷多予以分司官,以便于其养老。景德年间,吕蒙因"病足,不任朝谒,请告累年",宋真宗特令"分司西京,给奉家居养病"③。至和元年(1054),李仲偃"典吴郡",任期结束后因病辞官,宋真宗诏令"以本官分司南京",并允许其"听家武进",不必到南京任职。四年后,他才被"除太常少卿致仕"④。胡令仪在75岁时,向朝廷告老,宋仁宗诏令其"自知其止","拜卫尉少卿,分司西京"⑤。裴谷

---

① 勾利军:《唐代东都分司制度的渊源及其影响》,《中学历史教学参考》2003年第12期。
② 徐东升:《宋代官员分司制度》,《史学月刊》2007年第1期。
③ (元)脱脱等:《宋史》卷二八一《吕端传》,第9517页。
④ (宋)胡宿:《文恭集》卷三七《故朝散大夫太常少卿致仕李公墓志铭》,《丛书集成初编》第1889册,第448页。
⑤ (宋)范仲淹撰,李勇先、王蓉贵校点:《范仲淹全集》卷一二《宋故卫尉少卿分司西京胡公神道碑》,四川大学出版社,2007年,第296页。

"以老分司",并被允许"居于京师"①。

对于老疾不任事的官员,宋政府也予以分司官。景德四年(1007)九月,知华州张舒,受到本路转运使的弹劾,宋仁宗鉴于其"老疾不任吏事",诏令他"守本官,并分司西京"②,免去其知州职务。天圣元年(1023)闰九月,谏议大夫、知蕲州袁炜因"年高,在郡不治",被改任为"卫尉卿","分司西京"③。对于张舒和袁炜而言,"分司西京"显然带有贬谪的意味,但仍使其享受稳定的俸禄待遇。皇祐年间,朝廷关于七十致仕的呼声越来越高,但政府对逾年不致仕的高年官员仍较为宽厚,多直接授予其分司官。例如,皇祐三年(1051)二月,光禄卿勾希仲与吏部郎中、直昭文馆陆轸"以年高,特与分司",勾希仲"分司西京",陆轸则"分司南京"④。与勒令致仕相比,分司官具有明显的优越性,这充分体现了政府对老疾官员的优待。

王安石变法之前,臣僚有过时,也会被责降为分司官,但并不常见。咸平五年(1002)十月丁亥,张齐贤因与向敏中争夺寡妇柴氏而卷入诉讼,宋政府认为朝廷重臣"悦媒氏之甘言,利寡妇之私帑",不合体统,应略施薄罚。因此诏令张齐贤"分司西京"⑤。天圣年间,同州(今陕西大荔县)观察使李士衡因"曹襄悼公得罪"而受到连累,遂被除授为"左龙武军大将军,分司西京",但很快又得以升迁,"进左卫大将军"⑥,回到家乡长安。然而,宋代分司官的职能随着王安石变法的进行发生了明显的变化,优老尊贤的职能开始弱化,惩戒异议官员的作用逐渐显现。

熙宁二年(1069)年十二月,宋神宗不仅扩大了宫观阙位,而且也增加了

---

① (宋)欧阳修撰,李逸安点校:《欧阳修全集》卷三一《少府监分司西京裴公墓志铭》,第460页。
② (宋)李焘:《续资治通鉴长编》卷六六"景德四年九月己卯",第1490页。
③ (宋)李焘:《续资治通鉴长编》卷一〇一"天圣元年闰九月戊申",第2337页。
④ (宋)李焘:《续资治通鉴长编》卷一七〇"皇祐三年三月甲申",第4088页。
⑤ (宋)佚名编:《宋大诏令集》卷二〇三《张齐贤分司制》,第757页。
⑥ (宋)范仲淹撰,李勇先、王蓉贵校点:《范仲淹全集》卷一三《宋故同州观察使李公神道碑铭》,第309页。

"三京留司御史台、同判国子监官"等分司官的名额。虽然政府宣布这些新增加的职位是为"待卿监、监司之老者"及"知州之老者"①而设,但从此后分司官的授予情况来看,多是安置对变法持有异议的官员。绵竹人杨绘不仅受到宋仁宗的欣赏,而且也得到宋神宗的重用。宋神宗即位后,任命杨绘"知制诰、知谏院"。杨绘在任期间,恪尽职守,不畏权势,知无不言。在政府推行免役法时,他上书直陈其害处;在臣僚建议"加孔子帝号"时,他"以为非礼"。后因御史蔡承禧的弹劾,被贬为"贬荆南节度副使",后又"分司南京"②。

随着致仕养老方式的完善与宫观养老方式的发展,分司养老虽然逐渐被边缘化,甚至一度被废除,但其惩戒功能逐渐突出。值得注意的是,宋神宗在位时期分司官的惩戒功能还不是十分明显,直至元祐以后才开始变得日益突出。元丰四年(1081)十二月,侍御史知杂事满中行上书,奏请"今后见任官不许陈请分司",因此宋神宗下诏规定"见分司官三年罢,今后更不许分司"③。但由于党争的不断发展,分司官与宫观官一样,成为安置政敌的主要去处。在元祐、绍圣、元符及崇宁年间,分司官的惩戒功能尤为明显,因党争而被责降为分司官的高级官员比比皆是。例如,元祐二年(1087)七月,韩维因采用面奏的方式弹劾范百禄而受到惩罚,被罢免门下侍郎,"分司南京"④。辅臣在奏劾臣僚之时,固然需要正式奏文,但韩维获罪的原因绝不是弹劾方式不妥,而是其政治立场与中央存在分歧。随着高太后的逝世与宋哲宗的亲政,原来受到排挤的变法派重新回到政治中心,开始大肆报复反变法派,因党争而被责降为分司官的官员更是层出不穷。绍圣元年(1094)九月,苏辙在连降三官后,再次被降授为"试少府监,分司南京",并被处以"筠州居住"⑤的惩罚。绍圣四年

---

① (清)徐松辑,刘琳、刁忠民、舒大刚、尹波等校点:《宋会要辑稿》职官一七之三九,第3469页。
② (元)脱脱等:《宋史》卷三二二《杨绘传》,第10450页。
③ (宋)李焘:《续资治通鉴长编》卷三二一"元丰四年十二月甲戌",第7748页。
④ (宋)李焘:《续资治通鉴长编》卷四〇三"元祐二年七月壬戌",第9808页。
⑤ (宋)苏辙撰,陈宏天、高秀芳点校:《苏辙集·后集》卷一八《分司南京到筠州谢表》,第1079页。

(1097),梁焘、王觌、姚勔、刘奉世、吕大防等一大批官员均因党争被除授"分司南京"①,同时被指定到不同的地方居住。崇宁元年(1102)九月丁酉,变法派的风云人物曾布也被降授为"中大夫、司农卿分司南京"②。

南宋以后,西京、南京、北京只是名义上的陪都,但分司官仍是政府安置贬谪官员的主要方式。建炎三年(1129)三月,黄潜厚因御史弹劾被责授为"秘书少监,分司南京,道州居住"③。南宋名将刘光世,因未能阻挡金人过江而受到殿中侍御史张延寿的弹劾,并因此而"落职,提举亳州明道宫"。但张延寿依然不依不饶,最终刘光世被责授为"秘书少监,分司南京,永州居住"④。绍兴初年,庐州舒城(今安徽舒城)人张澄,因朋附朱胜非被责授为"秘书少监、分司西京、衡州居住"⑤。绍兴十一年(1141)舒州怀宁(今安徽潜山)人朱翌,因触犯权臣,被责授为"左承事郎、将作少监,分司西京,韶州居住"⑥。由此可知,南宋初年分司官几乎完全沦为政府惩戒官员的方式,优老尊贤的功能几乎消失殆尽。南宋中后期,由于祠禄养老的发展,分司养老逐渐退出宋代政治生活。

由上可知,分司养老方式是宋政府优待老疾官员的重要方式,它主要流行于王安石变法之前。王安石变化后,随着党争的兴起,分司官的养老职能逐渐被惩戒功能所取代,分司养老方式也逐渐被致仕养老、祠禄养老所取代。

(二) 宋代官员分司养老的待遇及养老实践

北宋时期,分司官的俸禄待遇经历了由半俸到全俸的变化过程,整体上优于致仕官。北宋初年,分司官的俸禄除皇帝特恩外,一般都是半俸。太平兴国

---

① (宋)佚名:《宋大诏令集》卷二〇八《梁焘安置制》《姚勔分司居住制》《刘挚散官新州安置制》《刘奉世分司居住制》《吕大防责散官安置制》,第780—782页。
② (宋)佚名:《宋大诏令集》卷二一二《曾布中大夫司农卿分司南京依旧太平州居住制》,第805页。
③ (清)徐松辑,刘琳、刁忠民、舒大刚、尹波等校点:《宋会要辑稿》职官四六之七,第4263页。
④ (宋)汪藻:《浮溪集》卷二六《滕子济墓志铭》,《丛书集成初编》第1960册,第320页。
⑤ (宋)李心传编撰,辛更儒点校:《建炎以来系年要录》卷二五"建炎三年七月甲申",第523页。
⑥ (清)徐松辑,刘琳、刁忠民、舒大刚、尹波等校点:《宋会要辑稿》职官四六之八,第4263页。

八年(983)十二月,胡旦守殿中丞充商州团练副使,"依分司官例支给半俸"①。景祐三年(1036)六月,侍御史司马池奏请提高文武致仕官的俸禄待遇,"如分司官给全俸"②。从司马池的奏状中,可推测宋代分司官应该在景祐三年以前已享受全俸的待遇。不过,具体的时间由于资料限制还无法确定。宋制规定,致仕官仅享受半俸③,分司官则可领全俸,其俸禄待遇明显高于致仕官。

天禧四年(1020)之前,分司官员的居住地与分司地是一致的。此后,分司地与居住地实现了分离,分司官获取自由选择居住地的权利。咸平元年(998)九月,左卫上将军张永德分司西京,宋真宗"仍授其孙大理寺丞文蔚西京监当,以便就养"④。由此看出,张永德在被授予分司官以后是居住在洛阳。大中祥符六年(1013)六月,宋真宗同意了翰林学士杨亿分司西京请求,并允许他先返回"阳翟养疾","俟损日赴西京"⑤,杨亿仍需回到西京就职。天禧四年十二月,分司官员的分司地与居住地开始出现分离。当时比部员外郎孙梦协乞请分司南京,同时请求朝廷允许他"取便居住",得到宋真宗的批准。后来申请分司的官员也"多援例"⑥,拥有了自由选择居住地的权利。例如,少府监裴谷因"老分司西京","居于京师"⑦,而不是分司地西京洛阳。明道二年(1033),尚书职方郎中欧阳颖"以老乞分司",因"有田荆南","遂归"⑧,翌年死于家中。由此可知,天禧四年之后,官员分司地与居住地相分离成为惯例。当然,任意选择居住地仅适用于自陈分司或因优待而分司的官员,降授分司的官员仍无权自由选择居住地。

宋代因政府的优待而得到分司一职的老年官员,拥有大量的闲暇时间

---

① (宋)佚名:《宋大诏令集》卷二〇三《胡旦谪官制》,第755页。
② (宋)李焘:《续资治通鉴长编》卷一一八"景祐三年六月甲戌",第2791页。
③ 宋代致仕官的俸禄虽也存在全俸的现象,但这主要针对立有战功的官员和前任宰执,一般的官员职能享受半俸。本书所言的致仕官,主要指身份一般的官员。
④ (清)徐松辑,刘琳、刁忠民、舒大刚、尹波等校点:《宋会要辑稿》职官四六之一,第4259页。
⑤ (清)徐松辑,刘琳、刁忠民、舒大刚、尹波等校点:《宋会要辑稿》职官四六之二至三,第4260页。
⑥ (清)徐松辑,刘琳、刁忠民、舒大刚、尹波等校点:《宋会要辑稿》职官四六之三,第4260页。
⑦ (宋)欧阳修撰,李逸安点校:《欧阳修全集》卷三一《少府监分司西京裴公墓志铭》,第460页。
⑧ (宋)欧阳修撰,李逸安点校:《欧阳修全集》卷六二《尚书职方郎中分司南京欧阳公墓志铭》,第908页。

和居住自由,从而能够颐养天年。太子宾客分司西京谢涛,因病分司西京。他移居西京洛阳后,"不关人事,惟理医药,与方术士语,终日不休"①,沉醉于养生之术。太中大夫、尚书刑部郎中刁湛分司西京后,诸子"从官便境,更相迎养以致其乐"②,尽享人伦之乐。光禄卿叶参年老后,不喜政事,上章奏请"愿从散秩",得"以本官分司南京"。奏请被批准后,叶参当天就动身返回姑苏。在家乡姑苏,他有"田数十丘,宅百亩"。解除政务、返回家乡后,他"莳竹林,治果园菜畦",沉浸在恬静的田园生活当中。节日期间,"烹鸡炮羔",与邻里"相问遗","往来南阡北陌中"③。胡令仪在75岁之时,向皇帝申请退休,但宋仁宗诏令他"分司西京"。卸除政务后,他返回长安,"聚书数千卷,教子孙,乐林泉"④,一方面教育后代,一方面享受山林之乐,直至87岁才过世,达到人中"上寿"。

(三) 对宋代官员分司养老方式的认识

与宋代致仕养老、祠禄养老一样,分司养老的方式对老年官员的养老生活具有明显的保障作用,是宋代官员养老制度的重要组成部分。正如宋人赵升所述:"旧制有三京分司之官,乃退闲之禄也。"⑤宋仁宗朝以前,致仕养老尚未形成系统的规定。因此,分司养老成为政府优待老年官员的重要方式,充分发挥着优老尊贤的功能。在致仕养老方式的完善过程中,它充当了缓冲器的作用。对于多数老年官员来说,他们并不愿意采用致仕的方式来养老。政府在推进致仕养老的过程中,就借助分司养老方式来缓冲致仕养老所带来的压力。因此,在祠禄养老方式普及之前,分司养老一直是政府"优遇老臣"⑥的重要

---

① (宋)欧阳修撰,李逸安点校:《欧阳修全集》卷六三《太子宾客分司西京谢公墓志铭》,第915页。
② (宋)张方平撰,郑涵点校:《张方平集》卷三九《宋故太中大夫尚书刑部郎中分司西京上柱国赐紫金鱼袋累赠某官刁公墓志铭》,中州古籍出版社,2000年,第695页。
③ (宋)宋祁:《景文集》卷五九《故光禄卿叶府君墓志铭》,《丛书集成初编》第1881册,第794页。
④ (宋)范仲淹著,李勇先、王蓉贵等校点:《范仲淹全集》卷一二《宋故卫尉少卿分司西京胡公神道碑铭》,第296页。
⑤ (宋)赵升编,王瑞来点校:《朝野类要》卷五《宫祠》,第101页。
⑥ (宋)郑獬:《郧溪集》卷一二《论冗官状》,《宋集珍本丛刊》第15册,第110页。

举措。宋神宗在位时期,祠禄制度得到不断的发展与完善。它在安置政敌的同时,也承担着优老尊贤的功能。但随着变法的进行和党争的兴起,宋代官员分司制度的养老功能逐渐弱化。南宋以后,宋代官员分司制度虽然在建炎、绍兴年间仍发挥着安置贬谪官员的功能,但由于西京、南京、北京已被金人占领,分司官失去了存在的基础,便逐渐退出南宋政治生活,其养老职能也随之消亡。总而言之,分司养老方式北宋前期较为普遍,在官员养老体系中占据着重要地位。随着致仕养老方式的完善与祠禄养老方式的发展,它逐渐退出了历史舞台。

第五章　宋代官员养亲制度

官员的养亲行为，本为官员家庭这一私人领域的事务，但宋政府为了调节为官与养亲的矛盾，制定了一系列的养亲法令，为官员履行侍养义务提供制度保障。这不仅体现出政府对官员阶层的优待，更显示出政府对家庭养老模式的重视与支持。

第一节　宋代官员养亲法令

对于官员来说，为官任职与赡养父母之间，往往难以兼顾。宋政府在官员管理制度的设计中，充分考虑到这一现实问题。它在继承前代经验的基础上，制定了一系列官员养亲法令，使官员养亲制度更加完备。这在一定程度上有效解除了官员养亲①的后顾之忧，使官员安心为官，而且也为政府博得孝治的美名，有利于民间孝养风俗的培植。

一、侍养祖父母及父母令

侍养祖父母及父母是子孙的法定义务，宋政府对官员事亲做出细致而严格的规定。在做官与事亲的关系上，宋朝法律规定官员必须在祖父母、父

---

① 本书所指的养亲，主要针对直系长辈中的祖父母、父母。其他亲属暂不在讨论范围。

母有人侍养的情况下才能做官。对于家中没有其他侍养人员的官员,则明确禁止做官。如果他们无视养亲规定,将其祖父母、父母委托给它人照顾执意任官,将会受到法律的惩罚。《宋刑统》对于委亲之官做出明确的处罚规定:"祖父母、父母老疾无侍,委亲之官","徒一年"①。如果官员家中有其他兄弟或近亲侍养祖父母、父母,他出任官职就是合法行为,"非委亲之官者,不坐委亲之罪"②,不会受到法律惩罚。为避免官员以侍养为名躲避法律惩罚,宋政府对官员祖父母及父母的年龄有着明确的要求,"年八十以上或笃疾"者才可以享受侍养待遇。部分官员为达到侍养目的,往往"妄增年状,以求入侍"③。对于这种不法行为,宋政府同样给予惩处,一般处以"徒一年"④的刑罚。

宋政府不仅明确了官员对祖父母、父母的侍养义务,而且对其重返政坛也做出详细规定。皇城使、嘉州团练使刘永寿奏请侍养母亲,一年后,申请朝参。但宋制规定,"京朝官、选人寻医侍养,须及二年方许朝参入选",京朝官、选人一旦申请侍养,必须在两年后才能参加朝参。大使臣也是如此。宋神宗在熙宁二年(1068)五月,下诏申明规定,"大使臣寻医、侍养,依京朝官例",两年之后方能朝参。熙宁四年(1070)十一月,宋神宗再次下诏,明确规定"三班使臣寻医、侍养,比文臣例,候二周年方得朝参"⑤,文武官员实行统一的标准,申请侍养后均需在两年后才能参加朝参。

二、迎养祖父母及父母令

由于地域回避的限制,宋代官员的任职地都在家乡之外地方,有的甚至在千里之外,空间上的分离,使官员无法使在任官期间兼顾侍亲义务。为解

---

① (宋)窦仪等撰,薛梅卿点校:《宋刑统》卷一〇《匿丧》,第185页。
② (宋)谢深甫编,戴建国点校:《庆元条法事类》卷五《职制门二·之官违限》,第53页。
③ 妄增年状指的是未年八十以上及本非笃疾,乃妄增年八十及笃疾之状。见(宋)窦仪等编,薛梅卿点校:《宋刑统》卷一〇《匿丧》,第185—186页。
④ (宋)窦仪等撰,薛梅卿点校:《宋刑统》卷一〇《匿丧》,第185页。
⑤ (清)徐松辑,刘琳、刁忠民、舒大刚、尹波等校点:《宋会要辑稿》职官七七之二四,第5154页。

决为官与养亲之间的矛盾,宋朝制定有迎养祖父母及父母的法令。宋朝的迎养政策形成于宋太宗时期,此时期仅针对在京师任职但家乡在偏远地区的官员。北宋初年,随着统一大业的完成,后蜀、南唐、两广、福建等新收复地区的高级官员,纷纷进入中原王朝的政府机构,这不仅缓解了宋政府人才匮乏的难题,也有效防止了割据政权东山再起的可能,但却造成归降官员与祖父母、父母及妻儿两地分居的局面。为使归降官员忠于宋朝,宋太宗逐渐放松对他们的防范,允许其迎侍父母。宋太宗朝归降官员迎侍父母诏令的发布,与刘昌言有一定的关系。刘昌言本为漳泉统治者陈洪进的幕僚,后归降宋廷,受到宋太宗的赏识。太平兴国八年(983),刘昌言官运亨通,骤升至"右谏议大夫、同知枢密院事",因晋升过快,"不为时望所伏"。时人弹劾他"委母妻乡里,十余年不迎侍"。为平息舆论,宋太宗"诏令迎归京师,本州给钱办装,县次续食"①,此为归降官员迎侍父母的开端。

北宋初年,常年不迎侍父母的归降官员并不止刘昌言一人。光禄丞何亮,家在果州(今四川南充),"游宦十余年,以蜀人不得归觐省",长期未归省父母。秘书丞陈靖,泉州人,与刘昌言一样,跟随陈洪进归降宋廷。得知刘昌言迎养母亲后,也奏请迎侍其母。但他的母亲"恋乡里、爱他子"②,不愿随其入京。宋太宗得知何亮和陈靖常年未省视父母时,非常惊讶,遂于至道元年(995)四月戒谕文武百官,如果其父母"在川峡、漳泉、福建、岭南"等地,"并令迎侍就养"。同时命令御史台"纠察违诏者",对于不依法迎养者,"重置其罪"③。宋太宗朝两次迎养父母的规定,均针对新收复地区在京任职的官员,其政治目的相当明确。剑南、峡路、漳泉、福建等地距离京师开封遥远,在京任职的官员与其父母天各一方,无法尽孝。政府允许他们迎侍父母,这有助于解决归降官员因距离而无法事亲的难题,有效地消除了其思亲之情,使他们能够安心为新政权服务。

---

① (元)脱脱等:《宋史》卷二六七《刘昌言传》,第9207页。
② (宋)王称撰,孙言诚、崔国光点校:《东都事略》卷三六《列传十九》,《二十五别史》,齐鲁书社,2000年,第291页。
③ (宋)李焘:《续资治通鉴长编》卷三七"至道元年四月庚寅",第812页。

宋真宗朝，官员侍养父母的法令有了新的突破。按照宋制规定，官员出任官职不能携带家眷。景德元年（1004）正月，宋真宗为鼓励官员到川峡等偏远地区任职，特诏允"川、峡、广西路官自今听携家之任"①。自此，川、峡、广西三路的官员可将携带父母赴任。随后，迎养父母的官员范围进一步扩大。咸平二年（1008）二月，宋真宗在郊祀大赦之际，诏令"群臣迎养父母"②。宋真宗朝，迎养父母不再是京师归降官员的专权，四川、广西等偏僻地区的官员也可携带父母赴任。在朝廷大礼之际，一般的官员也可破例迎养父母。

值得注意的是，宋真宗朝的迎养规定，仅适用于川、峡、广西等特定区域或朝廷大礼等特殊时期，普通文武官员仍不得随意迎侍父母，此种状况至少延续至宋仁宗朝。至和年间（1054），端明殿学士、礼部侍郎张方平在被调往益州时，曾以"父老不得迎侍"为借口推辞。宋仁宗也深知"此条贯不便"，但碍于"祖宗故事"，不便更改。为让张方平顺利就职，宋仁宗礼节性地表示，可令"中书罢此条贯"。这让张方平惶恐不已，立即表态不能因为自己的缘故"轻议更变"③。至于"罢此条贯果在何时"也未记载。因此，宋仁宗是否果断废止禁止携带父母赴任的旧有规定，囿于资料限制，还无法做出准确的判断。但从宋神宗朝官员迎侍父母的情况看，仍是以家在偏远地区的官员或在此任职的官员才能迎养父母。熙宁九年（1076）十二月，宋神宗因侍御史周尹"常言有母在成都"遂派遣他乘坐马车，带着御香前往嘉州峨眉山白水寺，"奉使令迎侍"④母亲。

南宋时期，政府明确支持官员迎侍祖父母、父母，并给予迎侍的官员一定的假期。绍兴五年（1135），权吏部侍郎张致远"乞归南剑州迎侍"老母。宋高宗同意其申请，并"予告半月"⑤的假期。绍兴三十二年（1162）正月，宋

---

① （宋）李焘：《续资治通鉴长编》卷五六"景德元年正月丙戌"，第1224页。
② （元）脱脱等：《宋史》卷六《真宗一》，第108页。
③ （宋）李焘：《续资治通鉴长编》卷一七六"至和元年七月甲戌"，第4267—4268页。
④ （宋）李焘：《续资治通鉴长编》卷二八〇"熙宁十年正月己卯"，第6856页。
⑤ （宋）李心传编撰，辛更儒点校：《建炎以来系年要录》卷九〇"绍兴五年六月甲子"，第1552页。

高宗听从臣僚的建议,诏令监司、台谏官分别弹劾地方、中央"有亲年已高而不迎侍及归养"①的官员。由此判断,政府应该在此之前已要求官员迎侍或归养年迈的祖父母、父母。目前,虽然没有充分的史料确定宋政府公布官员迎养父母的具体时间,但可以确定的是,南宋孝宗以后官员迎养祖父母、父母时不再受地域和时间的限制。

三、省视祖父母及父母令

官员由于四处宦游,无法尽日常晨昏之礼。因此,历代政府均要求官员省亲,并为其提供假期,宋代亦不例外。北宋初年,四川地区的官员长年不回家省亲,甚至在父母患病的情况下,也不解职回家探望。宋太祖闻知后,立即下诏予以制止。乾德四年(966)五月,宋廷诏令"蜀郡敢有不省父母疾者,罪之"②,对不省视父母的官员将会收到惩罚。宋太祖虽然明确要求官员省视父母,但却没有规定省亲的时间限制,因此大量地方官员在任期结束后往往"以焚黄、省亲为名,奏牍不待报而去",甚至有"累月不赴朝请者",这种状况直至宋真宗朝才引起政府的重视。大中祥符六年(1013)四月十七日,侍御史知杂段烨奏请制定条约来规范官员省亲,得到宋真宗的认可。于是他下诏规定,官员省亲"请半月者听行",如果超过半个月,则需"奏裁"③。宋仁宗天圣年间,政府对官员省亲的规定更为规范、全面,《天圣令》对其有详细的记载:

> 诸文武官,若流外以上长上者,父母在三百里外,三年一给定省假三十日。其五品以上,所司勘当于事无阙者,奏闻。不得辄自奏请。④

从《天圣令》中可知,官员每三年才有一次省亲的机会,其时限为三十

---

① (清)徐松辑,刘琳、刁忠民、舒大刚、尹波等校点:《宋会要辑稿》职官七七之二七,第5156页。
② (元)脱脱:《宋史》卷二《太祖二》,第24页。
③ (清)徐松辑,刘琳、刁忠民、舒大刚、尹波等校点:《宋会要辑稿》礼三九之一,第1607页。
④ 天一阁博物馆、中国社科院历史研究所天圣令整理课题组校证:《天一阁藏明钞本天圣令校证》,第413页。

日。五品以上的中高级官员在省亲时,需经有关部门审核,在不影响公务的情况下方能提出申请。由此看来,宋代官员省亲的周期比较长,但省亲的假期比较短。此外,中高级官员省亲有着严格的要求,必须经所在部门同意才能奏请。两宋时期,官员省亲制度并无大的变化,这从南宋后期所编纂的《庆元条法事类》可窥见一斑。《庆元条法事类》规定在任官员因"父母疾病危笃乞假省视",需"本属验实"才能离任,省亲时间"除程不得过三十日"①。总之,宋政府对官员的告假程序、省亲时限均有着明确的规定,形成较为完备的省亲制度。

省视父母虽然是官员的一项法定权利,但必须获得朝廷的批准,否则将会受到处罚。景祐元年(1034)二月,右谏议大夫、新授知泰州孔道辅以"父母年老"为由,奏请在赴任的途中"暂到兖州宁亲",之后"立便赴本任"。宋仁宗对其"不奏候朝旨,枉路赴兖州"的请求极为不满。虽"免勘特放罪",但命令他"疾赴任"②,不得在家停留。孔道辅此次出知泰州,主要是由于他"率谏官孙祖德、范仲淹、宋郊、刘涣,御史蒋堂、郭劝、杨偕、马绛、段少连十人"③反对宋仁宗废除郭皇后所致。在废后的问题上,孔道辅并未按照宋仁宗的意愿行事,而是强烈反对,这不仅得罪了宰相吕夷简,更惹怒了皇帝。因此,宋仁宗驳回孔道辅省亲的申请也是情理之中的事情,这充分表明官员省亲的权利是要服从皇权的。

南宋孝宗朝,官员省亲的规定相对较为宽松,官员可破例越境省亲。按照宋制,"守臣无得越境"。但宋孝宗在位时期,多位官员援引王正仲之例越境省亲。王正仲任扬州郡守时,"其亲居润",二者"隔一水",向皇帝奏请省亲,蒙恩批准。乾道年间,史浩在"守绍兴"期间,"援例省其母于四明"。淳熙末年,耿直之出任四明郡守时,他的父亲已是九十高龄。耿直之"以亲病乞祠",没有得到批准。于是"用故事谒告归江阴省亲"④,宋孝宗破例恩许其省视父亲。

---

① (宋)谢深甫编,戴建国点校:《庆元条法事类》卷一一《职制门八·给假》,第211页。
② (清)徐松辑,刘琳、刁忠民、舒大刚、尹波等校点:《宋会要辑稿》刑法二之二〇,第8293页。
③ (元)脱脱等:《宋史》卷二九七《孔道辅传》,第9884页。
④ (宋)李心传撰,徐规点校:《建炎以来朝野杂记·甲集》卷八《郡守越境省亲》,第165页。

四、便养祖父母及父母令

与迎侍祖父母、父母的规定相比,宋代就近差遣以便养祖父母及父母的法令更为系统。宋真宗朝,政府多次公布官员近地差遣以养亲的法令。早在咸平年间,京朝官近地差遣以养亲已是合法的行为。咸平四年(1001)二月,宋真宗下诏,"京朝官父母年七十以上,合入远官,无亲的兄弟者,并与近地"①,规定父母年七十以上的京朝官,如果无其他兄弟分担侍养义务,可不受回避制度的约束,在近地任官。同年四月,宋真宗再次下诏,"京朝官及吏部选人,亲老无兼侍者,特与近任"②,选人也获取近地差注以养亲的权利。二十年后,宋真宗又对咸平年间的便养令进行补充。天禧四年(1020)十一月,他下诏规定父母年80岁以上的京朝官,"不问有无兄弟,并乞且与近地差遣"③。对于父母年高的京朝官,政府放宽了近地差遣的条件,不管其父母有无兼侍人员,一律赋予近地差遣的权利。

宋仁宗朝,官员便养令得到进一步的完善。康定元年(1040)八月,宋仁宗下诏规定"益、梓、利、夔四路"的京朝官,如果"父母老疾","许权入近地监当"④,不再对京朝官父母的年龄做出硬性规定,而是把其身体状况作为是否免除远地差遣的重要参考。宋政府重文轻武的政策,在官员便养令上也有明显的体现。至和年间以前,政府近地差遣以养亲的法令,仅适用于文官系统的京朝官和选人,武臣直至至和元年才与文官一样拥有便养权。至和元年(1054)五月,宋仁宗正式下诏规定,"自今三班使臣,合入远地而父母年高者,听依文臣例,召保官与近地"⑤。自此以后,需前往远地任官的三班使臣,在父母年高的情况下也可近地差遣。

宋英宗朝、宋神宗朝,政府仍不断完善官员近地差遣以养亲的法令。治

---

① (清)徐松辑,刘琳、刁忠民、舒大刚、尹波等校点:《宋会要辑稿》职官一一之一,第3303页。
② (宋)李焘:《续资治通鉴长编》卷四八"咸平四年四月壬子",第1057页。
③ (清)徐松辑,刘琳、刁忠民、舒大刚、尹波等校点:《宋会要辑稿》职官一一之二,第3304页。
④ (宋)李焘:《续资治通鉴长编》卷一二八"康定元年八月乙酉",第3032页。
⑤ (宋)李焘:《续资治通鉴长编》卷一七六"至和元年五月乙酉",第4263页。

平元年(1064)二月,权判流内铨钱公辅奏请"选人祖父母、父母年老得家便官者免更注"①,宋英宗批准了其奏请。由此以来,选人在获得近地之官后可免除更注。熙宁年间,宋神宗再次修改京朝官家便差遣的法令。熙宁三年(1070)十二月,政府下诏规定,"合入川、广、福建"的京朝官,即使其祖父母"年未及七十",如果他们的确"笃疾无兼侍",均可"召保官与家便差遣"②,不必再出任远地。宋政府为便于官员养亲,在近地差遣上的标准越来越宽松,但如果官员因犯罪被贬谪至偏远地区时,不得以侍养祖父母及父母的名义申请近地。元丰六年(1083)六月,宋神宗下诏规定"吏部四选,应犯罪合入远及远小处监当"的官员,不得"叙祖父母、父母老疾,指射家便差遣"③,剥夺其近地差遣的权利。

五、分俸养亲令

在制定严格的侍养令、迎养令及富有人文关怀的便养令外,宋政府还比较注重从经济角度来保证官员养亲,专门出台分俸养亲的规定。宋代分俸养亲的法令规定,主要形成于宋太宗时期。太平兴国二年(977)四月,宋太宗诏令"剑南诸州幕职官违例本土,从官异乡,皆祗畏于简书",于是"稍赠于廪禄"。在正常的月俸外,"月更给钱五千",同时允许"依州县官例,分旧俸之半于乡里,给其父母"④。自此,剑南诸州的幕职官,可通过分俸的方式赡养远在家乡的父母。六年后,即太平兴国八年(983)十一月,盐铁使王明对"西川、广南、两浙、漳泉等州幕职州县官","请俸与本家骨肉"的做法表示赞同。"两京诸道州府、应幕职州县官"因父母年龄较大,再加上"歧路稍遥","多不遂于搬迎",所以他们"有亏于侍奉"。鉴于此,王明奏请政府允许两京官员"分支请俸"⑤,以便于其养亲,得到宋太宗的批准。

---

① (宋)李焘:《续资治通鉴长编》卷二〇〇"治平元年三月庚午",第4852页。
② (宋)李焘:《续资治通鉴长编》卷二一八"熙宁三年十二月庚辰",第5309页。
③ (宋)李焘:《续资治通鉴长编》卷三三五"元丰六年六月壬戌",第8084页。
④ (清)徐松辑,刘琳、刁忠民、舒大刚、尹波等校点:《宋会要辑稿》,职官五七之二一,第4568页。
⑤ (清)徐松辑,刘琳、刁忠民、舒大刚、尹波等校点:《宋会要辑稿》,职官五七之二一,第4568—4569页。

宋代在官员养亲的法令建设上,不仅明确了官员侍养、省视祖父母及父母的义务,还针对做官与养亲之间的矛盾制定出迎养令、便养令、叙封令及分俸令,既有效地约束了官员养亲行为,也规定官员养亲的不同方式,有助于官员处理为官与养亲的矛盾。

第二节 宋代官员养亲的主要方式

宋代为应对唐末五代以来社会道德沦丧、伦理崩坏的局面,不断整合传统文化资源,以恢复、建立稳定的社会秩序。在社会秩序的重建中,家庭伦理秩序是宋代极为关注的问题。因此,宋代不仅从思想层面构建家庭养老的规范,而且从制度上为家庭养老的推行提供保障。在养亲法令的保障下,宋代官员在履行养亲义务的过程中,拥有较多的选择。他们可迎侍祖父母、父母,也可申请闲职来解决养亲问题,同时还可致仕、辞官养亲。以往的研究,在考察宋代官员回避制度时,提及官员在祖父母、父母高龄且患病的情况下可不受地区回避法的限制,采用近地差遣的方式养亲①,对于近地差遣外的方式较少涉及,有关宋代官员养亲问题仍需进一步讨论。下文从家庭养老运行的角度专题讨论宋代官员的养亲方式,分析官方政策对家庭养老的影响与制约,以深化宋代官员养亲问题的研究。

一、迎侍尊亲

自汉代以来,官员便可将祖父母、父母迎接到任职地,移亲就养成为官员解决为官与养亲矛盾的重要途径,宋代依然如此。但北宋初年,迎养政策主要针对特定区域的官员家庭。至道元年(995),宋太宗诫谕文武百官,若

---

① 本书所讨论的官员养亲,专指官员亲自侍奉祖父母、父母日常生活,不包含官员妻女、子孙、兄弟及近亲代为侍养。

父母"在川陕、漳泉、福建、岭南等处","并令迎侍就养"。不依法迎养者,由御史台弹劾,并"重寘其罪"①。在官方的支持与监督下,家乡在四川、福建、岭南等新收复地区的官员,可采用迎侍的方式赡养将祖父母、父母迎至为官之地,以便奉养。

其后,宋朝迎养政策逐渐突破地域限制。咸平二年(1008),宋真宗在郊祀大赦之际,诏令"群臣迎养父母"②,家乡在川南、福建、岭南等地以外的官员,也可通过迎养的方式履行奉养义务。欧阳修的父亲在其三岁时亡故,寡母带他投奔叔父。二十年后,欧阳修考取进士,"得禄而养"。任官以来,欧阳修便携带寡母宦游,长达二十二年。在欧阳修以吏部郎中留守南京时,其寡母郑氏"以疾卒于官舍"③,终年72岁。沈立与欧阳修有着相似的经历,其父亲沈平早逝,母亲胡氏独自一人将沈氏兄弟五人抚养成人。沈立入仕后,尽心侍奉寡母,"迎养三十余年"④,与其朝夕相处。

官员子孙任官后,他们也会将赋闲的父亲、祖父迎接到任职地。谢涛早年试写表章,歌颂赵匡胤的统一功绩,考中进士后,官至侍御史。明道元年(1032),"得请权西京留守司御史台","分务洛下"⑤。其长子将他迎侍于京师。江南旧臣刁衎的儿子刁湛,累官至刑部郎中,以分司西京归老。当时,刁湛之子"从官便郡,更相迎养"。在儿子的侍奉下,"澹乎自适,凡十六年"⑥。李恕的两个儿子相继中举,他们"迎君宦游"长达十五年,对父亲"奉养甚适"⑦。崇宁三年(1104),葛胜仲得知父亲致仕,即"取告迎侍"⑧,将父亲迎至京师,以行孝道。

南宋高宗朝,官方加强对官员迎养父母行为的监督。绍兴三十二年

---

① (宋)李焘:《续资治通鉴长编》卷三七"至道元年四月庚寅",第812页。
② (元)脱脱等:《宋史》卷六《真宗一》,第108页。
③ (宋)欧阳修撰,李逸安点校:《欧阳修全集》卷二五《泷冈阡表》,第394页。
④ (宋)蔡襄撰,吴以宁点校:《蔡襄集》卷四〇《赠光禄少卿沈君墓志铭》,第723页。
⑤ (宋)范仲淹撰,李勇先、王蓉贵校:《范仲淹全集》卷一二《宋故太子宾客分司西京谢公神道碑》,第301页。
⑥ (宋)佚名:《京口耆旧传》卷一《刁衎》,第5页。
⑦ (宋)邹浩:《道乡集》卷三四《李府君墓志铭》,《宋集珍本丛刊》第31册,第255页。
⑧ (宋)葛胜仲:《丹阳集》卷一五《朝奉郎累赠少师特谥清孝葛公行状》,第643页。

（1162）正月，宋高宗听从臣僚的建议，诏令监司、台谏官分别弹劾地方、中央"有亲年已高而不迎侍及归养"①的官员，提倡官员迎侍祖父母、父母。在官方的提倡与监督下，迎侍成为官员养亲的普遍方式。李发常被母亲彭氏训诫要尽职尽忠，以"图报效"皇恩。他"既奉教，益自策励，所至皆有声称"，受到多人举荐，"改右宣教郎知虔州兴国县"，将母亲彭氏"迎侍至官舍"，②尽心奉养。南宋名儒李侗的儿子李友直、李信甫均"举进士，试吏旁郡"，于是"更请迎养"③，以尽孝心。陆自高父亲早逝，寡母赵氏"惸然无依"，其兄弟二人"仕宦所至，必奉以行"，"迎养二十年犹一日"④。刘蕴的妻子董氏，长期跟随儿子宦游，"居处膳服之奉，燕游登览之胜"，子孙"扶床坐膝，朝夕笑语"⑤，尽享天伦之乐。

虽然政府提倡官员迎侍祖父母、父母，但这一方式在实施中也有很多限制。其中，最为主要的来自于祖父母、父母。对于年迈体衰之人而言，长途跋涉并不利于他们的健康，有些老人即丧命于迎侍的途中。刘义仲在叔父、舍弟相继逝世后，"迎侍老母赴官湖外"，到湘北门户临湘时，"老母捐馆"⑥，让其伤痛不已。即使官员迎奉之心迫切，也不得不考虑迎养的风险，"双亲年尊，且奉晨昏为便。相距二千里，岂可命驾轻出耶"⑦，不敢贸然行事。官员任职地若距离家乡路途遥远，其祖父母、父母就更不愿意跟随子孙赴任。葛书思在父亲退老于家后，多次请求他"迎养之官"，"屡献诗什，叙'白华'之意"，但其父亲"惮行，终弗许"⑧，最终也未前往官舍养老。年老之人之所以坚辞迎侍，主要是安土重迁的观念所致。张咏曾打算迎侍双亲，但他们

---

① （清）徐松辑，刘琳、刁忠民、舒大刚、尹波等校点：《宋会要辑稿》职官七七之二七，第5156页。
② （宋）刘才邵：《檆溪居士集》卷一二《彭氏太孺人墓志铭》，《影印文渊阁四库全书》第1130册，第578页。
③ （元）脱脱等：《宋史》卷四二八《李侗传》，第12748页。
④ （宋）刘宰：《漫堂集》卷二八《故知和州陆秘书墓志铭》，《宋集珍本丛刊》第72册，第456页。
⑤ （宋）杨万里著，辛更儒笺校：《杨万里集笺校》卷一三一《太恭人董氏墓志铭》，第5064页。
⑥ （宋）刘元高辑：《三刘家集》卷一《家书》，《影印文渊阁四库全书》第1345册，第553页。
⑦ （宋）吕颐浩：《忠穆集》卷六《与马永卿书》，《宋集珍本丛刊》第9册，第789页。
⑧ （宋）葛胜仲：《丹阳集》卷一五《朝奉郎累赠少师特谥清孝葛公行状》，第641页。

"恋其本土"①,不愿离开家乡,前往一个遥远的陌生地方。余靖的父亲也"乐在乡土"②,不愿跟随他到吉州生活。南宋诗人方岳的父亲同样不愿意离开家乡跟随儿子到官所生活,但因邻里失火,"延及敝庐",房屋被烧毁,"无所于居"③,才同意方岳迎侍。

为解决祖父母、父母不愿远赴异乡就养的问题,宋代还出台一些变通政策,以便于官员通过迎侍这一方式履行奉养之责。具体来说,主要有三项政策:

第一,近地差遣以养亲。官员回避制度在宋代不仅更为完备,也更加严格,但祖父母、父母年高者有近地差遣的优遇。咸平四年(1001)二月,宋真宗下诏,"京朝官父母年七十以上,合入远官,无亲的兄弟者,并与近地"④。同年四月,再次下诏,"京朝官及吏部选人,亲老无兼侍者,特与近任"⑤,选人也获取近地差注以养亲的权利。其后,官员近地差遣以养亲的法令愈加宽松。天禧四年(1020)十一月,宋真宗应审官院奏请,允许父母年80岁以上的京朝官,"不问有无兄弟","且与近地差遣"⑥。熙宁三年(1070)十二月,政府下诏规定,"合入川、广、福建"的京朝官,即使其祖父母"年未及七十",如果他们的确"笃疾无兼侍",均可"召保官与家便差遣"⑦,不必再出任远地。祖父母、父母年高的官员"例得便地"⑧,成为"吏部条格"中的规定,宋代近地差遣以养亲的制度基本定型。

近地差遣,既不影响官员的政治前途,也便于迎侍祖父母、父母,尤为官员所青睐。益州华阳人彭乘,博学多才,进士及第后,在寇准的力荐下官路

---

① (宋)张咏著,张其凡点校:《张乖崖集》卷九《通判相州请养亲表》,中华书局,2000年,第93页。
② (宋)余靖:《武溪集》卷一四《让南班第一状》,《宋集珍本丛刊》第3册,第278页。
③ (宋)方岳:《秋崖集》卷二六《回吴提干》,《影印文渊阁四库全书》第1182册,第462页。
④ (清)徐松辑,刘琳、刁忠民、舒大刚、尹波等校点:《宋会要辑稿》职官一一之一,第3303页。
⑤ (宋)李焘:《续资治通鉴长编》卷四八"咸平四年四月壬子",第1057页。
⑥ (清)徐松辑,刘琳、刁忠民、舒大刚、尹波等校点:《宋会要辑稿》职官一一之二,第3304页。
⑦ (宋)李焘:《续资治通鉴长编》卷二一八"熙宁三年十二月庚辰",第5309页。
⑧ (宋)华镇:《云溪居士集》卷二三《上宰相书》,《宋集珍本丛刊》第28册,第291页。

畅通,被擢升为秘书省丞、集贤校理。但他极力推辞,"恳求便亲",遂改"知普州(今四川安岳)"①,留在家乡做官。黄珪被人举荐,"改宣教郎,除汾州、卫州教授",但他均"以亲老地远"为由婉言拒绝,希望"得一官稍近乡间","不废甘旨之奉",于是被任命为"福建路提举茶盐司干办公事"。当时黄珪的弟弟黄琳为邵武军司户参军,二人相距较近,"板舆往来,颇尽亲欢"②。施大任的长子"以学识议论蒙擢序",先除"提举河北路学事"。在入对之时,"以亲春秋高,恳易近乡一官",皇帝下诏"特改淮东路"③。于是,施坰将父亲迎接到官所奉养。

为便于官员履行养亲义务,宋政府还会主动将祖父母、父母高龄的官员调往近地为官。三班奉职张永德的祖母刘氏,"年一百八岁",曾蒙召进入禁中,宋仁宗"矜其年高",在天圣二年(1024)十月特诏"与永德近地官"④,以便其侍奉祖母。熙宁初年,主客员外郎蒋之奇被贬为道州监酒税。宋神宗览阅其谢表时"知其有母",遂诏令将其"移近地","改宣州"⑤。

第二,折资迎养。近地差遣固然是解决官员迎养尊亲问题较为理想的方式,但并非人人均能如愿。在无法获得近地差遣的情况下,官员为达到迎养的目的,可主动申请降低官资,即折资迎养。北宋时期的张詠"两任远官,皆非迎养",以不能侍养双亲为憾,因此上表请求从相州通判改调濮州监当官:

> 臣之家属,近隶濮州,窃闻州城例有酒税,望回天眷,察臣愚衷,则臣乞纳升朝两官,换监濮州一务。臣非矫激,盖欲明危迫之志也。⑥

---

① (元)脱脱等:《宋史》卷二九八《彭乘传》,第9899页。
② (宋)张九成撰,杨新勋整理:《张九成集·横浦集》卷二〇《黄吏部墓志铭》,浙江古籍出版社,2013年,第239页。
③ (宋)葛胜忠:《丹阳集》卷一二《朝议大夫施公墓志铭》,第618页。
④ (宋)李焘:《续资治通鉴长编》卷一〇二"天圣二年十月庚辰",第2368页。
⑤ (宋)李焘:《续资治通鉴长编》卷二一八"熙宁三年十二月丁丑",第5306页。
⑥ (宋)张詠著,张其凡点校:《张乖崖集》卷九《通判相州求养亲表》,第93—94页。

监酒务,主要负责征收酒的专卖税。与通判相比,官资明显降低。尽管如此,张咏仍不惜"纳升朝两官",改任濮州监酒务,以尽奉养责任。两宋时期,与张咏一样折资养亲的官员并不罕见。河北巨鹿的魏丞纶,被人举荐,"将擢其任"。但他"辞所举",请求任"浔阳榷酤"①,以便亲养。名重一时的毕士安,也因侍奉母亲而不惜下迁。毕士安从饶州知州改任"殿中丞,归朝为监察御史,知乾州"。但此时毕士安的母亲祝夫人年龄已高,"从京师而走乾州",路途遥远,"非祝夫人所便",因此"辞乞下迁,改监汝州稻田务"②。范端也以"乞养太夫人"为由,放弃飞鸟县令及彭山县令,改任江宁府监盐税及云安军监盐井。治平四年(1067),王岳登进士乙科,本被除授"试秘书省校书郎"。但当时其母亲阎氏"年九十",为照顾年迈的母亲,王岳"求为下邳尉为吏"③。

对于官员来说,官资不仅关系着其俸禄的多寡,而且也意味着政治地位的高低。官员不惜降低官资,甘愿下迁,实属难能可贵,但也是无奈之举。从华镇寄给宰相的书信中,可探寻到官员折资养亲的原因:

> 偏亲在堂,年逾八十,辍禄而归养,则家贫无以备菽水之奉;迎侍乎远方,则道途非老者之宜。在吏部条格,例得便地。然到阙数月,桂薪玉食,担石将罄,便家之地,曾未获见。使或值之,当见夺于前列,未可以日月计也。两地老弱逾二百指,咸仰哺于一身进退之势,无异乎饥溺沟中之人。④

由上可知,官员之所以愿意折资养亲,主要因为近地之阙不易谋取。官员为了谋取一近地之职,多要经过漫长的等待。最为可怕的是,近地之阙竞争激烈,往往被与中央交往密切之人抢占。对于一般官员而言,近地差遣成

---

① (宋)杨杰:《无为集》卷一〇《养志堂记》,《宋集珍本丛刊》第15册,第319页。
② (宋)毕仲游撰,陈斌校点:《西台集》卷一六《丞相文简公行状》,第256—257页。
③ (宋)沈辽:《云巢编》卷九《东安县尉王君墓铭》,《宋集珍本丛刊》第23册,第562页。
④ (宋)华镇:《云溪居士集》卷二三《上宰相书》,《宋集珍本丛刊》第28册,第291—292页。

为一种奢望。对于以俸禄为生的官员来说,他们在面临粮米将尽的时候,进退两难。为了解决迫在眉睫的生存问题,他们不得不放弃近地差遣的机会,采用折资的方式养亲。

第三,对移、留任以养亲。对移是宋代管理官员的一项措施,指两个资序相当的官员对易差遣。以往的研究注重考察对移的惩戒功能与回避功能①,尚未重视其在解决官员养亲问题方面的作用。事实上,对移可使官员通过易任官职的方式实现迎养尊亲的目的,也是宋代官员养亲的方式之一。大名府元城县(今河北大名)主簿郑陳以"母老家贫,寓一关右,难以迎侍"为理由,奏乞"移官就养"。景德二年(1005)十一月,宋真宗诏令吏部流内铨,任斛州安邑县尉李献可与大名府元城县主簿郑陳"对易"②。天禧二年(1018)二月,益州路转运使韩庶上书,以"母年八十,无兄弟供侍"③为由申请对移,宋真宗诏令他与京西转运副使赵贺对换。乾道元年(1165)七月十八日,新任命的饶州(今江西上饶)知州徐葳上奏,"父老抱疾,义难远去"④,宋孝宗特允许其与新知江阴军蒋天祐两易。乾道二年(1166)十一月十五日,权发遣池州(今安徽池州)戴达先以"母久抱疾,难以迎侍"为由,奏请"与见待次人两易"⑤,因此被批准与知江阴军赵彦俾两易其任。

若现任官职有利于迎侍,官员可申请留任,长年不调。熙宁五年(1072)正月,宋神宗下令召吕大防回京"判流内铨"。当时吕大防正在华州任内,距离家乡蓝田县较近,便于养亲,因此他"以父老乞终华州任,以便私养"⑥,宋

---

① 宫崎圣明:《论宋代"对移"制度》,载邓小南、程民生、苗书梅编:《宋史研究论文集》,河南大学出版社,2014年,第30—53页。吴业国:《宋代地方政治空间的对移处分制度》,《中州学刊》2014年第8期。郭艳艳:《宋代地方官对移制度初探》,《开封教育学院学报》2007年第3期。
② (清)徐松辑,刘琳、刁忠民、舒大刚、尹波等校点:《宋会要辑稿》职官六一之三八,第4709页。
③ (宋)李焘:《续资治通鉴长编》卷九一"天禧二年二月戊子",第2102页。
④ (清)徐松辑,刘琳、刁忠民、舒大刚、尹波等校点:《宋会要辑稿》职官六一之五三,第4717页。
⑤ (清)徐松辑,刘琳、刁忠民、舒大刚、尹波等校点:《宋会要辑稿》职官六一之五三,第4717页。
⑥ (宋)李焘:《续资治通鉴长编》卷二二九"熙宁五年正月辛丑",第5571页。

神宗准予其继续留任华州。留任养亲,不仅仅是富有声望的高级官员的待遇,中下级官员也往往因为便养尊亲,常年不调。北宋末年,王元的父母"春秋高",他为了侍奉双亲甘居"冷局二十年"①。左朝请郎冯山也因其母亲年高,不到京师为官,"连任乡国二十余年"②。处州(今浙江丽水)通判任绅,将母亲从金人手中救出后,为尽孝子之心,"不磨勘三十余年",尽心"侍养十七年"③。

二、闲职养亲

闲职,主要指没有实际执掌、无需履行具体职责的分司官与宫观官。现任官员可自请分司,同时政府也将分司作为责降、叙复、优待某些官员的手段④。宋代分司官虽带职事官,但实际多无职事可做,自请分司官者可自由选择居住地,且正常享有俸禄,便于养亲。因此,官员在祖父母、父母年老体衰,不便迎侍的情况下也会自请分司官,以达到侍养的目的。

北宋时期,尤其是北宋前期,官员为了实现养亲的愿望往往奏请分司官,余靖即是其中的代表。余靖任谏职期间,连续七次上书,奏请外任,以便养亲,但均未被批准。后来他以父亲"年渐衰老,不乐远出"为由,申请"落职分司,归乡侍养"⑤。余靖如愿得到分司西京的职位,得以侍奉老父。不过,很快他又被起复,余靖认为"奉亲而往,则有道路之劳;委亲而行,又阙晨昏之养",因此不愿远赴边任,奏请"依前分司、韶州居住,所图就养"⑥。由于政府未批准他的申请,余靖再次上书,陈述父亲"先患上气,每风露所触,

---

① (宋)晁补之:《鸡肋集》卷六七《寿昌县君晁氏墓志铭》,《四部丛刊初编》本,第14a页。
② 关于冯山的仕宦经历,《历代名臣奏议》及不同版本的文集中有不同的记载。《历代名臣奏议》中记载他"以母老连任乡便二十余年",见(明)杨士奇编:《历代名臣奏议》卷一三九《荐冯山张举札子》,上海古籍出版社,2012年,第1829页。《太史范公文集》则记载为冯山"以母老连任御史二十余年"。见(宋)范祖禹:《太史范公文集》卷二五《荐冯山张举札子》,第294页。《太史范公文集》中"连任御史二十年"的记载,与下文中"不到京师"的记载相互矛盾,因此本文以《历代名臣奏议》中的记载为准。
③ (清)徐松辑,刘琳、刁忠民、舒大刚、尹波等校点:《宋会要辑稿》舆服四之三二,第2259页。
④ 徐东升:《宋代官员分司制度》,《史学月刊》2007年第1期,第38页。
⑤ (宋)余靖:《武溪集》卷一四《乞分司状》,第277页。
⑥ (宋)余靖:《武溪集》卷一四《让南班第一状》,第278页。

则喘嗽尤甚",不易迎侍,仍然请求"只守旧官,依前分司侍养"①,坚持分司南京以养亲。

北宋神宗以前,官员主要通过陈请分司官实现养亲的愿望。熙宁年间以后,责降成为分司的主要方式②,官员较难通过申请分司官的方式养亲。同样在熙宁二年(1069),专职但无实际执掌的宫观官制度迅速发展。此时的宫观官与分司官一样,成为安置"老不任职者"及"处异议者"③的政治手段。虽然宫观官具有突出的惩处功能,但官员也常通过申请宫观官,退出政治纷争,躲避政治迫害。同时,部分官员在"迎侍非便"的情况下,"力请奉祠"④,将宫观官作为实现养亲愿望的又一途径。

官员往往将迎侍作为养亲的首要选择,如果祖父母或父母不愿、不便迎侍,则申请宫观官以养亲。胡寅即在父亲患病、无法迎侍的情况下申请宫观官的。为照顾年迈的父亲,胡寅起初不断请求外任。经多次申请,被派往邵州任官。胡寅父亲胡安国的居住地距离邵州较近,"止六程","迎侍赴官可谓近便"。但是当他回到家中时,发现父亲"屡感寒疾,气血衰损",不胜版舆登顿之苦,同时更不忍心"委亲而独往"。于是,他请求除授"在外宫观差遣一次,任便居住",使其"不违菽水之奉,日勤药石之供"⑤。永嘉人郑伯英,隆兴元年(1163)考中进士,在秀州判官任期结束后曾被调往杭州、泉州任推官,但他均因"母老,不忍行",奏请宫观官以养亲,由此"食岳庙禄九年"⑥,直至母亲过世后才出官。蔡戡与母亲、弟弟三人相依为命,携带老母、弟弟奔波于官所之间。蔡戡就任新职二个月后,其弟意外丧命,其母深受打击,"起居饮食未能如常",

---

① (宋)余靖:《武溪集》卷一四《让南班第二状》,第278页。
② 徐东升:《宋代官员分司制度》,《史学月刊》2007年第1期,第39页。
③ (宋)陈均编,许沛藻等点校:《皇朝编年纲目备要》卷一八"熙宁元年至熙宁三年",第425页。
④ (宋)真德秀:《西山先生真文忠公文集》卷一七《举贤能才识之士状》,商务印书馆,1937年,第291页。
⑤ (宋)胡寅撰,尹文汉点校:《斐然集》卷九《乞宫观奏状》,岳麓书社,2009年,第191页。
⑥ (宋)叶适著,刘公纯、王孝鱼、李哲夫点校:《叶适集》卷二一《郑景元墓志铭》,第415页。

执意返回家乡。蔡戡面对"垂白之母"的回乡请求,奏请"改界祠禄以便私养"①。南宋名臣楼钥"以便亲求外",遂被派遣至婺州任职。婺州距离楼钥的家乡四明距离较近,便于养亲。正当他准备就任时,其母亲突然患病,"始则冒风作热,以脏腑下利","访医治药,曾无退候",这让楼家上下惶恐不已,楼钥更是无心赴任。面对帅守、官司的催促,楼钥恳请朝廷"特赐宫观差遣一次"②,以保全其母子。刘克庄面对87岁的高龄寡母,深知"迎挈绝难",因此极力辞免知漳州的任命,中央"依所乞与宫观"③,以便侍亲。

官员申请宫观官时,往往以祖父母、父母高年患病作为理由。绍兴初年,南宋爱国名臣翟汝文以"母亲年九十余岁,见今久病伏枕,无人兼侍"为由,乞请朝廷除授"一在外宫观"④,以便奉养老母。宋高宗同意了翟汝文的申请,很快下诏命令其"提举南京鸿庆宫"⑤。婺州金华人潘良贵,政和五年(1115)登进士第,官至淮南东路提举常平事。南宋时期,他多次受到重用,但多以"亲老恳求便私"。绍兴九年(1139),潘良贵因"父八十九岁,比之往日,衰病益侵",不忍心抛下父亲赴任,因此奏乞"改除一宫观差遣"⑥。宋高宗诏令"除徽猷阁待制、提举亳州明道宫"⑦。淳熙初年,休宁人吴儆在通判邕州任满后,被提拔为知州,同时兼任广南西路安抚都监一职。但当时其父亲"年七十有七",吴儆倍感"事亲之日短",于是奏请"改差一在外宫观"⑧,使他们父子得以相聚。宰相将其奏疏汇报给皇帝,宋孝宗"以达孝治天下",对吴儆存有恻隐之心,遂"改界祠禄"⑨。由此看来,官员申请宫观官以养亲

---

① (宋)蔡戡:《定斋集》卷四《请宫观札子》,第599页。
② (宋)楼钥撰,顾大鹏点校:《楼钥集》卷一六《乞宫观第一状》,浙江大学出版社,2010年,第338页。
③ (宋)刘克庄著,辛更儒笺校:《刘克庄集笺校》卷七六《再辞免》,中华书局,2011年,第3454—3455页。
④ (宋)翟汝文:《忠惠集》卷七《罢政乞宫观状》,《影印文渊阁四库全书》第1129册,第268页。
⑤ (宋)翟汝文:《忠惠集》卷六《谢宫观表》,第245页。
⑥ (宋)潘良贵:《默成文集》卷三《辞免秘书少监申省状》,《宋集珍本丛刊》第40册,第568页。
⑦ (元)脱脱等:《宋史》卷三七六《潘良贵传》,第11634—11635页。
⑧ (宋)吴儆:《竹洲集》卷八《上五府乞宫观书》,《宋集珍本丛刊》第46册,第537页。
⑨ (宋)吴儆:《竹洲集》卷一〇《竹洲记》,第641页。

时,其祖父母、父母的年龄与身体状况是其刻意强调的。

即便官员在申请宫观官时,不断强调祖父母、父母的身体状况及侍养难题,但他们是否能如愿得到宫观官,并不完全由尊亲的健康情况所决定。润州丹阳人张纲才华出众,官至参知政事。为兼顾做官与养亲,他将年迈的父母迎接到官所侍奉。但他的父亲因"不服水土"被迫独自一人返回家乡。其母亲"卧病相仍",疾病缠身。每当张纲"趋朝入局"时,便无法侍奉母亲,致使其"病势寖剧"。面对日益病重的母亲和独自一人在家的父亲,张纲向朝廷奏请"本官任在外宫观一次",以"不废笃亲之义"①。第一次奏请宫观官,遭到了拒绝。张纲再次奏请,一直连上四份奏状,不断重申母亲的身体状况,强调"别无兄弟,尝药侍疾,唯臣一身"的实际状况。尽管母亲的确患病在身,尽管家中的确无子兼侍,但中央仍没有批准他的请求,仅仅给其假期,"许将母还乡"②。张纲把母亲送到家乡后,再次申请宫观官,但依然遭到拒绝。

然而在次年,即绍兴四年(1134)九月,张纲数次祈请宫观官后,竟然如愿以偿,得以"提举江州太平观"③,从而得以"奉祠归养"④。绍兴九年(1139),张纲由江州太平观转亳州明道宫,绍兴十二年(1142)、绍兴十四年(1144),再次提举亳州明道宫。张纲之所以在绍兴四年得以提举江州太平观,并不是因为其父母患病,需人照顾,而是由于受到侍御史魏矼的弹劾被责降为宫观官。其后,张纲连续多年担任宫观官,居家全心侍养母亲,则与秦桧长期把持朝政有关。在秦桧当政期间,张纲"卧家二十年,绝不与通问"⑤,二人政见明显不同。张纲不愿与秦桧同朝共事,秦桧更不愿让张纲留在中央任官,因此张纲绍兴四年之后长期担任宫观闲职。

由张纲的经历可知,中央面对官员申请宫观以养亲的奏状时,所重视的

---

① (宋)张纲:《华阳集》卷一六《乞宫观第一状》,《宋集珍本丛刊》第38册,第499页。
② (宋)张纲:《华阳集》卷一六《乞宫观第四状》,第500页。
③ (宋)李心传撰,辛更儒点校:《建炎以来系年要录》卷八〇"绍兴四年九月戊申",第1339页。
④ (宋)张纲:《华阳集》卷四〇《故资政殿学士左通议大夫丹阳郡开国公食邑二千二百户食实封一百户致仕赠左光禄大夫张公行状》,第627页。
⑤ (元)脱脱等:《宋史》卷三九〇《张纲传》,第11952页。

并不是官员父母的身体状况,而是基于对政局的判断。同样,官员申请宫观官,也不仅仅出于养亲的需要,其中也夹杂着复杂的政治斗争。前文所提及的张纲,父母年老体衰,两个弟弟相继逝世,的确肩负照顾双亲的重任。绍兴三年(1133),他连续上书乞请宫观官,更多是为解决侍奉双亲的问题。次年,张纲又连续上书申请宫观官。此次申请虽仍以奉养父母为理由,但真正促使他辞免清要之职的原因,主要在于其上书进言,得罪了权贵之臣。张纲任中书舍人、给事中期间,"凡命令有不当辄封还,诋斥权贵,尽言切直,无所回避"①,在博得声望的同时也得罪了权贵,受到御史弹劾。因言获罪的经历,挫伤了张纲的政治热情,使其萌发隐退之意,力请改任宫观闲职。南宋时期,与张纲有相似经历的官员并不罕见。胡安国的长子胡寅,敢于直言,力主抗金,先后得罪吕颐浩、张浚等人。由于不满中央对金求和政策,也以其父亲"比得末疾,至今未安。臣为长男,义难远去左右"②为由申请宫观官。

三、致仕、辞官以养亲

尽管官方放宽近地差遣的条件,允许官员通过留任、对移的方式实现迎侍的目的,但合适的官阙难觅,父母对乡里、对亲属故旧的眷恋难以割舍,再加上官员调动频繁,许多官员仍无法实现迎养父母的愿望。闲职养亲的方式解决了亲老路远的难题,但分司官、宫观官的获取并非易事,即使父母患病,无人兼侍,也未必能够如愿以偿。因此,宋代部分官员也会选择致仕与辞官的方式专心奉养祖父母、父母。

官员致仕后不仅拥有大量时间,还可享受半俸的待遇,因此部分官员选择致仕的方式来达到侍养祖父母、父母的目的。大中祥符二年(1009)三月,吏部尚书致仕宋白因母亲"年八十五岁",奏请将其弟弟"除一致仕官,带分司俸给"③,以便尽心侍奉母亲。北宋著名诗人梅尧臣的弟弟梅正臣,也采

---

① (宋)张纲:《华阳集》卷四〇《故资政殿学士左通议大夫丹阳郡开国公食邑二千二百户食实封一百户致仕赠左光禄大夫张公行状》,第627页。
② (宋)胡寅撰,尹文汉点校:《斐然集》卷一一《乞宫观札子》,第226页。
③ (清)徐松辑,刘琳、刁忠民、舒大刚、尹波等校点:《宋会要辑稿》职官四六之二,第4260页。

用致仕的方式来养亲。梅正臣任官以来,"多承命出入,不得在亲之侧",内心十分愧疚,"常不足于所怀"。随着父母年龄的增长,他不敢再"以游官为意",决定致仕。自从退休后,他"杜门燕闲,唯以旨甘为事"①,尽心侍奉双亲。朝请大夫盛允升因年迈的母亲思乡不已,也提前致仕。他的母亲"寿且九十",念念不忘"岁时姻族燕游之适",思乡心切。盛允升认为自己是因为母亲才从仕,既然现在的生活"非亲所好",即使"食万钱",也不忍心委屈母亲。因此,他"解印绶致其事,以归左右就养"②,顺从母亲心愿,返回家乡。

"学而优则仕"是宋代社会普遍认可的价值取向,也是士大夫的梦想。但在面对做官与养亲的矛盾时,有的官员义无反顾地放弃了功名,直接辞去官职以养亲。

进士及第后,距离仕途仅有一步之遥,但仍有人甘心在中举后为侍奉年迈的祖父母、父母而拒绝为官。北宋名臣包拯在中举后,因"父母皆老",婉辞"出知建昌县"。后继"得监合州税",但其"父母又不欲行",包拯便"解官侍养"。直至父母过世后,他才"赴调,知天长县"③。前睦州青溪县尉张举,早在治平年间登甲科④,但因"侍亲未尝出官"⑤,为尽侍养之责,曾毅然舍弃仕途。熙宁六年(1073)葛书恩考中进士,调睦州建德县(今浙江省金华)主簿。当时恰逢其父亲葛密告老还家,葛书恩坚请迎养,但葛密不愿随子前往官舍。不顾众人劝阻,"投劾侍养",自此"不治田园,不事游览,专以供养为职"⑥。刘之道自小失去父母,由祖母抚养成人。他中举后,除授大理评事、签书河中府节度判官事,准备迎侍祖母赴官。但其

---

① (宋)杨杰:《无为集》卷一三《故朝奉郎守殿中丞梅君墓志铭》,第345页。
② (宋)沈与求:《沈忠敏公龟溪集》卷一二《朝请大夫盛公行状》,《丛书集成续编》第126册,第741页。
③ (元)脱脱等:《宋史》卷三一六《包拯传》,第10315页。
④ 《咸淳毗陵志》记载张举登科时间为元祐三年,范祖禹在推荐张举的札子记载他在治平三年登科。根据范祖禹的任职经历,张举登科时间应为治平三年。分别见(宋)范祖禹:《太史范公集》卷二三《荐张举札子》,第282页;(宋)史能之纂修:《咸淳毗陵志》卷一七《人物·国朝二》,《宋元方志丛刊》,第3115页。
⑤ (宋)范祖禹:《太史范公集》卷二三《荐张举札子》,第282页。
⑥ (宋)葛胜仲:《丹阳集》卷一五《朝奉郎累赠少师特谥清孝葛公行状》,第641页。

祖母担心"生于南方,不习风土",不愿意随其前往。刘之道见祖母不乐意,便请求"解官侍亲"①,被改任建康军签书节度判官事,以便于其养亲。

对于现任的官员,政府也允许其辞官养亲。庆历五年(1045)四月,舒州(今安徽潜山)团练使李端"请解官侍养"。宋仁宗诏令保留其"奉朝请"的权利,但免除"所差任"②,为其养亲提供便利。彭思永之长子彭卫,"孝谨和厚,以亲老不忍去左右,解官归侍"③,长达十年之久。屯田郎中、诸王宫侍讲杨中和,"以母亲年老,乞解官侍养"④。元丰八年(1085)十二月十一日,龙图阁直学士、知滑州(今河南滑县)卢秉,因父亲患病"解官侍养"⑤。南宋时期,宋太宗九世孙赵崇禫曾任乐清县尉,后调至穿山(今广西柳州),该地区"多海风",其母亲不喜欢这种背山面海的地形与气候,因此他"请檄奉以归"⑥,辞去县尉一职。

无论是致仕养亲,还是辞官养亲,对于官员来说都是一种严峻的考验。虽然因养亲而致仕、辞官后可以博得孝子的美名,易于获得举荐,拥有重新入仕的机会,但毅然舍弃来之不易的功名,的确非常人所能为、所愿为。在面临养亲与为官之间的矛盾时,多数官员更愿意采用迎侍的方式解决养亲问题。在祖父母、父母不愿、不便迎侍的情况下,他们还可通过申请无实际执掌的分司官、宫观官。因此,宋代致仕、辞官养亲的行为并不普遍。

需要注意的是,辞官养亲的行为,意味着官员仕途的中断,是以牺牲政事为代价满足养亲的需要,打破了忠与孝之间的平衡。因此,官员在申请解官养亲时,多援礼经"八十者,一子不从政"⑦的规定,为辞官养亲的行为寻找合

---

① (宋)杨杰:《无为集》卷一三《故刘之道状元墓志铭》,第 338 页。
② (清)徐松辑,刘琳、刁忠民、舒大刚、尹波等校点:《宋会要辑稿》职官七七之二五,第 5154 页。
③ (宋)程颢、程颐撰,王孝鱼点校:《二程集》卷四《故户部侍郎致仕彭公行状》,中华书局,1981 年,第 494 页。
④ (清)徐松辑,刘琳、刁忠民、舒大刚、尹波等校点:《宋会要辑稿》职官七七之二五,第 5154 页。
⑤ (清)徐松辑,刘琳、刁忠民、舒大刚、尹波等校点:《宋会要辑稿》职官七七之二五至二六,第 5155 页。
⑥ (宋)黄震著,张伟、何忠礼主编:《黄震全集》卷九七《提干文林赵君墓志铭》,浙江大学出版社,2013 年,第 2492 页。
⑦ (宋)蔡戡:《定斋集》卷八《再辞免除检中正书》,第 649 页。

法性依据。事实上，辞官养亲不仅合乎礼制规定，宋代还将这一礼仪规定上升到法令层面，"父母八十者许解官侍养"①成为宋代管理官员的法令。礼法上对辞官养亲行为的认可，既为官员解官养亲行为提供了依据，也从理论上肯定了"事亲"与"事君"的一致性，缓解了辞官养亲行为对忠君观念的冲击。

　　礼法上解官养亲的规定，不仅是宋代官员得以专心居家养亲的政策保障，也成为御史弹劾官员的重要依据。庆历八年（1048），陈尧佐之子陈求古借《周陵诗》控告李淑诽谤朝廷，李淑被迫以母亲年老乞请"解官奉养"②，得到宋仁宗的批准。但旋即又在次年，即皇祐元年（1049）三月恢复为"端明殿学士、兼翰林侍读学士"③。继而为父守丧，父丧除后，再次跻入翰林，引起谏官的不满。皇祐三年（1051）包拯、吴奎上书弹劾李淑"既得侍养，又复出仕，有谋身之端，无事亲之实"④，明确指出其母"年八十，别无侍子"，依礼法"不合从政"，请求仁宗"令侍养"⑤，要求他辞官奉养老母。在谏官的弹劾下，李淑于皇祐四年（1052）正月，以"母老乞解官奉养"⑥，仁宗批准了其请求。包拯、吴奎弹劾李淑，以礼法规定要求他解官侍奉，真正目的不在于迫使其尽孝，而是要阻止他充任翰林学士，礼法中养亲的规定成为谏官实现政治目的的重要工具。

第三节　宋代官员养亲实践中的制约因素

　　养志、养体是子女奉养祖父母、父母的两大基本内容。对于官员来说，"养志"重于"养体"，这是他们与一般百姓在孝养方面的区别。官员任官是

---

①　（宋）李焘：《续资治通鉴长编》卷九六"天禧四年九月甲戌"，第2218页。
②　（清）徐松辑，刘琳、刁忠民、舒大刚、尹波等校点：《宋会要辑稿》职官七七之二五，第5154页。
③　（宋）李焘：《续资治通鉴长编》卷一六六"皇祐元年三月庚戌"，第3997页。
④　（宋）李焘：《续资治通鉴长编》卷一七一"皇祐三年十一月乙未"，第4113页。
⑤　（宋）包拯著，杨国宜校注：《包拯集编年校注》卷六《弹李淑（三）》，第192页。
⑥　（宋）李焘：《续资治通鉴长编》卷一七二"皇祐四年二月乙酉"，第4132页。

荣养祖父母、父母的重要方式,从"养志"的意义上说,从仕与养亲之间是统一的。但就官员祖父母、父母的养老而言,仅"养志"是远远不够的,"养体"反而成为迫在眉睫的问题①,这就产生了为官与养亲的矛盾。尽管宋代制定了较为完善的养亲法令,形成了丰富多变的养亲方式,为官员养亲提供种种便利,但官员在养亲实践中仍面临着种种困境。学界对官员养亲困境的认识,多停留在"忠孝不能两全"的层面,较少系统地分析具体困境及其产生的原因。事实上,官员养亲问题并不仅仅是官员的家事、私事。相反,它与政府的态度、官员任期、交通问题、政治生态等问题密切相连,因此下文将专题讨论宋代官员在养亲实践中的制约因素。

一、政府态度对官员养亲实践的制约

尽管法律赋予官员养亲的权利,但无论官员采用何种方式养亲,均需得到朝廷的批准。然而,政府在面对官员的养亲请求时,往往以官方的利益为标准做出决策。因此,部分官员的养亲请求就会遭到否定,这成为官员养亲的最大困境。

北宋时期,官员申请养亲而未批准的现象,并不罕见。一般而言,位居中央要职的官员在申请养亲时,朝廷为保证中央政务工作的有效运转往往不予批准。例如,天禧四年(1020)九月,给事中、知河阳县孙奭因父亲孙翌年九十,依照"父母八十者,许解官侍养"的规定,奏请"退归田里",宋真宗"优诏不许"②,并未同意孙奭解官侍养父亲的要求。天圣三年(1025)闰二月,翰林学士、权三司使李谘,以父亲李文捷"春秋高,乞便郡就养"③,宋仁宗并未批准其请求。庆历三年(1043)九月,知谏院蔡襄"数求外补,以便亲养",宋仁宗允许其"归宁而不许其罢"④,同样没有满足其养亲的请求。给

---

① 官员祖父母、父母由于年龄增大、身体患病等原因,日常生活往往需人照顾,而这不是"官员"这一政治身份所能给予的。
② (宋)李焘:《续资治通鉴长编》卷九六"天禧四年九月甲戌",第2218页。
③ (宋)李焘:《续资治通鉴长编》卷一〇三"天圣三年二月乙卯",第2376页。
④ (宋)李焘:《续资治通鉴长编》卷一四三"庆历三年九月丁卯",第3447页。

事中、翰林学士及谏官,分别掌管封还词头、起草制书及监督百官等事务,属中央政治系统中枢,其养亲需求一般难以得到满足。

政府对边疆地区官员的任用与选拔非常重视,不仅精挑细选,还坚持久任的原则。在边疆地区任职的官员往往因为"王事"①的需要,无法实现养亲的愿望。治平元年(1064)六月,知太原府陈升之因"母老",奏请改任"扬、湖、越一州,庶便奉养"。太原府是北宋王朝防止金朝、西夏进攻的军事屏障,战略地位极为重要,政府自然不会轻易更换其行政长官。于是,宋英宗以"边臣当久任,难于屡易"②为由,否决了他的养亲请求。陶弼因广南西路提点刑狱李师中的多次举荐,被提拔为宾州(今广西宾阳)知州。后宋神宗诏令他以"六宅副使知钦州"。在钦州(今广西钦州)任内,陶弼"数以母老乞归",尽管"极恳恻"③,仍未获批。元丰七年(1084)十一月,泾原路经略安抚使、知渭州(今甘肃平凉)卢秉因"父老乞浙西一郡"以便养。宋神宗认为卢秉"久官塞上,甚得静重制贼方略"④,十分赏识他的军事才能。为了稳固西北军事防御体系,朝廷没有批准卢秉的养亲请求。

即使官员的父母身患重病,无人侍养,政府依然不会同意边臣的养亲之请,北宋名臣范仲淹之子范纯粹,即是面临此种养亲困境的典型代表。北宋中后期,西夏不断进攻宋朝边境,宋神宗即位后,开始了对西夏的反击。元丰七年(1084),宋神宗又发动灭亡西夏的战争,结果惨败,被迫转入军事防御。元祐四年(1089),宋政府为提高防御西夏的军事能力,升鄜延路为延安府。元祐六年(1091),刘挚、韩忠彦、王岩叟、吕大防围绕着延安府知府的人选问题展开了讨论。尚书左仆射吕大防、知枢密院事韩忠彦、枢密直学士王严叟均认为常年驻守边疆的范纯粹是最佳人选,但范纯粹的母亲年老并且患有重病,"风病八年,卧于床,止有一子,从来饮食起居赖以为命",丧失了

---

① 所谓的"王事",即政府的统治需要,与养亲的"家事"相对应。
② (宋)李焘:《续资治通鉴长编》卷二〇二"治平元年六月辛亥",第4892页。
③ (宋)黄庭坚撰,刘琳、李勇先、王蓉贵点校:《黄庭坚全集》卷三〇《东上閤门使康州团练使知顺州陶君墓志铭》,第816页。
④ (宋)李焘:《续资治通鉴长编》卷三五〇"元丰七年十一月己未",第8388页。

生活自理能力。虽然范纯粹因"亲老而病"坚辞延安府之任,但吕大防以其"习边事详且久",不允许他"以私议免"延安府知府。尽管尚书右仆射刘挚认为"今使之离去,似非人情"①,但也囿于养亲为"私情",无法理直气壮地与同僚争论。最终,范纯粹留在京师任职以养老母的乞求,还是没有得到允许,依然被任命为延安府知府。

南宋时期,官员的养亲申请也时常面临被否定的境遇。南宋绍兴年间的中书舍人张纲,为侍奉父母连续数次乞请外任,但最终也没有得到允许。张纲早在宋徽宗在位时期,就展示出惊人的才华,"三中首选",不仅以首贡进入太学,在应试内舍、上舍时均得第一。南宋初年,张纲因在江东提刑任内政绩突出,受到宋高宗的赏识。绍兴三年(1133)五月,被任命为中书舍人,在仕途上平步青云。但此时张纲却面临着养亲的难题。张纲到京师做官后,为了更好地照顾父母,把他们迎接到临安,但其父亲"不服水土",无奈之下独自一人返回家乡,他的母亲"卧病相仍"。张纲为家中独子,"别无兼侍",在"趋朝入局"时便"药饵俱废",无法照顾母亲,导致"病势寖剧"。一面是"孑然一身,久阙供养"的父亲,一面是患病不起的母亲,张纲为尽人子之责,向朝廷提出"本官任在外宫观一次"②的请求,但未得到政府的批准。由于母亲病情的加重,张纲"日夜忧惶,莫知所处"③,再次请求宫观官以养亲,仍未得到批准。尽管张纲多次上书陈请养亲,但政府因"词命正有所赖"④,迟迟不准其任宫观官,仅给他"宽假,仍许将母还乡"⑤。

南宋著名词人、书法家张孝祥的养亲请求也没有得到批准。乾道元年(1165),张孝祥被派遣至广西静江府任职,由于"道里悠远",没有迎侍父母。因政敌攻击,他在次年被罢官,其父母由此才获得侍养。在家乡事亲期

---

① (宋)李焘:《续资治通鉴长编》卷四五九"元祐六年六月丙申",第10983—10984页。
② (宋)张纲:《华阳集》卷一六《乞宫观第一状》,第499页。
③ (宋)张纲:《华阳集》卷一六《乞宫观第二状》,第499页。
④ (宋)张纲:《华阳集》卷四〇《故资政殿学士左通议大夫丹阳郡开国公食邑二千二百户食实封一百户致仕赠左光禄大夫张公行状》,第626页。
⑤ (宋)张纲:《华阳集》卷一六《乞宫观第四状》,第500页。

间,张孝祥又突然接到潭州知州的任命。潭州与他的家乡安徽芜湖"复隔重湖",依然无法迎养"年七十,气血素弱"的父母,张孝祥在为官与养亲之间"进退皇惑,莫知所措",奏请"江、淮间易一小郡"①,使其能够侍奉父母。但令人遗憾的是,张孝祥养亲的申请并没有得到批准,他最终还是将父母留在家乡,前往潭州赴任。

二、官员调动对养亲实践的制约

宋制规定,宋代地方官的任期多至三年,至少也要两年。但实际执行中,地方官往往不到任期便会换易,这对官员养亲极为不利。宋代官员的任期大多比较短暂,并且调动频繁,这增加了官员养亲的难度,是宋代官员养亲的另一困境。

第一,如果官员被调至偏远地区,便无法迎侍父母。例如,滑州通判孙太博本来已经将父母迎接到官所侍奉,但"未及半岁",他又被任命为广南转运判官。广南地区,不仅路途遥远,而且气候与北方迥异,不便迎养父母。如果前往广南就职,孙太博就无法继续侍奉父母。为了达到"官政无废,侍养不阙"的目的,孙太博特向朝廷奏请"充滑州通判终满一任"②。

第二,频繁的调动将会打断官员的养亲行为。江日新(济阳人)由大名府调至邠州后被提拔为比部员外郎,但因"太夫人在堂",乞请侍养。朝廷遂"除知扶沟县",但数月后"复移同判齐州"③,这样江日新就无法继续侍奉母亲。曾巩的事亲愿望也因频繁的改职而一波三折。曾巩与弟弟曾布分别在福州和广州为官,母亲留于京师。为了便于奉养母亲,曾巩奏请"一在京主判闲慢曹局差遣,或移臣近京一便郡",政府同意其请求,降敕命令他"权判

---

① (宋)张孝祥撰,徐鹏校点:《于湖居士文集》卷一八《辞免知潭州奏状》,上海古籍出版社,2009 年,第 181 页。
② (宋)司马光撰,李文泽、霞绍晖点校:《司马光集》卷一六《为孙太博乞免广南转运判官状》,第 492 页。
③ (宋)宋庠:《元宪集》卷三四《故朝奉郎守尚书驾部员外郎上轻车都尉赐绯鱼袋济阳江府君墓志铭》,《丛书集成初编》第 1871 册,第 356 页。

太常寺兼礼仪事"。但就在曾巩返回京师的途中,朝廷又命他改任明州,致使其不能尽伸"晨昏之恋"①。

第三,官员在赴任过程中,条件艰苦,耗时耗力,对年老之人非常不利。胡寅被任命为邵州知州后,于当年"十二月二十八日"出发,由于遭遇雨雪天气,"道途濡缓",直至次年"二月六日方至"②,历时近四十天。无论是长途的跋涉,还是恶劣的天气,都增加了迎侍父母的难度。贺方在被调往衡阳时,老母妻子随行。一路上,他们"浮汴达淮,涉江汉,绝沅湘",旅途非常艰辛。再加上衡阳"地苦卑湿",老母妻子"身复多疾,一月之间,饱食甘卧者不过数日"③,一家老小深受调任之苦。

三、党争对官员养亲实践的制约

两宋时期,党争是宋代政治生活中突出的政治现象。它不仅对宋代士大夫的生活、命运产生显著的影响,同时对官员的养亲也造成一定的冲击。由于党争的影响,官员的仕途起伏不定,轻则降职罢官,重则被派遣至边远地区,丧失了侍奉祖父母、父母的条件。

元祐以后,保守派不仅废除了种种变法措施,而且对支持变法的官员进行攻击、打压。蔡确作为王安石变法中的中坚力量,在元祐时期也因党争一再被贬。元祐四年(1089)五月,宋哲宗诏令责授蔡确"分司南京"④,但梁焘、刘安世、王岩叟、范祖禹等旧党认为蔡确罪重罚轻,因此不断上书建议加重惩罚。高太后因蔡确以"定策之功"自居而心怀不满,遂下诏责授蔡确"英州别驾、新州安置"⑤。在如何处置蔡确的问题上,刘挚、吕大防鉴于其"母老,不欲令过岭",但遭到太皇太后的拒绝。蔡确依然被发配到人烟稀少、气候潮湿、医疗条件落后的新州,这几乎是将其置于死地。因新旧之争

---

① (宋)曾巩撰,陈杏珍、晁继周点校:《曾巩集》卷三三《移明州乞至京师迎侍赴任状》,第483页。
② (宋)胡寅撰,尹文汉点校:《斐然集》卷九《乞宫观奏状》,第191页。
③ (宋)李昭玘:《乐静集》卷一一《代贺方回上李邦直书》,《宋集珍本丛刊》第27册,第682页。
④ (宋)李焘:《续资治通鉴长编》卷四二七"元祐四年五月辛巳",第10314页。
⑤ (宋)李焘:《续资治通鉴长编》卷四二七"元祐四年五月丁亥",第10326页。

而遭受贬谪的蔡确,已自身难保,自然无法侍奉老母。

宋哲宗亲政后,原来受到排挤、打压的变法派逐渐返回政治中心,开始大肆报复保守派。元祐时期主张废除新法的官员,陆续被排挤出中央,在降官之外往往还被发配到偏远地区,人为造成父子、母子分离的局面,对官员养亲极为不利。黄庭坚作为苏轼的得意门生,是保守党之一——蜀党的重要成员之一,在绍圣年间遭到严重报复。绍圣元年(1094),新党以黄庭坚在编修神宗实录时"疵诋先烈"为名,将其责降为"涪州别驾、黔州安置"①。黄庭坚是家中的独子,其母亲常年患病,侍奉老母的任务全由他一个人承担。因此,在朝廷任命他为著作佐郎时,黄庭坚就以"老母年垂七十,寝饭须人"为由,奏请"一江淮合入差遣"②。但由于政治斗争,他被贬谪到黔州,与母亲分处两地,已无法像以往一样悉心照顾老母。与黄庭坚一样,邹浩也因党争遭到贬谪。他先被"黜于襄州、窜于新州"③,后又被责授为横州别驾,永州安置,由此与母亲"翻成异处","晨昏远阻于承颜,药食迥难于注目"④,既不能尽晨昏之礼,也不能亲自侍奉药食。

南宋以后,宋金和战之争及道学与反道学的争论成为南宋党争的主要内容,此起彼伏的政治斗争不仅使官员的仕途大起大落,而且对其养亲实践也造成极大的阻碍。余姚人孙应时师从陆九渊,淳熙二年(1175)考中进士,出任黄岩县尉,受到提举常平使朱熹的器重。后因"意有所激",不幸获罪,被贬谪到成都。他本来计划迎侍母亲,但"两兄力持不可"。无奈之下,孙应时派遣妻子侍奉老母返回家乡余姚,而他却"单骑独西",前往成都。孙应时在给宰相史浩的信函中坦露,与老母分离,"甚非本心",打算到成都后"便谋归,决不敢久去膝下"⑤。孙应时对母亲的孝心显而易见,但由于被贬谪

---

① (宋)黄䇕撰:《山谷集·山谷年谱》卷二七《元符三年庚辰徽庙登极》,《影印文渊阁四库全书》第1113册,第928页。《黄庭坚全集》未收录年谱,故选用《四库全书》本。
② (宋)黄庭坚:《山谷别集》卷五《乞外任状》,第585页。(《黄庭坚全集·别集》中未收录此条,故使用《四库全书》本。)
③ (宋)邹浩:《道乡集》卷二七《易解序》,第200页。
④ (宋)邹浩:《道乡集》卷三三《青词》,第251页。
⑤ (宋)孙应时:《烛湖集》卷六《上史越王书》,《影印文渊阁四库全书》第1166册,第584页。

到数千里外的成都,也无法赡养老母。

四、官员双亲对其养亲实践的制约

迎养祖父母、父母是宋代官员较为普遍的养亲方式,政府不仅通过法律要求官员迎养父母,而且还专门提供假期以便于官员迎接父母。但在迎养实践中,祖父母及父母的个人意愿与身体状况是不容忽视的制约因素。

安土重迁是中国古代社会的传统观念,尽管宋代的社会流动速度较快,但对于老年人来说,依然不愿轻易离开故土,这是官员养亲实践中较为突出的制约因素。例如,张詠先是"十年聚学",因求学无法侍养双亲。任官后,欲迎侍父母。但其双亲"终且恋其本土"①,不肯随他前往官所。由此以来,张詠仍与父母分处两地,无法尽奉养之责。又如,余靖在知吉州时,曾计划将父亲迎接至官所,以尽赡养之责。但他的父亲"年老,乐在乡土"②,不愿意跟随他到吉州生活。再如,濮州范县人石辂,长期在西北边地为官,无法像其他官员一样申请近地差遣或宫观官以养亲,只有将父母迎接到官所。但其母亲"安土,不肯行"③,这样他就一直无法实现养亲的愿望。

祖父母、父母年老多病,不宜远行,也是官员养亲实践中的重要制约因素。张方平在被任命为工部尚书、秦凤路兵马都部署、经略安抚使兼知秦州时,极力恳请朝廷收回成命,而父亲年老患病即是他辞免秦州的重要理由之一。在其奏状中,张方平自陈父亲年老,而且"久患脚膝,不任骑乘",这样的身体状况"实难迎侍远行"④。余靖在面临新的任命时,也因父亲患病、无法迎侍而奏请留任分司官。余靖以父老申请分司侍养,并如愿以偿。但朝廷又任命他为"左神武军大将军、雅州刺史充寿州兵马钤辖"。余靖以"父年衰老","迎侍艰难"⑤为由辞让成命。胡寅的父亲"屡感寒疾,气

---

① (宋)张詠撰,张其凡点校:《张乖崖集》卷九《通判相州请养亲表》,第93页。
② (宋)余靖:《武溪集》卷一四《让男班第一状》,第278页。
③ (宋)杜纯:《宋故太常少卿石公墓志铭》,载《金石萃编补正》卷二,《续修四库全书》第891册,第363页。
④ (宋)张方平撰,郑涵校点:《张方平集》卷二八《辞免知秦州奏状》,第449页。
⑤ (宋)余靖:《武溪集》卷一四《让男班第二状》,第278页。

血衰损",身体羸弱,无法经受"板舆登顿"之劳,因此胡寅奏请"在外宫观一次,任便居住"①。何澹同样因母亲"年逾八十,十日九病,贪恋乡土,不能远适",奏请辞免知建康府,表达了他"愿守丛祠以供菽水之奉"②的意愿。如果政府批准了官员的申请,他们便可如愿以偿,尽心地侍奉年老体弱的祖父母、父母。否则,官员仍需接受任命,祖父母、父母则不得不被留在家中。

五、小结

自古以来,官员就面临着为官与养亲的两难,传统政治文化追求事亲与事君的统一性,宋代更为强调忠与孝的一体性,因此尤为重视官员的养亲问题。宋代不仅从法律上要求官员侍养祖父母、父母,而且不断制定、完善官员管理制度,使官员能够通过近地差遣、对移、留任、折资的方式实现迎养,为其迎侍行为提供制度保障。同时,还允许官员超越制度的规定,采用闲职、致仕的方式履行养亲义务。与前代相比,宋代官员养亲的方式更加丰富。这些丰富多样的养亲方式,有效地解决了做官与养亲之间的矛盾,体现出宋政府在推行孝道方面的智慧与努力,有助于家庭养老模式的运行。

宋代官员多元化的养亲方式,既是官方倡导、支持的结果,也是政府管理、控制官员政治生活与家庭生活的重要手段。虽然宋代官员养亲有着较为多元的选择,但官员究竟能否采用理想的养亲方式,能否实现养亲的愿望,中央的态度与决定具有决定性的影响。宋代政府提倡并监督官员迎侍祖父母、父母,并为官员迎养尊亲提供便利。但在实际运行中,官员在奏请迎侍祖父母、父母,申请近地差遣、申请留任、申请宫观闲职时,遭到拒绝的现象屡屡不绝。曾巩连续三次"乞迎侍老母赴任不行"③,蔡襄"数求外补,

---

① (宋)胡寅撰,尹文汉点校:《斐然集》卷九《乞宫观奏状》,第191页。
② (明)解缙等编:《永乐大典》卷一〇九九八《辞免知建康府札子》,第4564页。
③ (宋)曾巩:《曾巩集》卷二七《明州谢到任表》,第415页。

以便亲养",但宋仁宗仅允许"归宁而不许其罢"①。范纯粹的母亲患病在床,丧失自理生活能力,但范纯粹未能"以私议免"②知延安府,无法留在京师照顾患病老母。官员养亲毕竟是"私情",即便是父母年高患病,即便无人侍奉,"私情"仍要让位于"王事"。政府通过养亲方式及其选择实现对官员政治生活与家庭生活的控制,把控、调整着事亲与事君的关系,维系着政治秩序与社会秩序的稳定。

---

① (宋)李焘:《续资治通鉴长编》卷一四三"庆历三年九月丁卯",第3447页。
② (宋)李焘:《续资治通鉴长编》卷四五九"元祐六年六月丙申",第10983—10984页。

第六章 宋代对家庭养老行为的奖惩制度

为培植孝养之风、保证家庭养老的顺利实施,宋政府制定有较为完善的奖惩政策。对于家庭养老中孝养行为,官方大张旗鼓地给予奖励;对于不孝行为,政府制定有严厉而缜密的惩处法令,在实践中也探索出一套灵活多变的惩处方式。这些奖惩政策虽不能从根本上杜绝不孝行为,但却是规范、引导民众养亲行为的重要途径,有利于家庭养老职能的发挥。

第一节 宋代对孝养行为的奖励

孝作为维系家庭亲子关系的核心道德要素,不仅关乎家庭秩序的稳定,也是维护国家统治秩序的伦理基础。因此,宋政府对家庭养老中的孝养行为给予充分的重视,积极制定孝行奖励政策,大力倡导孝养行为。

一、宋代的孝养行为及其奖励方式

宋代统治者在政治制度的设计上力求消除地方割据的隐患,在思想文化的建设上则致力于恢复受到冲击的儒家道德体系。在儒家道德体系中,"孝"既是个体实现"仁"的基础,也是国家为政之本。因此,宋代对民众孝养行为的奖励成为一项稳定的政策,在两宋时期得到较好的执行。以往的研究成果对宋代官方奖励孝行的举措有所涉及,一般在讨论旌表制度时将孝亲行为作为旌表对象之一来论述①,但究竟哪些行为才能受到政府的旌表,则缺少深入的探讨。割肉疗亲是政府褒赏的重要孝行之一,学界分析了割肉疗亲的动因,也揭示出其社会控制功能及弊端②,但对两宋时期官方在割肉疗亲方面的奖励政策及其变化缺少系统分析。下文将详细探讨政府所奖励的孝行类型及其奖励方式,重点阐述政府奖励割肉疗亲政策的发展变化及其动因。

(一) 对割肉疗亲行为的奖励

割肉疗亲的行为③是儒家思想、佛家文化、医家推崇以及地方习俗等多种因素共同濡染的结果,在"以孝求忠"思想影响下,宋代政府制定出较为完备奖赏政策。宋政府对割肉疗亲的奖励方式一般有三种:一是赏赐钱物,二是旌表门闾,三是赏赐低级散官,其中以赏赐钱物居多。

北宋时期,政府对割股疗亲行为的奖励,从个别临时性的奖励过渡为集体制度性的赏赐,再到有限制性的赏赐。北宋前期,割股疗亲的行为并不是十分普遍,所获的奖赏以粟帛等物品为主。淳化年间,莱州(今山东莱州市)人吕权眼睛失明,他的儿子吕升"剖腹探肝以救父疾"。同时,冀州南宫(今河北南宫市)人王翰"自抉右目睛"为母亲治疗眼疾。宋太宗对吕升、王翰不惜毁害身体为父母治疗疾病的做法,给予一定的奖励,下诏"赐粟帛"④。渠州流江(今四川渠县)人成象,"以诗书训授里中",平时就以孝顺父母闻名乡里。母亲生病后,他"割股肉食之",政府下诏"赐束帛醪酒"⑤,以示奖励。益州双流(今四川双流县)人周善

---

① 杨建宏:《论宋代的民间旌表与国家权力的基层运作》,《中州学刊》2006年第2期;铁爱花:《论宋代国家对女性的旌表》,《历史教学》2008年第12期。李丰春:《传统旌表活动与基层社会的控制》,上海大学博士学位论文,2008年,第55—70页。
② 方燕:《宋代女性割股疗亲问题试析》,《求索》2007年第11期。王美华:《官方旌表与唐宋两代孝悌行为的变异》,《东北师范大学学报(哲学社会科学版)》2003年第2期。葛晓萍、袁丙澍:《论宋代旌表孝亲与社会控制》,《兰台世界》2014年第2期。潘荣华、杨芳:《论宋代旌表政策对民间"割股"陋俗的影响》,《南京中医药大学学报》2012年第3期。
③ 邱仲麟:《不孝之孝:唐以来割股疗亲现象的社会史初探》,《新史学》,1995年。
④ (元)脱脱等:《宋史》卷四五六《孝义传》,第13388页。
⑤ (元)脱脱等:《宋史》卷四五六《孝义传》,13395页。

敏,为治疗母亲疾病,"割股肉以啖之"。大中祥符九年(1016)宋真宗特诏"赐善敏粟帛"①,以表存慰。景祐元年(1034)三月,邢州(今河北邢台)知州、殿中侍御史张奎的母亲患病,张奎"辄刺股肉和药以进",后宋仁宗特赐"绵帛羊酒"②。元符元年(1098)三月,楚州奏涟水(今江苏涟水)军监税、奉职郑寿妻室女"因姑患消渴日久,遂割股肉供食",乞请"特赐褒旌,布之天下"。户部将楚州的奏言汇报给皇帝,宋哲宗遂诏赐"绢百匹、羊十口、酒十瓶、面十石"③。由此可见,自太宗以来,割股疗亲的行为一直作为孝行受到政府的奖赏。

宋徽宗崇宁年间,政府对割股疗亲行为的奖励政策发生了明显的变化,形成较为完备的赏赐制度。首先,崇宁四年(1105),宋徽宗在"割股"赏格外,制定出"割肝"的赏赐标准。据记载,城固县(今陕西城固)民周文缯的妻子久病在床,其次子周任"割肝与母"。崇宁四年十二月,兴元府将周任割肝救母的事迹上报中央,请求"比附割股支与例物讫"。同时,建议今后若有"为祖父母、父母割肝"之行为,诸路"依割股条支赏施行"。礼部在查阅敕令时,发现陈留县王坚为父割肝,京畿转运司"乞优加支赐"。政府诏令"支绢五匹,米面各一石,酒二斗"。礼部经过调查,认为上述赏赐标准合理、得当,请求今后"如有割肝之人,欲依上件则例支给"④,宋徽宗批准了礼部的奏请。自此,割肝之人的奖励也有了明确的标准。

其次,政府赏赐割股疗亲者的范围有所扩大,并且加大奖励力度。北宋仁宗朝之前,政府对割股疗亲行为的赏赐多限于一般庶民,官员阶层不在赏赐之列。即使在天圣年间,官方对官员阶层,尤其是宗室人员割股疗亲行为的奖励,依然十分慎重。天圣五年(1027),宋仁宗非常认可西头供奉官赵从质"割股肉",以治疗兄长病患的行为,"称其孝友,欲进以官"。但门下侍郎

---

① (元)脱脱等:《宋史》卷四五六《孝义传》,第13399页。
② (宋)李焘:《续资治通鉴长编》卷一一四"景祐元年三月丁丑",第2671页。
③ (宋)李焘:《续资治通鉴长编》卷四九六"元符元年三月戊辰",第11806页。
④ (清)徐松辑,刘琳、刁忠民、舒大刚、尹波等校点:《宋会要辑稿》礼六一之四至五,第2105页。

兼户部尚书王曾认为割肉疗亲,乃"闾巷细民之所为,若奖及宗室,则恐浸以成俗而不可禁"①。如果对宗室人员割股疗亲的行为加以重赏,势必会引发民众的盲从,这将导致民间家庭养老风俗畸形发展。王曾的担忧并不是没有道理,因此在宋徽宗崇宁年间之前,政府对割股疗亲行为的奖励仍然比较慎重,一直没有制定赏赐宗室割肉疗亲行为的标准。崇宁五年(1106)八月,苏州上奏昆山县寄居前本州巡塘、供奉官赵约之子赵公遹"割股救母"的事迹,请求奖赏。让礼部犯愁的是,它仅查核到"常人割股给赐条格",并未发现"宗室之家支赐体例"。无奈之下,只有参考市易务监官、供奉官赵叔鍜的赏赐标准。赵叔鍜为治疗母亲疾病不惜割股,获赐"绢三十匹、米十石、面十石、酒一石",赏赐内容远远优于常人。宋徽宗诏令"赵公遹依赵叔鍜例减半支给"②,尽管是将赏赐标准减半,但仍然高于普通民众的标准,同时也表明官方对宗室人员割股疗亲的认可。

宋徽宗大观年间,宋代奖赏割股疗亲的方式发生了较大转变。大观初年,政府对多次割肉疗亲行为的奖励力度虽然有所增大,但仍遵循成例。大观二年(1108),宋徽宗在此基础上又开启了"别加旌赏"多次割股疗亲之人的先例。厌次县(今山东陵县)人苏功成的三个儿子,先"割股与父食",又"割股与母食",州司已"依条支赏赐"。大观二年(1108)三月,宋徽宗应棣州(今山东滨州)之请,诏令"送秘书省",并追赐"绢二十匹"③。大观三年(1109)七月,政府对割股疗亲行为的奖励不再局限于固有的条例,而是采用旌表门闾或直接赐以散官的方式。比如,仙井监(今四川仁寿)人赵氏患病,其儿子樊谭"割股以疗"。在寒冷的冬季,赵氏突发奇想吃橙子,樊谭"泣橙木下",竟然"得实以馈"。政府得知后,在政和四年(1114)十一诏补樊谭为"荣州助教"④。政和六年(1116)七月,杭州奏言昌化县(今浙江昌化镇)人章钦的儿媳潘氏、盛氏分别为婆婆何氏"刲股""刳肝",宋徽宗诏令"旌表门闾"⑤。

---

① (宋)李焘:《续资治通鉴长编》卷一〇五"天圣五年十二月庚寅",第2457页。
② (清)徐松辑,刘琳、刁忠民、舒大刚、尹波等校点:《宋会要辑稿》礼六一之五,第2105页。
③ (清)徐松辑,刘琳、刁忠民、舒大刚、尹波等校点:《宋会要辑稿》礼六一之五,第2105—2106页。
④ (清)徐松辑,刘琳、刁忠民、舒大刚、尹波等校点:《宋会要辑稿》礼六一之六,第2106页。
⑤ (清)徐松辑,刘琳、刁忠民、舒大刚、尹波等校点:《宋会要辑稿》礼六一之七,第2106页。

大观年间,政府不仅改变了奖励割肉疗亲的方式,而且废除了崇宁四年制定的割肝赏格。崇宁四年(1105),宋廷出台了割肝疗亲的奖励条例,但在大观年间被废止,这缘于王诏的一封上书。大观三年(1109)七月,权知兖州(今山东兖州)王诏的上书,引起政府赏赐割肝疗亲政策的转变。王诏在上书中坦言,自从崇宁四年发布赏赐割肝疗亲之人的标准,本州诸县"累申诸色人割肝",但在官方验证时,仅发现"肋间微有瘢痕",存在严重的欺瞒现象。还有无知之人,为了获得赏赐"妄自伤残"。因此,奏请废除割肝疗亲的规定,以"杜绝伪冒之弊"。宋徽宗接受了王诏的建议,诏令"崇宁四年十二月二十六日指挥更不施行"①。由此可知,宋徽宗逐渐意识到奖赏政策所带来的弊端,因此在大观三年(1109)七月果断调整政府奖励割股疗亲行为的政策。

南宋时期,割股疗亲的行为比较普遍,政府的赏赐政策也具有明显连续性。在赏赐方式上,南宋以旌表门闾为主,辅以物质赏赐。

南宋时期,割股疗亲行为的屡有发生,层出不穷。宋人吴自牧在《梦粱录》中对临安城割股疗亲的行为有详细的记载:

> 今撫杭之外邑行孝,若子若女,载于新志者,考其姓名述之。富阳何氏女子。江阴村盛立旺二子。富阳葛小闰。临安朱应孙。俞廷用子亚佛,其家祖大成、父廷用及其子,凡三世行孝矣。临安锦北乡陈茂祖,其父母俱病,皆疗而愈。临安邑人龚婆儿、盐官邑人周阿二、周小三,昌化邑农家子梅来儿,以上皆因父母疾笃,百药罔功,思劬劳之恩,无以报答,或剖心,或刲股,以常膳而进之,莫不愈焉。②

从《梦粱录》中可知,割股疗亲在南宋非常普遍,这既有传统医学的限制和医疗费用不足等因素的影响,也有政府奖励政策的推波助澜。

---

① (清)徐松辑,刘琳、刁忠民、舒大刚、尹波等校点:《宋会要辑稿》礼六一之六,第2106页。
② (宋)吴自牧撰,符均、张国社校注:《梦粱录》卷一七《行孝》,第264页。

南宋时期,政府对割股疗亲行为的奖励连绵不断。垂庆乡民潘念八取肝救父,常州(今江苏常州)奏请"旌赏,以敦风化"。绍兴五年(1135)九月十七日,宋高宗下诏赐"绢五匹、米五斗、面五斗、酒一斗"①,仍采用赏赐实物的方式奖励孝行。绍兴十一年(1141)正月二十九日,徽州奏言休宁县(今安徽休宁)人程柘的儿子为治愈母亲李氏的疾病,"割股以进之"。宋高宗诏令"徽州依格给赏,仍令本县常加存恤"②。对于北宋时期的割股疗亲的行为,南宋政府还追加奖励。鄞县人杨庆,因贫困无法为父母医治疾病,先是"割股肉"让父亲使用,后又"取右乳焚之,以灰和药"为母亲治病。宣和三年(1121),当时的郡守曾将杨庆居住地改为"崇孝坊"。绍兴五年(1135)郡守仇悆再次请求旌赏。绍兴十二年(1142),宋高宗"诏表其门"③,并且免除赋役。绍兴十三年(1143)三月,信州(今江西上饶)之民王小十"剖腹取肝以愈母疾"。宋高宗应信州之请,予以"旌表门闾"的奖赏。湖州长兴县(今浙江长兴县)民华小九,"取肝以疗父疾","孝行显著"。绍兴十三年十月,宋高宗诏"旌表门闾,宣付史馆"④。

南宋时期,政府对割股疗亲行为的奖励,不仅仅针对一般庶民,出家少年也会受到官方的奖赏。福州西禅寺有一位名叫妙心的童行,无父无兄、无弟无侄,与母亲相依为命。其母亲因患病"累年不能步履",妙心"焚香告天",破脑出髓救其母。监寺僧上报长老,后又"达于州",遂"赐钱五十千,绢二十匹"⑤,以劝导民众行孝。

南宋孝宗及光宗朝,政府在赏赐割股疗亲行为上,存在一定的滥赏及审查不严的现象。割股疗亲,不仅缺乏医学依据,而且与礼制规定也有所不符。因此,如果不是无力支付医药费用的贫民,是不应该给予奖赏的。所以,南宋孝宗之前,政府的赏赐一般仅针对平民阶层,官员阶层极少受到奖

---

① (清)徐松辑,刘琳、刁忠民、舒大刚、尹波等校点:《宋会要辑稿》礼六一之八,第2107页。
② (清)徐松辑,刘琳、刁忠民、舒大刚、尹波等校点:《宋会要辑稿》礼六一之一〇至一一,第2108页。
③ (元)脱脱等:《宋史》卷四五六《孝义传》,13411—13412页。
④ (清)徐松辑,刘琳、刁忠民、舒大刚、尹波等校点:《宋会要辑稿》礼六一之一一,第2109页。
⑤ (宋)洪迈撰,何卓点校:《夷坚志·夷坚志补》卷一《妙心行者》,第1550—1551页。

赏。即使个别官员受到奖赏,也是绢、米、酒等基本生活物品,并不轻易升迁。宋孝宗淳熙年间,割股疗亲之官员不仅可以依照赏格享受物质赐予,还可以升转官阶。淳熙九年(1182)十二月六日,宋孝宗诏令新筠州临江军(今江西高安)巡辖马递铺王忠直"特与升等差遣",同时命令福州"依格给赐"。其理由是王忠直"七剔股、一取肝救父痊愈","继燃臂谢罪于天"①。七次剔股、一次取肝,此等荒诞不经的行为,已超越正常行孝的范畴,带有明显的功利色彩。福州在上报之前未加审验,中央下诏升等差遣之时也未强调验实割股、割肝行为的真实性,这不能不说是程序上的漏洞。淳熙十二年(1185)十一月三十日,平江府(今江苏苏州)言武功大夫、英州刺史、特添差浙西副总管开赵因"取肝救父"被"特转濮州团练使"②。宋光宗朝,大安军(今陕西宁强县)人张伯威在绍熙元年以武举中进士,"调神泉尉"。大母黄氏"得血痢疾,濒殆"。张伯威"剔左臂肉食之",黄氏恢复健康。后来继母杨氏因"姑病笃,惊而成疾",张伯威再次"剔臂肉作粥以进",杨氏也因此痊愈。张伯威妹妹嫁入崔家,在其婆婆王氏患病时,效仿哥哥"剔左臂肉作粥以进",十分灵验,"达旦即愈"。大安军分别为他们树立了"纯孝坊"和"孝妇坊"。中央得知后,"诏伯威与升擢","倍赐其妹束帛"③。作为御前正将之子,作为武举状元,张伯威不至于无力延医,况且其大母和继母所患之病并不是疑难杂症,因此张伯威剔肉疗亲的动机值得怀疑。令人感到奇怪的是,张伯威及其妹妹的割取臂肉,为亲属治病的效果无一例外都是"肉到病除"。这样的结果不可能完全是巧合,具有明显的投机色彩。面对以割股、割肝、割臂疗亲来博取声望的"孝子",政府不加辨别,竟然奖励他们升官,这不能不说是一种滥赏。

需要指出的是,政府对割肉疗亲行为的奖励,在中央和地方两个层面展开。地方政府在奖赏此类孝行时,除遵照中央统一赏赐条例规定外,还享有

---

① (清)徐松辑,刘琳、刁忠民、舒大刚、尹波等校点:《宋会要辑稿》礼六一之一四,第2111页。
② (清)徐松辑,刘琳、刁忠民、舒大刚、尹波等校点:《宋会要辑稿》礼六一之一四至一五,第2111页。
③ (元)脱脱等:《宋史》卷四五六《孝义传》,第13414页。

一定的自主权。在地方奖赏割股疗亲行为方面,南宋"名公"兼"名儒"——真德秀的做法极具代表性。

真德秀在地方任官时,非常关注当地风俗建设,尤为注重培养民众孝道,因此在奖赏孝行方面也是不遗余力。在出知泉州期间,承信郎周宗强的母亲陈氏病危,周宗强"割股救疗,遂平复"。真德秀认为周宗强割肉疗亲,"孝心诚切""实有可嘉"。在"依条支赏外",他特意将周宗强邀请到州所,"置酒三行,以示宾礼之意"。同时,"用旗帜、鼓乐、鞍马、伞扇送归其家"①,给予孝子周宗强极为尊宠的待遇。真德秀之所以如此高调奖赏割肉疗亲的行为,与吴拾同妻阿林状告其子吴良聪不孝有直接联系。真德秀一向重视民众教化,劝谕民众"首及孝悌",当职期间,"民间有此悖逆"之事,让其"日夕惭惧,无地自容"。为使民众知晓"孝于其亲者,有司所深敬"②,他对周宗强大加褒奖。詹师尹也因割肝救父获得旌赏。詹师尹在父亲久病不愈的情况下"刲肝膳之",他的父亲服用后,"旋即更生"。真德秀闻知此事,对詹师尹赞不绝口,予以优待的待遇,"见此照条支给旌赏外,更特支钱二十千发下,仍委自可知县与之补充优轻局分,俾得以为孝养之资",以便"广风励"③。江广忠的儿子江应同样因为"割股救母"获取褒奖。江广忠的妻子庄娘二"病患日久",儿子江应"割股救母疗病"。厢官得知江应割股事件后,据实向有关部门申报,金厅拟呈"照格将绢、面折钱、会五贯,米五斗,酒一瓶"发放给江应。真德秀认为除犒赏外,"有司当思所以续其食而终其养"。因此,批示江应"如愿入军籍","当破例特与收刺"④,以示褒奖。真德秀对割股疗亲的奖赏,除了物质奖励之外,更强调提高割肉者的社会地位,更注重发挥个体的示范作用,希望大张旗鼓的褒赏,激发民众的孝养之心。

---

① (宋)真德秀:《西山先生真文忠公文集》卷四〇《泉州劝孝文》,第711—712页。
② 中国社科院历史研究所隋唐五代宋辽金元史研究室点校:《名公书判清明集》卷一〇《孝于亲者当劝不孝于亲者当惩》,中华书局,1987年,第383页。
③ 中国社科院历史研究所隋唐五代宋辽金元史研究室点校:《名公书判清明集》卷一〇《取肝救父》,第384页。
④ 中国社科院历史研究所隋唐五代宋辽金元史研究室点校:《名公书判清明集》卷一〇《取股救母》,第385页。

(二) 对奉亲不仕、弃官寻亲行为的奖励

学而优则仕是中国古代士大夫孜孜追求的目标,也是其苦读经书的动力源泉。然而出任官职,就意味着远离家乡,再加上公务缠身,侍亲问题就成为一个棘手的问题。在为官与事亲之间,政府制定出一系列协调政策,以缓解二者的矛盾。不过,令人诧异的是,仍有部分官员能够毅然抛弃功名利禄,一心侍养年迈的祖父母及父母。政府从抑制奔竞之风,弘扬孝道出发,对弃官养亲的行为也给予一定的奖励。

对于奉亲不仕之官员,宋政府通常在原有官职基础上升转官阶。前知嘉州峨眉县(今四川峨眉山市)贺恂,年少时参加科举考试,庆历年间"中及第,注峨眉令"。因祖母老疾需侍养,他就未前往峨眉就任,而是留在家中服侍祖母,从此"不复仕宦"。熙宁三年(1070)六月,知青州(今山东青州市)欧阳修奏言,贺恂二十年间"守道安贫,行著乡里",奏请"推恩致仕官优以俸给"。宋神宗批准了欧阳修的建议,"诏除大理寺丞致仕"①,除授贺恂一京朝官致仕。景定四年(1263)春正月,林希逸应诏举荐人才,他向朝廷推荐了蒲阳人林公遇。其理由是林公遇虽然"幼承父泽",但一直"奉亲不仕"。宋理宗特在林公遇"元官上进赠一官"②,以示奖劝。

对于弃官寻亲的官员,政府则特许官复原职,这在员多阙少的情况下,不能不说是对孝行的极大奖励。知广德军(今安徽广德)朱寿昌的生母刘氏,为父亲朱巽的侍妾。朱寿昌出生时,父亲朱巽"守京兆",与母亲单独生活在一起。数年后"始归父家",从此与母亲天各一方,"母子不相闻五十年"。后朱寿昌四处寻找母亲未果,"饮食罕御酒肉,言辄流涕。用浮屠法灼背烧顶,刺血书佛经,力所可致,无不为者"。熙宁初年,辞去官职,前往陕西寻找生母刘氏,最终"得之于同州(渭南市大荔县)",并"迎以归"。钱明逸将其事迹上报到中央,政府下令"诏还旧官"③,恢复朱寿昌的官职。

---

① (清)徐松辑,刘琳、刁忠民、舒大刚、尹波等校点:《宋会要辑稿》职官七七之四五,第5166页。

② (元)脱脱等:《宋史》卷四五《理宗五》,第883页。

③ (元)脱脱等:《宋史》卷四五六《孝义传》,第13405页。

需要指出的是,两宋时期,政府对奉亲不仕、弃官寻亲行为的奖励并不多见。尽管政府极力提倡孝道,但需要以维护国家机器的正常运转为前提,这就决定了奉亲不仕、弃官寻亲的行为不可能普遍性受到奖赏。因为普遍性的奖赏,极易助长士人隐逸之风,不利于官员的选拔和任用,也容易影响国家机器的高效运转。不过,政府对此种行为也不是视而不见,而是有选择地给予一定的奖励。对于官员来说,抛弃功名利禄,毅然选择侍养亲人,需要相当的勇气。对奉养不仕、弃官寻亲行为的适当奖励,对于砥砺士人孝养之风有明显的推动作用,这正是政府奖赏舍弃官职、奉养祖父母及父母行为的原因所在。

(三) 对累世同居行为的奖励

两宋时期,累世同居是一种较为特殊的家庭组织形式,其同居共财的特点更利于子孙侍奉长辈,符合儒家孝道思想,因此常被视为孝行,受到政府的奖励。① 对于累世同居行为的奖励,政府多采用旌表门闾的方式,同时辅之以奖赏粟帛、免除徭役。

北宋初年政府旌表累世同居行为的次数较多,仅其太宗一朝,被旌表的同居共财大家庭就有二十余家。北宋初年,宋太祖、宋太宗为扭转五代时期"世道衰、人伦坏"②的局面,加强道德建设,不断旌表累世同居的大家庭。莱州(今山东莱州)掖县人徐承珪与其兄弟及同族三十口人"同甘藜藿、衣服相让",四十年间未曾中断。乾德元年(963),宋太祖诏改其居住地莱州掖县崇善乡为"义感,里名和顺"③,以示奖励。江州德安(今江西九江)人陈兢的家族"十三世同居,长幼七百口,不畜仆妾,上下姻睦,人无间言"。早在南唐时期,即被"立为义门,免其徭役"。宋太祖平定江南后,应知州张齐奏请,"仍旧免其徭役"。太平兴国七年(982),江南转运使张齐贤再次奏请"免杂科",也得到宋太宗的批准。

---

① 王善军:《宋初精神文明建设简论》,载《阳都集》,中国社会科学出版社,2012年,第77页。王善军:《宋代宗族和宗族制度研究》,河北教育出版社,2000年,第141—169页。
② (宋)欧阳修:《新五代史》卷三六《义儿传》,第385页。
③ (元)脱脱等:《宋史》卷四五六《孝义传》,第13387页。

淳化元年(990),陈兢家族"常苦食不足",宋太宗诏令"本州每岁贷粟二千石"①,帮助其渡过难关。

宋真宗朝大量累世同居的大家庭也多次得到政府的旌表。咸平年间,政府旌表累世同居大家庭的行为非常频繁,既有针对十世同居大家庭的奖励,也有针对四世同居大家庭的旌赏。孙浦、常元绍、王美、董孝章四个家庭均因"十世同居"而受到政府的奖励,张仁遇、王子上、曹萧三个家庭则凭借"四世同居"获得官方的奖赏。以上大家庭不仅被"旌表",而且被免除"课调"②。大中祥符年间,宋真宗在东封西祀的过程中,也频频奖赏累世同居的大家庭。大中祥符初年,应王钦若的奏请,宋真宗"降诏褒美"东野宜家及窦益家,并"优赐粟帛"。大中祥符四年(1011),再次赏赐"聚族累世,孝悌可称"③的同居大家庭。

宋真宗朝以后旌表累世同居大家庭的行为不及其前频繁。虽然北宋后期及南宋时期,政府旌表累世同居大家庭的次数有所减少,但此项奖励政策并未中断,直至宋理宗朝,政府仍有旌表累世同居大家庭的行为。

总而言之,宋代所奖励的孝行,既有不惜毁坏身体为祖父母及父母治疗疾病的行为,也有弃官养亲、寻亲及累世同居的行为。其中,割肉疗亲的行为是政府所奖赏的重要孝行。两宋时期,政府对割肉疗亲的奖励政策有着复杂的变化。北宋前期,政府仅奖励普通民众的股肉疗亲行为,对于官员及宗室人员的奖励相当谨慎。北宋后期,政府制定了割股疗亲的赏格,宋徽宗又追加了割肝疗亲的赏赐标准,同时明确宗室人员的奖励标准。但割肝疗亲的赏赐标准在运行四年后,为杜绝民间"自残"现象的蔓延,宋徽宗将其废止。南宋时期,政府沿袭北宋的赏赐方式,但在物质赏赐的同时,增加了升转官阶的奖励,其赏赐活动的频率也明显高于北宋。

---

① (元)脱脱等:《宋史》卷四五六《孝义传》,第13391—13392页。
② (元)脱脱等:《宋史》卷四五六《孝义传》,第13400页。
③ (元)脱脱等:《宋史》卷四五六《孝义传》,第13401页。

二、宋代奖励孝行的特点

两宋时期,政府对孝养行为的奖励比较普遍,多次诏令基层政府上报孝行卓著之人,并对其进行奖励。南宋时期的刘克庄对其有精辟的概括:"国家之于孝子,小则馈酒饩,大则旌门闾,奖之至矣。"①综观宋朝政府对孝养行为的奖励,可发现其具有鲜明的特点。

第一,注重对割肉疗亲者的奖励。与唐代相比,宋代政府对割肉疗亲者的奖励比较普遍,而且愈演愈烈。《旧唐书·孝友传》中所记载的孝行中并无割肉疗亲的事迹,《新唐书·孝友传》中也仅有一例:池州人何澄粹,"亲病日锢",当地风俗尚鬼神,"病者不进药"。因此,他"剔股肉进",为亲医治疾病,被誉为"青阳孝子",为其"作诔甚众"②。

宋代以降,割肉疗亲者越来越多,从普通民众逐渐扩展到士人阶层,甚至还有宗室成员。政府对待此种孝行的态度也逐渐宽松,奖励政策逐渐完善。《宋史》《宋会要辑稿》中保留了大量奖励割肉疗亲者的案例。

宋代割肉疗亲的行为相当普遍,它不仅广泛存在平民阶层之中,士大夫阶层也积极效仿,加入割肉疗亲的行列。不仅男性割肉疗亲,女性也为父母、舅姑剖肝割股。令人吃惊的是,有人割肉疗亲的次数不止一次,最多竟然有八次。据记载,新筠州临江军巡辖马递铺王忠直,曾"七剔股、一取肝"为父亲治病,政府特"与升等差遣"③。宋代割肉疗亲的部位,与唐代相比,也更多样化。不仅有割股的,还有取肝的,甚至有割除眼睛为治疗失明母亲的。这些割肉疗亲的行为几乎都得到政府的奖励,显示出官方对这一行为的认可。

宋代割肉疗亲的行为不仅普遍,而且受到奖励的比例也很大。《宋史·孝义传》中共收录6个因生养而受到政府奖励的案例,其中5例均为割肉疗亲者。《宋会要辑稿》收录了18个因生养而受到政府奖励的案例,其中16

---

① (宋)刘克庄撰,辛更儒笺校:《刘克庄集笺校》卷九四《送高上人》,第3972页。
② (宋)欧阳修、宋祁、范镇等:《新唐书》卷一九五《孝友传》,第5589页。
③ (清)徐松辑,刘琳、刁忠民、舒大刚、尹波等校点:《宋会要辑稿》礼六一之一四,第2111页。

例为割肉疗亲者。

宋代割肉疗亲的行为虽然十分普遍,但也时常受到士大夫的质疑。宋廷之所以在一片质疑声中坚持奖励,与当时的孝道衰落有直接的联系。北宋时期,士大夫曾对割肉疗亲的行为提出尖锐的批评,认为它"有所伤割而近灭性之渐",如果民众以此为孝,则"慕孝者皆不得为完肤",因此建议政府不再对此行为奖励。韦骧认为"孝道衰薄"①之时,有人愿意忍受痛苦以治疗祖父母、父母疾病尤为难得相驳。韦骧的观察,或许与自身强烈的道德关怀有关,但它也能反映出社会上子女行孝的实际状况。据此可推测,即使在北宋时期,孝道也并非如士大夫所期望的那样理想,相反还处于"衰薄"的状况。孝道的衰落,不仅会影响家庭关系的和谐,如果任由发展,将会使官府一直提倡的主流价值观——"孝"发生动摇,这是政府所不愿意看到的。因此,即使割肉疗亲不合礼制,且容易使孝养行为发生异化,官方依然会大张旗鼓给予奖励。

第二,追求不同寻常的孝行,忽视依礼养亲行为的奖励。在官方发布的旌表诏令中,往往将事亲"事状显著"作为奖励孝子的标准,这在北宋末年及南宋时期较为明显。北宋徽宗时期,提出"事状显著"的奖励标准。宣和七年(1125)十一月十九日南郊赦文规定,"天下义夫、节妇、孝子、顺孙,委所在长吏常加存恤",其中"事状显著者"加以上奏。南宋时期,"事状显著"成为政府奖励孝子的常用标准。建炎三年(1129)十一月,宋高宗发布德音,命令各地对孝子"常加存恤","事状显著者具名奏闻"②。绍兴十年(1140)五月,臣僚请求中央下令敦促地方政府精察辖内"孝行殊异、卓然为众推服者",并建议对其大加奖励,"士人擢用,民庶表其门闾"③。绍兴十二年九月十三日的赦文中认为"孝子、顺孙、义夫、节妇"均应该受到旌表,但仅有"事状显著"④者才能被地方上报至中央。宋孝宗在奖励孝

---

① (宋)韦骧:《钱塘韦先生文集》卷一七《阮女传》,《丛书集成续编》第125册,第241页。
② (清)徐松辑,刘琳、刁忠民、舒大刚、尹波等校点:《宋会要辑稿》礼六一之八,第2107页。
③ (清)徐松辑,刘琳、刁忠民、舒大刚、尹波等校点:《宋会要辑稿》礼六一之一〇,第2108页。
④ (清)徐松辑,刘琳、刁忠民、舒大刚、尹波等校点:《宋会要辑稿》礼六一之一一,第2109页。

子的标准,与宋高宗一致,并分别在淳熙三年、六年、九年的明堂赦文中重申"事状显著"的标准①。宋光宗即位后,也屡次下诏命令地方长吏上报"事状显著"的孝行②。由此可知,北宋徽宗之后,"事状显著"是政府奖励孝行的重要标准。

从两宋时期大量的褒赏案例中可知,所谓"事状显著"的行为基本都属于牺牲子女利益为代价的孝行。比如,台州黄岩(今浙江台州)人郭琮,在失去父亲后,对寡母"极恭顺"。娶妻生子后,不是与妻子共居一室,而是"移居母室"。为使母亲长寿,"绝饮酒茹荤者三十年"③,常年不食荤、不饮酒。大观元年(1107)四月二十九日,宋徽宗因王文在母亲患病期间"卧冰得鱼"而特封其"假将仕郎",并赐"袍笏并帛米面酒"④。在寒冷的冬季,为给母亲治病而不顾严寒,俯卧在冰块上捞鱼,并非人人皆能做到。也正因为有此独特的孝行,王文才得到宋徽宗优厚的奖励。

南宋时期,割肉疗亲往往被视为"事状显著"⑤的孝行,屡屡受到政府奖赏。绍兴五年(1135)九月,常州垂庆乡(今属无锡)人潘念八,因"取肝救父,致疾痊损"被常州上报至中央,从而获取丰厚的赏赐,"绢五匹、米五斗、面五斗、酒一斗"⑥。绍兴十一年(1141)正月,徽州奏言,休宁县(今安徽休宁)民程柘妻子李氏患病,其子"即割股以进之,遂安"。宋高宗诏令"徽州依格给赏,仍令本县常加存恤"⑦。绍兴十三年(1143)三月六日,诏令旌表"信州铅山县民王小十"。信州(今江西上饶)因王小十"刲腹取肝以愈母

---

① (清)徐松辑,刘琳、刁忠民、舒大刚、尹波等校点:《宋会要辑稿》礼六一之一二至一三,第2109—2010页。
② (清)徐松辑,刘琳、刁忠民、舒大刚、尹波等校点:《宋会要辑稿》礼六一之一三,第2010页。
③ (元)脱脱等:《宋史》卷四五六《孝义传》,第13394页。
④ (清)徐松辑,刘琳、刁忠民、舒大刚、尹波等校点:《宋会要辑稿》礼六一之五,第2105页。
⑤ 这里仅就祖父母、父母在世时的侍奉而言,至于死后的安葬与祭祀中的卓行同样属于"事状显著"的范围,也在政府奖励之列,但因不是本文研究对象,故暂不讨论。
⑥ (清)徐松辑,刘琳、刁忠民、舒大刚、尹波等校点:《宋会要辑稿》礼六一之八,第2107页。
⑦ (清)徐松辑,刘琳、刁忠民、舒大刚、尹波等校点:《宋会要辑稿》礼六一之一〇至一一,第2108页。

疾"上报中央,请求奖赏。宋高宗认为"可旌表门闾",遂下诏"易其乡名为旌孝",并"仍宣付史馆"①。乾道四年(1168)五月二日,权发遣广州、主管广南东路经略安抚司公事龚茂良上奏,"本州刘氏二女刲肝割股以疗母疾"。宋孝宗诏令"刘氏本家赐旌表门闾",同时命令"本州依格倍给支赐"②。淳熙六年(1179)正月二十九日,宋孝宗听闻潼川府中江县(今四川德阳)进士杨榆在母亲患病时"剔肝供馔",遂诏"旌表门闾"③。由此可见,政府心目中"事状显著"的孝行,是以牺牲子女正常生活、牺牲子女身体健康为代价的畸形行为,并非士大夫所期望的依礼事亲的行为。

对于子孙日常侍奉行为,官方所给予的关注与奖励较为罕见。例如,越州(今浙江绍兴)应天寺的僧人,年幼时家庭非常贫困,"无以养母",因此"剃发乞食以给晨夕"④。泰州泰兴(今江苏泰兴)顾忻,因母亲患病,"荤辛不入口者十载"。结婚生子后,他对母亲更是关怀备至,"鸡初鸣,具冠带率妻子诣母之室,问其所欲,如此五十年,未尝离母左右"⑤。此外,还有杭州仁和人李琼,"以鬻缯为业",对母亲非常孝顺,"夜常十余起省母"。其母亲"喜食时新",他"百方求市得","必十倍酬其直"⑥,为满足母亲口体之需,毫不吝惜钱财。令人遗憾的是,无论是应天寺的贫僧还是顾忻,亦或是李琼都没有受到政府的奖励。

侍奉父母、公婆,是女性的重要任务,受到礼法的约束,正所谓"逮事姑章,名有礼则"⑦。多数女性都能够按照礼法的要求,尽心侍奉父母、公婆。不过,这些日常的侍奉行为一般享受不到政府的奖赏。例如,苏耆的妻子王氏嫁入苏家后,精心侍奉年迈久病的婆婆薛夫人,"亲侍汤药,周旋左右,不解衣者二年余"⑧,她的辛劳得到薛夫人的称赞,但官方对此行为并无奖励。

---

① (清)徐松辑,刘琳、刁忠民、舒大刚、尹波等校点:《宋会要辑稿》礼六一之一一,第2109页。
② (清)徐松辑,刘琳、刁忠民、舒大刚、尹波等校点:《宋会要辑稿》礼六一之一二,第2109页。
③ (清)徐松辑,刘琳、刁忠民、舒大刚、尹波等校点:《宋会要辑稿》礼六一之一四,第2110页。
④ (元)脱脱等:《宋史》卷四五六《孝义传》,第13394页。
⑤ (元)脱脱等:《宋史》卷四五六《孝义传》,第13394页。
⑥ (元)脱脱等:《宋史》卷四五六《孝义传》,第13395页。
⑦ (宋)苏颂撰,王同策点校:《苏魏公文集》卷五八《职方郎中辛公墓志铭》,第882页。
⑧ (宋)韩维:《南阳集》卷三〇《太原县君墓铭》,《影印文渊阁四库全书》第1101册,第758页。

故度支郎中姚府君的夫人米氏,对婆婆极其孝顺,不仅"柔色怡声,奉顺无违",而且行晨昏之礼,"定省问安"。在侍奉婆婆饮食时,"必取箸执酱,调味膳羞,适意所嗜。见其姑寝甘食美,悦而后退"①。她的孝行赢得婆婆的赞赏与宠爱,但同样也没有受到官方的褒奖。诸如此类的孝妇,在宋人文集中比比皆是,但政府的奖励极为罕见,这充分显示出官方对日常侍养行为的忽视。

显而易见,政府对孝行的奖励,多追求的是不同寻常的孝行,它希望借助异行的轰动效果来推行孝道、砥砺风俗。而遵循礼法规定,尽心侍养祖父母及父母的行为,虽合乎官方规定,但缺乏冲击力和影响力。从短期效果上来说,不如"事状显著"的异行,因此一般得不到政府的厚爱。从《名公书判清明集》中所记载的大量违背孝道的案例可知,南宋中后期的民风,并未因为政府对卓著之孝行的奖励而有所好转。相反,民间仍有相当数量不孝子女。所以说,对异行的奖赏,仅有短暂的影响,无法扭转民间不孝之风。

第二节　宋代对不孝行为的惩处

一、宋代家庭养老中的不孝行为

宋代处于中古社会的转折时期,由于土地制度的变迁、商品经济的发展以及家庭形态变化诸多因素的影响,弃养、侮辱、控告、虐待甚至谋杀祖父母及父母及的行为②屡见不鲜。即使宋政府从礼法制度、思想文化等方

---

① 河南省文物研究所、河南省洛阳地区文管处编:《千唐志斋藏志·宋故度支郎中姚府君夫人米氏墓志铭》,文物出版社,1984年,第1278页。

② 按照礼法规定,别籍异财的行为与供养有阙一样同属不孝行为。宋代以降,政府虽然命令禁止子女在父母在世时别财异籍,但由于私有观念的普及和役制的改革,许多家庭在父母生时就已分家。与分家习俗逐渐普及相对应的是,政府也从法律上肯定了子孙拥有私财的权利,同时也积极为父母养老田提供法律保障,对别籍异财的行为鲜有惩处。从实践层面看,别籍异财的行为已不是严格意义上的不孝行为,因此本文所讨论的不孝行为包括别籍异财。

面强化子女对祖父母、父母的赡养义务,频繁地奖励孝养行为,但现实生活中仍无法避免"亲在而别籍异财,亲老而供养多阙,亲疾而救疗弗力"①现象的发生。据史籍记载,宋代家庭养老中的不孝行为主要有以下四种类型:

(一) 弃养祖父母及父母的行为

在战乱、灾荒等非常时期,子孙为了逃命往往会弃养祖父母及父母。例如,建炎三年(1129),建安(今江苏南京)人叶德孚与祖母为躲避战乱"徙居州城",但州城又被攻陷。当时,叶德孚的祖母已"年七十,不能行",遂将"所蓄金五十两、银三十铤"交付叶德孚,并让他与两个奴婢先出逃。叶德孚成功逃出后,或因惧怕盗匪,或因贪图钱财,并未遵照祖母"复回挟我出,勿得弃我"的叮嘱,返回城中营救祖母,而是将祖母遗弃在城中,致使其"死寇手"②。又如,乾道三年(1167),江西蒙受水灾,濒临江水的民众为了生存,被迫背井离乡,"就食他处"。丰城县(今江西丰城市)有一农夫举家逃往临川(今江西抚州),他担心在"谷贵艰食"的情况下,一家五口难以保全,遂决定在逃难途中遗弃"老病无用"③的七十老母。

即使没有战乱或自然灾害的影响,仍有弃养祖父母及父母的不孝行为。社会安定时期的弃养行为,主要有以下五种类型:其一,因父母患病而弃养。北宋初年,新收复的广南地区就存在子孙遗弃患病父母的恶俗。父母一旦染上疾病,子孙"例皆舍去,不供饮食医药"④,任其自生自灭。南宋时期,南方地区仍有信巫不信医的习俗,因此"虽至父母疠疫,子弃不敢侍"⑤,子孙害怕被传染疾病,遂遗弃患病父母。其二,因出家而弃养祖父母及父母。南宋时期,阿王不仅失去了儿子,而且其子孙零落,仅有胡师琇一人可以依靠。令人不解的是,他不顾法律规定,"飘弃出家",置其祖母于不

---

① (宋)真德秀:《西山先生真文忠公文集》卷四〇《潭州谕俗文》,第705页。
② (宋)洪迈撰,何卓点校:《夷坚志·夷坚丁志》卷六《叶德孚》,第587页。
③ (宋)洪迈撰,何卓点校:《夷坚志·夷坚丁志》卷一一《丰城孝妇》,第627页。
④ (清)徐松辑,刘琳、刁忠民、舒大刚、尹波等校点:《宋会要辑稿》刑法二之一,第8281页。
⑤ (宋)王之道:《相山集》卷二九《故李公孝先墓志》,《影印文渊阁四库全书》第1132册,第749页。

顾。其祖母阿王"生则族人养","死则族人葬"①。富家子弟吴公佐"弃父而出游,至寄迹僧寺为行者"②,也不顾父母,遁入空门。其三,由于翁媳产生矛盾而弃养父母。阿张以躲避公公的非礼为名,说服丈夫蒋九"不顾父母之养","出外别居"③,夫妇二人外出单独居住,不再侍奉公公。其四,寡妇改嫁弃养公婆。例如,阿常在丈夫身亡后,"未及卒哭"便另嫁他人,视"老而无子,茕独可哀"④的婆婆阿侯为路人,对其不闻不问。其五,无故弃养父母。南宋时期,兴国军(今湖北阳新)人熊二的母亲早逝,父亲脱离兵籍后无力营生,不得不依靠儿子生活,但熊二拒绝奉养父亲。尽管父亲"垂泣致恳",熊二不仅不为所动,将老父"视同路人,至使乞食"⑤。淳熙间,阳步村民吴生"弃其父母而来城下,寄食于学前菜园家"⑥,只身前往城市谋生,将父母遗弃在乡村。嘉定年间,湖休村有一位蔡姓老妇人,仅有二女。丈夫死后,她"日求于市",以乞讨为生。年龄增大后,"就二女以养",投奔女儿生活。时日一长,两个女儿就拒养老母,蔡氏"问长女,不应;问次女,又不应"⑦,最后纵火自焚。

(二) 辱骂、殴打祖父母及父母的行为

在宋代家庭养老中,辱骂父母的行为也时有发生。此类不孝行为,多在醉酒的情况下发生。比如,洪州(今江西南昌)人杜三以卖水为生,"夏日则货蚊药"以供养家用。平常之日,杜三尚能履行侍养之责,"以两饭养母",但他酗酒成性,醉酒后若有"小不如意"⑧,便大肆辱骂母亲。又如,番阳(今江西鄱阳县)人张二,有个19岁的儿子,整日无所事事,"嗜酒亡赖"。每次

---

① 中国社科院历史研究所隋唐五代宋辽金元史研究室点校:《名公书判清明集》卷一〇《祖母生不养死不葬反诬诉族人》,第387页。
② (宋)洪迈撰,何卓点校:《夷坚志·夷坚支丁》卷九《盐城周氏女》,第1036—1037页。
③ 中国社科院历史研究所隋唐五代宋辽金元史研究室点校:《名公书判清明集》卷一〇《妇以恶名加其舅以图免罪》,第387—388页。
④ 中国社科院历史研究所隋唐五代宋辽金元史研究室点校:《名公书判清明集》卷一〇《妻已改适谋占前夫财物》,第377页。
⑤ (宋)洪迈撰,何卓点校:《夷坚志·夷坚支甲》卷三《熊二不孝》,第732页。
⑥ (宋)洪迈撰,何卓点校:《夷坚志·夷坚支癸》卷九《吴六竞渡》,第1287页。
⑦ (宋)张侃:《拙轩集》卷六《蔡媪传》,《影印文渊阁四库全书》第1181册,第434页。
⑧ (宋)洪迈撰,何卓点校:《夷坚志·夷坚乙志》卷八《杜三不孝》,第242页。

醉酒后,"虽父母亦遭咄骂"①。建康府丝帛商人周翁的长子,"常常酗酒凶悖"②,也有辱骂父母的行为,并持刀威胁老父。

不仅男性在酒后有辱骂父母的行为,女性也有此不孝行为。广州番禺的不孝女,即是其中的典型。据《夷坚志》记载:广州番禺巷内有一户人家,父母非常宠爱自己的女儿。为了将其留在身边,"纳婿于家"。但他们的女儿"狠戾不孝,无日不悖其亲"。绍兴二十五年(1156)七月,不孝女彻夜饮酒,酩酊大醉后大骂其母,并"走出户以右手指画,肆言秽恶不可闻"③。

辱骂父母的行为,并非只有在醉酒的状态下才会发生。即使在清醒的状态下,子孙仍有谩骂、殴打父母的不孝行为。例如,南宋时期的石岂子,为石居敬在世时所立的命继子,既是石家财产的合法继承人,也是石氏夫妇晚年的依靠。但在石居敬死后,他便任意恣为,不仅盗卖家中财物,而且"登门挠骂其母,指斥母亲,至于持刃执棒"④,严重违背了孝养之礼,属于典型的不孝行为。即使亲生儿子,也有殴打父母的行为。北宋仁宗朝,大名府永济县(今属河北临西县)百姓刘宁因争夺田产,"打折母手"⑤,殴打母亲致伤,实属大逆不道。南宋时期,也存在殴骂父母的行为。例如,临川县(今江西临川)后溪人王四,对父亲非常不孝,"常加殴击"⑥。金溪村民许成,从田地回到家中后"从母索饭",当发现釜中"空无所有",遂"怒而骂"⑦,对母亲出口大骂。

(三) 侵占、盗卖父母财产的行为

为人子女,本应为父母养老送终,但有人竟然偷盗父母的养老之资。严州(今浙江建德)人陈永年与其哥哥一同在临安城经营一家银铺,完全能够

---

① (宋)洪迈撰,何卓点校:《夷坚志·夷坚丙志》卷八《张二子》,第 462 页。
② (宋)洪迈撰,何卓点校:《夷坚志·夷坚志补》卷六《周翁父子》,第 1603 页。
③ (宋)洪迈撰,何卓点校:《夷坚志·夷坚丙志》卷一六《广州女》,第 504 页。
④ 中国社科院历史研究所隋唐五代宋辽金元史研究室点校:《名公书判清明集》卷七《出继子不孝勒令归宗》,第 224——225 页。
⑤ (清)徐松辑,刘琳、刁忠民、舒大刚、尹波等校点:《宋会要辑稿》刑法三之六〇,第 8425 页。
⑥ (宋)洪迈撰,何卓点校:《夷坚志·夷坚丁志》卷八《雷击王四》,第 601 页。
⑦ (宋)洪迈撰,何卓点校:《夷坚志·夷坚支志》卷四《许成悖母》,第 997 页。

维持生计,但他"狂游不检"。偶然发现母亲"私储金十数两","遽攫而走"。这部分钱本是母亲"送终"之费,当被陈永年抢去时,母亲"恚闷仆绝"①,遂一病不起。

不孝子孙不仅侵占父母的养老之资,而且变卖父母的送终之具,并将所获之钱占为己有。例如,乾道九年(1173),赣州瑞金县(今江西瑞金)的温大贪图钱财,竟瞒着母亲把家里的杉木卖给里正胡璋、刘宗仙,得钱"万三千","悉掩为己资"。温大所出卖的杉木,乃是其母亲两年前所砍伐的,本要做"终身之用"②,却被他卖掉,这让85岁的老母痛心不已。又如,鄱阳(今江西鄱阳)孝诚乡的王十三,也擅自变卖父母自备的棺材。他先将父母购买的"香木棺二具""易以信州之杉",后来"又货之"③,将二老的棺材卖掉,以获取钱财。

(四)控告、谋杀祖父母及父母的行为

从南宋民事诉讼案例中可知,子孙因争夺财产而控告祖父母、父母的行为,也是家庭养老中典型的不孝行为。例如,南宋时期,叶氏在丈夫蒋森死后未与养子商议,便擅自将其田产分为三份,其中养子蒋汝霖"得谷一百七十硕",亲生女分得"三十一硕随嫁",叶氏自留"五十七硕养老"④,同时订立遗嘱,将自己的养老田传至亲生女儿。蒋汝霖对继母的分配方案极其不满,认为叶氏偏袒女儿,因此与继母对簿公堂。又如,吴和中贡士家境殷实,但在其死后,儿子吴汝求"为非淫佚,狂荡弗检",妻子王氏则"挈橐再嫁",家道中落。吴汝求"倾赀产妄费",所分财产很快就被挥霍以尽,陷入"贫不自支"⑤的境地。于是,他就状告继母王氏,与其争夺家业。

翁媳之间的矛盾,也容易引发儿子、儿媳控告父亲。儿媳在面临公公的

---

① (宋)洪迈撰,何卓点校:《夷坚志·夷坚丁志》卷九《龙泽陈永年》,第613—614页。
② (宋)洪迈撰,何卓点校:《夷坚志·夷坚丁志》卷一二《温大卖木》,第637页。
③ (宋)洪迈撰,何卓点校:《夷坚志·夷坚甲志》卷八《不孝震死》,第71页。
④ 中国社科院历史研究所隋唐五代宋辽金元史研究室点校:《名公书判清明集》卷五《继母将养老田遗嘱与亲生女》,第141—142页。
⑤ 中国社科院历史研究所隋唐五代宋辽金元史研究室点校:《名公书判清明集》卷一○《子与继母争业》,第365页。

性骚扰时,要么挺身而出,直接控告公公,要么说服丈夫状告父亲。例如,南宋时期的阿黄,就以"新台之事"①控告公公李起宗。又如,南宋时期,阿李向丈夫诉说公公对自己图谋不轨,其丈夫黄十为了保护妻子,便将父亲黄乙告上法庭,"兴成妇翁之讼"②。

两宋时期,甚至有人不顾父母养育之恩,谋杀祖父母、父母。例如,赣州(今江西赣州)兴国县村民陈十四,平时对母亲已不孝。后来因与邻居发生争吵,不顾母亲"久病瞀,且老"的实际情况,"牵其母使出斗",最终其母亲"摔拽颠仆,至于死"③,借邻居之手谋杀亲生母亲,实属丧尽天良。

二、宋代惩处不孝行为的法令

供养不周、弃养、辱骂、控告甚至是谋杀祖父母及父母等不孝行为,虽然不是宋代所独有的现象,同时也无法对其进行量化,但他们与传统社会所尊崇的孝道背道而驰,侵犯了祖父母、父母的基本权益,动摇了他们在家庭中的权威地位,对社会伦理秩序形成有力的挑战。因此,宋政府尤为重视对不孝行为的惩处,制定有严厉而缜密的法令。

宋代惩处不孝行为④的法令,基本沿袭《唐律疏议》中的相关规定,将谋杀、殴打父母和祖父母的行为归入"十恶"中的"恶逆"之罪,将斥骂、控告、诅咒、供养有阙⑤、别籍、异财⑥等行为确定为"十恶"中的"不孝"之罪,处以死刑到徒刑不等,对官员阶层的不孝行为也制定有专门的惩处法令。

---

① 中国社科院历史研究所隋唐五代宋辽金元史研究室点校:《名公书判清明集》卷一〇《既有暧昧之讼合勒听离》,第388页。
② 中国社科院历史研究所隋唐五代宋辽金元史研究室点校:《名公书判清明集》卷一〇《子妻以奸妻事诬父》,第388页。
③ (宋)洪迈撰,何卓点校:《夷坚志·夷坚丁志》卷一二《陈十四父子》,第638页。
④ 本文论述的不孝行为主要指子孙在祖父母及父母生前违犯"善事"原则的行为,诸如谋杀、殴打、控告、诅詈祖父或父母以及祖父母及父母在世而别籍异财、供养有阙及违犯教令的行为。对于祖父母及父母逝世后的诸不孝行为,暂不作讨论。
⑤ 供养有阙指"家道堪供,而供有阙"。见(宋)窦仪等撰,薛梅卿点校:《宋刑统》卷二四《告周亲以下》,第420页。
⑥ 别籍指"别生户籍";异财指"财产不同"。(宋)窦仪等撰,薛梅卿点校:《宋刑统》卷一二《父母在及居丧别籍异财》,第216页。

(一) 对谋杀、殴打祖父母及父母不孝行为的惩处法令

谋杀祖父母、父母的行为是不孝行为中最为严重的一种,宋政府对此行为一般判处死刑。宋律规定,"诸谋杀周亲尊长①、外祖父母、夫、夫之祖父母、父母者,皆斩"②。丧夫改嫁的妻妾,如果谋杀已故丈夫祖父母及父母,宋律根据其谋杀行为所导致的不同后果,制定了不同的刑罚标准。宋律规定:"诸妻妾谋杀故夫之祖父母、父母者,流二千里;已伤者,绞;已杀者,皆斩。"③从整体上说,子孙儿媳谋杀祖父母及父母的行为,无论是否导致伤亡,都会被判处死刑。丈夫死亡后改嫁的妻妾,则会因谋杀行为的不同后果给予不同的惩处:如果谋杀行为对前夫祖父母及父母未造成伤害,处以流刑;如果其谋杀行为致人伤④亡,则要处以死刑。

宋政府对杀伤祖父母及父母行为的惩处,有故意和过失⑤之区分。按照宋律的规定,过失杀伤行为一般处以流刑或者徒刑,甚至可以铜赎罪。宋律规定:过失杀害祖父母、父母者,"流三千里";若过失造成伤害,但并未致死,"徒三年"⑥。诸妻妾若过失杀害公婆,"徒三年";如果只是使公婆受到伤害,"徒两年半"⑦。丈夫死亡改嫁的女性,如果过失杀伤已故丈夫的父母,可"以赎论"⑧。过失杀害已故丈夫父母者,"赎铜一百二十斤";过失致伤者,需将赎铜付给"被杀之家"⑨。在过失杀伤行为的惩处上,宋律针对不同的过失杀伤对象,制定了不同的惩处法令。以女性而言,过失杀伤祖父母

---

① 尊长指祖父母、父母及伯叔父母、姑、兄姊。见(宋)窦仪等撰,薛梅卿点校:《宋刑统》卷一四《和娶人妻》,第251页。
② (宋)窦仪等撰,薛梅卿点校:《宋刑统》卷一七《谋杀》,第310页。
③ "故夫"指的是夫亡改嫁。见(宋)窦仪等撰,薛梅卿校:《宋刑统》卷一七《谋杀》,第311页。
④ 宋代对于"伤"的界定是以是否见血为准,凡见血者为有伤。见(宋)窦仪等撰,薛梅卿点校:《宋刑统》卷二一《斗殴故殴故杀》,第369页。
⑤ 宋律对"过失"做出了详细的界定:耳目所不及,思虑所不到,共举重物力所不制,若乘高、履危足跌及因击禽兽,以致杀伤之属。见(宋)窦仪等撰,薛梅卿点校:《宋刑统》卷二三《过失杀伤》,第410页。
⑥ (宋)窦仪等撰,薛梅卿点校:《宋刑统》卷二二《夫妻妾媵相殴并殴》,第398页。
⑦ (宋)窦仪等撰,薛梅卿点校:《宋刑统》卷二二《夫妻妾媵相殴并殴》,第399页。
⑧ (宋)窦仪等撰,薛梅卿点校:《宋刑统》卷二三《过失杀伤》,第410页。
⑨ (宋)窦仪等撰,薛梅卿点校:《宋刑统》卷二二《夫妻妾媵相殴并杀》,第400页。

及父母者所受惩处最重,处三千里流刑或三年徒刑;过失杀伤其丈夫祖父母和父母者次之,处两年半徒刑;丈夫死后改嫁的女性,过失杀伤故夫祖父母及父母者又次之,可以铜赎罪。

在殴打祖父母及父母的量刑上,宋律同样因殴打对象的不同而存在显著差别。子孙不顾养育之恩,殴打祖父母、父母,实属"穷恶尽逆,绝弃人理"①的行为,"常赦不免,决不待时"②,不在赦免之列。凡殴打祖父母及父母者"斩"③,均要处斩刑;殴打公婆的妻妾处"绞"刑,如果致伤处"斩"④刑。丧夫改嫁的女性,如果殴打已故丈夫的祖父母及父母,"减殴舅姑罪二等"处罚,"徒三年";若殴打致伤,"折伤以上者,加役流";如殴打致死处"斩"⑤刑。殴打祖父母、父母的义子孙,宋律的惩处标准是"加凡人三等"⑥,比一般斗殴行为的处罚高出三等。由此可见,宋代对殴打祖父母及父母行为的惩处原则是:血缘关系越近,惩处的力度越大,反之则较轻。

对于幼小笃疾之人殴打祖父母及父母行为的惩处,宋代一般下敕裁决。宋律对于幼小⑦及残疾之人虽有所优待,但对其殴打祖父母及父母行为的惩处,与普通人相同。依照宋律的规定,幼小或废疾之人"虽小及疾可矜",其殴打祖父母、父母的行为仍属于恶逆之罪。不过,宋律并无明确的量刑标准,需"上请听裁"⑧,通过敕裁的方式定刑。

(二) 对控告、斥骂、诅咒祖父母和父母不孝行为的惩处法令

宋政府对控告祖父母及父母者的惩处,因控告对象的不同有着不同的处罚。"忘情弃礼",故意控告祖父母及父母者,将被判处"绞"⑨刑。诸妻妾

---

① (宋)窦仪等撰,薛梅卿点校:《宋刑统》卷一《十恶》,第8页。
② (宋)窦仪等撰,薛梅卿点校:《宋刑统》卷一《十恶》,第9页。
③ (宋)窦仪等撰,薛梅卿点校:《宋刑统》卷二二《夫妻妾媵相殴并杀》,第398页。
④ (宋)窦仪等撰,薛梅卿点校:《宋刑统》卷二二《夫妻妾媵相殴并杀》,第399页。
⑤ (宋)窦仪等撰,薛梅卿点校:《宋刑统》卷二二《夫妻妾媵相殴并杀》,第400页。
⑥ (宋)谢深甫编,戴建国点校:《庆元条法事类》卷八〇《杂门·诸色犯奸》,第923页。
⑦ 宋代"幼弱"的年龄标准为10岁,10岁及10岁以下皆为幼小。见(宋)窦仪等撰,薛梅卿校:《宋刑统》卷四《老幼疾及妇人共罪》,第65页。
⑧ (宋)窦仪等撰,薛梅卿点校:《宋刑统》卷四《老幼疾及妇人共罪》,第66页。
⑨ (宋)窦仪等撰,薛梅卿点校:《宋刑统》卷二三《告祖父母父母》,第415页。

控告丈夫的祖父母及父母,"虽得实",仍要"徒两年";如果妻妾控告丈夫祖父母、父母的罪行重于两年徒刑,儿媳、孙媳要受到"减所告罪一等"的惩处。对于诬告丈夫祖父母的孙媳,"各加所诬罪三等"①,要受更为严厉的惩处。需要指出的是,无论是控告祖父母、父母的子孙,还是控告丈夫祖父母的孙媳,如果祖父母及父母犯有谋反、大逆及谋叛以上等"缘坐之罪",她们的控告行为将不会受到惩处。

宋朝对于斥骂祖父母及父母的不孝子孙、儿媳及孙媳有不同的惩处规定。斥骂祖父母或父母的子孙,一般处死刑。宋律规定,"子孙于祖父母及父母,情有不顺辄詈者,绞"。身为妻妾的已婚女性,"詈夫之祖父母、父母者,徒三年"②。同时,妻妾诅骂公婆的行为属于"义绝"③的范围,即使遇有大赦,政府依然强制她们与丈夫离婚。至于丧夫改嫁的女性,如有斥骂故夫祖父母及父母的行为,"减詈舅姑罪二等"惩处,"徒二年"④。

对于诅咒祖父母、父母者,宋律处以死刑或流刑。因憎恶而诅咒祖父母及父母,妄图使他们"死或疾苦者",属于恶逆之罪,"皆以谋杀论"⑤,依律处斩刑。如果不孝子孙为得到祖父母、父母的宠爱而造符书诅咒他们,按不孝罪惩处,"流二千里"⑥。由此可知,宋政府惩处诅咒祖父母及父母者的量刑标准,主要根据不孝子孙的诅咒动机而定。如果不孝子孙的诅咒行为以迫害祖父母、父母为目的,他们要被判处死刑;如果不孝子孙的诅咒行为以得到祖父母、父母的宠爱为目的,他们可免除死刑,将被处以流刑。

(三) 对违犯教令、供养有阙及别籍异财不孝行为的惩处法令

违犯父母教令、具有供养能力而不侍养长辈,祖父母或父母健在而别籍

---

① (宋)窦仪等撰,薛梅卿点校:《宋刑统》卷二四《告周亲以下》,第418页
② (宋)窦仪等撰,薛梅卿点校:《宋刑统》卷二二《夫妻妾媵相殴并杀》,第398页。
③ 《宋刑统》规定的"义绝"主要指以下情况:殴妻之祖父母、父母,及杀妻之外祖父母、伯叔父母、兄弟、姑、姊妹,若夫妻祖父母、父母、外祖父母、伯叔父母、兄弟、姑、姊妹自相杀,及妻殴詈夫之祖父母、父母,杀伤夫之外祖父母、伯叔父母、兄弟、姑、姊妹与夫之缌麻以上亲,若妻母奸及欲害夫者,虽会赦,皆为义绝。见(宋)窦仪等撰,薛梅卿校:《宋刑统》卷一四《和娶人妻》,第252页。
④ (宋)窦仪等撰,薛梅卿点校:《宋刑统》卷二二《夫妻妾媵相殴并杀》,第400页。
⑤ (宋)窦仪等撰,薛梅卿点校:《宋刑统》卷一《十恶》,第11页。
⑥ (宋)窦仪等撰,薛梅卿点校:《宋刑统》卷一八《造畜蛊毒》,第324页。

异财者,在宋代都要受到法律的惩处。

对违犯祖父母及父母教令行为的惩处,宋律根据情节轻重做出不同的规定,同时也考虑祖父母及父母的教令是否合理。按照礼制要求,子孙奉养祖父母及父母,应"乐其心不违其志",服从他们的管教。对于因"违犯教令"而被祖父母及父母告官的子孙,"徒二年"①。同时,宋政府又补充规定:"凡子孙违犯教令","情重者邻州,凶恶者千里,并编管"②,情节严重者要附加编管之刑。需要指出的是,宋律对违反教令的惩处,并非要求子女对祖父母及父母的盲从,只有他们的教令"于事合宜",子孙才"须奉以周旋"③。

"供养有阙",指子孙在具备赡养能力的情况下,没有尽心奉养或根本不奉养祖父母及父母。宋律对供养有阙的惩处法令,主要依据供养人的经济条件、身份及具体情节而定。对于"家道堪供"而不尽心奉养或不奉养祖父母、父母的子孙,宋律做出"徒二年"的规定。"家实贫窭"、无力侍养祖父母及父母的子孙,"不合有罪"④,不受法律的惩处。对因不侍养公婆而被舅姑控告的女性,不仅处两年徒刑,而且夫家可依"七出"⑤之条将其休弃。此外,宋政府针对情节严重的供养有阙者做出特别规定,"凡子孙供养有阙","情重者邻州,凶恶者千里,并编管"⑥,在流刑的基础上实行编管,加大了惩处力度。

剥夺财产继承权也是宋政府惩处供养有阙行为的重要法令。随着遗嘱继承法的完备,剥夺合法继承人的财产继承权,成为宋代惩处不供养祖父母及父母者的重要法令。亲生子是法定财产继承人,但如果他们"不能孝养父母",致使父母"依栖女婿",父母的财产"尽以归之于女婿"⑦。户绝家庭中

---

① (宋)窦仪等撰,薛梅卿点校:《宋刑统》卷二四《告周亲以下》,第420页。
② (宋)陈傅良著,周梦江点校:《陈傅良先生文集》卷四四《桂阳军告逾百姓榜文》,第559页。
③ (宋)窦仪等撰,薛梅卿点校:《宋刑统》卷二四《告周亲以下》,第420页。
④ (宋)窦仪等撰,薛梅卿点校:《宋刑统》卷二四《告周亲以下》,第420页。
⑤ 《宋刑统》规定的"七出"之条如下:一无子,二淫泆,三不事舅姑,四口舌,五盗窃,六妒忌,七恶疾。见(宋)窦仪等撰,薛梅卿点校:《宋刑统》卷一四《和娶人妻》,第252页。
⑥ (宋)陈傅良著,周梦江点校:《陈傅良先生文集》卷四四《桂阳军告逾百姓榜文》,第559页。
⑦ 中国社科院历史研究所隋唐五代宋辽金元史研究室点校:《名公书判清明集》卷四《子不能孝养父母而依栖婿家则财产当归之婿》,第126页。

的出嫁女,则"合得资产",可以继承父母部分财产。但如果出嫁女"有心怀觊望,孝道不全","不在给之限"①。也就是说,户绝家庭的出嫁女,如果不尽心奉养父母,将会被剥夺其法定财产继承权。如果继子"破荡家产,不能侍养"祖父母及父母,其祖父母、父母"告官证验","近亲尊长"②证明继子供养有阙的行为属实,政府即可勒令归宗,剥夺其财产继承权。无论是亲生子女还是继子,只要没有尽到赡养祖父母及父母的义务,都会丧失法定的财产继承权。

宋政府对祖父母、父母在世而别籍异财行为的惩处法令③,在两宋时期发生了较为明显的变化。北宋对别籍异财罪的惩处经历了从徒刑到死刑、再至徒刑的变化过程。建隆四年(963),宋代第一部成文法典《宋刑统》告成。它规定:"诸祖父母、父母在,而子孙别籍、异财者,徒三年。"④乾德六年(968)六月,宋太祖针对广南地区"祖父母、父母在者,子孙别籍异财,仍不同居"的现象,下诏责令当地官员"明加告诫,不得更习旧风",宣告"如违者并准律处分"⑤,重申别籍异财罪的惩处规定。开宝二年(969)八月,宋太祖下诏,宣布"川陕诸州察民有父母在而别籍异财者,论死"⑥,将别籍异财罪的处罚规定提高至死刑。太平兴国八年(983)十一月,宋太宗诏令"川、峡民祖父母、父母在,别籍异财者,前诏并弃市,自今除之,论如律"⑦,废除了别籍异财行为处死刑的规定,将其恢复至徒刑。此后,祖父母及父母在世而别籍异财行为的量刑标准,一直是三年徒刑。南宋中后期,宋政府为解决不孝子孙在祖父母及父母生前私自典卖财产,待其死后又"据法负赖"的现象,"著令许私分"⑧,从法律上认可了祖父母及父母在世而别籍异财的合理性。

---

① (宋)窦仪等撰,薛梅卿点校:《宋刑统》卷一二《户绝财产》,第223页。
② 中国社科院历史研究所隋唐五代宋辽金元史研究室点校:《名公书判清明集》卷七《出继子不肖勒令归宗》,第224—225页。
③ 王善军:《宋初精神文明建设简论》,载《阳都集》,第77页。
④ (宋)窦仪等撰,薛梅卿点校:《宋刑统》卷一二《父母在及居丧别籍异财》,第216页。
⑤ (清)徐松辑,刘琳、刁忠民、舒大刚、尹波等校点:《宋会要辑稿》刑法二之二,第8281页。
⑥ (元)脱脱等:《宋史》卷一《太祖纪》,第30页。
⑦ (宋)李焘:《续资治通鉴长编》卷二四"太平兴国八年十一月癸丑",第556页。
⑧ (宋)黎靖德编,王星贤点校:《朱子语类》卷一〇六《漳州》,第2650页。

（四）对官员阶层不孝行为的惩处法令

宋代惩处不孝官员的法令一般为除名、免官。宋律规定,凡犯恶逆、不孝之罪的官员,"依本犯除名及配流"①,不得援引官赎法,不允许以官品赎罪。对于因做官将祖父母及父母委托于他人侍养的官员,依律将被免官。《宋刑统》规定:"祖父母、父母老疾②无侍,委其亲而之官者","免所居官"③。赴任后父母才入老或患疾的官员,仍需要奏请解官侍养,否则将"科违令之罪"④,同样要免除所居官。

对于官员妻子、子孙的不孝行为,宋代也有专门规定。对于具备恩荫入仕资格的子孙,"若籍尊长荫而犯所荫尊长",宋律规定"并不得为荫"⑤,剥夺其恩荫权。对于拥有减赎权利的官员妻子及子孙,如果犯恶逆之罪、不孝之罪,不得使用减赎特权,要依法惩处。比如,官员妻子及子孙犯"不孝流"⑥罪,即因控告、诅咒祖父母及父母而被判处流刑者,"不得减赎",要"除名,配流如法"⑦。

三、宋代惩处不孝行为的方式

在惩处不孝行为的实践中,执法者依据宋律的法令规定,对各种不孝行为做出不同的判决。他们惩处不孝行为的方式,以利于祖父母及父母养老为原则因人而异、因事而异。

（一）对供养有阙行为的惩处方式

按照宋律规定,堪供而有阙者,或被判处二年徒刑,或被剥夺财产继承权,情节严重者还可附加编管之刑。在具体实践中,宋政府所采用的惩处方

---

① （宋）窦仪等撰,薛梅卿点校:《宋刑统》卷二《犯罪事发》,第27页。
② "老"谓80岁以上,"疾"谓笃疾。见《宋刑统》卷二《以官当徒除名免官免所居官》,第39页。
③ "免所居官"指免除所居之一官,若兼带勋官者,免其职事。见《宋刑统》卷二《以官当徒除名免官免所居官》,第39页。
④ （宋）窦仪等撰,薛梅卿点校:《宋刑统》卷二《以官当徒除名免官免所居官》,第39页。
⑤ （宋）窦仪等撰,薛梅卿点校:《宋刑统》卷二《请减赎》,第26页。
⑥ "不孝流"者指闻父母丧,匿不举哀,流;告祖父母、父母者绞,从者流;诅咒祖父母、父母者,流;厌魅求爱媚者,流。见（宋）窦仪等撰,薛梅卿点校:《宋刑统》卷二《请减赎》,第22页。
⑦ （宋）窦仪等撰,薛梅卿点校:《宋刑统》卷二《请减赎》,第21页。

式,既考虑子孙的经济条件,也考虑祖父母及父母的养老问题。

对于不事营生,无力奉养的子孙,宋政府为使其祖父母及父母的老年生活有所保障,一般采取经济援助的方式,多不追究不孝子孙的法律责任。南宋时期,寡妇阿蒋依靠儿子钟千乙生活,但钟千乙"既不能营求勺合,以赡其母",又将母亲卖床之钱挥霍一空,并且"久而不归"。阿蒋"贫不聊生",无奈之下,状告儿子不供养自己。胡石壁见阿蒋"羸病之余,喘息不保"。为避免阿蒋失去依靠,并未依律惩治钟千乙,而是将其释放,希望他"革心悔过,以养其母"。为解决寡妇阿蒋的基本生活问题,胡石壁还从州仓支拨五斗米交给她,"充日下接济之须"①。由此可看出,阿蒋儿子的谋生能力不足,缺少赡养寡母的经济条件。而阿蒋又有病在身,身体羸弱。为保障寡妇阿蒋的晚年生活,宋政府免除了不孝儿子的刑事责任,还给予寡母一定的经济援助。

对于具备供养能力而故意不赡养祖父母及父母者,宋政府多采用劝诫的方式达到侍养的目的。例如,南宋时期,许文进利用王氏"前夫之财,营运致富"。为了占有家产,其义子许万三在他死后,不顾王氏养育之恩,纵容妻子怠慢养母,"将盐笑席卷而去",故意不赡养王氏。王氏告官后,审判者蔡久轩坚持以"正其母子之名分"为准则,责令许万三夫妇尽心侍奉王氏,并要求他们一同居住,共享家产。同时他还告诫许万三,"如再咆哮不孝",便"正其不孝之罪"②。蔡久轩对供养有阙行为的惩处,坚持维护纲常伦理的原则,追求共财同居的局面。

对于祖父母及父母在世而未尽赡养义务的子孙,宋政府多采用剥夺财产继承权的惩处方式。例如,王万孙不侍养父母,致使他们"老病无归",无奈之下投奔女婿,"养生送死,皆赖其力"。其父亲在遗嘱中将财产转赠给女婿李茂先,王万孙的儿子王有成状告李茂先,向他索要祖父的职田。

---

① 中国社科院历史研究所隋唐五代宋辽金元史研究室点校:《名公书判清明集》卷一〇《母讼子不供养》,第364页。

② 中国社科院历史研究所隋唐五代宋辽金元史研究室点校:《名公书判清明集》卷九《背母无状》,第294—295页。

执法者认为,纵然当时其祖父"有随身囊箧","家果有田宅",也应"尽以归之于女婿"①,所以判决王万孙父亲的职田仍由其女婿李茂先承佃,剥夺了其财产继承权。又如,卢公达生前无子,以同姓人卢君用之子卢应申为养子。但卢应申在卢公达生前已与其"各居异食",未尽侍奉义务,执法者翁浩堂判定"引勒卢应申仍旧归宗"②,其财产继承权也随之丧失。

对于弃养祖父母及父母的不孝子孙,尽管没有被尊长告官,宋政府也采取较为严厉的刑事惩处。例如,南宋时期的阿王不仅失去了儿子,而且其子孙零落,仅存胡师琇一人。但他又舍弃祖母,出家入佛。祖母阿王"生则族人养","死则族人葬"。在族人迁葬阿王时,胡师琇状告族人。审判者认为胡师琇对其祖母生不养、死不葬,其罪"在十恶之地",对其"杖一百",并"编管邻州"③。又例如,南宋时期,蒋九在妻子阿张的唆使下,"出外别居","不顾父母之养"。蒋九的父亲蒋八虽然没有控告儿子不孝,但宋政府依然对蒋九"杖六十",并"押归供侍"④。

(二) 对子孙违犯教令不孝行为的惩处方式

对于违犯父母教令行为的惩处,宋政府多采用教化方式,依靠邻里劝和,同时也辅之以轻罚。比如,北宋时期,石牧之在出任地方知州时,有母亲状告儿子"不禀教令"。经审讯,"无大故",母亲乃一气之下起诉儿子不孝。因此他向不孝儿子讲授"事父母之道",并"丁宁训教,使急归奉养"⑤。经过一番训教后,石牧之将不孝子释放,免除其刑事处罚,以便他早日回家侍奉母亲。李三"悖其母","揆之于法,其罪何可胜诛"。但执法者认为李三是因"财利之末"与母亲产生纷争,待其"心平气定"时,母子便会和好如初。

---

① 中国社科院历史研究所隋唐五代宋辽金元史研究室点校:《名公书判清明集》卷四《子不能孝养父母而依栖婿家则财产当归之婿》,第126页。
② 中国社科院历史研究所隋唐五代宋辽金元史研究室点校:《名公书判清明集》卷八《出继不肖官勒归宗》,第276页。
③ 中国社科院历史研究所隋唐五代宋辽金元史研究室点校:《名公书判清明集》卷一〇《祖母生不养死不葬反诬诉族人》,第386—387页。
④ 中国社科院历史研究所隋唐五代宋辽金元史研究室点校:《名公书判清明集》卷一〇《妇以恶名加其舅以图免罪》,第387—388页。
⑤ (宋)苏颂撰,王同策点校:《苏魏公文集》卷五五《朝议大夫致仕石君墓碣铭》,第833页。

所以,他坚持"以教化为先,刑罚为后",特"免断一次",并由"本厢押李三归家",拜谢外婆、母亲及其他亲属,"仰邻里相与劝和"①。又如,胡大之母因其不能顺适己意而告官,负责审理案件的法官认为,"母之于子,天下至情之所在",一旦诉诸官府,"必有大不能堪者"。本应"重作施行",又担心母子自此"不复可以如初"。所以,执法者最终将胡大"押下厢,就本人家决十五";同时,命令他拜谢母亲阿李,并责令"四邻和劝"②。

对于多次违犯父母教令、不知悔改之人,宋政府在惩处时往往会遵从父母的意愿,免除不孝子孙的刑事处罚,依靠亲属、邻里劝和。南宋时期,寡妇阿周控诉儿子马圭不孝,"与之以田,则鬻之,勉其营生,则悖之,戒其赌博,则违之"。同时,她声称十年前马圭"已尝为父所讼"。执法者胡石壁一向以"厚人伦,美教化"著称,对马圭的行为气愤不已,认为他"真为恶人",无法通过教化方式使其改邪归正。所以,"从其母之所请",做出"刑之于市,与众弃之"的判决。但阿周很快又生怜悯之心,便持丈夫遗嘱向胡石壁哭诉,请其免除马圭的刑事处罚。胡石壁应其请,免去马圭的死罪,将其"押归本家",恳请邻舍、亲戚带领他去拜谢母亲,并"特支官会二十贯,酒肉四瓶"③,用于招待亲戚、邻舍。

(三)对子孙控告、斥骂祖父母及父母不孝行为的惩处方式

对于控告、斥骂祖父母及父母行为的惩处,宋政府所采取的方式不仅有利于保障祖父母及父母的晚年生活,也因祖父母及父母是否存在过错有所区别。

对于故意控告祖父母及父母者,宋政府虽然免除其死罪,但依然施以严厉惩处,在杖刑的基础上还要附加编管之刑。南宋时期,黄十听信妻子之言,状告父亲黄乙对自己的妻子图谋不轨。执法者胡石壁认为,即使父亲有

---

① 中国社科院历史研究所隋唐五代宋辽金元史研究室点校:《名公书判清明集》卷一〇《因争财而悖其母与兄姒从恕如不悛即追断》,第362页。
② 中国社科院历史研究所隋唐五代宋辽金元史研究室点校:《名公书判清明集》卷一〇《母讼其子量加责罚如再不改照条断》,第386页。
③ 中国社科院历史研究所隋唐五代宋辽金元史研究室点校:《名公书判清明集》卷一〇《母讼其子而终有爱子之心不欲遽断其罪》,第363—364页。

不轨行为，儿子黄十也"当为父隐"。黄十为保护妻子，将"天下之大恶"加之于父亲，实属丧尽"天理人伦"。按照宋律规定，黄十要判死刑。为使黄乙晚年有所依靠，宋政府免除了黄十的死罪，处以"杖一百，编管邻州"的刑罚，并"勒归本宗"①，使其尽心侍养父亲。

如果祖父母及父母存在过错，宋政府在惩处控告尊长的不孝子孙时，一般施以轻罚。南宋时期，蒋汝霖的继母叶氏，在丈夫蒋森死后擅自将其田产分为三份，养子蒋汝霖"得谷一百七十硕"，亲生女分得"三十一硕随嫁"，叶氏自留"五十七硕养老"，并订立遗嘱，把自己的养老田传至亲生女儿。养子蒋汝霖对此大为不满，于是状告继母。按照法律规定，寡母的养老田可作为"养老之资"，但不能"私自典卖"、不能"随嫁"带走，也不能"遗嘱与女"。叶氏将养老田遗嘱与亲生女，与法不合，存在一定过错。所以宋政府并没有依律惩处蒋汝霖，而是对其略施薄罚，做出"决小杖二十"②的惩罚。

宋政府在惩处控告、斥骂祖父母及父母者时，为使祖父母及父母老有所依，多免除其死罪。端拱初年，广定军民安崇绪控告其继母冯氏"全夺资产"，使生母阿蒲"衣食不给"。大理寺主张依律处死安崇绪，而右仆射李昉等人则认为大理寺的判决不当，建议田产"并归崇绪，冯合与蒲同居"，既可解决安崇绪生母阿蒲的生活问题，也可使冯氏"终身不至乏养"③，老有所依。最终，宋太宗依照李昉等人的建议，免去安崇绪的死罪，使其奉养二母。宋真宗朝，越州（今浙江绍兴）有一不孝孙子，酒后对其祖父有谩骂行为。祖父在盛怒之下，状告孙子"醉酒詈我"，官府依律判处不孝孙子死刑。但其祖父很快就后悔不已，又到官府哭诉老而无子，"赖此孙以为命也"。知州任布遂又"贷其死"④，免除了孙子的死罪。

对于斥骂祖父母及父母而又未尽赡养义务的继子，宋政府在勒令归宗

---

① 中国社科院历史研究所隋唐五代宋辽金元史研究室点校：《名公书判清明集》卷一〇《子妄以奸妻事诬父》，第388页。
② 中国社科院历史研究所隋唐五代宋辽金元史研究室点校：《名公书判清明集》卷五《继母将养老田遗嘱与亲生女》，第141—142页。
③ （元）脱脱等：《宋史》卷二〇一《刑法志三》，第5005—5006页。
④ （元）脱脱等：《宋史》卷二八八《任布传》，第9683页。

的基础上增加杖刑惩处。南宋时期,有一人叫石岂子,他是石居敬在世时所立的命继子。在石居敬死后,他任意恣为,不仅盗卖家中财物,而且"登门挠骂其母,指斥母亲,至于持刃执棒",母亲何氏无奈之下告官。石岂子"有显过",不但未尽赡养继母的义务,而且斥骂、威胁继母。为保障继母何氏的权利和利益,执法者依律对石岂子做出"勒令归宗"的处罚,同时判处"勘杖一百"①。

(四) 对女性不孝行为的惩处方式

对于拒绝收养存有过错婆婆的儿媳,宋政府一般不追究其法律责任,并且还酌量提供一定的赡养费用。北宋时期,陕州(今河南三门峡)有一老妇人,丈夫一死就改嫁他人,"既穷而归"。儿媳对其"奉养甚谨",但她却取走儿媳部分财产再嫁,后来"复穷而归",儿媳拒绝收养。于是老妇人状告儿媳驱逐自己,致使她"无所归"。陕州知州王质,为使走投无路的婆婆晚年有所依靠,免除了儿媳的刑罚,并供给"妇孙廪粟,使以归养"②。

对于主动告发公公的儿媳,宋政府一般遵循"为尊者讳"的原则,强制她们与丈夫离婚。例如,阿黄状告公公对自己图谋不轨,但前后供词不一致,"陈词于外,则以为有,供对于狱,则以为无",所以胡石壁认为其证词不足为信。在宋人看来,即使公公确有无礼之举,但却属"丑恶之事","只当委曲掩覆,亦不宜扬播,以贻乡党之羞"。所以,执法者并未追究阿黄公公李起宗的责任,反而不顾阿黄夫妇的感情,勒令阿黄与丈夫离婚,并责令阿黄父亲"黄九二将女别行改嫁"③。

如果儿媳不是自己主动告官,而是唆使丈夫控告公公,宋政府依然要对其处以杖刑。南宋时期,阿李唆使丈夫黄十状告公公黄乙。执法者对黄十将父亲与妻子暧昧之事公布于众的做法很是反感,在判决黄十"杖一百,编

---

① 中国社科院历史研究所隋唐五代宋辽金元史研究室点校:《名公书判清明集》卷七《出继子不肖勒令归宗》,第224—225页。
② (宋)苏舜钦撰,沈文倬校点:《苏舜钦集》卷一六《朝奉大夫尚书度支郎中充天章阁待制知陕州军府事平晋县开国男食邑三百户上护军赐紫金鱼袋王公行状》,第213页。
③ 中国社科院历史研究所隋唐五代宋辽金元史研究室点校:《名公书判清明集》卷一〇《既有暧昧之讼合勒听离》,第388—389页。

管邻州,勒归本宗"。同时,儿媳阿李也以"悖慢舅姑"之罪,受到"杖六十"①的惩罚。

对于唆使丈夫弃父别居、具有诬告嫌疑的儿媳,宋政府给予严惩。南宋时期,作为儿媳的阿张,曾被公公以不孝罪起诉两次。在接受审判时,阿张供述公公对自己非礼。胡石壁认为,儿媳应"扬父母之美,不扬父母之恶",阿张公开公公蒋八性骚扰的做法,"非为尊长讳之义"。在他看来,公公蒋八已是"墓木已拱,血气既衰",不复有"不肖之念";而阿张作为"一过犯妇人","决非能以礼自守"。她当众供述蒋八对其非礼,意在加罪于公公,妄图"侥幸以免罪",具有诬告嫌疑。因此,执法者对儿媳阿张的惩处比较严重,不仅"决十五",而且强制她与丈夫离婚,"射充军妻"②,发配到军营充当军妇。

(五) 对官员不孝行为的惩处方式

在官员不孝行为的惩处方面,宋代士大夫主张严惩不贷。北宋名臣张方平认为官员的不孝行为"伤时人伦,污我王道",应加重处罚。建议对"父母在,别无兄弟迎养而不养""父母在,或因仕宦,别营田业"者,不问尊卑,"削其官爵,投弃遐徼"。即使遇有朝廷恩赦,也"不在原释"③之列。在惩处实践中,宋政府对不孝官员的处理,相对比较严厉,一般采用两种方式:一是直接罢任,二是降职任用。

对于将祖父母或父母委托于他人侍养、常年不省视的官员,宋政府多直接罢免职务。北宋仁宗朝,益州(今四川成都)推官桑泽在任职期间,将父亲留在乡里。其父"死三年",他竟然不知,直至调到京师后才得知父亲已死。由于判吏部流内铨贾黯的弹劾,桑泽被削职为民,"废终身"④,终生不得起用。元丰年间,御史何正臣弹劾太常博士王伯虎"委亲闽南已八九年,独与

---

① 中国社科院历史研究所隋唐五代宋辽金元史研究室点校:《名公书判清明集》卷一〇《子妾以奸妻事诬父》,第388页。
② 中国社科院历史研究所隋唐五代宋辽金元史研究室点校:《名公书判清明集》卷一〇《妇以恶名加其舅以图免罪》,第387—388页。
③ (宋)张方平撰,郑涵点校:《张方平集》卷一二《刑法论·不孝之刑》,第154页。
④ (元)脱脱等:《宋史》卷三〇二《贾黯传》,第10015页。

妻孥游宦京师",建议将其"永弃田里,以戒天下之为子者"。福建路转运司"考验如章",何正臣弹劾王伯虎不孝之事属实。元丰三年(1080)闰九月,宋神宗诏令王伯虎"放令侍养"①,责令其归乡养亲。右宣德郎、两浙路提点刑狱使马城奉吏部之命,查实新差权知连州(今广东连州)徐畴不顾父亲"已垂年","用指射家便法授广南差遣"。元祐六年(1091)十二月,宋哲宗根据马城奏状,诏令"吏部指挥罢任侍养"②,对徐畴做出罢官侍养的惩处。

降职任用,是宋政府惩治不孝官员的另一重要方式。元丰八年(1085)十二月,宋神宗任命中书舍人王震为给事中。监察御史王严叟认为,"给事中处门下,当封驳,非他职比","宜得正人"。而王震"资材不高,特以阿谀附会,骤致清近"③,遂连续三次上书乞请罢免王震给事中职。王严叟在第三次上书时,直指王震薄于侍母的事实,"凡俸禄之入尽归其妻室,母不得而有之。饮食衣服皆限量以给其母,母常有不足之恨"④。在王岩叟的弹劾下,元祐元年(1086)闰二月,王震被罢给事中职,降知蔡州。右正言姚勔分别在元祐六年十二月、元祐七年正月两次上疏弹劾礼部郎中叶祖洽,御史也"言祖洽贪鄙无状,淫纵悍妻,薄于事父,不可令污省闼"⑤。元祐七年(1092)二月,哲宗罢免叶祖洽礼部郎中一职,并调离京师,出知海州。

总而言之,宋政府惩处不孝行为的方式灵活多变,既发挥了惩戒不肖子孙的功能,也有利于解决祖父母及父母的养老问题。

四、宋代惩处不孝行为的特征和作用

纵观宋代惩处不孝行为的法令和方式可知,宋政府对不孝行为的惩处具有显著的特征,对社会风俗的改变、社会秩序的稳定及家庭养老模式的运行均有积极的影响,但它也存在不可忽视的弊端。

---

① (宋)李焘:《续资治通鉴长编》卷三〇九"元丰三年闰九月丁酉",第7494页。
② (宋)李焘:《续资治通鉴长编》卷四六八"元祐六年十二月丁巳",第11182页。
③ (宋)李焘:《续资治通鉴长编》卷三六二"元丰八年十二月甲戌",第8668页。
④ (宋)李焘:《续资治通鉴长编》卷三六二"元丰八年十二月甲戌",第8669—8670页。
⑤ (宋)李焘:《续资治通鉴长编》卷四七〇"元祐七年二月己未",第11218页。

（一）宋代惩处不孝行为的特征

无论是惩处不孝行为的法令规定，还是惩处不孝行为的具体方式，宋朝均呈现出显著的特征：

首先，宋代对不孝行为的惩罚法令具有较强的稳定性。作为宋代第一部成文大法，《宋刑统》对各种不孝行为的惩处做出了详尽而缜密的规定，成为宋代惩治不孝行为的法律依据。宋代虽然立法活动频繁，但就惩处不孝行为的法令来看，政府较少改变《宋刑统》的处罚规定，这从南宋宁宗时期所编撰的法律文献《庆元条法事类》可以得到印证。《庆元条法事类》针对不孝行为而制定的惩处法令非常有限①。《名公书判清明集》中关于不孝案件的判决，频频见到"在法""照条"的说法。它所说的"法""条"，即是《宋刑统》的法律规定。所以说，从北宋初年直至南宋，政府惩处不孝行为的法律依据，基本以《宋刑统》为准，较少做出变动。

其次，宋代惩处不孝行为的法令具有较为突出的身份及阶层差异，宋律对不同身份、不同阶层的不孝者有着不同的处罚规定。在惩处谋杀、殴打、控告、斥骂祖父母及父母行为方面，宋律对不孝子孙的处罚重于儿媳、孙媳。在供养有阙行为的惩处上，已婚女性则重于男性子孙，她们既要承担二年徒刑，还要被夫家休弃。已婚女性因身份的不同所受的处罚也有所区别。丧夫改嫁的妻妾，如果对已故丈夫的祖父母及父母有不孝行为，宋律规定减二等惩处。过失杀伤已故丈夫父母的妻妾，可以与普通人一样，以铜赎罪。此外，宋代惩处不孝行为的法令，还有一定的阶层差异。对于普通民众不孝行为的惩处，宋律制定有明确的刑事处罚标准，对官员及其子孙、妻妾不孝行为的惩处，多是除名、免官、剥夺其恩荫权与减赎特权的规定，这是官员阶层与庶民阶层在不孝行为惩处法令规定方面的差异。

---

① 在检阅《庆元条法事类》诸条令时，发现两条《宋刑统》中未记载的法律规定。其一是针对故意纵火，烧毁祖父母、父母居室的行为制定的法令：诸故烧祖父母、父母居止之室，虽未然，从殴法。（宋）谢深甫编，戴建国点校：《庆元条法事类》卷八〇《杂门·烧舍宅财物》，第917页。其二为惩处义子孙不孝行为的法令：诸义子孙殴祖父母、父母者，加凡人三等，尊长与异居期亲尊长，加凡人一等。见（宋）谢深甫编，戴建国点校：《庆元条法事类》卷八〇《杂门·诸色犯奸》，第923页。这两条法令属于惩处不孝行为的补充规定。

再次,宋政府在惩处实践中始终遵循以养代罚的原则。宋廷对不孝行为的惩处,多是为使祖父母及父母晚年有所依靠,所以在惩处方式的选择上往往坚持以养代罚的原则。对于不善营生、无力奉养寡母的不孝儿子,宋政府为使寡母老有所依,不仅免除其儿子的法律责任,还为寡母提供一定的粮食①,以解决基本生活问题;对于不侍养继母的不孝儿子及儿媳,宋政府也未依律惩处,而是责令他们尽心侍养继母,并共同居住、共享家财②,这使继母的晚年生活有所依靠;对于拒绝收养改嫁婆婆的儿媳,宋政府也采用经济资助的方式,使其包容婆婆、尽心侍养;对于违犯祖父母及父母教令的不孝子孙,宋政府同样没有依律惩处,甚至提供钱、肉、酒,让不孝子孙招待亲属和邻居③,利用邻里劝和,使其洗心革面,尽心侍养祖父母及父母。

(二) 宋政府惩处不孝行为的积极作用

宋政府对不孝行为的惩处虽不能完全扭转孝道衰落的局面,但对家庭养老的推行,尊老、敬老社会风气的形成仍具有明显的积极作用,具体说来有如下三方面:

第一,宋政府惩处不孝行为的法令,是家庭养老模式顺利推行的法律保障。传统的礼制,尤其是皇帝养老礼和乡饮酒礼在传播孝道、引导子孙孝养祖父母及父母方面功不可没,但他们不具有强制性。唐代引礼入法,将子孙的孝养行为从礼上升到法,制定出惩治不孝行为的法令规定。宋代继承这一做法,坚持使用法律约束民众的孝养行为、惩治不孝行为,这为家庭养老模式的推行提供了有力的法律保障。

第二,宋政府对不孝行为的惩处方式,强调赡养义务与财产继承权的统一,有利于培植敬养老人的社会风气,维护社会伦理秩序。与前代相同的是,宋代无儿子的家庭为了延续门户,通常在宗族中挑选昭穆相当之人立为

---

① 中国社科院历史研究所隋唐五代宋辽金元史研究室点校:《名公书判清明集》卷一〇《母讼子不供养》,第364页。
② 中国社科院历史研究所隋唐五代宋辽金元史研究室点校:《名公书判清明集》卷九《背母无状》,第295页。
③ 中国社科院历史研究所隋唐五代宋辽金元史研究室点校:《名公书判清明集》卷一〇《母讼其子而终有爱子之心不欲遽断其罪》,第363—364页。

养子。养子,尤其是父母及祖父母在世所立之子,不仅承担继承门户的任务,还具有为祖父母及父母养老送终的义务。如果养子未尽到生养死葬的义务,就会被勒令归宗,由此丧失财产继承权。正常家庭中的亲生子,是法定财产继承人。如果他对父母生不养死不葬,也会被剥夺财产继承权。相反,在法律上没有财产继承权的女婿,只要承担生养死葬的义务,也可通过遗嘱获得岳父、岳母的财产。这种赡养义务与财产继承权相统一的惩处方式,可以有效防治不孝行为的发生,对于维护社会伦理秩序具有重要作用。

第三,宋政府对不孝行为惩处方式的选择,满足了祖父母及父母的养老需要,使他们老有所依、老有所养。如果祖父母及父母无人可依,宋政府一般免除不孝子孙及媳妇的刑事处罚,甚至免除其死刑,以便于他们侍养祖父母及父母,避免出现老无所依的局面。如果祖父母及父母在世,宋政府对不孝子孙或施以薄罚,或直接免除刑罚,甚至还提供一定的经济资助。有时还利用邻里调和子孙与祖父母、父母之间的关系,使他们尽心侍奉祖父母及父母。如果祖父母及父母已过世,子孙的不孝行为将受到公诉,宋政府的惩处相对比较严厉,或剥夺财产继承权,或处以杖刑,甚至会在杖刑基础上附加编管之刑,其目的是利用法律的权威,惩戒世人善事父母。这种灵活多变的惩处方式,较好地解决了情法冲突的难题,有利于祖父母及父母的养老生活。

(三) 宋政府惩处不孝行为所存在的问题

宋政府对不孝行为的惩处,坚持了宽严相济的原则,不仅发挥了惩戒功能,而且有利于孝养风气的培植与传播。但是,它也存有明显的弊端。

首先,执法者在量刑定罪方面主观性较强。在惩处不孝行为的实践中,执法者的判决往往受制于自身价值观念的约束,同时也会受到祖父母或父母的影响。比如,南宋名儒真德秀在审理吴良聪不孝一案时,根据其父母的供述,断定吴良聪"罪该极刑"。但他最终免除了吴良聪的死刑,以流刑三千里的标准量刑,对吴良聪"杖脊二十,髡发,拘役一年"[①]。吴良聪所受的惩

---

① 中国社科院历史研究所隋唐五代宋辽金元史研究室点校:《名公书判清明集》卷一〇《孝于亲者当劝不孝于亲者当惩》,第 383—384 页。

处明显重于其他不孝子孙,这符合真德秀严惩不孝的基本主张,说明执法者在对不孝行为的惩处上有着较大的主观性。又如,对于两次被父母起诉的不孝儿子马圭,胡石壁听从马圭母亲的建议,从严惩处,将他判以死刑。但在其母亲的哀求下,胡石壁又免除了马圭的死罪,将其"押归本家",恳请亲戚、邻里劝和。惩处不孝子孙时,固然要顾及祖父母或父母的意见,但执法者却不能因情坏法,随意改变判决,这也说明他们在不孝行为的量刑定罪方面具有较大的主观性。

其次,宋政府对女性不孝行为的惩处有失公正。女性不孝行为主要表现为儿媳控告公公。执法者在惩处不孝儿媳时,对翁媳间暧昧之事,往往因难于取证而放弃调查,将"为尊者讳"作为惩处依据,对儿媳施以杖刑,同时还要强制其与丈夫离婚。如果是公公状告儿媳不孝,儿媳以公公的性骚扰为由进行辩驳,将会因有诬告嫌疑而受到更严重的惩处。宋政府对女性不孝行为的严惩,虽然防止了儿媳借事控告祖父母及父母,但同时也杜绝了儿媳自我保护的法律途径。受到公公骚扰的儿媳,要么忍气吞声,要么被迫离婚。这对于女性来说,显然有失公正。

再次,宋代对不孝官员的惩处往往受到政治斗争的影响。北宋中后期和南宋时期,党争比较激烈,不同派别多用"不孝之名"互相攻击,以达到排挤政敌的目的。元丰八年(1085)十二月,中书舍人王震改任给事中。监察御史王岩叟连续两次上书请求罢免王震,均"不蒙施行"。为了打击政敌,王岩叟再次上书,直指王震"事母不孝"。元祐元年(1086)闰二月,王震被罢给事中职。南宋时期,借不孝之名打击政敌的现象更为突出。绍兴十一年(1142)六月,主管台州崇道观赵庆孙等六人,因"言者论其不孝"被停官,并"永不得与堂除"①。绍兴十七年(1148)二月,参知政事李若谷因"御史中丞汪勃论其不忠不孝"②而被罢为资政殿学士,提举江州太平观。借用"不

---

① (宋)李心传编撰,辛更儒点校:《建炎以来系年要录》卷一四〇"绍兴十一年六月辛巳",第2376页。
② (宋)李心传编撰,辛更儒点校:《建炎以来系年要录》卷一五六"绍兴十七年二月辛酉",第2675页。

孝"之名打击政敌的做法,不但无助于官员孝养父母风气的形成,反而容易产生"伪孝"官员。

综上所述,宋政府惩处不孝行为的法令缜密而又严厉,但在惩处实践中,并非采取单一的刑事惩处,而是以有利于祖父母及父母晚年养老生活为基本原则,在必要的刑事惩处外,多采用劝诫感化、剥夺财产继承权及经济援助等惩处方式。这种灵活多变的惩处方式,对家庭养老模式的顺利推行和社会伦理秩序的规范,均起到了重要作用。

第七章 对宋代养老制度的评价

与前代相比,宋代养老制度更加完备,养老方式更加多元化。它在复杂的演变过程中,呈现出明显的阶段性特征。宋代养老制度不仅悄然播下"孝"的种子,有助于社会尊老、养老风气的形成,而且为部分老年群体的晚年生活提供了一定的保障,对社会的稳定也有着积极的影响。与此同时,宋代养老制度也存在养老人数有限、养老经费不足、人治因素较为突出及地区失衡的局限性。尽管如此,宋政府在养老方面的探索与努力,对元明清诸朝养老制度的建设与发展仍具有不可忽视的影响。

第一节 宋代养老制度的特征

从整体上看,宋代养老制度较前代更为完备,养老方式更加多元化。同时,它也经历了复杂的演变过程,呈现出明显的阶段性特征。

一、宋代养老制度比前代更为完备

与前代相比,宋代养老制度更为完备,这主要体现在以下五个方面:

第一,宋代赏赐高龄老人的政令趋于制度化。唐五代时期,帝王赏赐高龄老人的诏令虽然较为常见,但多为临时之举,并无明显的规律。据盛会莲研究,在唐五代赏赐高年的原因中,以行幸所占比例最高,达到34%。其后是祭祀、改元、加尊号、宴请、即位,分别占全部赏赐活动的11%、10%、8%、6%、5%。另外,唐五代统治者还偶尔会在平叛、立太子、封禅、立皇后、出征时赏赐高年①。由此可见,唐五代时期,政府赏赐高龄老人的政策,未形成固定的时机。与前代所不同的是,宋代赏赐高年的时机逐渐固定,赏赐活动呈现出较为明显的规律。自宋真宗起,安奉先帝御容成为政府赏赐西京高龄老人的惯例。明堂礼、南郊礼之际赏赐高龄老人的做法,在宋仁宗朝后也逐渐得以固定。南宋以后,太上皇、皇太后庆寿典礼也成为政府赏赐高龄老人的重要时机。随着赏赐时机的固定,宋代赏赐高龄老人政策在宋孝宗朝呈现出三年一赏的趋势。宋代赏赐高龄老人的举措不仅逐渐呈现出一定的规律,而且在宋高宗朝形成了较为明确的标准,这既有助于规范政府的赏赐政策,也是宋代赏赐高龄老人制度趋于完备的重要标志。由此可见,宋代赏赐高龄老人政策已突破了前代临时性的限制,制度化的趋势较为明显。

第二,宋代救助鳏寡独老制度比前代更为完善。唐五代时期,鳏寡独老与高年一样,同为政府赏赐的对象。据盛会莲统计,唐五代时期共有46次赏赐鳏寡孤独者的活动②。与赏赐高龄老人活动相同,唐五代赏赐鳏寡孤独的活动也多为临时之举。政府一般在即位、改元、行幸、平寇、巡守、营兴庆宫、立皇太子、平定藩镇叛乱及自然灾害时期赏赐鳏寡孤独。宋代对鳏寡独老的救助,在前代临时性赏赐的基础上,形成了较为固定的季节性救助,政府在每年十月登记鳏寡独老,并在十一月至次年三月为其提供粮米,以帮助他们度过严寒。除了实行定期的季节性救助外,宋政府还分别在中央、地方建立有管理救助鳏寡独老工作的机构,形成了较为完善的管理体系。同时,宋政府也对救助鳏寡独老的费用来源、具体标准做出较为详尽的规定,这是宋代救助鳏寡独老制度化的重要标志。更值得称道的是,宋政府大力推进救助机构的建设,先是扩建京师福田院,后又在地方州县普遍建立居养院、安济坊。南宋政权稳定后,也开始恢复养济院的建设。救助机构的建

---

① 盛会莲:《唐五代社会救助研究》,浙江大学博士学位论文,2005年,第16页。
② 盛会莲:《唐五代社会救助研究》,第16页。

立,改变了救助鳏寡独老的方式,使其实现了临时性赏赐到制度性收养的彻底转变,同时也增加救助的内容,从单纯的米帛扩展到粮米、住所、医疗救助等多项内容。这是宋代养老制度最为后人称道的地方,也是宋代救助鳏寡独老制度化的又一重要标志。

第三,宋代新增了优恤特殊老年群体的制度。宋以前,政府的养老政策、养老措施多针对高龄老人、中高级致仕官员及鳏、寡、独,较少涉及其他老年群体。宋代由于政治局势、财政状况、军事制度等因素的变迁,对老年科举士人、老年军士、老年僧道及战亡将士祖父母与父母也制定出不同的优恤措施。这些措施不仅扩大了宋代政府养老对象的范围,也丰富了宋代养老制度的内容,使其更加完备。

第四,宋代的官员养老制度比前代更加完备。首先,致仕养老方式打破了官员品级的限制。唐代统治者沿袭传统,将致仕作为优待老年官员的主要措施。对于老年官员来说,无论品级高低,均能申请致仕养老。但是,并非所有的致仕官员都能够享受俸禄。唐制规定,"诸职事官年七十、五品以上致仕者,各给半禄"①。由此可见,只有五品以上的职事官致仕后才能享受一半俸禄。至于六品及其以下的致仕官员,"四载之后,准格并停"②,一般在致仕四年后便无法继续享用俸禄。宋代早在宋太宗朝就明确规定,"应曾任文武职事官恩许致仕者,并给半俸"③,文武致仕官,无论品级高低均可享受半俸。其次,七十致仕实现了从礼到法的过渡。唐五代时期,七十致仕一直停留在礼制规定的层面。宋仁宗朝以来,由于冗官、冗费问题日益突出,强制致仕的呼声愈来愈高。因此,宋仁宗诏令"文武官年七十以上未致仕者,更不许考绩"④,将70岁作为官员致仕的法定年龄。宋神宗即位后,

---

① (唐)杜佑:《通典》卷三五《职官十七》,第968页。
② (唐)杜佑:《通典》卷三三《职官十五》,第925页。
③ (宋)佚名编:《宋大诏令集》卷一七八《致仕官给半俸诏》,第640页。(清)徐松辑,刘琳、刁忠民、舒大刚、尹波等校点:《宋会要辑稿》职官七七之三〇,第5158页。(宋)谢维新:《古今合璧事类备要》后集卷六《俸禄》,第599页。
④ (清)徐松辑,刘琳、刁忠民、舒大刚、尹波等校点:《宋会要辑稿》职官七七之三九,第5163页。

将强制致仕付诸实践,标志着七十致仕实现了由礼到法的转变。再次,宋代致仕官员的待遇规定更为完备。宋以前,致仕官员一般仅能享受半俸,"凡致仕之官五品已上及解官充侍者,各给半禄"①。除致仕俸禄外,一般的老年官员较少享受其他待遇。宋代官员不仅可享受半俸,还具有恩荫子弟的权利,在节日期间也会定期享受到政府的物质赏赐。最后,宋代官员养老制度,新增了宫观养老、分司养老制度。唐代官员的养老制度,仅包含致仕制度。宋代新增的宫观制度、分司制度同样具有养老的功能,对老年官员的晚年生活也有积极的作用,是致仕制度的过渡与补充,丰富了官员养老制度。由此可见,宋代官员养老制度比唐代有了较为明显的发展,更加趋于完备。

第五,宋代对家庭养老的保障措施更为完善。宋代以前,对于80岁以上的高龄老人,政府往往根据其年龄,免除其家庭中一名至五名男丁的徭役和兵役,为子孙侍养祖父母及父母提供便利。为保障家庭养老功能的发挥,宋政府在继承前代为高龄老人配备侍丁的基础上,相继出台了官员迎养令、省亲令、近地差遣令及叙封祖父母与父母令,允许官员申请分司官、宫观官,使其能够在享有俸禄的同时居家侍奉祖父母及父母,形成更为完善的官员养亲制度。同时,宋政府也非常注重对家庭孝养行为的奖励和不孝行为的惩处,制定出更为系统的家庭养老奖惩制度。

二、宋代养老的方式比前代更加多元化

与前代相比,宋代的养老方式更加多元化。宋代以前,赏赐是政府优待高龄老人及鳏、寡、独最为主要的方式,优待老年官员的方式则以致仕为主。入宋以来,政府养老的方式实现了多元化的发展。赏赐这一方式,仍是宋政府优待高龄老人的重要措施。除赏赐外,政府还针对不同的养老对象新增了多种养老方式。对于鳏、寡、独这一弱势群体,宋政府将其与高龄老人加以分离,使其成为政府救助的对象。宋政府对鳏寡独老的救助,不再局限于临时性的赏赐,而是实行制度性的集中收养,在京师与地方州县普遍建立居

---

① (唐)李林甫撰,陈仲夫点校:《唐六典》卷三《尚书户部》,中华书局,1992年,第84页。

养院、安济坊,不仅为其提供米豆,而且提供住所及医疗救助,从而使机构收养成为宋代救助鳏寡独老的重要方式。对于老年官员,宋政府在沿袭致仕养老这一方式的同时,创设分司官、宫观官来安置老年高级官员,增加了闲职养老这一新兴方式。作为致仕养老方式的过渡与补充,闲职养老对老年官员的晚年生活同样具有一定的保障作用。此外,对于老年科举士人、老年军士、老年僧道及战亡将士祖父母与父母等特殊群体,宋政府也有不同的优待措施。由此可见,宋代养老方式不再局限于传统的赏赐与致仕养老,而是朝着多元化的方向发展。

三、宋代养老制度的演变具有明显的阶段性

两宋时期,伴随政治、经济及军事的演进,养老制度发生了复杂的变化,历经初创、确立、变革、鼎盛、重建五个时期,呈现出明显的阶段性特征。

(一) 宋代养老制度的初创阶段

宋太祖、宋太宗朝,是宋代养老制度的初创阶段。在此阶段,宋廷的主要作为之一是颁布惩处不孝行为的法令。宋太祖即位后,下令编纂《宋刑统》,通过法律强制推行官方的道德标准。窦仪奉命编纂的《宋刑统》,将不孝罪归入"十恶",对各种不孝行为均有明确的惩处规定。虽然《宋刑统》中关于不孝罪的惩处规定基本沿袭《唐律疏议》而来,但这并不是简单的照搬照抄。《宋刑统》的颁行,是宋廷树立法律权威的表现,是其依靠法令重建社会伦理秩序的意愿表达。对普通民众而言,其养亲行为也重新回归到法律监督的轨道,这对于家庭养老行为的规范具有明显的推动作用。因此,《宋刑统》的编纂与颁行,是宋初养老制度建设的主要成就。

此外,宋初统治者还多次通过诏令禁止别籍异财,以此规范民众养亲行为。祖父母、父母在世时,子孙与其分居,显然不利他们的养老,因此别籍异财的行为在唐代已作为不孝行为被写入《唐律疏议》。五代时期,由于纲常名教的缺失和社会经济的变迁,别籍异财的行为在民间较为普遍,这种状况直至宋初。为改变这种不良现象,宋初统治者下令严禁分居,诏令"所在长

吏明加告诫,不得更习旧风,如违者并准律处分"①。开宝元年(968),宋太祖再次下诏,重申"祖父母、父母在者,子孙无得别籍异财",同时要求"长吏其申戒之"②。尽管宋廷三番五次重申,广南地区别籍异财的现象仍屡禁不止,宋太祖对此十分不满。开宝二年(969)八月,他诏令"川陕诸州察民有父母在而别籍异财者,论死"③,对别籍异财行为的惩处上升至死刑。由此可见,宋太祖十分重视对别籍异财行为的惩处,希望以此改变民间不孝陋俗。

与禁止别籍异财相对应的是,宋初统治者频频奖励累世同居的行为。累世同居是一种较为特殊的家庭组织形式,其同居共财的特点更利于子孙侍奉长辈,与官方所提倡的孝道相契合,因此得到宋廷的重视。据《宋政府旌表累世同居行为情况一览表》可知,宋太祖、太宗朝,受到官方旌表的同居共财大家庭多达20余家④。宋初统治者力图通过旌表累世同居大家庭,树立孝悌友爱的良风美俗。

由上可知,宋初统治者在养老制度的建设上,主要关注的是对家庭养老行为的规范。宋初的养老制度虽然稍显粗疏,但这正是宋初的政治局势、社会状况所决定的。宋朝建国后,所面临的是五代时期所留下的残局。对于宋太祖来说,稳定统治、消除分裂局面是当务之急。在统一大业未定之前,宋廷并无太多的精力投入到养老制度的建设。再者,新收复的广南地区,别籍异财、弃养祖父母及父母的行为较为普遍,这也迫使宋初统治者出台相应的惩处措施。总之,无论是严厉的惩处法令,还是频繁的奖励行为,其目的都是为了扭转人伦败坏的社会现实,建立尊卑有别的伦理秩序,均是宋初养老制度初创时期的主要内容。

(二) 宋代养老制度的确立阶段

历经宋真宗、宋仁宗、宋英宗三朝,宋代养老制度基本得到了确立,其标

---

① (清)徐松辑,刘琳、刁忠民、舒大刚、尹波等校点:《宋会要辑稿》刑法二之二,第8281页。
② (宋)李焘:《续资治通鉴长编》卷九"开宝元年六月癸丑",第203页。
③ (元)脱脱等:《宋史》卷一《太祖纪》,第30页。
④ 见本书附录。

志是政府优待高龄老人及老年官员的制度逐步形成。

赏赐高龄老人的制度,在宋真宗、宋仁宗二朝逐步得以确立。宋真宗朝之前,宋廷对高龄老人的赏赐多为临时之举,并无明显的规律。天禧元年(1017)六月,宋真宗前往西京洛阳安奉宋太祖御容,对当地80岁以上的老人有所赏赐。宋仁宗也加以效仿,在天圣元年(1023)、庆历七年(1047)分赴西京、南京安奉先帝御容,也有赏赐当地高龄老人的惠举。此后,安奉先帝御容之时赏赐高年的做法,被其后的皇帝所继承。除了安放先帝御容外,明堂大礼也是政府赏赐高龄老人的重要时机,这一制度在宋仁宗朝确立。皇祐二年(1050),宋仁宗本应行亲祀大礼,"而日至在晦,用建隆故事,宜有所避"①,因此改行明堂礼,对高龄老人大行赏赐,"四京、诸路州府年九十以上人者",每人可获赐"米面各一石"②。自此之后,明堂礼得到历代皇帝的重视,赏赐高年也成为明堂礼赦的重要内容。由此可见,赏赐高年老人制度在宋英宗朝前已得到确立。

除赏赐之外,优免赋税也是政府优待高龄老人的重要方式,这一做法在宋仁宗朝被确立。优免高龄老人家庭赋税的做法,始于宋真宗朝。天禧元年(1017)六月,宋真宗诏令优待西京80岁以上的父老,"除其课役"③。宋仁宗朝,政府免除高年家庭赋税的做法成为一项制度化的措施。明道二年(1033)年二月,宋仁宗下诏规定"父母年八十者"的家庭"免一丁",并宣布"著为式"④。由此以来,免除高年家庭一名男丁赋税的做法得以固定下来。

致仕养老制度,在宋真宗至宋英宗朝也得以确立。首先,70岁成为官员致仕养老的法定年龄,逾期不致仕者不能参加考课。宋仁宗朝前,七十致仕仅是礼制要求,不具有强制性。宋仁宗朝,监察御史曹修古、知谏院包拯等臣僚屡屡上书,建议推行强令致仕。因此,宋仁宗在皇祐年间下诏,规

---

① (元)马端临:《文献通考》卷七四《郊赦考七》,第2285页。
② (清)徐松辑,刘琳、刁忠民、舒大刚、尹波等校点:《宋会要辑稿》礼二四之三一,第1155页。
③ (元)脱脱等:《宋史》卷八《真宗三》,第162页。
④ (宋)李焘:《续资治通鉴长编》卷一一二"明道二年二月丁未",第2605页。

定"文武官年七十以上未致仕者,更不许考绩"①。虽然未推行强令致仕,但从法律上确定了官员致仕养老的年龄标准。其次,致仕官员的制度性待遇在宋仁宗朝逐步得到确立。致仕荫补是致仕官员的重要待遇,宋仁宗不仅出台了不同品级致仕官员的荫补规定,而且将其任内表现与荫补恩泽相连,完善了致仕荫补制度。物质赏赐是致仕官员晚年生活的又一重要来源,致仕官员的物质赏赐也是在宋仁宗朝确立的。景祐三年(1036)六月,宋仁宗诏令"每遇冬年寒食",赏赐致仕官过节物品"羊二口,米一石,面一石,酒二瓶",同时要求"今后并依此例"②。此后,寒食节之际赏赐致仕官员成为惯例。皇祐二年(1050)十月,宋仁宗举行明堂大礼,"赐内外致仕文武升朝官以上粟帛羊酒各有差"③,针对不同级别文武致仕官制定不同的赏赐标准。

(三) 宋代养老制度的变革阶段

宋神宗即位后,为解决日益突出的三冗问题,先后进行了熙宁变法和元丰改制。宋哲宗朝,围绕着变法与革新,产生了激烈的争论。在这一纷繁复杂的历史进程中,宋代养老制度了也经历了较为明显的变革。

救助鳏寡独老制度是宋代养老制度中最富特色的内容,它在宋神宗、宋哲宗二朝发生了转折性的变化。宋神宗朝前,政府救助鳏寡独老的方式,仍以临时性的赏赐和救恤为主。宋神宗朝,除继续在冬季对鳏寡独老施以钱米外,还率先在京城推行集中居养的方式。熙宁二年(1069)冬,京畿内外正值寒雪,宋神宗诏令开封府"于现今额定人数外收养""老疾孤幼无依乞丐者"④。熙宁三年(1070)十二月,宋神宗再次诏令开封府,将"京城内外贫寒、老疾、孤幼无依乞丐者""分送四福田院"⑤,避免他们流离失所。熙宁六

---

① (清)徐松辑,刘琳、刁忠民、舒大刚、尹波等校点:《宋会要辑稿》职官七七之三九,第5163页;(宋)李焘:《续资治通鉴长编》卷一七一"皇祐三年十二月庚子",第4121页。
② (宋)佚名编:《宋大诏令集》卷一七八《致仕官给俸诏》,第642页。
③ (清)徐松辑,刘琳、刁忠民、舒大刚、尹波等校点:《宋会要辑稿》礼二四之三一,第1155页。
④ (清)徐松辑,刘琳、刁忠民、舒大刚、尹波等校点:《宋会要辑稿》食货六八之一二八,第8031页。
⑤ (宋)李焘:《续资治通鉴长编》卷二一八"熙宁三年十二月甲子",第5296页。

年(1073)十一月,宋神宗诏令京城内外老疾幼孤无依之人,"并收养于四福田院",并规定"自今准此"①。自此以后,集中收养成为京师救助鳏寡独老的重要方式。宋哲宗朝,集中收养的方式由京师扩展至地方州县。元符元年(1098)冬十月,宋廷颁发了著名的居养令,规定生活贫困且无所依靠的鳏寡独老,"官为居养之"②,将户绝屋或官屋作为他们的住所,从法律上推进了地方救助鳏寡独老方式的转变。

老年科举士人、老年军士是宋政府优恤的对象之一,政府对他们的优恤政策在宋神宗朝也发生了变革。对于老年科举士人,宋政府一般采用特奏名的方式予以优待。宋神宗朝前,除年龄条件外,举数是老年科举士人能否获得特奏名的又一重要标准。一般而言,50岁以上的进士至少要"五举",诸科的要求则更高,至少"七举"③。熙宁年间,政府对特奏名政策进行了改革,推行"一举三十年而后推恩"④的做法。对于州府发解试中屡次被淘汰的老年士人,宋廷不再完全拘泥于举数的限制,将年龄作为推恩的重要依据。对于老年军士,宋政府非常重视其安置问题,早在宋太祖朝就创置剩员制度。宋神宗即位后,迫于冗兵、冗费的压力,对剩员制度进行了整顿,确立了诸军拣选剩员的比例。熙宁十年(1077),宋神宗诏令"诸路州军,以逐州就粮。禁军、厢军通计十分立一分为额,剩员立额自此始"⑤。此后,剩员的名额有了明确的数量限制,这对老年军士产生了重要影响。

此外,官员养老制度在宋神宗朝同样发生了较为显著的变化。首先,致仕养老方式实现了从礼到法的转变。尽管宋仁宗将70岁作为官员致仕养老的法定年龄标准,但他并未将强制致仕付诸实践。宋神宗即位后,以诏令的方式勒令果州团练使何诚用、惠州防御使冯承用、嘉州团练使刘保

---

① (宋)李焘:《续资治通鉴长编》卷二四八"熙宁六年十一月庚寅",第6051页。
② (宋)李焘:《续资治通鉴长编》卷五〇三"元符元年冬十月壬午",第11976页。
③ (宋)李焘:《续资治通鉴长编》卷一一四"景祐元年正月癸未",第2661页。
④ (清)徐松辑,刘琳、刁忠民、舒大刚、尹波等校点:《宋会要辑稿》选举三之四三,第5308页。
⑤ (元)马端临:《文献通考》卷一五二《兵考四》,第4550页。

吉、昭州刺史邓保寿致仕,果断推行强制致仕,这既表明宋神宗解决冗官、冗费问题的魄力,也标志着七十致仕养老实现了从礼到法的转变。其次,致仕官员的俸禄待遇因任内的不同表现有所差异。宋神宗朝以前,致仕官员的俸禄待遇基本实行半俸制。宋神宗即位后,在改革官制的同时,对致仕官员的待遇也进行了大刀阔斧的改革。元丰七年(1084)十一月,宋神宗诏令:"丞务郎及使臣以上致仕,尝以战功迁官者,俸钱衣赐并全给;余历任无公私罪事理重及赃罪,给半;因过犯若老疾体量致仕者,不给;非战功而功状显著,奏裁。"①从制度上确立战功对文武官员致仕俸禄待遇的决定作用。再次,宫观、分司官养老职能的弱化。王安石变法之前,无论是祠禄官,还是分司官,"佚老优贤"的功能比较突出。王安石变法之后,宫观官的数量虽然有了较大幅度的增加,但它成为政府安置反对变法官员的主要去处,惩戒功能逐渐突出,养老功能有所弱化。分司官也是如此。熙宁二年(1069),宋神宗在增加宫观名额的同时,也扩大了"三京留司御史台、同判国子监官"的数量。虽然政府宣布这些新增加的职位是为"处卿监、监司、知州老不任职者"②而设,但从此后分司官的授予情况来看,仍多是安置对变法持有异议的官员。

总之,宋神宗、宋哲宗二朝,是宋代历史上最为重要的改革时期,也是宋代养老制度发生变革的阶段。

(四) 宋代养老制度的鼎盛阶段

宋徽宗虽然在政治上无大的作为,但在养老制度的建设方面却留下浓重的一笔。宋代救助鳏寡独老制度,割肉疗亲奖励制度在宋徽宗朝达到了顶峰。

宋代救助鳏寡独老的方式,虽然在宋哲宗时期已经完成了转变,但居养机构的普及与发展、救济标准的提高,直至宋徽宗朝才得以实现。崇宁初

---

① (清)徐松辑,刘琳、刁忠民、舒大刚、尹波等校点:《宋会要辑稿》职官七七之五一至五二,第5168页。
② (清)徐松辑,刘琳、刁忠民、舒大刚、尹波等校点:《宋会要辑稿》职官一七之三九,第3469页。

年,中央下令规定"诸城、砦、镇、市户及千以上有知监者","依各县增置居养院、安济坊"①,有力地推动了地方居养机构的发展。与此同时,京师的居养机构也有所扩展。京师本已有四座福田院,崇宁四年(1105)十月,宋徽宗鉴于福田院"所养之数未广,祁寒盛暑,穷而无告及疾病者,或失其所",御笔诏令开封府"依外州法居养鳏寡孤独及置安济坊"②。由此以来,开封府的收养机构的数量有所增加。宋徽宗朝,政府不仅增加了居养机构的数量,而且提高了救助鳏寡独老的标准。宋徽宗朝以前,政府救助鳏寡独老的标准一般为每天人均1升米,但宋徽宗时期的救助标准,最高可至"人给米二升、钱二十"③。

宋徽宗朝,割肉疗亲奖励制度比前期有了较大发展,更加完备。首先,在"割股"赏格外,另外制定出"割肝"的赏赐标准。其次,政府赏赐割股疗亲者的范围有所扩大,宗室人员割肉疗亲的行为也被纳入到政府的奖励范围。相比之下,宗室割肉疗亲行为所受到的奖励更为优厚。再次,对多次割肉疗亲的行为"别加旌赏"。厌次县人苏功成的三个儿子,先"割股与父食",又"割股与母食",尽管州司已"依条支赏赐",宋徽宗又追赐"绢二十匹"④。

(五) 宋代养老制度的重建阶段

两宋之交,由于战乱的影响,原有的居养院、安济坊遭到极大的破坏。南宋政权建立后,不断恢复、重建居养机构,以集中收养鳏寡独老。与此同时,伴随政治局势、财政状况的变化,南宋养老制度也有了新的发展。

北宋末年至南宋初年,居养院、安济坊等恤老机构多被破坏,重建救助机构成为南宋初年养老制度的重要内容。建炎元年(1127)五月,宋高宗在应天府(今河南商丘)即位,但他拒绝北上抗金,而是选择南逃。七月,宋高

---

① (元)脱脱:《宋史》卷一七八《食货上六》,第4339页。
② (宋)佚名编:《宋大诏令集》卷一八六《开封府置居养安济御笔手诏》,第680—681页。
③ (宋)杨时:《龟山集》卷一二《语录三》,第384页。
④ (清)徐松辑,刘琳、刁忠民、舒大刚、尹波等校点:《宋会要辑稿》礼六一之五,第2105—2106页。

宗下诏"巡幸东南",三个月后逃至扬州,并在此安营扎寨。为了建造营寨,建炎二年(1128)正月,宋高宗下诏"拆移沿流居养、安济屋宇,充营寨内统制、统领、将佐等官居住"①。由此以来,扬州附近的救助机构多被充作军营,救助鳏寡独老制度遭到严重破坏。由于金军穷追不舍,宋高宗不断南逃,沿途的救助机构难免被扈从军占用。同样,金军铁蹄所到之处的救助机构也难逃厄运,这对政府救助鳏寡独老制度是致命的破坏。建炎四年(1130)三月,金军北撤,南宋政权得以稳定,也开始恢复、重建居养机构,或把"病坊改作养济院"②,或将"近城寺院充安济坊"③。历经十余年的努力,"居养、安济已行之",基本完成救助机构的恢复与重建。

南宋时期,政府不仅恢复了救助鳏寡独老制度,而且也发展了赏赐高龄老人制度。首先,赏赐时机由南郊礼、明堂礼扩展至庆寿礼。南宋帝王每逢太上皇、皇太后的庆寿典礼,便会颁布赦书,赏赐高龄老人。这以宋孝宗最为典型。他分别在淳熙三年(1176)、淳熙十三年(1186)为宋高宗举行庆寿典礼,在庆寿赦文中遍赏高年。淳熙十年(1183),他还为皇太后举行庆寿典礼,对不同身份的高年老人均有恩赏。其次,扩大赏赐高年的范围。除了高年官员、官员父母及祖父母外,进士、太学生、武学生的父母及祖父母在太上皇及皇太后的庆寿礼时获得政府的赏赐。此外,高年宗室人员、高年僧尼、道士、女冠等也被纳入赏赐的范围。再次,制定出赏赐高龄老人的标准,赏赐活动呈现出三年一赏的趋势。最后,赏赐区域从个别地区扩展至全国范围。

由于南宋政治局势、财政状况的变化,政府对特殊老年群体的优恤制度也有所发展。老年僧道这一特殊老年群体,也是政府优恤的对象之一。绍兴十五年(1145),宋高宗迫于财政压力,正式向僧道征收身丁税。乾道元年

---

① (清)徐松辑,刘琳、刁忠民、舒大刚、尹波等校点:《宋会要辑稿》方域一九之二二,第9662页。
② (宋)吴自牧撰,符均、张国社校注:《梦粱录》卷一八《恩霈军民》,第285页。
③ (清)徐松辑,刘琳、刁忠民、舒大刚、尹波等校点:《宋会要辑稿》食货六八之一四〇,第8038页。

(1165)四月,60岁以上的僧道取得身丁钱优免权。但随着财政状况的恶化,为了增加税收,政府一度将优免老年僧道身丁钱的年龄标准,从原来的60岁提高至70岁。

由此可见,伴随政治、经济、军事的演进,宋代养老制度经历了复杂的变化,呈现出明显的阶段性特征。宋太祖、宋太宗朝,是宋代养老制度的初创阶段。宋真宗、宋仁宗及宋英宗朝,养老措施逐渐完善,养老制度得以确立。在宋神宗、宋哲宗朝,养老制度发生了一系列变革,最终在宋徽宗朝达到顶峰。两宋之交,养老制度得到一定的破坏。南宋建立后,宋高宗、宋孝宗积极恢复、发展养老制度,奠定了南宋养老制度的基本格局。

第二节 宋代养老制度的作用和局限性

宋政府在养老制度建设上的探索与努力,对尊老、养老风气的形成及家庭养老功能的发挥有着积极的意义,同时它也为部分老年群体的晚年生活提供了保障,有助于政治秩序、社会秩序的稳定。

一、宋代养老制度的作用

两宋时期,随着养老制度的发展与完善,尊老、养老的社会风气逐渐形成,家庭的养老功能得到较好的发挥。同时,宋代的养老政策、养老措施,在一定程度为部分老年群体的生活提供了保障,这有助于政治秩序、社会秩序的稳定。

(一) 有助于宋代尊老、养老社会风气的形成

《礼记》载,"上老老民兴孝"[1],宋代政府在养老方面的举措对宋代尊老、养老风气的形成具有积极的影响,有助于家庭养老功能的发挥。

首先,宋政府赏赐高龄老人的政策,在实践中得到较好的贯彻,有助于

---

[1] (宋)卫湜:《礼记集说》卷一五二,第642页。

培养尊老、敬老的社会风气。两宋时期,大量官员的祖父母与父母、得解进士的祖父母与父母、太学生的父母均得到政府的赏赐,即使是高龄庶民也有机会获得政府的恩赏。虽然宋政府赏赐高龄老人的内容存在明显的等级差别,无法完全满足高龄庶民的基本生活,但政府赏赐高龄老人的活动,毕竟是一种优遇高年的礼仪制度,有利于提高高龄老人的社会地位,有助于尊老、敬老社会风气的形成与传播。

其次,政府优待老年官员的制度,不仅为官员养老提供了较为全面的保障,也有助于孝养风气的形成。按照宋制规定,老年官员在致仕时具有恩荫子孙的权利,他们致仕后还可以在郊祀大礼之际和临终之前申请荫补子孙官职。恩荫子孙的权利,对于提高老年官员在家庭中的权威具有至关重要的作用。宋政府虽然对致仕官员荫补子孙的数量有所控制,但他们恩荫的范围却未局限在直系子孙,本宗亲、大功亲,甚至是小功亲均有机会成为荫补的对象。荫补对象的选择,主要由官员个人决定。一般而言,获得荫补权的子孙均能够尽心侍奉长辈。如果他们有不孝行为,他的恩荫权就会被剥夺。因此,无论是直系子孙,还是旁系晚辈,为了争取恩荫入仕的权利,一般都会孝养老年致仕官员,这对于民间孝养风气的形成具有明显的推动作用。

再次,政府对祖父母与父母处置财产的权力给予有力的保护,这对子孙的养亲行为,形成了有力的约束,有利于孝养之风的培植。两宋时期,祖父母与父母在财产处置方面拥有较大的自主性。按照规定,亲生子孙是祖父母、父母遗产的第一继承人。但如果他们对祖父母、父母不孝,未尽到侍养的责任,祖父母与父母即可通过遗嘱的方式剥夺他们的财产权。这对于子孙来说,是一种极大的约束。他们如果要顺利继承祖父母、父母的财产,必须履行侍养义务,这对孝养风气的培植有着明显的推动作用。

最后,官员养亲法令及政府对家庭养老行为的奖惩制度,均有助于营造孝养的社会风气,有利于家庭养老功能的发挥。宋政府在官员养亲方面,出台了较为完备的法令,为官员养亲提供给了种种便利,有利于发挥家庭的养老功能。为鼓励子孙行孝,宋政府频繁奖励孝养行为,对于富有争议的割肉疗亲行为也是旗帜鲜明地给予奖励。同时,它还制定有严厉的惩处不孝行为的规定,以此来约束子孙的养亲行为。这种奖惩制度,对于子孙养亲行为的影响是明显的,促进了孝养风气的传播。

(二) 有利于维护宋代社会秩序的稳定和国家机器的正常运转

两宋时期,宋政府颁布的养老诏令、养老措施,对部分老年群体的晚年生活具有明显的保障作用,这既也在一定程度上降低了社会不安定因素,又约束了官员阶层的行为,有利于维持社会秩序的稳定和国家机器的正常运转。

首先,宋代救助鳏寡独老的制度,有利于维护城镇的正常管理秩序。宋代土地兼并盛行,贫富差距不断扩大,使本已处于弱势地位的鳏寡孤老生活更加困难。为了谋生,他们被迫涌入城市,依靠乞讨为生。城市中乞丐的增加,尤其是大量贫老的存在,不仅有悖于政府所标榜的"仁政",而且也不利于城市的管理。宋政府所推行的集中居养政策,较好地解决了城市中无家可归的鳏寡独老的生活问题,在一定程度上减轻了城镇管理的压力,有助于城镇社会秩序的稳定。

其次,宋政府优恤老年军士的制度,在维持稳定的社会秩序方面也具有积极作用。为避免社会动乱,宋代实行养兵政策,大量招募失地的流民,为其提供衣粮。他们年老体衰时,如果被解除其兵籍,晚年生活势必陷入困境,这不仅容易动摇军心,也不利于社会的稳定。宋代统治者不仅创设剩员制度来安置老年军士,还采用降充小分、补授添差不厘务官、归农、放停等方式优恤老年军士。这些措施在一定程度上保障了老年军士的晚年生活,有助于消除老年军士对社会稳定的威胁,对社会秩序的稳定有明显的促进作用。

再次,宋政府优恤老年科举士人的制度,也有助于实现社会的有效控制。两宋时期,科举制度得到较大程度的完善,应举中选成为宋代广大士子的共同追求。尽管宋代科举取士的人数比唐代有了明显的增加,但仍远远低于应举的数量,这就导致大量落第士人的产生,其中不乏老年士人。宋代通过特奏名的方式优恤老年士人,不仅提高了其社会地位,而且笼络了整个士人阶层。特奏名政策,既可防止落第士人铤而走险,也有效防止了人才为周边政权所利用,有利于保持国家的安定。

最后,宋政府对老年官员的优待制度,有利于维护国家机器的正常运转。宋代老年致仕官员的待遇相对优厚,不仅有优越的政治待遇及丰厚的经济待遇,还有便于养老的侍养及医疗待遇,这既是对老年官员辛劳一生的回报,更是实现官员新老更替的重要手段。优厚的待遇,使年老的官员能够主动申请致仕,这有利于实现官员队伍的更新,从而维持国家机器的正常运转。同时,政府优待致仕官员的作用,并不局限于保障官员的养老生活,对于在任官员同样有明显的戒谕作用。按照宋制,并非所有的老年官员都能享受到致仕待遇,犯有赃罪的老年官员,政府将剥夺其所有的养老待遇。这些规定,促使在任官员忠于职守、遵守法律,这对于维持国家机器的正常运转有着不言自明的作用。

二、宋代养老制度的局限性

与前代相比,宋代养老制度更为完备,对宋代尊老、养老社会风气的养成和及家庭养老功能的发挥有着积极的影响,有助于维持正常的社会秩序和政治秩序。但是,它也存在一定的局限性。

第一,宋代的养老对象虽然较前代有所扩展,但养老人数仍非常有限。首先,宋代虽然突破了官员品级的限制,将致仕养老的方式扩展至五品以下的中下级老年官员,但老年官员在宋代人口总量中所占的比重,远远低于普通老年庶民,这就限制了政府养老的人数。其次,宋代优待高龄老人的年龄标准,至少也要达到70岁,普通庶民则需90岁以上,甚至是100岁以上。按程民生先生的统计,宋代的平均死亡年龄为56.07①,这意味着80岁、90岁的年龄在当时并不多见,史书的记载也印证了高龄老人稀少的事实。宋太祖年间,澶、密、齐、沂、莱、江、吉、万州、江阴、梁山军所上报的80岁以上的老人,一共才有"二十九名"②。端拱元年(988),宋太宗诏访高龄之人,诸道上奏高年"百二十人"③。

---

① 程民生:《宋人婚龄及平均死亡年龄、死亡率、家庭子女数及男女比例考》,载朱瑞熙等主编:《宋史研究论文集》,巴蜀书社,2006年,第305页。
② (元)脱脱等:《宋史》卷四五七《陈抟传》,第13422页。
③ (宋)李焘:《续资治通鉴长编》卷二九"端拱元年闰五月丙申",第653页。

嘉祐五年(1060),诸州上报百岁以上的父老"十二人"①。据有限的数据可知,宋代高龄老人的人数相当有限。宋代高年赏赐的次数有限,区域性、个体性赏赐又占有一定的比例,这也极大限制了受到赏赐的人数。再次,宋代居养院、安济坊实质上是一个综合性的救助机构,除了收养无法生存的鳏、寡、独之外,还有孤儿、乞丐及患病之人。再加上规模有限、兴废无常,同样限制了收养鳏寡独老的人数。此外,养老制度运行中的弊端,对养老人数也有所限制。虽然养老为"仁政",但地方官员的态度却千差万别,不少官员对中央的养老政策奉行不力。例如,相关部门在奉行赏赐高龄老人政策时"不体上意","拘以岁月之限,间有阻抑","使万古旷泽而有不遍之累"②,影响了赏赐高年政策的落实,也减少了受赐的人数。对于政府的救助鳏寡独老政策,地方州县的态度也比较消极,导致救助政策变成一纸具文,救助的人数自然有所下降。

第二,宋代养老制度虽然较前代更为完备,但养老经费还不够充足。在宋代财政支出结构中,官员、士兵的俸禄占有相当的比重,救灾费用、皇室及宗族的消费支出也占有一定的比例。因冗官、冗兵的存在,宋代财政往往捉襟见肘。在有限的财力下,宋代的财政支出不自觉地遵循轻重缓急的原则。无论是赏赐高龄老人,还是救助鳏寡独老,与政府的政务、频繁的战事及救灾相比,明显属于"轻""缓"的范围,在经费的支出中不可避免地处于次要位置。在有限的财力下,处于次要位置的"养老"之政常常面临经费不足的问题。依照宋代赏赐高龄老人制度的运作机制,户部制定"则例",并将其"下所在州县就赐"③,由地方州县按照标准就地发放束帛。但地方州县,往往"阙乏",无力承担赏赐所需。如若不是中央财政的支持,"于上供物帛内支给"④,赏赐政策便无法顺利实施。不仅是赏赐经费难以保证,救助鳏寡独老的费用同样也面临不足的问题,这在南宋时期尤为明显。南宋以来,由于战

---

① (元)脱脱等:《宋史》卷一二《仁宗四》,第246页。
② (宋)史浩:《鄮峰真隐漫录》卷七《轮对札子》,第9页。
③ (宋)徐梦莘:《三朝北盟会编》卷一〇一"建炎元年五月庚寅",第743页。
④ (清)徐松辑,刘琳、刁忠民、舒大刚、尹波等校点:《宋会要辑稿》礼六二之六七,第2151页。

事不断,军费开支不断攀升,政府财政无力提供救助鳏寡独老的费用,地方官员不得不自筹经费。此外,政府优待老年军士也面临经费不足的困境。退为剩员是宋政府安置老年军士的重要方式,在宋太祖、宋太宗朝,剩员不仅无名额限制,而且还无年龄限制,可终身享受半俸。但宋真宗、宋仁宗,由于经费不足,剩员放停的现象已较为普遍。宋神宗时,为了缓解财政压力,大大降低剩员的名额,这一变化充分地显示出政府养老费用不足的现实。

第三,在宋代养老制度的实施过程中,人治色彩较为突出。首先,在赏赐高龄老人政策及奖励孝行政策的实施中,地方官员的态度对实施效果有着决定性的影响。无论是赏赐高年政策,还是奖励孝行政策,均需地方官员申请、上报。如果地方官员态度积极,政府的养老政策自然能够得到较好的贯彻。如果地方官员态度消极,不主动上报本地高龄老人或孝行卓著的子孙,他们便无法得到政府的优待和奖励。其次,在救助鳏寡独老政策的实施中,地方官员仍是决定救助效果的决定因素。宋徽宗朝,是宋代救助鳏寡独老制度发展的顶峰。此时期,政府救助政策的落实情况,因地方官员的不同态度,呈现出千差万别的景象。部分官员为了迎合中央推行"仁政"的思想,不顾实际地提高救助标准。最为奢侈时,"至有为屋三十间者。初,遇寒惟给纸衣及薪,久之,冬为火室,给炭。夏为凉棚,什器饰以金漆,茵被悉用毡帛"。在经费支出上,"有司先给居养、安济等用度,而兵食顾在其后"①。与此种反常做法形成鲜明对比的是,部分官员对救助之政态度冷漠,随意减少救助内容,"只给米豆,而不居之以屋",甚至直接将鳏寡独老"付亲戚、村坊养恤"②,使政府的救助政策成为具文。南宋时期,地方救助机构的命运,也时常由于人事的更替起伏不定。再次,在官员养亲的实践中,人治色彩也比较突出,帝王的意愿对官员能否尽人子之责具有至关重要的作用。如果帝王应允官员的养亲申请,他便可如愿以偿。如果皇帝不批准其申请,即使官员为家中独子,即使官员父母的年龄达到侍养的标准且身患疾病,官员养亲

---

① (宋)沈作宾修,施宿等撰:《嘉泰会稽志》卷一三《漏泽园》,第6959页。
② (宋)李新:《跨鳌集》卷二二《与家中孺提举论优恤户绝书》,第589页。

的"私事"还是要让位于"王事"。最后,在不孝行为的惩处中,地方官员在量行定罪方面的个人主观色彩较为突出。执法者的判决,不仅与自身价值观念有关,而且还会因祖父母或父母的态度发生改变。比如,南宋名儒真德秀在审理吴良聪不孝一案时,虽然免除了吴良聪的死刑,但仍对其"杖脊二十,髡发,拘役一年"①。与其他不孝子孙所受到的惩处相比,吴良聪受到的惩罚相对较重,这符合真德秀严惩不孝的基本主张。又如,胡石壁在审理马圭不孝一案时,先是判以死刑,后因其母亲的哀求,又免除了马圭的死罪,将其"押归本家",恳请亲戚、邻里劝和。惩处不孝子孙时,固然要顾及祖父母或父母的意见,但执法者却不能因情坏法,随意改变判决,这说明在不孝行为的量刑定罪方面,人治的因素较为突出。

第四,宋代养老制度还存在地区失衡的现象。首先,北宋赏赐高龄老人的活动,多是针对东、西二京的高年,其他地区的高龄老人得到赏赐的机会明显低于他们。其次,城市中的高龄老人得到赏赐的机会,明显高于乡村的高年老人。身处偏远之乡的高年,常年身居乡里,甚至"终身未尝识官府"。即使他们闻知朝廷恩泽,也未必通晓获取赏赐的程序。再加上道途遥远,"往返经营"②,是一件耗时耗财之事,乡村"虽微且贱"的高龄老人一般无缘得到政府的恩泽。再次,宋代救助机构的分布,也存在明显的城乡差别。宋徽宗朝,虽然居养院、安济坊得到较大程度的发展,但它们最多延伸至县一级行政单位,乡村的救助机构仍极其罕见。由此以来,乡村的鳏寡独老得到政府救助的机会就非常稀少。

---

① 中国社科院历史研究所隋唐五代宋辽金元史研究室点校:《名公书判清明集》卷一〇《孝于亲者当劝不孝于亲者当惩》,第383—384页。
② (宋)周麟之:《海陵集》卷四《论乞给告降下诸州就付老人》,第29页。

结　　语

作为一个结束长期分裂局面的封建性政权，宋朝对于稳定的政治统治与社会秩序有着强烈的追求，因此在不断加强中央集权的同时，也十分重视伦理道德的建设。养老作为维系社会伦理秩序的主要方式，不仅关乎家庭伦理的规范，而且有利于社会秩序的稳定，在伦理道德的建设中占有重要的位置。因此，宋政府在非常重视养老制度的建设，不断扩大养老对象的范围，创新养老方式，加强对家庭养老的支持与保障。这些探索与努力，不仅有效地维护了宋代家庭伦理秩序与社会统治秩序，而且对后世的养老制度具有重要的影响。通过本文的研究，我们获得了以下认识：

第一，宋代养老政策所涉及的老年群体相对广泛。高龄老人，凭借着年龄优势成为历代政府优待的对象。宋代继承这一传统，采取多种措施礼遇高年。老年官员，作为"国老"的主要组成部分，也是宋政府优待的对象。鳏寡独老，作为"庶老"中的"穷民"，是宋政府救助的重要对象。此外，老年科举士人、老年僧道、老年军人及战亡将士的祖父母与父母均不同程度享有政府的优恤。尽管宋政府的养老对象范围相对广泛，但必须指出，能够享受到政府优待的老人仍非常有限。数量广大的平民老人，尤其是乡村的庶老，往往难以得到政府的优待。

第二，宋代的养老方式灵活多变。对于高年群体，宋代政府或赏以钱物，或赐以官封，同时还赋予一定的赋税、刑律减免权；对于老年官员，宋政府将致仕养老作为最为主要的优待措施。在致仕养老外，宋政府还创设分司官、祠禄官来安置老疾官员。身体衰老、患有疾病的官员可申请闲职养老,既无需承担政务,又可享受高于致仕官的待遇;对于鳏寡独老,宋代采用集中收养的方式,不仅建立有较为完善的救助管理体系,而且在全国范围内创设恤老机构,明确了救助费用来源及救助标准,使救助方式实现了由临时赏赐到制度收养的转变;对于老年科举士人,宋政府实行特奏名政策,以特恩的形式授予其官职;对于老年僧道,则免征身丁钱;对于老年军士,宋政府或将其退为剩员,或降充小分,或将其遣散归农。对于战亡将士祖父母及父母,或赏赐钱物与封号,或定期发放俸禄,或依法救恤。

第三,宋政府比较重视对家庭养老的支持与保障。首先,面对官员从仕与养亲之间的矛盾,宋政府不仅敦促官员履行侍养祖父母及父母的义务,而且允许官员申请近职以养亲,赋予官员分俸养亲、封赠祖父母及父母的权利,为官员养亲提供便利与保障,有助于解决官员养亲的难题。其次,宋政府对家庭养老中的孝养行为大加旌表、奖赏,以此来激励民众尽心奉养祖父母及父母,保障家庭养老模式的顺利推行。对于家庭养老中的不孝行为,宋政府制定出严厉而缜密的惩处法令,但在惩处实践中并未固守法令规定,而是采取灵活多变的惩处方式,坚持有利于祖父母、父母晚年生活的原则处置不孝子孙,不仅实现了法与情的统一,也有利于家庭养老功能的发挥。再次,宋政府对家庭养老的支持,不仅体现在对子孙养亲行为的约束与监督上,而且体现在一定的经济援助上。对于经济困难的家庭,宋政府会施以少量的钱米,以帮助其解决燃眉之急。对于无力为祖父母及父母延医治病的子孙,政府会资助部分医药费用,为其提供医疗救助。最后,宋代政府在财产继承制度的设计上,也充分体现了对家庭养老的保障与支持。两宋时期,子孙虽然是祖父母、父母财产的法定继承人,但如果他们未履行侍养义务,便会丧失继承财产的权利。如果女儿、女婿、赘婿能够尽心侍奉祖父母、父母,即可获取继承财产的资格。这种继承权利与赡养义务相统一的原则,不仅有效地约束了子孙尽心事亲,而且鼓励其他养老主体主动承担赡养任务,有利于家庭养老的实施。

第四,财政状况和官员对养老的态度及其道德素养,是影响宋代政府养老实施效果的重要因素。无论是赏赐高龄老人,还是优待老年官员,亦或是救助鳏寡独老,均需大量的物资供应。政府的财政状况,尤其是地方财政,对于养老实施效果具有明显的影响。北宋财政相对较为宽裕,尤其是宋神宗以后,国家的财政收入有了明显的增长。正是由于稳定的财政收入,宋政府才得以在全国范围内普遍设立居养院、安济坊,鳏寡独老才得以被集中收养。南宋时期,养济院等恤老机构的设置呈现出明显的不平衡性。经济较为发达的江南地区,在恤老机构的建设上显然领先于其他地区。从宋政府养老的实施状况看,财政状况并不是影响政府养老效果的唯一因素,官员对养老的态度及其道德素养也是一个不容忽视的因素。对于基层官员来说,他们所关心的是财政收入、治安状况等能够充分显示其政绩的刚性指标,而养老作为社会教化的内容,并不是考核的重点,因此难以得到地方行政长官真正的重视,这极大地影响了政府养老政策的实施效果。当然,也有部分官员秉承儒学"仁政"思想,自觉、主动地奉行养老之政,多方筹集资金救助鳏寡独老。这些富有政治追求和社会责任感的官员,有力地推动了政府养老政策的顺利实施。

附录：宋政府旌表累世同居行为情况一览表

序号	旌表对象	旌表时间	旌表原因	旌表内容	出处
1	徐承珪	乾德元年	与兄弟三人及其族三十口同甘藜藿，衣服相让，历四十年不改其操	诏改莱州掖县崇善乡为义感乡，辑俗里为和顺里	《宋史》卷四五六《孝义传》；《长编》卷四，乾德元年五月壬子乙卯条
2	陈兢	开宝初年	十三世同居，长幼七百口，不畜仆妾，上下姻睦，人无间言	免其徭役	《宋史》卷四五六《孝义传》
		太平兴国七年	同上	免杂科	
		淳化元年	常苦食不足	诏本州每岁贷粟二千石	
		大中祥符四年	世守家法、孝谨不衰；固守廉节	以陈旭（陈兢之从父弟）为江州助教	
		天圣元年		以陈蕴（陈旭之弟）继为助教	

(续表)

序号	旌表对象	旌表时间	旌表原因	旌表内容	出　处
3	李光袭	太平兴国三年	十世同居,内无异爨	旌表门闾,常税外免其它役	《宋会要辑稿》礼六一之一
4	彭　程	太平兴国四年	四世同居	旌表门闾,常税外免其它役	《宋史》卷四五六《孝义传》;《宋会要辑稿》礼六一之一
5	张巨源	太平兴国五年	五世同居	旌表门闾;太平兴国五年,赐明法及第	《宋史》卷四五六《孝义传》;《宋会要辑稿》礼六一之一
6	李　延①	太平兴国五年七月	世代同居,近四百年;父母病,截指割股,刺血书佛	旌其门,赐以粟帛	《长编》卷二一,太平兴国五年七月己巳条
7	李罕澄	太平兴国六年	七世同居	复旌表之	《宋史》卷四五六《孝义传》;《宋会要辑稿》礼礼六一之一《长编》卷二二
8	张文裕	大中祥符七年五月	六世同居	旌表门闾,常税外免其它役	《宋史》卷四五六《孝义传》;《宋会要辑稿》礼六一之一

---

① 《宋会要辑稿》记载为李延通,见《宋会要辑稿》礼六一之一,第 2103 页。《长编》与《宋会要辑稿》所记载的人名有所不同,但从旌表原因、时间、旌表内容来看,应为同一个人。

(续表)

序号	旌表对象	旌表时间	旌表原因	旌表内容	出　处
9	许祚	太平兴国七年	八世同居,长幼七百八十一口	旌其门闾	《宋史》卷四五六《孝义传》
		淳化二年		岁贷米千斛	
10	李琳	太宗年间,具体时间不详	十五世同居	旌表门闾	同上
11	田祚	同上	十世同居	同上	同上
12	惠从顺	同上	十世同居	同上	同上
13	赵广	同上	八世同居	同上	同上
14	郑彦圭	同上	八世同居	同上	同上
15	俞隽	同上	八世同居	同上	同上
16	刘芳	同上	五世同居	旌表门闾;淳化四年(993)赐进士出身	同上
17	渠景鸿	同上	五世同居	旌表门闾	同上
18	陈侃	同上	五世同居	旌表门闾;赐其母粟帛	同上
19	褚彦逢	同上	五世同居	旌表门闾;彦逢兄弟五人皆年七十余,至道元年,转运使表其事,诏补彦逢教练使	同上
20	刘方	雍熙元年	五世同居,宗属凡百口	旌表门闾	《宋会要辑稿》礼六一之一
21	胡仲尧	雍熙二年	累世聚居,至数百口	旌其门闾,赐白金器二百两	《宋史》卷四五六《孝义传》
22	洪文府	至道三年八月	六世义居,室无异爨	赍御书百轴赐其家	《宋史》卷四五六《孝义传》;《宋会要辑稿》礼六一之二

(续表)

序号	旌表对象	旌表时间	旌表原因	旌表内容	出处
23	陈侃	至道二年六月	五世同居,内无异爨	旌表门闾,赐其母粟帛	《长编》卷四〇
24	方纲	景德二年 天禧年间	八世同爨	旌其门 免户杂科	《宋史》卷四五六《孝义传》
25	裘承询	宋真宗时期,具体时间不详	十九世无异爨	旌其门闾	《宋史》卷四五六《孝义传》
26	孙浦	咸平后	十世同居	旌表门闾,蠲免课调	《宋史》卷四五六《孝义传》
27	常元绍	同上	同上	同上	同上
28	王美	同上	同上	同上	同上
29	董孝章	同上	同上	同上	同上
30	高珪	同上	七世同居	同上	同上
31	朱仁贵	同上	同上	同上	同上
32	邢	同上	同上	同上	同上
33	赵祚	同上	同上	同上	同上
34	杨荣	同上	同上	同上	同上
35	赵友	同上	同上	同上	同上
36	李居正	同上	同上	同上	同上
37	张可象	同上	同上	同上	同上
38	张珪	同上	同上	同上	同上
39	崔谅	同上	同上	同上	同上
40	王觉	同上	六世同居	同上	同上
41	曹遵	同上	同上	同上	同上
42	童升	同上	五世同居	同上	同上
43	樊可行	同上	同上	同上	同上
44	元守全	同上	同上	同上	同上

(续表)

序号	旌表对象	旌表时间	旌表原因	旌表内容	出　处
45	段　德	同上	同上	同上	同上
46	张仁遇	同上	四世同居	同上	同上
47	王子上	同上	同上	同上	同上
48	瞿　萧	同上	同上	同上	同上
49	王世及	同上	聚居至七百口，累数十百年	同上	同上
50	李宗佑	同上	聚居至七百口，累数十百年	同上	同上
51	刘　闰	同上	聚居至七百口，累数十百年	同上	同上
52	汪　政	同上	聚居至七百口，累数十百年	同上	同上
53	李　耕	同上	聚居至七百口，累数十百年	同上	同上
54	东野宜	大中祥符初年	合居五六世	降诏褒美，优赐粟帛	《宋史》卷四五六《孝义传》
55	窦　益	大中祥符初年	合居五六世	同上	同上
56	张化基	大中祥符四年	聚族累世，孝悌可称	同上	同上
57	阎用和	大中祥符四年	同上	同上	同上
58	杨忠义	大中祥符四年	同上	同上	同上
59	李　能	皇祐二年五月	同居十世	旌表门闾	《宋会要辑稿》礼六一之三

(续表)

序号	旌表对象	旌表时间	旌表原因	旌表内容	出　处
60	姚　栖	庆历年间	十世同居,显有孝行	诏赐旌表,复其徭役	《宋朝事实类苑》卷五三
61	陈文岬	嘉祐八年八月	九世同居	旌表门闾	《宋会要辑稿》礼六一之三
62	褚　文	元祐元年六月	义聚九世,二百余年	旌表门闾	《宋会要辑稿》礼六一之三
63	俞举庆	元祐元年八月	七世同居	旌表门闾	《宋会要辑稿》礼六一之三
64	张永昌	元祐三年四月	五世同居	旌表门闾	《宋会要辑稿》礼六一之三《长编》卷四〇九
65	宋安世	元祐七年六月	九代一门	赐米绢各五十石匹	《宋会要辑稿》礼六一之四《长编》卷四七二
66	赵　唐	政和六年十月	其家六十余口聚于一门	旌表门闾	《宋会要辑稿》礼六一之七
67	陈　芳	政和七年正月①	一门十四世,同居三百年	旌表门闾	《宋会要辑稿》礼六一之七《宋史》卷四五六《孝义传》
68	杨　屺	政和七年五月	四世同居,乡党高其义	旌表门闾	《宋会要辑稿》礼六一之七
69	王　泽	绍兴十一年五月	六世不分,兄弟和睦	旌表门闾	《宋会要辑稿》礼六一之一一

① 《宋史》中记载的时间为政和六年。

（续表）

序号	旌表对象	旌表时间	旌表原因	旌表内容	出　处
70	林昌朝	绍兴十八年闰八月	四世不析居异财	旌表门闾	《宋会要辑稿》礼六一之一一至一二
71	俞楫	乾道九年二月	兄弟世居，尊奉先训	旌表门闾	《宋会要辑稿》礼六一之一二
72	陈敏政	乾道九年十一月	五世同居	旌表门闾	《宋会要辑稿》礼六一之一二
73	吴汝明	嘉定四年九月	积世同居，慈孝辑睦	旌表门闾	《宋会要辑稿》礼六一之一三
74	陈炎	嘉定五年二月	七代同居，百余口	旌表门闾	《宋会要辑稿》礼六一之一三
75	胡公预	淳熙三年三月	子孙世世义居	倍赐粟帛，旌表门闾	《宋会要辑稿》礼六一之一四
76	户甫	淳熙三年十二月	三世同居	旌表门闾	《宋会要辑稿》礼六一之一四
77	夏世贤	咸淳五年夏四月	七世义居	署其门	《宋史》卷四六《度宗》

参考文献

一、古籍(以书名汉语拼音为序)

B

《包拯集编年校注》:(宋)包拯撰,杨国宜校注,黄山书社,1999年。

《宝庆四明志》:(宋)胡榘修,方万里、罗濬纂,《宋元方志丛刊》本,中华书局,1990年。

《北海集》:(宋)綦崇礼撰,《宋集珍本丛刊》本,线装书局,2004年。

《北山集》:(宋)程俱撰,《宋集珍本丛刊》本。

《北溪先生大全集》:(宋)陈淳撰,《宋集珍本丛刊》本。

C

《蔡襄集》:(宋)蔡襄撰,吴以宁点校,上海古籍出版社,1996年。

《曾巩集》:(宋)曾巩撰,陈杏珍、晁继周点校,中华书局,1984年。

《朝野类要》:(宋)赵升编,王瑞来点校,中华书局,2007年。

《陈傅良先生文集》:(宋)陈傅良撰,周梦江点校,浙江大学出版社,1999年。

《成都文类》:(宋)袁说友编辑,赵晓兰整理,中华书局,2011年。

《摘文堂集》:(宋)慕容延逢撰,《丛书集成续编》本,新文丰出版公司,1988年。

《崇正辩 斐然集》:(宋)胡寅撰,容肇祖点校,中华书局,1993年。

《淳熙三山志》:(宋)梁克家纂修,《宋元方志丛刊》本。

《淳祐临安志》:(宋)施谔纂修,《宋元方志丛刊》本。

《淳祐玉峰志》:(宋)项公泽修,凌万顷、边实纂,《宋元方志丛刊》本。

《祠部集》:(宋)强至撰,《丛书集成初编》本,商务印书馆,1935年。

D

《丹阳集》:(宋)葛胜仲撰,《宋集珍本丛刊》本。

《丹阳集》:(宋)章倧撰,《丛书集成初编》本。

《丹渊集》:(宋)文同撰,《宋集珍本丛刊》本。

《道乡集》:(宋)邹浩撰,《宋集珍本丛刊》本。

《定斋集》:(宋)蔡戡撰,《影印文渊阁四库全书》本。

《东窗集》:(宋)张扩撰,《影印文渊阁四库全书》本。

《东都事略》:(宋)王称撰,孙言诚、崔国光点校,齐鲁书社,2000年。

《东谷所见》:(宋)李之彦撰,中华书局,1991年。

《东里集　续集》:(明)杨士奇撰,《影印文渊阁四库全书》本。

《东斋记事》:(宋)范镇撰,汝沛点校,中华书局,1980年。

《独醒杂志》:(宋)曾敏行撰,李梦生、朱杰人点校,上海古籍出版社,2012年。

E

《鄂国金佗稡编》:(宋)岳珂编,王曾瑜校注,中华书局,1989年。

《二程集》:(宋)程颢、程颐撰,王孝鱼点校,中华书局,1981年。

F

《斐然集》:(宋)胡寅撰,尹文汉点校,岳麓书社,2009年。

《范仲淹全集》:(宋)范仲淹撰,李勇先、王蓉贵校点,四川大学出版社,2002年。

《浮溪集》:(宋)汪藻撰,《丛书集成初编》本。

《复斋先生龙图陈公文集》:(宋)陈宓撰,《续修四库全书》本,上海古籍出版社,2002年。

G

《高峰文集》:(宋)廖刚撰,《影印文渊阁四库全书》本。

《公是集》:(宋)刘敞撰,《丛书集成初编》本。

《姑溪居士文集》:(宋)李之仪撰,《宋集珍本丛刊》本。

《古今合璧事类备要》:(宋)谢维新撰,《影印文渊阁四库全书》本。

《古灵先生文集》:(宋)陈襄撰,《宋集珍本丛刊》本。

《灌园集》:(宋)吕南公撰,《影印文渊阁四库全书》本。

《(光绪)安徽通志》:(清)吴坤修等修,(清)何绍基、杨沂孙等纂,《续修四库全书》本。

《归田录》:(宋)欧阳修撰,李伟国点校,中华书局,1981年。

《龟山集》:(宋)杨时撰,《宋集珍本丛刊》本。

《癸辛杂识》:(宋)周密撰,吴企明点校,中华书局,1988年。

H

《海陵集》:(宋)周麟之撰,《影印文渊阁四库全书》本。

《汉书》:(汉)班固撰,(唐)颜师古注,中华书局,1962年。

《鹤林玉露》:(宋)罗大经撰,王瑞来点校,中华书局,1983年。

《鹤山先生大全文集》:(宋)魏了翁撰,《宋集珍本丛刊》本。

《鸿庆居士集》:(宋)孙觌撰,《影印文渊阁四库全书》本。

《华阳集》:(宋)王珪撰,《丛书集成初编》本。

《华阳集》:(宋)张纲撰,《宋集珍本丛刊》本。

《皇朝编年纲目备要》:(宋)陈均编,许沛藻、金圆、顾吉辰、孙菊园点校,中华书局,2006年。

《黄震全集》:(宋)黄震撰,张伟、何忠礼主编,河北大学出版社,2013年。

《黄庭坚全集》:(宋)黄庭坚撰,刘琳、李勇先、王蓉贵点校,四川大学出版社,2001年。

J

《鸡肋集》:(宋)晁补之撰,《四部丛刊初编》本,商务印书馆,1936年。

《嘉定赤城志》:(宋)黄𥶽、齐硕修,陈耆卿纂,《宋元方志丛刊》本。

《嘉定镇江志》:(宋)史弥坚修,卢宪纂,《宋元方志丛刊》本。

《嘉泰会稽志》:(宋)沈作宾修,施宿等纂,《宋元方志丛刊》本。

《建康集》:(宋)叶梦得撰,《宋集珍本丛刊》本。

《建炎以来朝野杂记》:(宋)李心传撰,徐规点校,中华书局,2000年。

《建炎以来系年要录》:(宋)李心传编撰,辛更儒点校,上海古籍出版社,2018年。

《江西出土墓志选编》:陈柏泉编,江西教育出版社,1991年。

《絜斋集》:(宋)袁燮撰,《丛书集成初编》本。

《金石萃编补正》:(清)方履籛撰,《续修四库全书》本。

《京畿冢墓遗文》:(清)罗振玉校录,《石刻史料新编》本,新文丰出版公司,1982年。

《京口耆旧传》:(宋)不著撰人,中华书局,1991年。

《景定建康志》:(宋)马光祖修,周应合纂,《宋元方志丛刊》本。

《景文集》:(宋)宋祁撰,《丛书集成初编》本。

《净德集》:(宋)吕陶撰,《丛书集成初编》本。

《救荒活民书》:(宋)董煟撰,中华书局,1985年。

K

《开庆四明续志》:(宋)吴潜修,梅应发、刘锡纂,《宋元方志丛刊》本。

《跨鳌集》:(宋)李新撰,《影印文渊阁四库全书》本。

L

《乐静集》:(宋)李昭玘撰,《宋集珍本丛刊》本。

《类编皇朝大事记讲义》:吕中撰,张其凡、白晴霞整理,上海人民出版社,2014年。

《礼记集说》:(宋)卫湜撰,《影印文渊阁四库全书》本。

《李纲全集》:(宋)李纲撰,王瑞明点校,岳麓书社,2004年。

《龙川别志》:(宋)苏辙撰,俞宗宪点校,中华书局,1982年。

《刘克庄集笺校》:(宋)刘克庄撰,辛更儒笺校,中华书局,2011年。

《楼钥集》:(宋)楼钥撰,顾大鹏点校,浙江大学出版社,2010年。

《陆游全集校注》:(宋)陆游撰,钱仲联校注,浙江教育出版社,2011年。

《履斋遗稿》:(宋)吴潜撰,《影印文渊阁四库全书》本。

M

《漫堂文集》:(宋)刘宰撰,《宋集珍本丛刊》本。

《鄮峰真隐漫录》:(宋)史浩撰,《宋集珍本丛刊》本。

《梦粱录》:(宋)吴自牧撰,符均、张社国校注,三秦出版社,2004年。

《勉斋先生黄文肃公文集》:(宋)黄榦撰,《宋集珍本丛刊》本。

《渑水燕谈录》:(宋)王辟之撰,吕友仁点校,中华书局,1981年。

《名臣碑传琬琰集校证》:(宋)杜大珪撰,顾宏义、苏贤校证,上海古籍出版社,2021年。

《名公书判清明集》:(宋)不著撰人,中华书局,1987年。

《明实录》:"中央研究院"历史语言研究所校勘,上海书店出版社,1982年。

《洺水集》:(宋)程珌撰,《宋集珍本丛刊》本。

《默成文集》:(宋)潘良贵撰,《宋集珍本丛刊》本。

N

《南涧甲乙稿》:(宋)韩元吉撰,商务印书馆,1935年。

《南宋馆阁录　续录》:(宋)陈骙、佚名撰,张富祥点校,中华书局,1998年。

《南阳集》:(宋)韩维撰,《影印文渊阁四库全书》本。

P

《彭城集》:(宋)刘攽撰,《丛书集成初编》本。

《毗陵集》:(宋)张守撰,《丛书集成初编》本。

《平斋文集》:(宋)洪咨夔撰,《宋集珍本丛刊》本。

《萍洲可谈》:(宋)朱彧撰,李伟国点校:中华书局,2007年。

《曝书亭集》:(清)朱彝尊撰,《影印文渊阁四库全书》本。

Q

《千唐志斋藏志》:河南省文物研究所、河南省洛阳地区文管处编,文物出版社,1984年。

《钱塘韦先生文集》:(宋)韦骧撰,《丛书集成续编》本。

《青箱杂记》:(宋)吴处厚撰,李裕民点校,中华书局,1987年。

《清波杂志校注》:(宋)周煇撰,刘永翔校注,中华书局,1994年。

《庆元条法事类》:(宋)谢深甫修,戴建国点校,黑龙江人民出版社,2002年。

《秋崖集》:(宋)方岳撰,《宋集珍本丛刊》本。

《全宋文》:曾枣庄、刘琳主编,上海辞书出版社、安徽教育出版社,2006年。

《群书考索》:(宋)章如愚撰,广陵书社,2008年。

R

《容斋随笔》:(宋)洪迈撰,孔凡礼点校,中华书局,2005年。

S

《三朝北盟会编》:(宋)徐梦莘撰,上海古籍出版社,2008年。

《三孔先生清江文集》:(宋)孔武仲撰,《宋集珍本丛刊》本。

《山谷集·山谷年谱》:(宋)黄䇘撰,《影印文渊阁四库全书》本。

《檆溪居士集》:(宋)刘才邵撰,《影印文渊阁四库全书》本。

《邵氏闻见录》:(宋)邵伯温撰,李剑雄、刘德权点校,中华书局,1983年。

《绍熙云间志》:(宋)杨潜修,朱端常、林至、胡林卿纂,《宋元方志丛刊》本。

《沈括全集》:(宋)沈括撰,杨渭生编,浙江大学出版社,2011年。

《沈忠敏公龟溪集》:(宋)沈与求撰,《丛书集成续编》本。

《十三经注疏》:《十三经注疏》整理委员会整理,北京大学出版社,2000年。

《石林燕语》:(宋)叶梦得撰,侯忠义点校,中华书局,1984年。

《书仪》:(宋)司马光撰,中华书局,1985年。

《司马光集》:(宋)司马光撰,李文泽、霞绍晖校点,四川大学出版社,2010年。

《嵩山文集》:(宋)晁说之撰,《四部丛刊》本。

《宋朝大事记讲义》:(宋)吕中撰,《影印文渊阁四库全书》本。

《宋朝事实类苑》:(宋)江少虞撰,上海古籍出版社,1981年。

《宋朝诸臣奏议》:(宋)赵汝愚编,北京大学中国古代史研究中心点校整理,上海古籍出版社,1999年。

《宋丞相崔清献公全录》:(宋)崔与之撰,张其凡等整理,广东人民出版社,2008年。

《宋大诏令集》:(宋)不著撰人,中华书局,1962年。

《宋会要辑稿》:(清)徐松辑,刘琳、刁忠民、舒大刚、尹波等校点,上海古籍出版社,2014年。

《宋季三朝政要》:(宋)不著撰人,王瑞来点校,中华书局,2010年。

《宋史》:(元)脱脱等撰,中华书局,1985年。

《宋史全文》:(元)不著撰人,汪圣铎点校,中华书局,2016年。

《宋太宗皇帝实录校注》:(宋)钱若水修,范学辉校注,中华书局,2012年。

《宋刑统》:(宋)窦仪等撰,薛梅卿点校,法律出版社,1998年。

《苏轼文集》:(宋)苏轼撰,孔凡礼点校,中华书局,1986年。

《苏舜钦集》:(宋)苏舜钦撰,沈文倬校点,上海古籍出版社,2011年。

《苏魏公文集》:(宋)苏颂撰,王同策等点校,中华书局,1988年。

《苏辙集》:(宋)苏辙撰,陈宏天、高秀芳点校,中华书局,1990年。

T

《太史范公文集》:(宋)范祖禹撰,《宋集珍本丛刊》本。

《唐令拾遗·户令第九》:[日]仁井田陞撰,东方文化学院东京研究所刊,1933年。

《唐六典》:(唐)李林甫撰,陈仲夫点校,中华书局,1992年。

《天一阁藏明钞本天圣令校证》:天一阁博物馆、中国社科院历史研究所天圣令整理课题组校证,中华书局,2006年。

《筼溪集》:(宋)刘一止撰,《宋集珍本丛刊》本。

《通典》:(唐)杜佑撰,中华书局,1988 年。

《(同治)瑞州府志》:(清)黄廷金修,肖浚阑等纂,成文出版社,1970 年。

《退庵先生遗集》:(宋)吴渊撰,《宋集珍本丛刊》本。

W

《王安石全集》:(宋)王安石撰,王水照主编,复旦大学出版社,2016 年。

《王十朋全集》:(宋)王十朋撰,梅溪集重刊委员会编,上海古籍出版社,1998 年。

《文恭集》:(宋)胡宿撰,《丛书集成初编》本。

《文献通考》:(元)马端临撰,中华书局,2011 年。

《无为集》:(宋)杨杰撰,《宋集珍本丛刊》本。

《吴兴备志》:(明)董斯张撰,《影印文渊阁四库全书》本。

《武溪集》:(宋)余靖撰,《宋集珍本丛刊》本。

《武夷新集》:(宋)杨亿撰,《宋集珍本丛刊》本。

X

《西山读书记》:(宋)真德秀撰,《影印文渊阁四库全书》本。

《西山先生真文忠公文集》:(宋)真德秀撰,商务印书馆,1937 年。

《西台集》:(宋)毕仲游撰,陈斌校点,中州古籍出版社,2005 年。

《西塘先生文集》:(宋)郑侠撰,《宋集珍本丛刊》本。

《西溪集》:(宋)沈遘撰,《影印文渊阁四库全书》本。

《西园闻见录》:(明)张萱辑,吴丰培整理,全国图书馆文献缩微复制中心,1996 年。

《溪堂集》:(宋)谢逸撰,《丛书集成续编》本。

《咸淳毗陵志》:(宋)史能之纂修,《宋元方志丛刊》本。

《咸平集》:(宋)田锡撰,罗国威校点,巴蜀书社,2008 年。

《相山集》:(宋)王之道撰,沈怀玉、凌波点校,北京图书馆出版社,2008 年。

《斜川集》:(宋)苏过撰,舒大刚、蒋宗许等校注,四川大学出版社,1996 年。

《新唐书》:(宋)欧阳修、宋祁撰,中华书局,1975年。

《新五代史》:(宋)欧阳修撰,中华书局,1974年。

《许国公奏议》:(宋)吴潜撰,《宋集珍本丛刊》本。

《续资治通鉴长编》:(宋)李焘撰,中华书局,2004年。

Y

《燕翼诒谋录》:(宋)王栐撰,诚刚点校,中华书局,1981年。

《杨万里集笺校》:(宋)杨万里撰,辛更儒笺校,中华书局,2007年。

《叶适集》:(宋)叶适撰,刘公纯等点校,中华书局,1961年。

《夷坚志》:(宋)洪迈撰,何卓点校,中华书局,1981年。

《永乐大典》:(明)解缙等纂,中华书局,1986年。

《游廌山集》:(宋)游酢撰,《影印文渊阁四库全书》本。

《于湖居士文集》:(宋)张孝祥撰,徐鹏校点,上海古籍出版社,2009年。

《玉海》:(宋)王应麟辑,广陵书社,2003年。

《玉壶清话》:(宋)文莹撰,郑世刚、杨立扬点校,中华书局,1984年。

《元史》:(明)宋濂等撰,中华书局,1976年。

《元宪集》:(宋)宋庠撰,《丛书集成初编》本。

《袁氏世范》:(宋)袁采撰,中华书局,1999年。

《云巢编》:(宋)沈辽撰,《宋集珍本丛刊》本。

《云溪居士集》:(宋)华镇撰,《影印文渊阁四库全书》本。

《郧溪集》:(宋)郑獬撰,《宋集珍本丛刊》本。

Z

《张方平集》:(宋)张方平撰,郑涵点校,中州古籍出版社,2000年。

《张乖崖集》:(宋)张詠撰,张其凡点校,中华书局,2000年。

《张九成集》:(宋)张九成撰,杨新勋整理,浙江古籍出版社,2013年。

《中吴纪闻》:(宋)龚明之撰,张剑光整理,大象出版社,2003年。

《中兴礼书》:(宋)礼部太常寺纂修,(清)徐松辑,《续修四库全书》本。

《中兴礼书续编》:(宋)叶宗鲁纂修,(清)徐松辑,《续修四库全书》本。

《中兴小纪》:(宋)熊克撰,中华书局,1985年。

《忠惠集》：(宋)翟汝文撰，《影印文渊阁四库全书》本。

《忠肃集》：(宋)刘挚撰，裴汝诚、陈晓平点校，中华书局，2002年。

《周必大集校证》：(宋)周必大撰，王瑞来校证，上海古籍出版社，2020年。

《周礼订义》：(宋)王与之撰，《影印文渊阁四库全书》本。

《周易口义》：(宋)胡瑗撰，《影印文渊阁四库全书》本。

《朱子全书》：(宋)朱熹撰，刘永翔、朱幼文点校，上海古籍出版社、安徽教育出版社，2010年。

《朱子语类》：(宋)黎靖德编，王星贤点校，中华书局，1986年。

《竹轩杂著》：(宋)林季仲撰，《宋集珍本丛刊》本。

《竹洲集》：(宋)吴儆撰，《宋集珍本丛刊》本。

《烛湖集》：(宋)孙应时，《影印文渊阁四库全书》本。

《庄简集》：(宋)李光撰，《宋集珍本丛刊》本。

《拙轩集》：(宋)张侃撰，《影印文渊阁四库全书》本。

《尊白堂集》：(宋)虞俦撰，《影印文渊阁四库全书》本。

《左史谏草》：(宋)吕午撰，《影印文渊阁四库全书》本。

《作邑自箴》：(宋)李元弼撰，《四部丛刊续编》本，上海书店出版社，1984年。

二、研究论著(以出版、发表时间为序)

(一) 著作

《宋代灾荒的救济政策》：王德毅撰，中国学术著作奖助委员会，1970年。

《宋史研究集》(第6辑)：台北编译馆主编，台北编译馆，1971年。

《宋代婚姻与社会》：张邦炜撰，四川人民出版社，1989年。

《社会控制》：[美]罗斯(Ross, E. A.)撰，秦志勇、毛永政译，华夏出版社，1989年。

《宋代监察制度》：贾玉英撰，河南大学出版社，1996年。

《宋代官员选任和管理制度》:苗书梅撰,河南大学出版社,1996年。

《宋辽西夏金社会生活史》:朱瑞熙撰,中国社会科学出版社,1998年。

《中华尊老文化探究》:高成鸢撰,中国社会科学出版社,1999年。

《宋代宗族和宗族制度研究》:王善军撰,河北教育出版社,2000年。

《宋朝社会救济研究》:张文撰,西南师范大学出版社,2001年。

《中国礼制史》(宋辽金夏卷):陈戍国撰,湖南教育出版社,2001年。

《中国风俗通史》(宋代卷):徐吉军撰,上海文艺出版社,2002年。

《唐宋女性与社会》:邓小南撰,上海辞书出版社,2003年。

《取民与养民:南宋的财政收支与官民互动》:杨宇勋撰,台湾师范大学研究所,2003年。

《内闱,宋代的婚姻和家庭生活》:伊沛霞撰,胡志宏译,江苏人民出版社,2004年。

《中国古代敬老养老风俗》:谢元鲁、王定璋撰,陕西人民出版社,2004年。

《宋代制度史研究百年》:包伟民主编,商务印书馆,2004年。

《宋代家庭研究》:邢铁撰,上海人民出版社,2005年。

《家族与社会》:黄宽重、刘增贵主编,中国大百科全书出版社,2005年。

《生命与医疗》:李建民主编,中国大百科全书出版社,2005年。

《宋代社会保障制度研究》:郭文佳撰,新华出版社,2006年。

《中国慈善简史》:周秋光、曾桂林撰,人民出版社,2006年。

《宋代社会生活研究》:汪圣铎撰,人民出版社,2007年。

《中国家庭史》:邢铁撰,广东人民出版社,2007年。

《宋代政治史》:何忠礼撰,浙江大学出版社,2007年。

《宋代财政和文献考论》:李伟国撰,上海古籍出版社,2007年。

《两宋孟学研究》:周淑萍撰,人民出版社,2007年。

《宋代的家庭和法律》:柳立言撰,上海古籍出版社,2008年。

《宋代物价研究》:程民生撰,人民出版社,2008年。

《宋代刑法史研究》:戴建国撰,上海人民出版社,2008年。

《宋代士绅结社研究》:周扬波撰,中华书局,2008年。

《宋代政教关系研究》:汪圣铎撰,人民出版社,2010年。

《宋朝阶级结构》:王曾瑜撰,中国人民大学出版社,2010年。

《唐宋分家制度》:邢铁撰,商务印书馆,2010年。

《宋朝军制初探(修订版)》:王曾瑜撰,中华书局,2011年。

《宋代地方财政史研究》:包伟民撰,中国人民大学出版社,2011年。

《宋代士人阶层女性研究》:铁爱花撰,人民出版社,2011年。

《社会学的基本概念经济行动与社会团体》:[德]韦伯撰,顾忠华等译,广西师范大学出版社,2011年。

《中国俸禄制度史》,黄慧贤、陈锋主编,武汉大学出版社,2012年。

《宋代财政史》,黄纯艳撰,云南大学出版社,2013年。

《宋代救荒史稿》:李华瑞撰,天津古籍出版社,2014年。

《宋代仓廪制度研究》,杨芳撰,上海古籍出版社,2019年。

《艺文中的政治:南宋士大夫的文化活动与人际关系》,黄宽重撰,北京大学出版社,2020年。

《宋代文官选任制度诸层面》,邓小南撰,中华书局,2021年。

(二) 期刊论文

《宋代救济事业》:高迈撰,《文化建设》第2卷第12期,1936年9月。

《宋代女子职业与生计》:全汉昇撰,《食货》1939年第9期。

《宋代平时的社会救济行政》:徐益棠撰,载《中国文化研究汇刊》第5卷,1945年。

《唐代租庸调法研究》,邓广铭撰,《历史研究》1954年第4期。

《从吐鲁番出土文书看均田制实施情况:以给田文书、退田文书为中心》,西嶋定生撰,载《中国经济史研究》,农业出版社,1959年。

《宋代之祠禄制度》:梁天锡撰,载台北编译馆主编《宋史研究集》第11辑,台北编译馆,1979年。

《刘宰与赈饥——申论南宋儒家阶级性限制社团发展》,刘子健撰,《北京大学学报(哲学社会科学版)》,1979年第3、4期。

《论宋代科举取士之多与冗官问题》：张希清撰，《北京大学学报》1987年第5期。

《宋代祠禄官的几个问题》：金圆撰，《中国史研究》1988年第2期。

《宋代的居养与宽疾之政》：宋采义撰，《史学月刊》1988年第2期。

《论宋代军队的剩员》：游彪撰，《中国史研究》1989年第2期。

《宋代祠禄制度再探》：白文固撰，《中州学刊》1989年第6期。

《论宋代科举中的特奏名》：张希清撰，载《宋史研究论文集》：河北教育出版社，1989年。

《明代养济院研究》：王兴亚撰，《郑州大学学报（哲学社会科学版）》1989年第3期。

《试论宋朝身丁钱》：高树林撰，《史学月刊》1990年第3期。

《养老溯源和汉代养老制度的形成》：郑兰生撰，《甘肃理论学刊》1990年第5期。

《唐代的侍老制度》：陈明光撰，《文史知识》1991年第11期。

《宋代丁税制度略论》：刁仕军撰，《河北学刊》1991年第6期。

《宋朝的役钱》，王曾瑜撰，载《中国古代社会经济史诸问题》，福建人民出版社，1992年。

《古代中国的养老与敬老》：刘德增撰，《民俗研究》1992年第1期。

《宋代财产遗嘱继承研究》：邢铁撰，《历史研究》1992年第6期。

《宋代官僚的俸禄与国家财政》，邵红霞撰，《江海学刊》1993年第6期。

《宋代官员的俸禄》，何忠礼撰，《历史研究》1994年第3期。

《不孝之孝：唐以来割股疗亲现象的社会史初探》，邱仲麟撰，载《新史学》，1995年。

《孟子在宋朝亚圣地位之确立及影响》，王曾瑜撰，载《庆祝邓广铭先生九十华诞论文集》，河北教育出版社，1997年。

《宋代提举常平司制度初探》：贾玉英撰，《中国史研究》1997年第3期。

《浅谈宋代妇女的就业》：吴旭霞撰，《学术研究》1997年第10期。

《也谈宋代官员的俸禄》，张全明撰，《历史研究》1997年第2期。

《关于宋代祠禄制度的几个问题》:汪圣铎撰,《中国史研究》1998年第4期。

《中国古代非"户绝"条件下的遗嘱继承制度》:姜密撰,《历史研究》2000年第6期。

《两宋居养制度的发展——宋代官办慈善事业初探》:宋炯撰,《中国史研究》2000年第4期。

《唐宋时期慈善事业概说》:王卫平撰,《史学月刊》2000年第3期。

《古代的养老制度》:刘松林撰,《文史知识》2000年第3期。

《北宋开封的慈善收容机构》:杜本礼撰,《中州古今》2000年第3期。

《宋代孝文化述论》:黄天明撰,《四川大学学报(哲学社会科学版)》2002年第4期。

《宋元明时期僧道免丁钱问题探讨》:白文固、赵春娥撰,《青海民族学院学报(社会科学版)》2002年第2期。

《〈唐令·田令〉的完整复原与今后均田制的研究》,杨际平撰,《中国史研究》2002年第2期。

《论宋代胥吏的作用及影响》,祖慧撰,《学术月刊》2002年第6期。

《走向"活"的制度史——以宋代官僚政治制度史研究为例》:邓小南撰,《浙江学刊》2003年第3期。

《试论南宋政府对归正人的政策——以科举、授官为中心》:裴淑姬撰,《中国史研究》2003年第4期。

《浅析中国古代尊老养老体制》:王志芬撰,《学术探索》2003年第7期。

《官方旌表与唐宋两代孝悌行为的变异》:王美华撰,《东北师范大学学报》2003年第2期。

《从职到役:两宋乡役负担的演变》,刁培俊撰,《云南社会科学》,2004年第5期。

《宋代州级公吏制度研究》,苗书梅撰,《河南大学学学报(社会科学版)》,2004年第6期。

《女儿的法律权利和责任》:柳立言撰,载张国刚主编《家庭史研究的新视野》:生活·读书·新知三联书店,2004 年。

《敬老适所以贱老:明代乡饮酒礼的变迁及其与地方社会的互动》,邱仲麟撰,《"中央研究院"历史语言研究所集刊》,第 76 本,2005 年。

《宋元乡饮酒礼考》:申万里撰,《史学月刊》2005 年第 2 期。

《论宋代家训家范与民间社会控制》:杨建宏撰,《船山学刊》2005 年第 1 期。

《宋代社会救济制度的运作和国家权力——以居养院制的变迁为中心》:李瑾明撰,《中国史研究》2005 年第 3 期。

《论唐代版授高年中的州级官员》:夏炎撰:《史学集刊》2005 年第 2 期。

《宋代官办慈善机构管理初探》:谭书龙撰,《社会科学辑刊》2005 年第 4 期。

《民间慈善:妇女参与社会活动的有效途径———立足于宋朝的考察》:张文撰,《西南师范大学学报(社会科学版)》2005 年第 5 期。

《关于唐朝的老人问题》:张国刚撰,《光明日报》2005 年 10 月 18 日第 7 版。

《论宋代的民间旌表与国家权力的基层运作》:杨建宏撰,《中州学刊》2006 年第 2 期。

《论宋代老人的救助政策》:郭文佳撰,《理论学刊》2006 年第 9 期。

《浅议唐代的乡村养老》:刘兴云撰,《史学月刊》2007 年第 8 期。

《宋代官员分司制度》:徐东升撰,《史学月刊》2007 年第 1 期。

《论宋代的特奏名制度》:裴淑姬撰,《湖南大学学报(社会科学版)》2007 年第 4 期。

《宋代女性割股疗亲问题试析》:方燕撰,《求索》:2007 年第 11 期。

《宋代的粉壁与榜谕:以州县官府的政令传布为中心》,高柯立撰,载邓小南主编《政绩考察与信息渠道——以宋代为中心》,北京大学出版社,2008 年。

《老吾之老:明代官吏养亲问题探论》:赵克生撰,《史学月刊》2008 年第 2 期。

《论宋代国家对女性的旌表》：铁爱花撰，《历史教学》2008 年第 12 期。

《北宋"不抑兼并"、"田制不立"政策新论》，王辉撰，《江西社会科学》2010 年第 7 期。

《土地还授与唐代"均田制"研究——制度得以成立的实施机制》，耿元骊撰，《江汉论坛》2010 年第 7 期。

《乡饮酒礼与唐宋地方社会》：王美华撰，《社会科学辑刊》2010 年第 4 期。

《两宋义仓研究》，孔祥军撰，《南京农业大学学报（社会科学版）》2010 年第 4 期。

《唐宋时期乡饮酒礼演变探析》：王美华撰，《中国史研究》2011 年第 2 期。

《论宋代江南城市的社会救助》：陈国灿撰，《江西社会科学》2011 年第 2 期。

《宋代历次明堂礼考》：杨高凡撰，《华北水利水电学院学报（社会科学版）》2011 年第 4 期。

《抄劄救荒与宋代赈灾户口的调查统计》，李华瑞撰，《历史研究》2012 年第 6 期。

《宋初精神文明建设简论》：王善军撰，载《阳都集》，中国社会科学出版社，2012 年。

《宋朝乡村社会保障观念研究，以〈救荒活民书〉为中心》：张文撰，《苏州大学学报》2012 年第 2 期。

《中国宋代乡村社会保障模式的三层结构》：张文撰，《学术月刊》2012 年第 4 期。

《宋朝对归明、归朝、归正人政策析论》：徐东升撰，《厦门大学学报》2012 年第 1 期。

《论宋代旌表政策对民间"割股"陋俗的影响》：潘荣华、杨芳撰，《南京中医药大学学报》2012 年第 3 期。

《宋代旌表制度述略》,王善军撰,载《宋史研究论丛》,2013年。

《唐代乡饮酒礼与地方社会》,游自勇撰,《首都师范大学学报(社会科学版)》2015年第2期。

《南宋祠禄官制与地域诗人群体:以福建为中心的考察》,侯体健撰,《复旦大学学报(社会科学版)》2015年第3期。

《论南宋祠禄官文学的多维面向:以周必大为中心》,侯体健撰,《文学遗产》2018年第3期。

《宋代的养老制度探析》,焦艳撰,《大庆师范学院学报》2018年第4期。

《论宋代"不抑兼并"的土地政策与合法的土地买卖》,姜密撰,《河北师范大学学报(哲学社会科学版)》2019年第5期。

《宋代的土地政策与抑制兼并》,李华瑞撰,《中国社会科学》2020年第1期。

《再谈走向"活"的制度史》,邓小南撰,《史学月刊》2022年第1期。

(三) 硕博论文

《唐五代社会救助研究》:盛会莲撰,浙江大学博士学位论文,2005年。

《传统旌表活动与基层社会的控制》:李丰春撰,上海大学博学学位论文,2008年。

《唐代孝文化研究》:季庆阳撰,陕西师范大学博士学位论文,2008年。

《宋代优老养老政策》:马雪撰,湘潭大学硕士学位论文,2008年。

《宋代妇女婚姻生活研究》:郑丽萍撰,华东师范大学博士学位论文,2010年。

《唐代老年人口研究》:王春华撰,山东大学博士学位论文,2011年。

《唐代养老制度研究》:陈宝锋撰,西南大学硕士学位论文,2011年。

《宋代军队赏罚制度研究》:钱俊岭撰,河北大学博士学位论文,2011年。

《元代养老研究》:王晓玉撰,暨南大学硕士学位论文,2013年。

《宋代养老思想及措施研究》,曹源撰,华中师范大学硕士学位论文,

2015年。

《宋代平民养老研究三题》,徐强撰,扬州大学硕士学位论文,2017年。

《宋代庶民老年人研究》,郭浪撰,青海师范大学硕士学位论文,2020年。

后　　记

　　20纪末在河南大学攻读历史学学士学位时,就已经从为我们上课的贾玉英老师、程民生老师、苗书梅老师身上感受到宋史的魅力。但遗憾的是,保送研究生时与宋史擦肩而过。读研期间,学习宋史的同窗好友花费巨资买下一套《续资治通鉴长编》,在我迷茫的时候,她孜孜不倦地读《长编》,看着她陶醉的样子不觉心生羡慕。2011年,硕士毕业七年后,蒙恩师不弃,如愿踏入宋史领域,终于可以像我曾经羡慕不已的好友那样沉浸在《长编》的世界里,在浩瀚的宋代典籍和前贤的真知灼见中认识宋代、理解宋代。这本即将面世的小书是在博士学位论文的基础上修订而成,也是这十余年来学习宋史的一个总结。

　　这本小书的诞生最大的功劳当属恩师贾玉英先生。恩师带学生、做学问,一向以严格、严谨著称。在跟随先生学习的过程中,我对此深有体会。当年录取结果出来后,就布置阅读任务,要求每周定期汇报读书心得。每次汇报前几天,心里就开始紧张,不敢偷懒、不敢懈怠,唯恐到老师面前无话可说。汇报完当天,内心如释重负。第二天早上一醒,就开始思考下一步的阅读计划,大脑再次开启紧张模式。这样高强度的学习模式,虽然很累,但的确让我受益匪浅。读书期间,我兼任学院行政事务,同时还有家务、孩子分散精力,如若不是恩师严格要求,敦促鼓励,就很容易产生懈怠,放松对自己的要求。

　　当初在选题的时候,没有胆量选取时间跨度大的题目,学术视野狭窄,贾老师认为博士阶段是奠定今后学术生涯的重要时期，在选题上要有长远眼光、大视野，否定了我提交的题目，结合我的兴趣，引导我关注宋代养老问题。选题确定之后，先生不断强调要认真、全面梳理前人研究成果，对学术界的相关研究不仅要了然于胸，更要有分析与评述，在吸收、借鉴前人成果的基础上找到研究的突破点，力图在研究方法、研究内容上有所创新。在论文写作过程中，贾老师从标题制定、观点凝练、结构安排、史料解读与分析到结语的写作，一一为我指点迷津。2003年，遵照恩师的要求，完成了《试论宋代对不孝行为的惩处》一文。这篇小文是读博期间写的第一篇文章，先生反复修改了十余遍，在一遍遍的修改中指出我写作中存在的问题，让我在实践中体会论文写作诸环节应注意的细节。正是有了这样的训练与实践，才保证了学位论文的顺利完成。毕业论文初稿完成后，恩师不顾年迈，连夜修改，第二天一早就召见我，关上书房的门，带上老花镜，对着打印稿中密密麻麻的批注逐一细说。在论文修改的过程中，我再次体会到老师的严谨。文章讨论宋代地方救济机构时，较多使用到地方志，所涉及的多属于州一级内容，但我在文中表述的时候笼统地写上"地方州县"。当老师问我关于县的材料在哪里时，我哑口无言，也让我羞愧不已，自此明白了什么是"表达严谨"。正是有了恩师这样一位要求严格的学术摆渡人，才让我时刻保持清醒，避免沉溺安逸。

校内外的诸多专家也为论文的写作、完善提供了极大的帮助。在读博期间，由于工作所需，仍负责学院研究生培养相关事宜，组织研究生开题、预答辩及正式答辩这些繁琐的工作，的确占用较多的精力，但却能从不同方向、不同风格的专家学者的精彩点评中学习如何培养问题意识、如何设计文章框架、如何判断版本优劣，同时也可以借机学习他人的长处，吸取他人的教训，避免在论文写作中走弯路。当时李华瑞老师在一篇博士学位论文的评议书中指出，作者对《宋会要辑稿》的爬梳不够仔细，这对我也是一个及时的提醒。回过头重新翻阅，再次仔细研读食货、职官、刑法、礼等部分，同时浏览了帝王、后妃、僧道、兵，有了很多意外的收获，丰富了我对宋代养老制度的认识。在书稿外审的过程中，刁培俊、王晓龙、黄敏捷及耿元骊与齐德舜诸师提出数条中肯的建议，为本书的完善提供了有益的思考。尤其是刁培俊老师，不仅敏锐地指出个别征引文献的版本问题，而且对于问题的论证方式也给予细致的指导，其对文献的熟稔，对学术的敬畏，令人感佩不已。

论文从写作到出版，是一个曲折的过程。在学院的支持与资助下，在同事全相卿博士（现已调任浙江城市学院）的鼎力相助下，2020年与上海古籍出版社达成出版意向。按照合同要求，7月底要提交书稿。但一场突如其来的变故打乱了所有的计划，小书的出版暂时搁浅。非常感谢上海古籍出版社曾晓红老师、胡文波老师及张靖伟老师的包容、理解与支持。出版方的大度与浓厚的人文关怀，使我没有后顾之忧，全力应对命运的挑战，成功走出人生中的至暗时刻。

毕业论文完成后，恩师敦促我勿松懈，要持之以恒，多学习、多思考，不断深化对宋代养老问题的认识。每每看到年过六旬的恩师仍在追求学术的道路上拼搏不已，就不敢有懈怠之心。在恩师的言传身教下，我努力跳出论文写作时狭小的阅读范围，逐步扩大阅读视野，关注史学研究趋势，加强史学理论知识的积累。

虽然有恩师的悉心指导，虽然有诸多良师及学术精品的滋养，但天资愚钝，在宋代养老问题的研究上尚未达到预期的目标。邓小南老师所提出的"活的制度史"，为制度史的研究开辟了新的方向。在研究宋代养老问题时，力图呈现养老制度中的"人"和"事"，但目前只是在具体的点上体现了"活"的一面，作为整体的养老制度与其他制度之间的关系，以及帝王个人、思想文化对养老制度的影响机制，揭示得还不够透彻。李华瑞老师和李振宏老师在审阅论文时均指出叙述性内容居多，分析性内容不足的问题。在后期的修改过程中，我有意识加强历史解释能力的锻炼，在宋代老人救助制度及官员养亲制度方面有了一定的突破，但在宋代赏赐高年制度、宋代孝行奖励制度上仍以现象描述为主。

上述问题的解决，不是一朝一夕可以完成的，也不是自己闭门思考就可以水到渠成，既需要自身不断努力，也需要来自外部的刺激与启发，所以希望借小书出版之机能够得到更多师友的指点。

小书从孕育到问世,历经十余年。十余年间,经历过太多的风雨,现在终于风平浪静。谨以此书献给与我一同经历坎坷与挫折的父母、爱人,还有我的一双儿女以及诸多师友,你们的关爱将永远是我前行的动力。新的征程,以网红教授、著名宋史专家程民生老师"沉着冷静,日拱一卒。甘于寂寞,享受奋斗"这一金玉良言自勉,在宋史研究的路上不懈努力。

马晓燕

2022 年 9 月 22 日书于开封龙庭湖畔

图书在版编目(CIP)数据

宋代养老制度研究 / 马晓燕著. —上海：上海古籍出版社，2022.12
(河南大学宋文化研究丛书)
ISBN 978-7-5732-0444-8

Ⅰ.①宋… Ⅱ.①马… Ⅲ.①养老-社会保障制度-研究-中国-宋代 Ⅳ.① D691.9

中国版本图书馆CIP数据核字(2022)第180626号

河南大学宋文化研究丛书
宋代养老制度研究
马晓燕 著

上海古籍出版社出版发行
(上海市闵行区号景路159弄1-5号A座5F 邮政编码 201101)
  (1) 网址：www.guji.com.cn
  (2) E-mail：guji1@guji.com.cn
  (3) 易文网址：www.ewen.co
上海颛辉印刷厂有限公司印刷
开本700×1000 1/16 印张 20.25 插页 2 字数291,000
2022年12月第1版 2022年12月第1次印刷
ISBN 978-7-5732-0444-8
K·3263 定价：98.00元
如有质量问题，请与承印公司联系